국가와 인권의 관점에서

평화선을 다시 본다

국가와 인권의 관점에서

평화선을 다시 본다

최영호 지음

42°-15′N
130°-45′E

45′N
10′E

38°-00′N
132°-50′E

35°-30′N
130°-00′E

34°-40′N
129°-00′E

32°-00′N
127°-00′E

-00′N
-00′E

차 례

[사진]

[표]

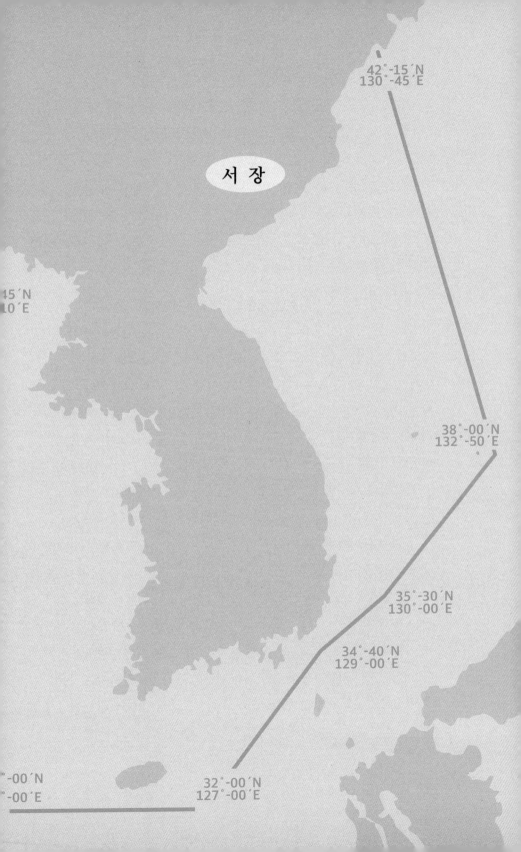

서 장

42°-15′N
130°-45′E

45′N
10′E

38°-00′N
132°-50′E

35°-30′N
130°-00′E

34°-40′N
129°-00′E

-00′N
-00′E

32°-00′N
127°-00′E

문제의식

이 책은 1952년 1월 이승만 정부의 '해양주권' 선언 시점에서부터, 1965년 6월 어업협정의 체결 시점까지 국가와 인권의 관점에서 살펴보고자 한다. 한일회담에서 대일 교섭 문제를 이해하자는 취지 아래, 한국과 일본의 국가정책에 관한 연구, 그리고 한일 양국의 어업 관계자 상황에 관한 연구를 일반 대중에게 소개한다. 널리 알려지고 있는 바와 같이 일본은 2차 대전 전후에 들어 세계에서 가장 많은 어획량을 가진 나라였으며, 메이지 정부 이래 대외진출과 침략을 통해서 어업 자본주의를 키워 왔다. 이러한 일본을 이웃에 두고 있는 한국은 식민지 지배와 해방을 겪으면서 새로운 국가형성과정 속에서 일본과의 관계를 도모해야 했다. 이 책은 어업 분야에 집중하여 근대와 현대의 역사를 이해하며, 그 중에서도 특히 한국정부가 1952년에 선포한 '평화선' 문제를 중심으로 하여 한일관계를 분석하고자 한다. 기존의 연구들이 대체로 평화선 획정을 '평화선' 선언이라고 하는 외교작용의 측면만을 강조하고 있는 점과는 달리, 이 책에서는 외교작용과 함께 인간의 흐름을 추적하고자 한다. 어디까지나 외교작용에 관한 기존 연구와 관련 자료들을 소개하는 동시에, 조선총독부와 신생 한국정부 수립으로부터 1960년대 중반에 이르는 시기의 한일 양국에서 인간 흐름의 뒤섞임 현상이 어떠했는지 논하고자 한다.

이 책의 첫 번째 문제의식은 사실fact 규명을 연구조사의 목적으로 하여 13년 동안에 걸친 '평화선'에 관하여 규명하고, 자료를 가지고 사실 관계를 분명히 해 나가는 일에 가장 큰 중점을 두고 있다. 역사학은 연구 대상 시기를 불문하고 실증 작업을 무엇보다 최우선시하고 있다. 더욱이 현대사 연구에 있어 민주사회를 지향하는 입장에서 재론의 여지가 없는 연구자의 자세라고 할 수 있다. 오로지 실증된 자료만이 사실이라고는 생각하지 않지만, 현실적으로 자료에 의한 실증 작업을 뛰어넘을만한 수단이 존재하지 않으며, 자료 기록이 가장 설득력 있는 수단이라는 점을 부인할 수 없다. 따라서 억울한 피해를 당할 때도 할 수 있는 한 피해자는 가능한 기록을 해 두고 증거를 확보해 두는 일이 필요하다. 그러면 구술 작업의 효과에 대해서는 어떻게 생각하는가. 필자는 사실을 규명하는데 자료 기록을 최우선시해야 하며 자료 기록을 보완하고 입증하기 위한 방법으로 구술 작업이 필요하다고 생각한다. 결과적으로 구술 작업은 자료 기록을 보완하는 역할에 불과하여 사실 입증 수단으로서는 한계가 있다고 본다. 따라서 피해자가 사실을 기록해 두는 것이야말로 단기적이건 장기적이건 사실을 입증하는 가장 유효한 수단이며, 그래서 자료 기록이야말로 피해 상황을 알리는 가장 유효한 수단이 되고 있다.

둘째, 문제의식은 책임 있는 현실적 정책인가를 판단해야 한다. 이 책은 '평화선' 정책결정자가 설정에서부터 소멸에 이르는 과정에 대해 책임을 지고 있는지 살펴본다. 국가정책은 대체로 국민다수의 단기적 이익에 맞추어 시행하되기 쉽지만, 그에 앞서 책임 있는 정책결정자를 필요로 한다. 이것은 민주사회에 있어서, 보편 의식에 대한 비판이기도 하면서 현실적 권력 속성에 대한 비판이기도 하다. 일본과의 '합방'에 적극 혹은 소극적으로 관여한 한국의 정책결정자들이 당시에는 자신의 행동에 이유가 있었다고 하는 논리를 내세웠다. 그런데 국가 '합방'의 책임에서 벗어나고자 하는 논리라고 한다면, 우리는 그러한 변명의 논리를 도저히 받아들일 수 없다. 한국이 독립된 민주사회로 나아가야 한다면, 민주시민은 정책결정자에게 그 결정에 대한 책임을 물어야 한다. 민주사회에서는 정책결정자를 평가할 때 그 사람이 어떤 신분이나 계층이었는지 평가하는 것이 아니라, 그 정책이 다수에게 장기적으로 이익을 부여하려고 했는지, 정책결정자가 책임 있는 자였는지를 평가해야 한다. 만약 그렇지 못하다면, 바람직한 정책결정자라고 말할 수 없다. 비록 단기적으로는 반대가 많을지라도 장기적인 관점에서 국가에 도움이 되는 바람직한 정책이라면 권력을 통해 밀어붙일 수 있다. 하지만 정책 결정의 책임은 오로지 정책결정자에게 돌아가야 한다. 민주시민은 완벽한 논리를 가진 정책을 요구하거나 존중하는 것이라기보다, 책임을 인정하는 정책결정자를 원하기 때문이다. 이러한 문제의식과 관련하여, '평화선'의 법률적 속성이 오늘날에도 아직도 살아있다고 하는 주장이 있는데, 필자는 이러한 세상에 존재하지 않는 비현실적인 '우리식' 주장을 단연코 부정한다. 오늘날과 같이 국제화되고 민주화된 사회에서는 보다 이성적이고 보편화된 판단이 필요하기 때문이다. 이 책에서 논하게 될 '평화선'은 1965년에 실질적으로 소멸된 것이며 이제는 존재하고 있지 않은 허상이나 이념에 불과하다.

셋째, 문제의식은 시행된 외교정책에 관하여 다양한 평가가 내려진다는 점이다. 이 책은 '평화선'에 관한 평가가 다양하다는 점을 인정하고 있다. 철학과 사상뿐 아니라 정책에 대한 평가도 모든 사람을 모두 만족시킬 수는 없을 뿐 아니라 당사자의 현실적 이익에 따라서 다양하게 해석할 수 있다. 세상에서 가장 위험한 정책은 하나의 이데올로기에 사로잡혀 다른 측면을 보지 못할 때 발생한다. 더욱이 외교정책은 상대국과의 의견 조정이 필요하기 때문에 유연하면서도 강인하고 집요한 자세를 필요로 한다. 대부분의 현실적인 정책은 다면적이고 복합적인 속성을 가지고 있다. 필자는 대한민국 국민으로서 신생 한국정부가 어족 자원의 보호나 독도의 영유권에 관한 주권을 천명하기 위해서 '평화선'을 선포한 것에 대해 일견 공감한다. 그러나 이에 대해서 국제사회 특히 일본정부는 한국정부와는 전혀 다른 시각으로 '평화선'을 보고 있었다는 점도 함께 인식하고 있다. 단기적으로 얻을 것이 별로 없는 신생 한국정부로서는 '평화선'과 같은 폐쇄적인 정책이 필요했을 것으로 생각하지만, 장기적으로 일본과의 국교를 정상화하고 적극적으로 교류를 확대해 가야 국가가 부흥할 수 있다는 점에 비추어 볼 때 시대적으로 한계를 지닌 정책이었다. 그렇다고 해서 '평화선' 문제와 관련하여 어느 정책결정자에 대해서 선포 당시에 국가의 이익을 존중하지 않았다고 단언하기는 지극히 어렵다. 자원이 부족했던 신생 한국정부로서는 먼저 독립적인 해양 정책이 필요했을 뿐이며, 다만 이 정책은 외교정책으로서 주변국의 고려 대상이 되지 못한, 시대적 한계를 갖고 있었다는 것이다. 1950년대 '평화선' 선포와 그 이후에 있어서도 한국의 대통령이나 외무부 혹은 수산국의 정책결정자들은 대체로 이러한 한계를 간파하고 있었다. 일본과 국교를 맺고 나서는 어업교류를 확대하다 보면 자연스럽게 사라져야 하는 한시적 정책이었다는 것을 대체로 인식했다. 따라서 마치 '평화선' 주장이 불변의 진리나 이념인 것처럼 내세우는 것은 '평화선' 문제를 잘못 이해하는 일이다. 우리가 어떤 정책에 대해 역사성을 부여하는 논리에는 이러한 한정적이면서도 인간 이성을 전제로 하고 있다는 점을 인식해야 한다. 절대적 진리의 보편에 입각한 정책이라는 것은 신神의 영역이지 인간의 영역이 될 수 없다. 그래서 우리는 '언제나 변화하고 있는 현실'이야말로 불변의 보편적 법칙이라고 말하지 않을 수 없는 것이다.

넷째, 문제의식은 역사적 사건에 대해 국가별 견해 차이가 존재한다는 점이다. '평화선' 문제에 대해서는 한국과 일본이 전혀 다른 시각에서 바라보고 있다. 국제적 문제에 관하여 나만의 방식으로 쉽게 결론과 해석을 내리는 것은 역사를 대하는 올바른 태도가 아니다. 역사적 사건에 대해서, 한국이나 일본에서 모두 개별 당사자의 국가 소속에 따라 견해의 차이가 발생하는 것은 자연스러운 현상이다. 경제력과 기술력이 상대적으로 뒤떨어진 상황에서 '평화선' 선포는 한국정부가 국가수호를 위해 경계선을 내세운 논리였지만, 휴머니즘이나 인권의 차원에서 보면 폭력성을 안고 있는 국가 작용이었다는 점을 함께 인식해야 한다. 다시 말하면, '평화선'은 당시 '국가'를 위한 경계선으로서 의미가 컸던 것에 비하여, '개인'의 자유라는 측면에서는 자연스럽지 못한 경계선으로서의 속성이 강한 것이었다. 또한 장기적인 측면에서 한국을 외교적 상호의존 국가로 진흥시키려는 입장에서 볼 때, '평화선' 선포는 단기적이고 일방적인 정책이었다고 말하지 않을 수 없다. 오늘날 한일양국이 독도의 영유권 문제와 관련시켜 상대 국민을 혐오하기 위한 소재로서 '평화선'의 역사를 이용하고 있지만, 실제로 일본인 어민을 억류한 것과 같은 휴머니즘 문제는 국경을 초월하는 소재로서 결코 그로 인한 피해자로부터 비난을 피할 수 없다. 과거 전쟁 시기에 저지른 강제연행 문제에 대해서 오늘날 피해자가 버젓이 살아있는데도 일본정부는 반성하지 않고 있다. 한국의 사회는 일본정부의 파렴치한 태도에 대해 집요하게 문제를 제기하고 있고 한국정부도 일본정부에 대해 공식적으로 비판의 자세를 견지하고 있다. 그렇다고 해서 이러한 자세가 한국사회나 한국정부에게 면죄부를 안겨주는 것은 아니다. 연구자의 입장에서 보면, 15년 전쟁 당시 일본의 반인륜적 만행을 비판하는 만큼, 해방 이후에 신생 한국정부가 저지른 독재적 정책이나 반인권적 행태에 대해서도 함께 추궁해 가야 한다. 설득력 있게 일본에게 역사에 대한 반성을 요구하려면, '평화선' 역사를 포함하여 우리 사회에서 폭력이 자행된 역사에 대해서도 자성自省하는 태도를 보여야 한다는 것이다.

다섯째, 문제의식은 외교의 중요성을 재인식하자는 것이다. 이 책은 '평화선' 문제에 의해 경색된 한일 외교관계가 인도주의라고 하는 명분 아래 수습되어 온 과정을 밝히고자 한다. 예로부터 한국은 지리적으로 혹은 문화적 위치에 따라 주변국과의 교류를 확대하거나 주변국과의 긴밀한 상호의존을 필요로 해 왔다. 언제나 주변 강대국 사이에서 현실적 국가이익을 추구해 가야 하는 것이 한국에게 주어진 운명이다. 이 상황이 아무리 감정적으로 싫다고 해도 우리에게 주어진 운명과 조건을 결코 회피하거나 소홀히 할 수 없다. 나아가 지나치게 과거에 사로잡혀 오늘과 미래를 고립적으로 살아간다면 국제사회에서 도태될 수밖에 없고 급기야 우리의 생존까지 위협을 받게 된다. 따라서 일견 단기적으로는 낭비라고 생각될지 모르겠지만, 현재와 장래를 위하여 외교적 전문성이나 유연성을 존중하는 풍토가 필요하다. 사회 안의 집단 구성원이나 집단 간에 존재하는 규범적, 정서적, 문화적 거리두기를 의미하는 '사회적 거리두기'social distance는 국가 외교에서는 핵심이 되는 덕목이다. 상대방에 대한 집단적 혐오 의식은 개인의 인식 가운데서 사물을 쉽게 이해하고 자신의 입장을 편리하게 하고자 하는 습성에서 비롯된다. 편리한 사고나 사회적 집단의식으로부터 언제나 스스로 거리를 두는 '일상적 태도'가 필요하다. '사회적 거리두기'에서 상대방과의 합의를 찾아나가는 아이디어가 나올 수 있다. 우리가 말하는 합리적 사고방식이란 단기적으로 사고의 유연성과 복합성을 잃지 않는 것이며, 궁극적으로 우리 사회의 구성원들에게 이익을 안겨주는 방식이다. 단기적으로 사회 대다수와 견해에 거리를 두면서도 자신의 견해를 사회에 강요하거나 밀어붙이지 않는 유연한 태도야말로 외교 분야의 전문가에게 요구되는 필수적인 요소라고 할 수 있다. 단기적 권력이나 사회 집단의식을 통해 자신과는 다른 견해에 대해 배제하거나 억누르고자 하는 행위는 절대로 외교적 전문가로서 취할 덕목이 될 수 없다.

이러한 관점에서 단기적이며 감정적으로 집단의식을 대변했던 이승만 정부의 '평화선' 선포나, 국민들의 반대 의사를 억누르고 반反역사적 외교정책으로 자행된 박정희 정부의 한일어업협정 체결 행위에 대해서 그다지 긍정적으로 평가하기는 곤란하다. 그렇다고 해서 지나간 과거 정부의 외교를 오로지 부정적으로만 평가하려는 것은 오늘날에도 지속되고 있는 정책의 한계성에 비추어 볼 때 그다지 현명한 판단이라고 말할 수 없다. 국민 대부분의 역사적 평가는 해당 정권이 장기적 관점에서 실질적으로 경제적 복리를 가져왔는지에 따라서 이루어지는 것이지 선명한 언사로 그때그때 단기적 국면을 수습하느냐에 따라 이루어지는 것이 아니기 때문이다. 어느 정부의 외교정책에 대해서는 경제적 수혜자가 많았는지 적었는지에 따라서 역사적 평가가 이뤄지고 있다. 오늘날 '국가이익'과 '책임'이라는 관점에서 지도자들이 비록 한계가 있더라도 장기적인 관점에서 외교정책을 전개하고 있는 것인지, 아니면 신정神政사회에서나 있을 법한 이념이나 단기적인 관점에서 이를 전개하고 있는 것인지, 분별하는 이성적 판단력이 속히 우리 사회 전반에 널리 확산되기를 기대한다.

이 책의 특징

이 책에서는 '평화선'의 역사적 측면을 서술하는 것이다. 따라서 한국과 일본에서 기존에 출간된 연구와 외교교섭을 위한 자료를 발굴하고 일반에 널리 소개하는 것을 목표로 하고 있다. 이 책의 내용에서는 다음 네 가지의 특징을 가지고 있다. 첫째, 해방직후 한일 양국에서 전개되는 상호 민족이동, 즉 새로운 국민형성과정에서 나타난 '평화선' 문제를 다루고자 한다. 주로 1945년부터 1952년에 이르는 시기의 부산과 시모노세키下關, 후쿠오카福岡 지역의 수산업 관계자들을 중심으로 하여, 한국인과 일본인의 민족이동 양상을 밝히고자 한다. 이에 대해서는 저술 과정에서 연구자 자신이 10년 이상의 조사를 통해 이룩해 온 양 민족의 본국 귀환에 관한 실태 조사 결과를 활용하는 가운데, 새로운 귀환 자료와 조사 연구가 토대가 되었다. 특히 1948년 7월에 「일본인 세화회」 업무가 종결된 이후, 신생 한국정부가 부산에 「외국인 수용소」를 통합 설치하고 일본인 부녀자와 자녀들을 대기시키는 과정에서부터 한국의 현대 어업을 서술하고자 한다.

둘째, 어업자원을 둘러싼 한일 양국의 국가주권 주장, 즉 어업구역의 독립적 공간 추구라고 하는 시각에서 '평화선' 문제를 실증하고자 한다. 샌프란시스코 강화조약의 발효 일본의 점령 종결를 바로 앞 둔 상황에서, 신생 한국정부는 1952년 1월 '해양주권' 선언을 통해 어업자원에 관한 국가주권을 대내외적으로 선언하기에 이른다. 민족주의적인 정책이 수립되어가는 과정에 대해서는 기존 연구 결과물과 관련 자료를 섭렵하고, 지철근·김동조 등 '평화선' 획정에 관여한 당사자들의 자서전과 같은 기록물, 한일회담 기록, 그리고 '평화선' 관련 자료들을 활용하였다. 또한 오늘날 일본사회에서 '평화선' 관련 영상이 혐한嫌韓 자료로 사용되고 있는 상황에 비추어, 양국관계를 과도하게 악화시키는 흐름에 대한 완충작용으로서 후쿠오카에 거주하는 억류 일본인 어민에 대하여 직접 인터뷰를 실시하고, 후쿠오카의 RKB마이니치TV 방송국을 비롯한 관련 영상자료들을 살펴보고자 한다. 결과적으로 이 책은 '평화선' 선언이라고 하는 외교작용과 함께 휴머니즘 움직임으로서 한일 양국 어민의 동향을 함께 언급하고 있다. 특히 어민의 동향에 대해서는 그다지 연구가 이뤄지고 있지 않는, 기존 일제강점기 시기의 관행에 머물러 있던 수산 관련 업자들의 동향을 함께 다루게 되었다.

셋째, 1957년 외교 각서 이후부터 1965년 어업협정 체결에 이르는 시기의 한일 양국 외교협상 과정을 밝히고자 한다. 기존에 1950년대 이승만 정부와 1960년대 박정희 정부의 시기를 중심으로 하여, 한일회담의 교섭 과정에 대해서 비교적 수많은 연구가 이루어져 왔다. 그러나 기존 1957년 상호석방 각서를 둘러싼 연구들이 기본적으로 구보타 간이치로久保田貫一郎 망언을 철회하는 문제에 대부분 초점이 맞추어져 있었던 것에 비추어, 이 책은 1957년 각서가 그 후 한일 간 억류자에 대한 상호석방을 어떻게 현실화시켜 가는지에 대해서 초점을 맞추고 있다. 기존 연구들이 재일동포의 북송 문제에 대해서도 오로지 일본과 북한의 협상 결과에 대해 초점이 맞추어져 있다는 점에 비추어, 이 책은 일본인 어민의 한국 석방 문제와 관련하여 상호석방 각서의 향방을 추적한다. 이 책은 1958년에서 1960년까지의 한일관계에서 일본인 어민에 대한 한국의 대응과 재일동포의 석방에 대한 일본의 대응을 관계론적 시각에서 함께 살펴본다.

넷째, '평화선'을 당시 일본정부나 일본인들이 어떻게 바라보았는가를 논하고자 한다. 신생 한국정부의 입장에서 '평화선'을 논하는 한국인 연구자의 조사결과는 무수히 많다. 그러나 일본정부가 이를 어떻게 이해하고 있었고 더욱이 피해 일본인 어민이 억류 당시와 오늘날 이 문제를 어떻게 바라보고 있는지에 관하여 직접 당사자들을 만나 의견을 청취하는 움직임은 지극히 드물다. 일본의 지식인이나 피해자들은 과거 한 때 한일 양국의 국교정상화가 이뤄지지 않은 시기에 '비민주적'인 한국정부에 의해서 '일방적으로' 피해를 입은 것으로 보고 있으며, 이미 지나간 일로 오늘날에 들어서는 대체로 이를 그다지 문제 삼지 않고 있다. 반면에 일본사회의 우파적 성향을 가진 일부 네티즌들은 오늘날에도 과거의 피해에 대한 자의적 해석과 함께 혐한嫌韓의 재료로서 관련 영상들을 이용하고 있다. 한편으로 한국사회의 경우에도 일방적인 반일反日 견해가 지나치게 나타나고 있어 일본사회의 우경화 움직임과 크게 다르지 않다고 본다. 한국의 일반인들은 '평화선' 문제에 대해 과거의 해프닝에 불과했던 것으로 이제는 잊고 있으며 일부 연구자 또는 지식인들은 '평화선' 취지의 정당성을 오늘날 재평가하려는 시도를 내보이고 있는 형편이다. '평화선' 선언은 한국정부의 일방적인 선포였지만, 한편으로 점령상태를 벗어나려는 일본에 대한 민족주의의 선언이기도 했다. 따라서 상대방 일본이 이를 어떻게 이해했는가를 살피는 것은 외교적 정책을 현실적으로 이해하는데 중요하며, 앞으로도 한국 혹은 일본의 '일방적인' 조치를 이해하는데 참고가 될 것으로 생각한다. 이 점이 국제관계학 전공자인 필자가 '평화선' 문제를 연구대상으로 삼은 궁극적인 이유이다.

이 책의 내용

전반적으로 해방 이전의 한반도 어업 상황, 1945년 일본인의 본국 귀환의 움직임, 1948년부터 실시한 맥아더라인 침범 어선에 대한 나포, 1952년 1월 '평화선' 선포와 한일회담 어업교섭 과정, 그리고 1965년 6월까지의 한일어업협정 체결 과정을 주된 내용으로 하여, 약 20년간에 걸친 해방 후 해양주권 국가건설 과정을 외교교섭 측면과 민간인 동향 측면에서 기술한다. 서론에서는 넓은 시야에서 해양 주권을 둘러싼 식민지 종주국과 신생 국가 사이의 정책 차이로 보아야 한다는 논점을 제시한다. 과거의 연구에 있어서는 대체로 '평화선' 문제를 이승만 대통령의 개인 리더십을 긍정적으로, 혹은 부정적으로 평가하는데 초점이 맞추어져 있었다. 그러나 오늘날 연구 중심에서는 1950년대 한국이 국제정치적으로 어떤 상황에 놓였는지를 파악하는 일에 쏠려 있는 것과 같이, 이 책도 이러한 '구조적인 접근'을 보다 중요시하고 있다. 따라서 큰 틀에서 볼 때 '평화선' 문제는 정부 수립 후에 국내사회에서 민족주의에 함몰되어 있던 대중들의 움직임에 비추어 단기적 이익을 추구하는 정치적 지도자였다면 대체로 일본에 대해 주장했을 것으로 생각한다.

다만 이때 독도를 '평화선' 직선기선 안에 끌어들인 문제와 함께, '외국인 수용소'에 일본인 어민을 1년 이상 억류한 일, 그렇다고 하여 이들이 중노동에 처한 일도 없었고 대체로 '평온'한 수용소 생활을 보내게 했던 일, 등은 부분적으로 '구조적 문제'였다고 평가하기 어려운 측면이 있다. 이 책에서는 종래의 어업관행을 유지하고자 하는 일본의 수산업자에 대해 신생 한국정부가 주권을 '선언'하지 않을 수 없는 구조를 가지고 있었고, 이러한 구조 속에서 일본인 어민의 억류라고 하는 비인간적 사건은 독립 국가의 논리와 개별 인간의 생존 논리가 상호 충돌하면서 비극을 빚

어낸 것으로 보고 있다. 시대를 막론하고 국가와 민간의 '역사적 화해'는 절대적으로 중요하다는 것을 말하고 싶고, 이와 함께 오늘날 현상 구조를 깨트릴 어느 국가나 개인의 강력한 주장도 성립하지 않는다는 점을 강조하고 싶다.

이 책은 이러한 견지에서, 첫째 내용으로는 식민지 해방과 국가 독립에 관한 일본인 어민과 한국인 어민과의 인식 차이를 설명하고 이러한 민간 인식의 차이가 국가 정책 측면에 어떻게 반영되는지 논한다. 과거 식민지 시기 조선총독부 체제 하에서 관리되던 어족자원 보호에 대한 입장이 해방 이후 어떻게 변화해 가는지를 살펴보고, 급격한 변화와 함께 과거로부터의 관습에 따르기 쉬운 인간의 모순을 한국인 어민은 물론 일본인 어민에서 찾아나가고자 한다. 식민지 해방에 대한 양국 어민의 상호 인식 차이를 맥아더라인 관련 자료를 통해 규명하며, 아울러 일반 공개된 외교 사료를 통하여, 한일회담을 앞둔 시점에서 일본정부의 기본 방침을 양국 어업 담당자의 관점에서 재해석하고자 한다.

둘째 내용으로는 '평화선' 문제의 배경으로서 부산 '외국인 수용소'의 발단과 경위를 살펴본다. 일본 패전 직후 한반도 거주 일본인의 체계적인 일본 귀환과 민간인 권익 보호를 위해 탄생한 「일본인 세화회」는 미군 점령기 내내 일본인의 보호를 위해 활동했다. 이 기구는 38도선 이북 지역을 통과하여 일본으로 귀환해 가는 일본인 전재민에 대한 인도적 구호를 내걸고 활동했던 것으로 알려지고 있다. 그러나 「일본인 세화회」의 움직임 이외에도 미군에 대한 협조 이면에는 맥아더라인 안에서 일본인 어민을 비롯한 어족자원에 대한 보호 움직임도 강했다는 점을 함께 밝히고자 한다. 또한 휴머니즘의 시각에서 '외국인 수용소'가 애초에 일본인 부녀자와 아동들의 귀국 대기소로 활용되었다는 점과 '평화선' 선포 이후에 일본인 어민의 일시 대기소로 사용되었다고 하는 점을 규명한다.

셋째 내용으로는 한국정부의 '평화선' 선포에 이르는 정책결정 과정과 함께, 일본어선 나포에 이르는 과정을 영상자료와 관련자 인터뷰를 통해 밝히고자 한다. 이때 당면한 북한과의 전쟁과 대결에 집중할 수밖에 없는 취약한 정부였지만, 샌프란시스코 강화회의에 따른 일본의 독립이 예상되는 시점에서 과거 식민지 문제에 대한 해결에서 미국 중심의 국제질서에 따를 수밖에 없는 한국정부의 고뇌도 살펴본다. 아울러 '평화선' 선포 이후 일본 어선의 나포 상황과 일본 어민의 억류 통계를 분명히 하고, 이들을 외교적인 카드로 하여 한일회담의 청구권 교섭에서 유리한 입장을 견지하고자 하는 한일 양국의 외교 교섭 상황을 분석한다.

넷째 내용으로는 부산 '외국인 수용소'에 억류된 일본인 어민 문제에 대해서 비극적인 역사를 돌아보며 교훈을 삼고자 한다. '평화선' 문제를 중심으로 하여 자료에 의한 한국 사회의 과거 사실에 대해 자성하는 실마리를 제공하고자 한다. 오늘날 일본사회 일부에서 지나치게 한국을 비하하는 혐한嫌韓 움직임이나, 한국사회 일부에서 지나치게 일본을 비난하는 반일反日 움직임에 대해서, 이를 회피하지 않고 정면으로 맞서고자 한다. 무엇보다 1950년대에 있어서 일본사회에서 일본인 어민의 억류 상황에 대해 그들의 석방을 국제사회에 널리 알리고 단체 활동을 통해 한국인에 대한 배척 운동을 조직적으로 전개하는 움직임도 추적한다. 이와 함께 같은 시기에 한국사회에서 어족자원의 보호를 중시하는 논리를 내세우면서 일본에 대한 응징과 일본인 어민의 억류를 주장하여 한일회담을 유리하게 이끌어내고자 했던 움직임도 정리한다. 또한 이러한 한일 양국 사회의 양극화 움직임에 따라 일본인 어민 피해 당사자의 견해를 부각시키는 한편, 재일한국인과 재조일본인과 같은 중간자적 존재가 점차 사라져가고 있는 현실도 살펴본다.

다섯째 내용으로는 제4차 한일회담 재개의 계기가 된 1957년 상호석

방을 위한 외교 각서 교환이 실질적으로 외교관계와 억류 피해자 문제에
대해 어떠한 결과를 가져왔는지 실증하고자 한다. 이 각서를 이해하기
위해서는 1953년 10월 제3차 한일회담에서 교섭이 중단된 이후, 경색
된 관계에서 미국을 주축으로 하는 한국과 일본의 반공전선을 재확인하
는 외교적 활동을 이해하는 것이 필요하다. 한국인과 일본인의 상호석
방 문제는 휴머니즘을 강조하는 한일 쌍방의 정책적 이슈가 되었다. 따
라서 미국은 어업전문가를 포함하여 여러 옵저버를 일본에 파견하여 인
도적인 차원의 억류문제를 최우선으로 다뤄야 한다고 제안하기에 이르
렀으며, 과거사 문제에 대해서 전향적인 태도를 보일 것을 주문하고 한
국에 대해 회담 재개에 나설 것을 종용했다. 이러한 배경을 이해하지 않
고서는 제4차 회담의 재개를 설명하기 어렵다. 일본의 오무라大村 수용
소에 억류된 재일한국인 문제와 한국의 외국인 수용소에 억류된 일본인
어민 문제가 회담 재개를 위한 외교적 실마리가 된 것을 이해해야 한다
는 것이다.

　여섯째 내용으로는 1958년부터 1965년에 이르기까지 어업협정의
변화과정을 조사하여 결과적으로 한국정부 일방의 '평화선'이 소멸되고
국교정상화에 따르는 한일 쌍방의 어업협정으로 대체되는 과정을 분석
하고자 한다. 그러다보니 한일회담 속에서도 어업협정 교섭을 중심으로
하여 상호각서의 이행과정과 4.19혁명 이후 제5차, 제6차 회담에서 어
업문제를 둘러싸고 한일 간의 외교 교섭 과정을 밝히는데 중점을 두었다.
순탄하게 진전되지 않는 한일회담 가운데, 어업협정 교섭 중에도 끊임없
이 어선의 나포가 이루어지고 있었으며, 결과적으로 오무라 수용소와 외
국인 수용소의 억류 문제는 종식되지 않았다. 이러한 우여곡절 과정을 거
쳐 어업 관계자와 '평화선' 관련 전문가에 의한 교섭이 이뤄지는 과정을
다루었다. 아울러 제4차 회담에서 제6차 회담에 이르기까지 회담 자료

를 분석하여 막바지 어업협정 교섭 내용을 밝히고자 한다. 이는 이 책의 제8장을 통하여 한일어업협정 체결에 이르는 막바지 외교교섭 과정을 실증하면서 논하고자 한다.

마지막 내용으로 이 책의 결론 부분에서는 13년간 이상에 걸친 '평화선'과 한일회담을 통해 얻어진 어업협정에 대한 재평가, 즉 우리에게 국교정상화 움직임이 무엇이었는지 이를 어떻게 평가하고 있는지 논하고자 한다. 그리고 한국의 '평화선'이 어족자원의 보호라는 명분 아래 일본인에 대한 국민적 혐오를 조장하고, 일본사회도 일본인 어민의 억류라고 하는 구실 아래 한국인에 대한 국민적 혐오를 불러일으키는 상황을 그려내고자 한다. 이 책의 특징이라고 한다면, 한국에 억류된 일본인 어민의 현실을 가능한 소개하는 한편, 일본사회 일각에서 혐한 감정을 극대화하는 사회적 부조리가 발생하고 있다는 것을 고발하고자 한다. 1950년대에 일본인의 억류 피해자 단체와 일본정부가 주장해 온 일본인 어민의 한국 억류 현실을 직시하는 가운데, 일본의 시민단체와 한국정부가 공통적으로 문제시 했던 재일한국인의 일본 억류현실이 존재했음을 언급하려고 하는 것이다.

오늘날 한일 양국에 커다란 논쟁이 되고 있는 것과 마찬가지로 1951년부터 1965년까지 예비회담에서 제7차 한일회담에 이르기까지 내내 청구권 문제가 가장 중요한 의제가 되었고 그 다음으로 '평화선' 문제와 같은 어업문제가 양국 외교의 협상 대상이 되었다. 이와 함께 한일 양국의 외교적 공방 속에 간과하기 쉬운 문제로 비인도적 측면의 민간인 억류 실태가 가려져 있었다고 하는 사실을 부각시키고자 한다.

제1장

한반도 해방과 일본인의 본국 귀환

42°-15′N
130°-45′E

5′N
0′E

38°-00′N
132°-50′E

35°-30′N
130°-00′E

34°-40′N
129°-00′E

00′N
00′E

32°-00′N
127°-00′E

해방 전 한반도의 어업

연안 바다 물고기에 관한 한국의 역사기록물들을 대략적으로 살펴보면, 15세기부터 18세기에는 물고기의 명칭과 산지에 관한 언급이 산발적으로 나타나다가, 19세기에 들어 본격적으로 한국 근해와 연안에서 포획할 수 있는 어류에 관하여 백과사전과 같은 기록이 등장하게 된다.[1] 특히 1803년 늦가을에 탈고한 것으로 알려지고 있는 김여金鑢의 『우해이어보牛海異魚譜』1803년는 연안 해역의 생선에 관한 한국 최초의 어보로서 의미를 갖고 있다.[2] 비록 해양 수산학에 관한 한국의 역사기록물에서 초기에는 일부의 바다 어종에 국한하고 있으며, 물고기의 명칭에 대한 표기에서도 오류들과 함께 통일되지 않은 표현들이 많이 나타나고 있다. 하지만 19세기 초부터 명칭의 통일화 작업이 이뤄지고 있기 때문에, 우리는 19세기 초 시기를 한국 수산학의 태동기라고 부르고 있다.

수산학 태동기에 나온 3대 저서로는 일반적으로 김여의 『우해이어보』, 정약전丁若銓의 『자산어보玆山魚譜』, 서유구徐有榘의 『난호어목지』를 꼽고 있다.[3] 김여의 『우해이어보』1803년는 경남 진해 부근 연안의 어류에

---

1   한미경, 『『난호어목지』와 『전어지』의 비교연구』, 『서지학연구』 47호, 2010년 12월, 323쪽.
2   박수현, 『19세기 초 담정은 무엇을 보았나』, 미디어줌, 2019년, 6-8쪽.
3   이규경, 전병철·이규필(역), 『오주연문장전산고: 만물편/충어류』, 국립해양박물관, 2019년, 15쪽.

관한 형태·습성·번식·효용 등을 언급했고, 정약전과 이청李晴의『자산어보』1814년는 전남 흑산도 연안 해역의 수산 동식물에 관한 명칭·분포·형태·습성 등을 언급했다. 이청의 이름은 본래 밭 전田 변에 푸를 청靑이었는데, 한자가 없어 晴으로 했다. 아울러 서유구의『난호어목지蘭湖漁牧志』혹은『난호어명고蘭湖魚名考』1820년 추정는 전북 고창 지역의 어류를 중심으로 하여 그 모양·형태·크기·생태·습성·가공법·맛 등을 서술한 것이다.[4] 이렇게 볼 때 전통적으로 조선 사람들이 섭취하는 물고기는 연안을 중심으로 한 것이 대부분이었고 먼 바다에까지 나아가 조업하기에는 어업기술이 발달하지 못했다고 하는 한계를 지니고 있었다.

근대 해양 수산업의 역사는 일본 메이지明治제국에 의한 어업 진흥 정책이나 어업 기술의 발전과 맞물려 시작하게 된다. 한일합방 이전의 구한말 시기부터 일본열도에서 어족자원이 풍부한 한반도 근해로 점차 진출하며 조업하는 일본인 어업자들이 많아졌다. 일본의 근대화를 견인해 온 3대 어업기업, 즉 오늘날 마루하マルハ 주식회사 이름으로 활동하고 있는 대양어업大洋漁業, 일본수산日本水産, 일로어업日魯漁業 가운데, 특히 대양어업과 일본수산은 일본제국의 한반도 식민지 침탈을 기반으로 하여 성장해 왔다. 이러한 어업에 관한 대규모 일본기업들은 메이지 유신 이후 결성되기 시작하여 일본열도의 홋카이도北海道에서 규슈九州에 이르기까지 중요한 어항漁港을 지배해 왔을 뿐 아니라, 어망의 제조, 어선의 건조, 냉동 공업, 통조림과 소시지 등의 가공업, 생선 기름이나 고래 기름을 이용한 공업 등에도 사업 분야를 확장해 왔다.[5]

---

4   김려, 김명년(역),『우해이어보: 한국 최초의 어보』, 한국수산경제신문, 2010년, 1-209쪽; 정약전·이청, 정명현(역),『자산어보: 우리나라 최초의 해양생물 백과사전』, 서해문집, 2016년, 1-296쪽; 서유구, 이두순(역),『난호어명고』, 수산경제연구원, 2018년, 1-419쪽.

5   竹本賢三,「もういちど李ライン問題について: 日本漁業再進出についてのメモ」,『朝鮮研究』30号, 1964年 6月, 35쪽.

이렇듯 일본과 한반도 해역에서 이동하면서 조업하는 어민과 함께 아예 한반도로 이주하는 일본인들도 근대에 들어 나날이 늘어났다. 특히 제주도 주변이나 부산과 쓰시마対馬 사이의 수역에는 어종이 풍부할 뿐 아니라 물고기의 이동이 심한데다가 어선의 건조기술이나 어구설비가 근대화하면서 바다에서 조업하는 어민들도 나날이 많아졌다. 어류의 냉동기술이 그리 발달하지 않은 상태에서, 일찍이 1876년 강화도 조약 체결 시기에 일본인 54명이 한반도 개항장으로 이주하기 시작했고, 1881년에는 인천 개항과 더불어 3,417명으로 급증했다. 1883년에 조선과 일본정부 사이에 통상장정이 체결될 때에도 일본 어선의 비공식적인 한반도 진출이 있었고, 1889년 통어通漁규칙이 양국 사이에 체결되는 것과 무관하게 한반도 근해에서 일본인 어선에 의한 남획이 자행되었다고 한다. 그 결과 이 시기에 나가사키長崎 항구에 들어오는 해삼이나 전복 등의 대부분이 한반도에서 잡은 것이었다는 기록이 있다.[6] 다음 [표-1]과 같이 메이지 정부의 외무성 통상국의 자료에 따르면, 1890년에 한반도 근해에 진출하여 조업하는 일본인 선박의 숫자가 야마구치현山口縣·나가사키현長崎縣·히로시마현広島縣에서 100척을 넘겼으며, 오이타현大分縣·오카야마현岡山縣·가가와현香川縣·구마모토현熊本縣에서도 40척을 넘겼다고 한다. 이 숫자는 메이지 정부에 의해 파악된 숫자이며, 이외에도 정부의 공식적인 조사에서 누락되는 사례가 많았을 것으로 추측되고 있다.

6   木村健二, 『在朝日本人の社会史』, 未來社, 1989年, 51쪽.

[표-1] 1880년대 한반도 근해에서 조업한 일본 어선 수

선박 소속	1890년	1891년	1892년
야마구치현 (山口縣)	209척	125척	155척
나가사키현 (長崎縣)	131척	45척	58척
히로시마현 (広島縣)	118척	269척	270척
오이타현 (大分縣)	76척	31척	45척
오카야마현 (岡山縣)	57척	34척	38척
가가와현 (香川縣)	55척	45척	40척
구마모토현 (熊本縣)	14척	15척	10척
에히메현 (愛媛縣)	14척	15척	31척
효고현 (兵庫縣)	7척	-	5척
시마네현 (島根縣)	4척	4척	3척
가고시마현 (鹿児島縣)	2척	27척	14척
후쿠오카현 (福岡縣)	2척	1척	11척
미야자키현 (宮崎縣)	1척	-	-
도쿠시마현 (德島縣)	-	-	1척
사가현 (佐賀縣)	-	-	1척
지바현 (千葉縣)	-	-	1척
계	718척	611척	683척

출처 : 木村健二, 『在朝日本人の社会史』, 51쪽.

이러한 움직임과 함께, 한반도에서 가까운 지역이나 아주 떨어져 있지 않은 지역으로부터 아예 한반도로 이주하여 한반도 해안에 어촌을 형성하는 움직임이 발생했다. 생선의 냉동 저장 운반 기술이 충분히 발달하지 않은 상태에서 한반도의 일본인 어촌이 생겨났으며, 일본인 어민에 유입과 상호 교류를 통하여 한반도에서 어업 기술이 발달했다는 점도 부정하기 어렵다.[7] 한반도 일본인 어촌의 형성 요인으로서는 자연적인 요소 때문에 형성되었다고 보는 견해가 있는 반면에, 부국강병의 일환으로 메이

---

7   김수희, 「총독부 관리가 증언한 조선의 수산업」, 『대한일어일문학회 학술대회 발표논문 요지집』, 2016년 4월, 256-257쪽.

지 정부가 정책적으로 주도하고 지원한 이주 어촌도 있었다고 하는 견해도 있다. 일본정부의 정책에 대해서는 예를 들어 1893년에 다케우치 구니카﹗竹內邦香가 편찬한 『조선통어사정』朝鮮通漁事情은 일본인 어선의 한반도 근해 진출을 군사적으로 잘 활용해야 한다고 했다. 이 책은 해류의 완급 상황이라든지 해저 혹은 심해의 사정, 또는 암초의 유무 문제 등 바다 사정을 잘 알고 있는 일본인 어업자들을 한반도에 적극 이주시켜야 한다는 메시지를 담고 있었다. 그리고 일본인 어업자를 바닷길 안내자로 이용해야 하며 첩자로도 활용할 필요가 있다고 했다. 또한 한반도 남해에는 대구와 고래 등이 많이 잡히는 어장이며 시베리아 철도를 이용하여 러시아보다 앞서 어획물의 국제적 판로에 나서야 한다고 했다. 아울러 일본인 어선의 조업자가 지켜야 할 규칙으로 ① 조선인과 절대 투쟁을 벌이지 말 것, ② 일본인 동업자의 단결로 규약에 따라 행동할 것, ③ 무면허로 조업하지 말 것 등을 거론했다.[8]

1900년을 전후한 시기에 이미 일본 원양어업자 가운데 대자본가들은 남양 방면의 어장으로 진출한 상태였으며 조선해역으로 출어하는 어민들은 대부분 영세자본가들이었다. 청일전쟁 후에 한반도 주변 해역에서 조업하는 일본 어선들이 급증하기 시작하여, 1898년에 1,223척, 1899년에 1,157척, 1900년에 1,654척, 1901년에 1,411척, 1902년에 1,394척, 1903년에 1,589척이 되었다. 이에 따라 조선인 어민과 일본인 어민 사이에 분쟁이 다수 빈번하게 발생했고, 일본인 어민 보호와 분쟁 방지를 위하여 일본의 중앙정부와 지방정부, 관민단체 등이 주도적으로 한반도 주변 해역에 관한 어업조사 사업에 나서게 되었다.[9] 그 연장선에서 일찍이 19세기 말부터 한반도에 형성되기 시작한 일본인 어촌은 ①

---

8   여박동, 『일제의 조선어업지배와 이주어촌 형성』, 보고사, 2002년, 30-34쪽.
9   여박동, 『일제의 조선어업지배와 이주어촌 형성』, 147-149쪽.

일본인 어민 자유의사에 따른 '자유이주' 어촌, ② 일본정부의 이주 정책
에 따른 '보조이주' 어촌으로 대별해 볼 수 있다. 이 가운데 '자유이주' 어
촌은 일본 패전 시까지 대체로 융성한 모습을 보였는데 반하여, 일본 중
앙정부와 지방정부의 지원을 받아 형성된 '보조이주' 어촌은 1920년대
이전까지 대부분 실패하게 된다.[10]

여기서는 지쿠호筑豊수산조합이 편찬한『筑豊沿海誌』를 연구한 여박
동의 저서를 인용하여 '보조이주' 어촌으로 일시 성공한 부산 다대포 어
촌을 소개하고자 한다. 1906년 후쿠오카현福岡縣의 지쿠호수산조합이
어민의 주택 9채를 건설하고 여기에 일본어민의 이주로 장려했다. 같은
해 이토시마군糸島郡에서 한꺼번에 어민이 몰려와 6채의 주택에 거주했
다. 그러나 그들은 현지인과 언어 소통이 되지 않았고 지리도 제대로 몰
라서 심한 곤란과 슬픔에 빠졌다. 마침 이토시마군 출신 기무라 쓰루키치
木村鶴吉 등이 정어리와 청어 그물에 성공하여 비로소 이주어촌을 소생시
켰다. 그 이후 이주자의 수는 비록 적었지만 후쿠오카현 근거지 가운데
가장 견실한 어촌으로 인정되어 경영상 독립하게 되었고 추상推賞의 대
상이 되기까지 했다. 또한 다대포는 낙동강 왼쪽 연안에 위치하여 각종
어족이 풍부할 뿐 아니라 부산과 인접하여 어업을 경영하기에 적합하다
고 하며 이곳의 '보조이주' 어촌 정책이 성공하고 있다고 했다.[11]

아무튼 1905년에 대한제국과 일본제국 사이에 어업조약通漁條約이 맺
어지면서 일본인 어민의 한반도 진출이 공식화되는 계기가 되었다.[12] 조

---

10 손정목, 『일제강점기 도시변화과정 연구』, 일지사, 1996년, 449-451쪽; 박중
　　신·김태영·이훈, 「한국근대기 일본인이주어촌의 포구취락 구조와 주거형태에
　　관한 연구: 경남 통영·장승포항을 대상으로」, 『대한건축학회논문집』 20권 11
　　호, 2004년 11월, 132-133쪽.

11 여박동, 『일제의 조선어업지배와 이주어촌 형성』, 259쪽.

12 「悩める引揚水産業者の援護, 資材特配を農林相に: 朝水会から陳情」, 『朝水』 4
　　号-5号, 1947年 6月, 7쪽.

약에 이어 1909년에 일본정부에서 트롤어선을 단속하는 규칙을 처음 도입한 것은 일본의 트롤어선들까지 새로운 어장으로서 한반도 근해에 까지 조업을 더욱 확대하도록 하는 역할을 수행했다. 이에 따라 한반도 주변 해역은 1900년대부터 1910년대에 걸쳐 한반도에 이주했거나 서부 일본에 거주하고 있던 일본인 어민에 의해 본격적으로 개발되었다고 할 수 있다. 어느 기록에 의하면, 1910년 합방 당시 조선해역의 어선 총수가 16,700척이었는데 1940년에는 63,000척으로 늘어났고 선체에서도 종래의 취약한 구조를 벗어나 개량 어선으로 변모했으며, 이에 따라 어획고는 26배로 늘어났고 일본 해역 어선과 비교하여 8.7배 정도의 차이를 보였다고 한다.[13]

한편 일본인 어민의 한반도 근해 출어가 본격화 되면서 어업조합이나 어업단체도 많아졌고 이에 따라 1912년 7월에 연합체「조선수산조합」朝鮮水産組合이 결성되었다. 이 조합은 부산에 본부를 두고 각 도에 지부를 설치하고 대부분의 일본인과 일부 한국인이 구성원이 되어 활동했다. 연합체를 구성한 것은 한반도 근해 일본인 어업자의 보호를 위한 것이었고, 일본정부와 조선총독부의 단속 정책에 주도면밀하게 대처하기 위해서였다.[14] 1913년 당시 한반도에 설립된 어업단체만 보더라도 경상남도 38개, 경상북도와 전라북도가 각각 3개, 전라남도와 평안북도가 각각 1개 있었다.[15] 한반도 전역에 걸쳐 형성된 작은 이주 어촌들은 어업에 유리하도록 이합집산을 거치면서 소멸되거나 커지는 형태로 변화해 갔다.[16]

---

13 吉田敬市, 『朝鮮水産開発史』, 朝水会, 1954年, 2-3쪽.

14 여박동, 『일제의 조선어업지배와 이주어촌 형성』, 155-158쪽.

15 후루타 에츠조, 「한반도에 있어서 일본인 어민의 출어과정」, 『일본학보』 8호, 2001년, 47-49쪽.

16 김수희, 「어업근거지건설계획과 일본인 집단이민」, 『한일관계사연구』 22집, 2005년 4월, 142-143쪽.

트롤 어선의 경우, 1912년에 일본에 조업 금지구역이 확장되면서 동경 130도를 경계로 하여 그 서쪽에서는 트롤어선이 조업을 하지 못하도록 규정했다. 이때부터 트롤어선은 본격적으로 한반도 근해 어장으로 진출한 것으로 알려지고 있다. 1913년 연말에 일본이 보유한 트롤어선 수는 총 139척이었다고 한다. 이 가운데 대부분의 어선들이 한반도 근해를 노리고 불법적으로 조업에 임한 것으로 보인다.[17]

조선총독부의 『일본인 어업자 이주어촌 조사』內地人漁業者移住漁村調査, 1914年를 분석한 연구에 따르면, 한반도 전역에 걸쳐 59개 어촌이 형성되어 총 986호 3,900명에 달했으며, 이 가운데 10개 촌이 단체 이주자에 의한 어촌이었다고 한다. 59개의 일본인 어촌 가운데 가장 큰 어촌이 통영군 입좌촌入佐村이었고, 그 뒤를 이어 울산 방어진方漁津, 경기도 인천, 동래군 대변포大邊浦, 통영군 강산촌岡山村, 통영군 지세포知世浦, 고성군 광도촌廣島村, 사천군 팔장포八場浦, 사천군 신수도촌新樹島村, 통영군 도사촌土佐村, 부산 용당동龍塘洞, 마산 천엽촌千葉村, 동래군 다대포多大浦, 무안군 몽탄진夢灘津, 고흥군 외나로도外羅老島, 군산 죽성리竹城里, 군산 경포리京浦里, 통영군 동충동東忠洞, 통영군 봉곡촌蜂谷村, 여수 거문도巨文島, 등이다.[18] 육지에서 조선인 농촌의 소작인들에게 동양척식회사는 '포악한 침입자'였던 것과 마찬가지로 이들 일본인 이주 어민들에 대한 현지인의 시각도 부정적이었을 것으로 보는 견해가 있는데 반하여, 일본인 어촌은 현지인들에게 농촌에 비하여 그다지 심각한 폐해를 끼치지 않았을 것으로 보는 견해도 있다. 필자로서는 이 두 가지 견해를 모두 받아들여 지역과 개인의 행태에 따라 달랐다고 보는 것이 옳지 않을까 생각한다.

---

17   水産研究会(編), 『東海黄海の漁業資源に関する諸問題』, 日中漁業協議会, 1954年, 33-34쪽.

18   여박동, 『일제의 조선어업지배와 이주어촌 형성』, 133-135쪽.

또한『조선총독부통계연보』를 분석한 여박동의 연구에 따르면, 1911년에서 1932년까지 조선인 어민과 한반도에 거주하던 일본인 어민을 구분하여, 이 기간 동안 조선인 어민의 가구가 317,190명으로 전체 인구의 3.4%였고, 재조일본인의 경우는 10,685명으로 전체 인구의 3.6%였다고 한다. 1911년에 비해 식민지 말기에 조선인 어민의 가구가 2배 정도 늘었는데 반하여, 일본인의 경우는 1912년~1915년 사이에 오히려 감소했다가 해방 때까지 대체로 1911년 수준을 유지한 것으로 나타나 있다. 이것은 일본인 어민의 유입이 상당수 한일합방 이전에 시작되었다는 것을 말해주는 것이다.[19]

그리고 식민지 말기에 전시체제에 어촌의 젊은이들도 동원되어 갔다는 이유와 함께 어업의 근대화에 따라 일본을 근거지로 하여 한반도 근해에 진출하는 일본인 어선이 많아지면서 굳이 한반도에 거주하면서까지 어업을 해야 할 필요가 크지 않았다는 이유를 들 수 있다. 그리고 식민지배 초기에 실시한 조선총독부와 동양척식주식회사의 수산이민사업은 결과적으로 성공을 거두기 어려웠다는 점도 주목해야 한다. 일제강점기를 통틀어 조선총독부 어업통계를 보면, 어민 가구 중에서 어업에만 종사하는 인구를 전업全業 비율로 보았는데, 전업 비율에서 한국인 31.8%, 일본인 76.9%로 나타났다고 한다. 이것은 생활을 영위하는데 조선인의 경우 일본인에 비해 오로지 어업에만 종사하지 못하고 여타 업종에 함께 종사했다는 점을 잘 보여주고 있다. 그리고 조선인 어업종사자의 상당수가 일본인에게 고용되어 있었다는 것을 알 수 있게 한다.[20]

일본인 어민의 이주 어촌에 대해서는 당시 한반도 현지인들이 다양한

---

19 한일합방 이전의 일본인 어민의 한반도 진출에 대해서는, 여박동,「日帝下 統營·巨濟 地域의 日本人移住漁村 形成과 漁業組合」,『일본학지』14권, 1994년, 67-83쪽; 조중의·권선희,『구룡포에 살았다』, 아르코, 2009년, 56-59쪽.

20 박정숙,『어업 이야기』, 선학사, 2013년, 364-367쪽.

시각으로 보고 있었지만, 일본에 거주하면서 한반도 근해에 들어와 어족 자원을 남획하는 일본인 어민에 대해서 현지인으로서 대체로 우려의 시각을 가지고 있었다는 점을 알 수 있다. 따라서 조선총독부는 조선합병 직후 현지인 어민들이 제기하는 불만에 대해서도 대응해야 했다. 이윽고 1920년을 전후한 시기에는 쓰시마對馬 해협의 고등어 채낚이 어업을 비롯하여, 전갱이와 고등어의 그물 어업, 트롤, 저인망 어업 등을 중심으로 하여 연간 2000척 가까운 일본 어선들이 한반도 연안 어장에서 조업하고 있었으며, 여기에는 4만 명에 달하는 일본인 어민들이 어로에 종사하고 있었다는 기록이 있다. 이들이 한반도 근해에서 잡은 어획물 총액은 당시 시가로 130억 엔에 달했고 수산물 공급 지역도 교토京都·오사카大阪·고베神戶 지구를 비롯하여 나고야名古屋 지구 서쪽에 이르는 광범한 지역을 관할하고 있었다. 특히 일본 서해안 지역의 어업 업자에게 있어서 한반도 어장은 그들의 사업이 성공하는 기초가 되는 터전으로서 인식되었다.[21]

이뿐 아니라 1922년이나 1923년경에 이르자 일본의 대형 저인망 어선들이 동해와 황해로 진출하면서, 한반도 근처 심해의 어족자원에서 심각한 문제를 일으키기 시작했다. 저인망 어선의 출현으로 인하여 어족자원 가운데 특히 도미의 어획량 감소가 두드러지게 나타났다. 당시 트롤 어선은 심한 규제 대상이 되었지만, 아직 저인망 어선은 자유경쟁 체제 하에 놓였기 때문에, 결과적으로 어족자원의 감소를 부추겼다. 1920년 대 말 일본 전체 저인망 어선의 총수가 1000척500艘에 육박하게 되자 일본의 농상성農商省은 수많은 법령과 지시를 내려 저인망 어업을 단속하고 조업 범위를 축소하려는 문직임을 보였다. 예를 들어 1930년 11월 22일 농상성은 다음과 같이 차관 명의의 지시水第4290号를 통해 저인망 어업을 단속한 것으로 되어 있다. 이때 농상성은 ① 30톤 미만의 선박 대여에

21　水産新聞協会, 『大日本水産会百年史(後編)』, 大日本水産会, 1982年, 138쪽.

대해서는 허가하지 않는다, ② 어선의 마력 증가는 허가하지 않는다, ③ 마력의 한도는 어선 총 톤수의 2,5개 이내로 한다. ④ 금지구역 침범 전과가 있는 선박은 허가 연장을 불허한다, 등의 단속 조건을 부여한 것으로 알려지고 있다.[22]

중일전쟁이 한창이던 1939년에는 한반도에 기지를 둔 저인망 선박 총 114척이 일본정부로부터 허가를 받아 어업에 종사한 것으로 되어 있다. 이 시기에 한반도 해역에서 일본인 저인망 어업이 성행한 것은 선박 건조기술의 우위, 어장의 광대함, 풍부한 어족자원이 있었기 때문이다.[23] 여기에 조선총독부에 의한 실제적인 어로 규제도 그다지 심하지 않았기 때문에 일본인 저인망 업자에게 있어서 한반도 주변 해역이 황금어장이 될 수 있었다.[24] 1942년 한반도에 거주하는 일본인과 조선인의 직업별 인구조사 결과에 따르면, 일본인의 경우 총 752,823명 가운데 수산업에 종사하는 사람이 9,093명으로 전체 인구의 1.2%였으며, 조선인의 경우 총 25,525,409명 가운데 505,083명이 수산업에 종사하고 있었고 전체 인구의 2.0%였다는 기록이 있다.[25] 이처럼 직업별 인구만 두고 볼 경우에는, 오히려 조선인이 수산업 혹은 어업에 다수 종사하고 있었다는 점을 알 수 있다. 그러나 어업기술 면에서 보면 조선의 상황이 일본에 비해 상당히 낙후되어 있었기 때문에 조선인 어민들의 생활은 전반적으로 열악했고, 경제적으로 일본인과 조선인 어민 사이에는 민족적 차이가 존재했을 것으로 미루어 짐작할 수 있다.

---

22 水産研究会(編), 『東海黄海の漁業資源に関する諸問題』, 36-37쪽.
23 岡田仁弘, 「日韓漁業の交流について」, 『朝水』 14号, 1949年 6月, 15~16쪽.
24 和田長三, 『漁のしるべ』, 協同印刷社, 1938年, 245~252쪽; 한국경제개발연구소, 『한국 수산업의 현황(상권)』, 예림사, 1966년, 450~451쪽.
25 森田芳夫, 『朝鮮終戦の記録』, 巖南堂書店, 1964年, 12쪽.

[사진-1] 1910년 경 부산의 일본인 어판장

출처: 최종화, 『현대한일어업관계사』, 세종출판사, 2000년, 11쪽

[사진-2] 일제강점기 구룡포의 일본인 어판장

출처: 조중의·권선희, 『구룡포에 살았다』, 87쪽

조선총독부의 트롤어선 금지와 원양어업 진흥책

후지이 겐지藤井賢二 연구자는 2008년 논문에서 1910년부터 대한제국 대의원에 의한 트롤어선 억제 의견이 있었다는 연구 결과를 발표했다.[26] 그에 따르면, 조선해수산조합朝鮮海水産組合이 일찍이 1910년 1월 16일 부터 25일까지 열린 「제8회 통상 대의원회」에서 대한제국 해역의 황폐

---

26 藤井賢二, 「日本統治期の朝鮮漁業の評価をめぐって」, 『東洋史訪』 14集, 2008 年 3月, 101-102쪽.

휴업에 관한 초미의 문제韓海漁業の荒廃休廃に関する焦眉の問題를 언급하고 트롤어선 조업금지 건의안을 가결했다고 하며, 같은 해 5월 21일에는 한국통감과 대한제국 농상공부 대신에게 트롤어업 금지를 건의했다고 한다. 1910년 8월 29일, '한일병합조약'의 체결로 대한제국의 통치권이 끝났으며, 곧이어 10월 1일부터 한반도의 식민지 기구인 조선총독부가 들어섰다. 조선총독부는 1911년 6월 3일에 법령 제30호로 '어업령'을 공포하고 이듬해 4월 1일부터 시행에 들어갔다. 조선총독부의 '어업령'은 메이지明治정부의 '어업령' 내용에 맞추어 작성되었으며, 총 35개 조문으로 구성되었다. 이것은 어업을 근대화하는 데에는 기여했으나, 지나치게 조선총독부에 어업 전반에 관한 권한이 집중되었고 한국인의 어업과 어업 발전 기회를 합법적으로 규제했다. 조선총독부는 한국인 스스로의 발전보다는 유리한 조건에서 조업하는 일본인 어업을 방치하는 역할을 수행한 것이다.

아무튼 '어업령'의 공포일에 맞추어 7개조의 '사찰령', 38개조의 '어업령시행규칙', 15개조의 '어업단속규칙'이 각각 공포되었다. '어업령' 제12조는 포경업과 트롤어업을 허가 어업으로 지정했으며. '어업령시행규칙' 제26조는 과거 통감부에서 5종류로 구분했던 허가어업을 9종류로 확대 분류했다. 제1종에서 제3종까지는 포경, 트롤, 잠수기 어업을 각각 규정했으며, 제4종에서 제9종까지는 조업 방식에 따라, 고래 이외의 해수 어업제4종, 트롤어업을 제외한 그물을 예인하는 어업제5종, 어망을 예양하거나 예기하는 어업제6종, 그물을 넓게 치고 이를 조기繰寄하는 어업제7종, 어류를 포위하고 그물을 당겨 졸라매거나 끌어올리는 어업제8종, 어망을 밑으로 뻗히거나 흘러내리게 하여 어류를 망목에 꽂히게 하거나 얽히게 하는 어업제9종 등으로 분류했다.[27] 조선총독부의 「어업령」과 「어

27 박정숙, 『어업 이야기』, 222-226쪽.

업령시행규칙府令67호」에 따라 트롤어업은 법적으로 조선 총독의 허가 사항이 되었고, 이에 따라 비로소 한반도 주변 수역에 트롤 어업 금지구역을 설정하기에 이르렀고 이 방침은 1945년 해방 시기까지 계속되었다. 그럼에도 불구하고 한반도 거주 어업자에게 있어서 트롤어선의 위협은 사라지지 않았다. 예를 들어 1912년 1월 상순, 부산 근해의 도미 그물 어장에 트롤 어선이 내습하여 그물을 망치고 생선을 싹쓸이해 가는 사건이 발생하기도 했다. 이에 따라 같은 해 3월 26일부터 31일에 걸쳐 개최된 「제10회 통상 대의원회」의 결의에 따라 5월 29일 「조선해수산조합」은 트롤어선의 조업을 단속하는 경비선을 부산에 설치하기에 이르렀다. 조선총독부는 1912년 10월 25일 트롤 어업금지구역을 대폭적으로 확대하는 방침을 내세우게 되었다.

후지이 연구자는 조선총독부가 애초에는 동력어선 개발에 따른 원양 어선의 진흥에 매우 소극적이었고, 그 대신 트롤 어업이나 저인망 어업의 단속에 매달리는 태도를 취했다고 평가했다. 그는 일본제국의 농림성 자료를 인용하여 조선총독부의 저인망 어업 관리 개시 상황을 다음과 같이 밝힌 바 있다.[28] 1926년 4월에 일본의 농림성農林省은 일본본토와 식민지 수산행정 담당자를 도쿄에 불러 제1회 「중국 동해 황해 어업 협의회」를 개최했다. 바다 밑 어족자원의 고갈과 중국과의 어업 문제에 대응하기 위해서였다. 이때 농림성은 일본·조선·대만·관동주 해역을 포함하여, 동 중국해와 황해에 출어하는 트롤어선을 70척 이내로 하고, 저인망 어선을 150쌍 즉 300척으로 제한할 것을 제안했다. 이 방침에 대해 저인망 어업을 적극적으로 추진하는 대만총독부의 담당자가 크게 반발한데 반하여, 조선총독부 담당자는 이 방침에 대해 아무런 이의를 제기하지 않았다. 이때 조선총독부 담당자는 연안어업 보호를 위해 트롤어선은 허가하지 않

---

28 藤井賢二, 「日本統治期の朝鮮漁業の評価をめぐって」, 103쪽.

을 것과 50톤 이상의 저인망 어선은 불허하겠다는 방침을 이미 관련 업자들에게 설명했다"고 전했다. 따라서 1926년은 조선총독부가 저인망 어업의 규제 정책을 통하여 어족자원에 대한 보호정책을 시작한 해였다고 말할 수 있다.

실제로 1920년대 후반기에 일본 어선이 조업 장비와 선박 동력이 근대화되면서 한반도 수역으로의 진출이 본격화되었다. 예를 들어 동해안 정어리 어업이 대규모로 본격화된 것은 1928년경이다. 정어리는 청어과에 속하는 대형 멸치를 말한다. 정어리는 보통 북쪽으로 소련 오호츠크 해역에서부터 남쪽으로 한반도 동해안 울산 부근에 이르기까지 광활한 해역을 정기적으로 회유하는 어종이다. 정어리 떼는 매년 7월 중순 즈음 울산 근해에 나타나 북으로 서서히 올라가기 시작하여 9월 초에는 함경북도 청진 근해를 거쳐 소련의 연해주 포세트Poset 근해에 군집하게 된다. 그러다가 9월 중순부터 다시 방향을 되돌려 남하하기 시작하는데 웅기, 청진, 신포, 원산, 장전, 삼척 등을 거쳐 1월 초순에는 포항과 울산 근해에까지 회유한다. 그러다가 정어리 떼는 일제히 흩어졌다가 다시 7월 중순 즈음에 울산 근해에 모이게 된다. 이렇게 정어리 떼의 이동 범위가 넓었기 때문에 당시 조선총독부는 정어리 조업을 위해 2개 조업구역으로 나누어 함경북도 근해를 제1어구로, 함경남도·강원도·경상북도·경상남도 근해를 제2어구로 했다. 제1어구에서 약 100통統 정도의 정어리 조업이 이루어졌고 재2어구에서는 약 150통 정도가 이루어졌다고 한다. 1통의 조업을 위해서는 모선 1척, 예인선 1척, 운반선 4~5척, 그리고 육상에 생선기름과 생선 찌꺼기 염장을 위한 처리 공장들이 필요했고, 1통을 위하여 당시 20만 원 상당의 금액을 투자해야 했다. 어선들이 그물을 적재하고 어선 앞 마스트 높이로 어군魚群 탐지대를 설치하여 일단 어군이 발견되면 각 어선들은 길이 200미터가 넘는 그물로 어군들을 둘러싸고 서서히 그물을 좁혀 그 속의 어군을 기계장치로 퍼 올리고 운반선에 싣도록 했다. 이러한 조업 과정에서 조류에 말려 들어가지 않도록 하기 위해 예인선으로 잡아끄는 방식을 일반적으로 취했다고 한다.[29]

이처럼 어류의 대규모 포획을 위한 조업 방식이 일반화되자, 일찍이 조선총독부는 1929년 12월에 부령 109호를 발령하고 전국적으로 트롤어선의 금지구역을 확대하고 소극적으로 저인망 조업을 억제하는 방안을 내놓기도 했다. 이때 트롤어업이 금지된 한반도 해역으로서, 동해에는 함경북도 경흥군의 우암령牛岩嶺을 시발점으로 하여 울릉도의 동쪽 끝을 지나서 북위 35도 및 동경 130도 지점까지 경계선을 설정했다. 남해의 영역으로는 쓰시마 위쪽을 지나서 경남 통영군의 홍도鴻島 남쪽 끝에 이르고 이 점에서 제주도 남쪽의 내어곶來魚串 남서 15해리 지점까지, 나아가 이 점에서 제주도 모슬포慕瑟浦 남서 15해리 지점을 지나서 소흑산도의 서쪽 끝까지 경계선을 그었다. 그리고 황해에는 소흑산도를 지나 백령도 서쪽 끝까지, 이어 여기서 평안북도 용천군의 신도薪島 서쪽 끝을 지나 여기서 용천군의 매노리梅老里 남서쪽 모서리까지 경계선을 설정하여, 대규모 포획을 금지하기에 이르렀다.[30] 또한 조선총독부는 일본 해역에서 한반도 해역으로 진출하는 일본 어선에 의한 저인망 조업을 단속하는 모양새도 갖추게 되었다. 결과적으로 1937년 시점에 일본 해역의 저인망 어선은 총 654척 31,100톤 정도로 평균 47.6톤 규모를 보였는데, 이 가운데 한반도 서부 해역에 진출하는 저인망 어선은 총 110척 2,000톤 정도로 평균 18.2톤에 달하는 것으로 나타났다고 한다.

그러나 조선총독부가 식민지 통치 전반에 걸쳐 지속적으로 한반도 해역에서 일본 어선의 저인망 조업을 실질적으로 단속한 것은 아니었다.

---

29 김용주,『나의 회고록: 풍설시대 80년』, 신기원사, 1984년, 36-37쪽.

30 지철근,『평화선』, 범우사, 1979년, 88-89쪽.

1930년대 후반에 들어서 한반도 해역은 일본 해역에 비해 저인망 조업이 덜 심하다는 이유를 들어가며 조선총독부는 한반도 해역의 저인망 조업에 관하여 종래부터 실행해 오던 명목상의 소극적인 규제 정책을 바꾸어, 실질적으로 저인망 조업을 적극 권장하는 정책으로 탈바꿈했기 때문이다. 이러한 변화는 한반도 어장에서 저인망 조업을 실제로 늘려서 점차 한반도 근해에 진출해 오는 중국 어선을 견제하려는 의도에서 나온 것이기도 하다. 구체적으로 1936년 10월에 개최된 「조선산업경제조사회」는 원양어업의 새로운 어장 개척과 새로운 조업 기술에 대한 장려遠洋に於ける新漁場の開拓及新漁法に対する助長奨励を為す 방침을 제시하기에 이르렀으며, 1937년 11월 6일에는 조선총독부령 173호가 이러한 근대화 방침을 법령화했고, 동력기관을 이용한 어선 건조에 보조금을 지급하겠다는 내용의 규칙朝鮮漁業経営費低減施設補助規則을 공포 시행하기에 이르렀다.[31]

이어 1938년 6월 21일에 일본의 기획원企画院은 「중국 수산업에 대한 긴급 요강対支水産急速実施要綱」의 원안을 제시했으며, 이에 대한 검토를 거쳐 척무성拓務省 식산국이 최종적으로 성안했다. 이 요강은 두 개의 내용으로 이뤄져 있었다. 첫째는 황해와 발해 해역의 어족 자원을 보존하기 위해 저인망 어업이나 트롤어업의 통합 조정을 행한다는 것이었고, 둘째는 중국 어선에 대한 신규 허가를 억제함으로써 풍부하고 저렴한 수산물 공급을 확보하고 일본 측 어업 권익을 확립하고자 했다. 1937년에 시작된 중일전쟁이 한창인 상황에서 동중국해와 황해를 어장으로 하는 저인망 조업을 자국의 권익을 확보하는 차원에서 일본이 실제로 통제하려고 한 것이다.[32] 조선총독부가 긴급요강에서 내비친 의욕은 명목적으로는 한반도 해역의 어업을 진흥시키겠다고 하면서도 실질적으로는 일본어

---

31 藤井賢二, 「日本統治期の朝鮮漁業の評価をめぐって」, 105쪽.
32 같은 쪽.

선의 대형화 방침으로 이어졌다. 이때 한반도에서 저인망 어선의 평균 톤수가 20톤에 불과했던 것에 비추어 볼 때, 결과적으로 일본의 어업자들에게 유리한 상황이 전개된 것이다.

[사진-3] 조선총독부의 트롤어선 및 저인망 어선 어업금지수역

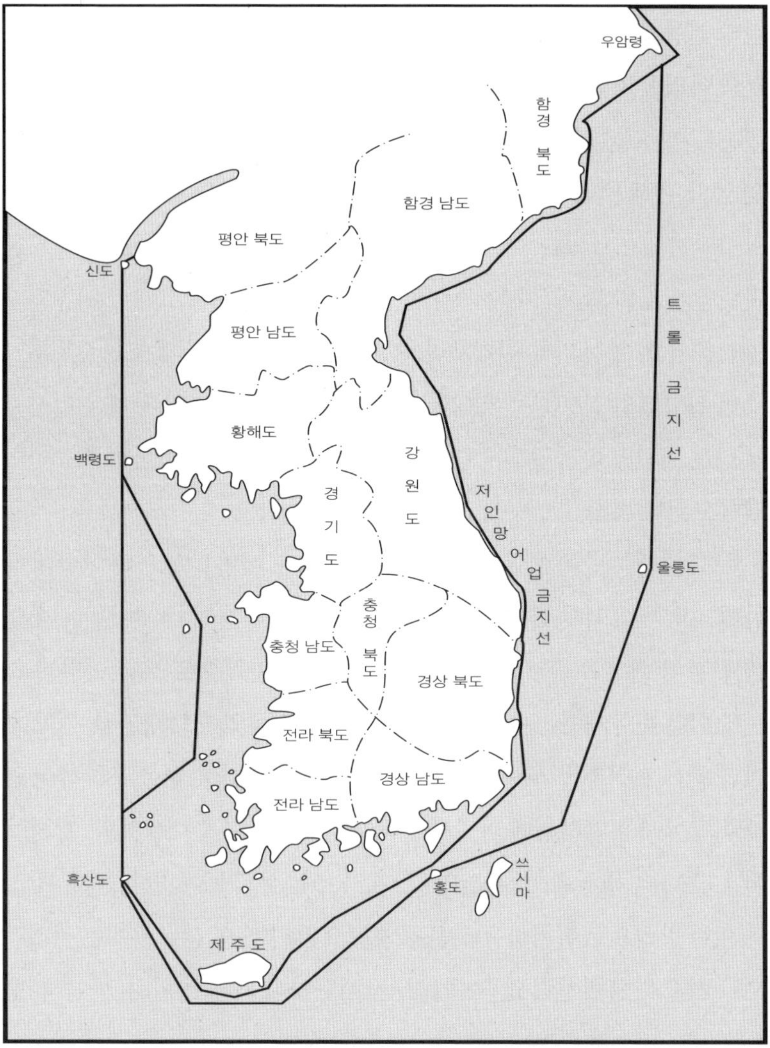

함경북도

함경남도

우암령

평안북도

신도

평안남도

트
롤
금
지
선

백령도

황해도

강
원
도

경
기
도

저
인
망
어
업
금
지
선

울릉도

충청
북
도

충청 남도

경상 북도

전라 북도

경상 남도

쓰
시
마

전라 남도

흑산도

홍도

제 주 도

출처 : 藤井賢二, 「日本統治期の朝鮮漁業の評価をめぐって」108쪽.

대형어선의 조업 방침으로서 조선총독부는 170척의 저인망 어선을 확보해야 하며 적어도 평균 톤수 50톤 이상이 되어 원양어업을 확대해야 한다고 했다. 한반도 근해 어장의 어족자원이 고갈되는 것을 현실적으로 방지하거나 한반도에 대한 적절한 어류 공급을 위해서는, 저인망 어선 총 170척과 8,500톤 규모를 확보해야 하며, 어선 한 척당 평균 50톤 정도의 선박 대형화를 꾀한 것이다. 결과적으로 식민통치 종결 때까지 조선총독부의 이러한 저인망 어선 확대 의욕은 현실화되지 않았고, 저인망 어업의 진흥을 이유로 한 동중국해와 황해 연안에서의 어항 구축, 무선통신 설비의 정비, 어획물의 냉장시설과 제빙공장 건설은 중일전쟁에 돌입하면서 좌절되기에 이르렀다. 이 때문에 후지이 연구자는 조선총독부가 내세운 저인망 활성화 '의욕'이 나중에 신생 한국정부에 의해 그대로 계승되지 않았을까 하는 논리를 전개했다. 그는 1930년대 후반에 조선총독부가 보인 원양어업 진흥정책에 대한 '의욕', 특히 동중국해와 황해를 어장으로 하는 저인망 어업 발전에 대한 '의욕'이 1948년 신생 한국정부로 이어졌다고 본 것이다.[33]

1930년대 후반에 이르러서도 여전히 한반도 어민들은 근해 어업에 국한된 조업에 그쳐야 했으며, 조선총독부는 일제강점기 내내 한반도 어업의 진흥에 매우 소극적으로 임했고, 반대로 전반적으로 트롤 어업과 저인망 어업을 규제하는 데에 상대적으로 적극적이었다고 평가할 수 있다. 이와 함께 조선총독부는 한반도 현지인들이 강이나 하천을 포함하여 근해 어장에서 조업하는데 대해서도 다양한 규제법령을 내놓았다. 예를 들어 1929년 1월에 제정된 「어업령」 제37조는 독극물, 폭발물, 전류 방사에 의한 방식으로 어획하는 것을 금지했으며, 명태의 산란기에는 원천적으로 어획을 금지시켰고, 「어업령」 시행규칙에 의해서 멸치, 까나리, 뱅

---

33 藤井賢二, 「日本統治期の朝鮮漁業の評価をめぐって」, 106쪽.

어, 빙어, 꽁치, 망둥어, 수누퍼리, 강다리, 장어, 새우, 곤쟁이 등 이외의 수산자원을 포획할 때에는 타뢰망打瀨網, 수조망手繰網, 조기조망, 지인망地曳網, 조망漕網, 안강망鮟鱇網, 누두망漏斗網, 건간망建干網 등 어망의 크기를 규제했다. 또한 같은 규칙에 따라 전복, 홍합, 개지, 해삼, 게, 은어, 열우기, 소가리, 백합, 바지락, 새꼬막, 자랜 등의 산란기에는 이들의 어획을 금지시켰다. 또한 어종의 보호를 위하여 대구, 명태, 도미, 청어, 연어, 게 등 어종에 대해서 치어稚魚나 알을 잡지 못하도록 금지시켰다.[34]

1938년 부산에서 출간된 와다 쵸조和田長三의 저서『물고기 안내魚のしるべ』가 있다. 이 책은 조선총독부의 정책이 실제로 어업 현장에 어떻게 적용되었는지를 잘 말해주고 있다. 이 책은 주로 한반도 어장을 대상으로 하여 언급하고 있는 가운데, 서문에서 "일반적으로 어패류 생산 상황에 대해 알려지지 않고 있다. 특히 한반도에서는 이 문제를 공론화하기를 주저하는 분위기가 있다. 수산물, 그 중에도 어업 경제는 예전부터 매우 절박한 문제가 되었지만, 이 문제에 대한 해부를 통해 그 대책을 마련하는 일은 쉽사리 이뤄지지 않았다. 마침 중일전쟁의 발발과 함께 경영 자금의 폭등이나 절약에 따른 감소 등으로 관련 업계는 긴급 상황에 직면하게 되었다. 따라서 궁핍의 원인을 규명하고 어업 관계자들로서 경제 갱생에 매진해야 하는 시점에 도달한 것이다"라고 기술하고 있다.[35]

또한 이 책에서는 물고기와 어구漁具의 현황이나 어선 건조 현황에 대해서도 상세한 기술을 내놓고 있는데, 다음과 같이 한반도의 전통적 선박 재료에 관하여 언급한 것이 주목된다. 대부분의 선박재료는 일본산 삼나무杉이며 한반도 남부에서는 특히 미야자키현宮崎縣에서 생산되는 효가

34 한일회담자료,「한국의 어업보호정책: 평화선 선포, 1949-52」, 분류번호: 743.4 1949-1952, 등록번호: 458, 생산과: 정무과(1952년), 프레임번호: 0021-0024.
35 和田長三,『魚のしるべ』, 1-2쪽.

스기日向杉을 사용한다. 원래부터 이 재료에는 흠이 없는 것으로 알려지고 있지만, 실제로는 갈림새나 매듭, 부식 등에서 온전하지 않은 것을 택하기 때문에, 갈림새를 물에 잠그는 일은 절대 피해야 하며, 갈림새는 잘 땜질하고 동판을 붙여서 겉모양만 번드르르하게 해서는 안 된다고 했다. 또한 매듭 부분이 보이지 않게 손질을 하고 있지만, 그렇다고 해도 이 부분이 부식하는 것까지 막을 방법이 없다고 했다.[36] 따라서 이 책은 한반도의 소형 어선의 특징으로, 일본산 재료에 대한 과다한 의존, 선반 마무리 과정에서의 결함, 먼 바다로 나갈 수 없고 오래 지속할 수 없는 선박 재료, 등을 설명했다. 또한 이 책의 내용을 통해 확인할 수 있는 것은, 한반도 남부와 쓰시마 사이의 해역, 이어 제주도와 전라남도 근해의 해역, 남해안과 동해안 일부의 근해에 걸쳐, 조선총독부가 장기간에 걸쳐 트롤 어업과 저인망 어업을 단속해 왔다는 점이다.

그럼, 근대 시기까지 한국의 근해에서 어떠한 어로 활동이 이루어졌는지 알아보자. 오늘날 한국의 각 어촌에서는 박물관과 전시관들이 비록 간결한 서술에 그치고 있지만 나름대로 적극적인 문구로 일반인에 대해서 각 지역의 역사를 설명하고 있다고 생각한다. 이 가운데 오늘날 부산 화명동에 위치하고 있는 어촌민속관 전시관에서는 다음과 같은 설명을 하고 있다. 먼저, 「부산어업발달」 부분에서 "부산은 낙동강과 넓은 해안선으로 인해 내수면 어업과 해면 어업이 발달할 조선을 일찍부터 갖고 있었다. 조선시대 후기에는 국가에 의한 조직화된 어업이 이루어졌다. 그러나 일제강점기에는 어획량은 급속도로 증가하였으나 어획량 대부분을 일제日帝에 수탈당하여 어민들은 생계유지에 급급하였다. 해방 후 정부의 경제개발에 맞춰 수산업도 근해어업과 원양어업이 활발히 추진되면서 부산은 세계적인 원양어업항으로 발전하게 되었다"고 서술하고 있

---

36 和田長三, 『魚のしるべ』, 附錄 23-24쪽.

다. 필자는 이 서술 내용 가운데 조선시대 후기 "국가에 의한 조직화된 어업이 이루어졌다"고 하는 국가정책에 대한 지나친 긍정적 평가에 대해 위화감을 느끼지 않을 수 없다. 이는 근본을 백성의 삶에 두지 않고 왕실과 조정에 두다가 급기야 국가를 송두리째 일본제국에 넘겨주고 만 조선시대 후기에 대해 너무 호의적인 평가를 하고 있기 때문이다. 또한 전시관 패널의 해방 후 국가정책에 관한 언급에서 이승만 시기의 비민주적 정치체제와 백성의 굶주림을 언급하지 않고 갑자기 1960년대 조국 근대화 경제개발 정책으로 비약하기 때문이다.

필자는 어촌박물관에서 이러한 국가정책과는 달리 어획하는 수산물에 대한 설명에 이르러서는 여러모로 수긍해야 하는 측면도 많았음을 인정하지 않을 수 없다. 예를 들어, 「근대의 어로활동」 부분에서 "구한말부터 일제강점기에 접어들 무렵에 편찬 발행한 한국수산지韓國水産誌에 실린 부산 지역의 7개면과 기장군 송정동의 어업실태를 살펴보면 수영만 북동쪽 연안에 위치한 구덕포, 청사포, 미포, 운촌동에서는 멸치, 상어, 넙치 등과 해초류가 잡혔다. 수영만의 서안에 위치한 남천리와 호암포 등에는 청어와 멸치 어업이 성하였고, 삼치, 갈치 등과 해조류로 미역, 김, 우뭇가사리가 산출되었다. 수영만의 남쪽에 이루어진 용호, 용당, 감만지역에는 청어, 대구, 멸치와 도미, 붕장어도 어획하였다. 부산포에는 봄에는 가자미, 넙치, 여름과 가을에는 멸치, 고등어, 갈치, 가오리, 겨울에는 청어, 대구 등이 어획되었다. 그리고 영도지역은 대구, 청어, 갈치, 멸치, 조기, 잡어, 오징어, 미역 등이 산출되었고, 다대포 일대에는 청어, 멸치, 조기, 전어, 볼낙, 붕장어, 갈치, 도미, 고등어, 상어, 갯장어와 해조류로는 김, 미역, 우뭇가사리 그리고 패류는 홍합, 대합, 전복, 소라 등이 산출되었으며 해운대 송정과 기장 대변에서는 멸치, 갈치와 미역, 우뭇가사리 등의 수산물이 산출되었다"고 서술되어 있다.

재조일본인 수산업자의 본국 귀환

일본 패전 때 한반도와 만주를 비롯하여 세계에 일본의 군인과 민간인이 대략 600만 명을 넘기고 있었는데, 이들과 함께 이들을 둘러싸고 일본정부, 연합국 점령당국, 학생동맹, 해외동포구원연합회 등 민간단체와 귀환자 가족이 패전 후의 새로운 정세에 대비해 갔다.[37] 마찬가지로 일본을 비롯하여 조선인 군인과 민간인이 세계에 200만 명이 넘도록 강제연행 등으로 세계에 흩어져 있었는데, 이들을 둘러싸고 미군정 당국과 귀환원호단체들이 냉전의 확산과 사회적 혼란·궁핍 가운데서 해방 후 새로운 국가·사회를 형성해 가야했다.[38] 그 가운데 해방 당시 한반도에 약 8천 명의 일본인 수산관계자들이 거주하고 있던 것으로 알려지고 있다. 이들 중에서 해방 이후 어선이나 어구, 기타의 자재들을 챙기지 못하고 일본으로 돌아간 사람들이 많다. 이들은 귀환 후 점령당국 한반도 일본인의 패전 후 일본 귀환에 대해서는 모리타 요시오森田芳夫의 단행본과 자료집에서 비교적 상세하게 다루고 있지만, 이 가운데에서 일본인 수산업자 어업관계자들의 귀환에 대해서는 그다지 기록을 하고 있지 않다.[39] 아무래도 이들은 귀환에 사용할 선박을 가진 사람들이었고 특히 어민들은 바다 위에서 한반도와 일본열도를 왕래하면서 생활하는 사람들이었기 때문에 귀환에 관련된 기록이 별로 없을 것으로 생각된다. 또한 비록 '자유이주'로 한반도에 왔다고 하더라도 신분 상승이나 여타의 이유로 이미 일본으로 돌아간 어민이 많았기 때문에, 일률적으로 이들이

---

37 歷史刊行委員会(編), 『奪われし愛と自由を: 引揚促進運動の記録』, 歷史刊行委員会, 1957年, 40-46쪽.

38 최영호, 『재일한국인과 조국광복: 해방직후의 본국귀환과 민족단체활동』, 글모인, 1995년, 91-142쪽.

39 森田芳夫, 『朝鮮終戦の記録』; 森田芳夫, 『朝鮮終戦の記録; 資料編第二巻』, 巌南堂書店, 1980年.

모두 패전 이후에 귀환했다고 보기에는 적절치 않다. 대체로 수산업자들 가운데 비교적 재산을 형성했던 사람들의 패전 후 일본 귀환 스토리와 함께, 우리가 '민중'이라고 보는 일부 일본 어민들이 대체로 재산을 형성하지 못한 채 본국으로 귀환해 가는 과정을 언급해야 균형 잡힌 논의가 이루어질 것으로 본다.

모리타의 자료집 1권에는 비교적 '자유이주' 어민과 그 가족이 남아있었을 것으로 추정되는 일본인 가운데, 경상북도 포항과 감천에 거주했던 일본인의 본국 귀환에 관한 기록이 일부 있어, 여기서는 이것을 인용하고자 한다. "나중의 염려를 없애기 위해 경찰관 가족을 먼저 보내기로 기획되었으며, 여성과 어린이만으로 구성된 집단 약 200명이 1945년 8월 31일에 각자 짐을 두 개씩 가지고 포항을 출발하기로 했다. 그런데 포항의 보안대 활동으로 이들은 억류되기에 이르렀고 교섭 끝에 마침내 9월 2일 한반도를 떠나게 되었다. 그러나 이 선박은 100톤 정도의 노후 선박이었기 때문에 도중에 난파하여 동해 해상에서 표류했으며, 1주일 만에 하야시카네林兼 회사의 선박에 구조되어 경상남도의 한 항구에 유인될 수 있었다. 일부 사람들은 거기서 육지에 올라갔고 나머지는 별도로 조선인의 선박으로 갈아타 9월 11일에 하기萩 근처 바닷가에 상륙할 수 있게 됐다. 이러한 항해 기간 중에 식량 준비가 충분하지 않았기 때문에 귀환자들의 피로와 배고픔은 이루 말할 수 없었다."[40]

특히 시모노세키下關는 일본으로 귀환한 어업 관계자를 포함한 수산업 관계자들이 많이 거주하는 지역이었다. 패전 후 시모노세키에 귀환한 일본인의 약 80%가 수산업 관계자였다는 기록도 있다.[41] 이들은 일본으로 귀환한 뒤, 바로 한반도 연안 어장에서 어업을 재개할 수 있도록 일본

40 森田芳夫, 『朝鮮終戦の記録; 資料編第一巻』, 巖南堂書店, 1979年, 426-427쪽
41 「朝鮮回顧懇談会を開く, 田中同和会長を迎へて」, 『朝水』 8号, 1948年 6月, 4쪽.

정부에 허가를 요청한 것으로 보인다.[42] 이와 함께 일본으로 귀환한 일본인 어업관계자들은 1946년 6월 18일 시모노세키시의 하나노쵸岬之町에 있는 수산개발회사 3층에서 조선수산 종사자의 모임이라는 형태의 「조수회朝水会」에 대한 발기인 모임을 가졌고, 그 해 7월 18일 시모노세키시의 다케자키쵸竹崎町에 있는 대양어업 회사에서 창립총회를 열어 규약과 함께 회장과 부회장을 통과시켰다. 이어 11월 15일에는 대양어업 회사의 응접실에서 제1회 임원회를 열어, 창립총회에서 위임받은 임원으로 고문과 이사를 선임했다. 그리고 이 자리에서 도쿄에 지부를 결성할 것과 『아사히신문朝日新聞』과 『마이니치每日新聞』에 광고를 게재하여 회원을 모을 것, 그리고 기관지를 발간할 것, 등을 결정했다.[43] 일찍이 1947년 6월 시점에 이 단체에는 1,136명의 개인 회원이 가입하고 있었고 이들이 당시 일본인 귀환 수산업자 가운데 5분의 1 정도를 차지했다고 한다.

이 단체는 창립총회에서 설립취지를 발표했는데, 여기에는 시대착오적이고 구태의연한 표현들이 섞여 있었고, 해외로부터 귀환한 일본인들이 공통으로 나타내고 있는 피해 상황이나 조선에 놓고 온 권익을 언젠가 되찾겠다고 하는 결의를 엿볼 수 있다. "다년간 조선 수산업의 개발을 위해 힘쓰고 반도의 수산업으로 하여금 오늘날의 융성을 가져왔지만, 패전 후 모든 사업과 사유재산을 포기하고 겨우 몸만 가지고 일본에 귀환하여 조선 수산 관계자의 정신적 물질적 고뇌와 타격은 실로 심대한 것이다. 이에 대해 한반도 귀환 수산관계자까지 상부상조하여 일치단결하고 곤란 극복에 매진함과 동시에 이제 조국일본 흥망의 중대 시국에 임하여 새로운 수산입국 재건에 분기 재생을 기할 수 있도록, 상조기관으로서 본

---

42 藤井賢二,「朝鮮引揚者と韓国: 朝水会の活動を中心に」, 崔吉城·原田環, 『植民地の朝鮮と台湾: 歴史·文化人類学的研究』, 第一書房, 2007年, 4~12쪽.

43 「積極的活動を要望, 第一回役員会で大綱決る」, 『朝水』 創刊号, 1947年 2月, 3-4쪽.

50 평화선을 다시 본다

모임의 설립을 기획하고 나아가 장래의 일본과 한국의 국교정상화에 따른 양국 수산업의 적극적인 연계 협조를 도모함으로써 동아시아에 있어서 수산업의 견실한 발전과 양국 국민의 평화적인 복지 증진에 기여하고자 한다."[44] 그리고 창립총회에서 조수회의 회장으로 나카베 겐이치中部兼市를 추대했는데, 그는 태평양전쟁 시기 하야시카네林兼상점을 운영하다가 전후에 들어 대양大洋어업 회사로 이름을 바꾼 대규모 한일해역 어업회사의 사장이었다.[45]

[사진-4] '조수' 창간호

출처 : 최영호 소장 자료

---

44 「推進的互助機関に朝水会設立さる, 会員の更生援護と日鮮水産業の協調」, 『朝水』創刊号, 1947年 2月, 2쪽.
45 「積極的活動を要望, 第一回役員会で大綱決る」, 『朝水』創刊号, 1947年 2月, 3쪽. 결성된 지 1년도 안 된 시점에서 「조수회」 본부는 주소를 하나노쵸로 옮겨 「조수흥산주식회사」를 차렸는데, 이때 나카베는 이 회사의 사장이 되었고, 조수회의 초대 부회장인 아마노 군지(天野郡治)는 이 회사의 부사장이 되었다.

이 단체는 1947년 2월에 기관지『조수朝水』를 처음으로 발간했다. 이 잡지는 일본 점령시기 중 오늘날 가장 많은 잡지를 갖고 있는 프랑게문고 Prange collection 속에 13호1949年4月~5月号와 14호1949年6月-7月号만 남아있어 어렴풋이 그 존재를 일반에 전달하고 있다. 한반도에서 일본으로 귀환해 온 일본인 수산업자들은 기관지『조수』를 통하여 집단적인 결사 예정을 회원들에게 알리고 단체의 견해를 발표했다. 이들이 대일점령 시기에 일본해 서측 어장에서 어로활동을 금지당하게 되면서 어업 관계자들을 중심으로 하여 자신들의 '특별 사정'을 호소하고 맥아더 점령당국과 일본정부에 대해서 지속적으로 선처를 요구했다고 하는 것을 알 수 있다. 이 기관지의 창간호에는 '발간 취지発刊の辞'에 대해 다음과 같이 기술했다. 인용문을 통해서 당시 귀환 일본인 수산업자들의 견해를 오늘날에도 충분히 이해할 수 있다.[46]

"조선 수산업을 위해 다년간 노력해 온 여러분도 패전과 함께 사업 및 생활 기초를 근본으로부터 잃어버리고, 비틀거리는 모양으로 고국으로 귀환할 수밖에 없었다. 그 정신적 물질적 타격에 대해서는 진심으로 동정의 말씀을 드릴 따름이다. 특히 38도선 이북에 거주하던 사람들은 오랜 기간 동안 죽음과 삶을 방황했으며 그동안 굶주림과 추위, 병마 등으로 혹은 처자를 희생했고 또는 이역 땅에서 흙으로 돌아가는 등, 그 참상은 실로 언어로 표현할 수 없으며 참을 수 없는 애절한 마음을 가지게 된다. 더구나 여러분이 그런 슬픔의 밑바닥에 빠졌음에도 불구하고 한 가닥 희망을 걸고 귀환한 고국 일본에서는 패전 이래 국민의 도의가 땅에 떨어졌고, 최근에 점차 그 음산한 파국 혼란에서 회복하고 있다고 하지만, 아직도 식량과 주택에 여러분으로 하여금 편안한 촌락을 이루기까지는 무수한 곤란이 상상되고 있을 뿐 아니라, 나아가 취직이나 취업 등 새로운 생활태세

---

46 中部兼市,「発刊の辞」,『朝水』創刊号, 1947年 2月, 1쪽.

를 갖추고 사업의 근거를 개척하기 위해서는 각처에 다양한 무수한 악조건이 선적해 있다는 것도 각오해야 한다. 그러면서도 여러분은 한반도에서 귀환한 수산인의 면목을 걸고 그러한 시대의 어두운 흐름을 박차고 이겨내, 그런 움츠릴 수 없는 가시밭길에서 단호하게 일어섬으로써 조국 일본의 재건이 있고 새로운 일본 건설이 있다는 것, 앞으로 비좁은 섬나라 일본이 8천만 인구를 가지고 식량 문제를 근본적으로 해결하는데 수산업의 역할이 중대하다는 것을 말할 수 있다. 이런 의미에서 작년부터 점령당국이 일본 수산업에 계속하여 내보이고 있는 호의에 대해서는 일반 국민은 물론 수산관계자들 모두가 감격하고 있는데, 특히 한반도 귀환 수산업자로서는 그런 점령당국의 온정과 수산당국의 이해로 인해, 서쪽 저인망 어업이나 다랑어나 참치 어업에 있어서 놀라운 활약 기회가 되고 있다. 다년간 한반도 해역에서 쌓은 경험과 뛰어난 기술을 향상시켜, 한반도에 있던 때처럼 밝은 기분과 활기찬 기력과 기백으로 한반도 귀환 수산인의 이름에 걸맞는 활발한 활약으로 하루하루를 매진하기 바란다."

또한 이 기관지의 창간호를 보면, 일본의 농림성 수산국장이던 후지타 이와오藤田巖[47]가 「귀환자의 재기를 기대한다引揚者の再起を期待す」고 하는 내용의 축사를 통해 「조수회」의 설립과 『조수』의 발간을 축하했다. 그는 축사에서 "조수회가 설립되어 한반도 귀환 어업자의 후생원호와 나아가 국교정상화에 따른 일본과 한국 양국의 수산업의 연락 협조 경험을 살리기 바란다"고 기술했다.[48] 이어 같은 해에 무소속으로 일본 참의원에 당선된 기노시타 다쓰오木下辰雄 당시 중앙수산업 회장은 축사에서, 「조수」

---

47 그는 일본 패전 후 점령기애 수산국장·수산청차장으로 승진했다가 1951년에 수산청 청장이 되었다. コトバンク kotobank.jp/word/藤田巖, 또한 수산청은 농림성의 하부 조직이었다가 1948년 7월에 독립 부서가 되었다. 水産庁-Wikipedia https://ja.wikipedia.org/wiki/水産庁, 2020년 2월 29일 검색.

48 藤田巖, 「将来の発展を希ひ, 引揚者の再起を期待す」, 『朝水』創刊号, 1947年 2月, 7쪽.

의 창간을 축하하면서, ""귀환자들을 응원하기보다는 오히려 차갑게 대하는 사람이 있다는 것은 실로 유감"이라고 당시 일본 사회 풍조를 비판했다.[49] 또한 조선총독부의 마지막 농림국장을 역임하고 패전직후 도쿄에서 잔무정리소 소장을 역임한 시오타 마사히로鹽田正洪는 「조수회의 결성은 업자 동지애의 결합朝水會の結成は業者同志愛の結合」이라는 축사를 통해서, "수산업자 여러분이 조선의 산업과 경제발전에 기여한것은 분명하다"고 하면서, "여러분은 조선의 해역을 개척한 귀중한 체험자이며 이번에 그체험을 살려 조국 일본재건에 공헌하라"고 기술했다.[50]

이어 장황하리만큼 기관지 창간에 대한 축사가 계속되었다. 예를 들어, 도쿄 수산강습소 소장이던 마쓰이케 요시카쓰松生義勝의 「영구 불퇴의 발전을 빈다」,[51] 일본으로 귀환하여 조선인양동포세화회의 회장을 맡고 있던 호즈미 신로쿠로穗積眞六郎의 「일본 한반도의 평화적 교통의 개척자는 수산업계에 있다」,[52] 패전 전 경상남도에서 수산과장과 어업조합연합회 이사장을 역임했다가 일본 나가노長野현으로 귀환한 아이사와 쓰요시相澤毅의 「유효 적절한 기획」,[53] 일본수산평론의 주간主幹을 담당하고 있던 니나가와 도요부미蜷川豊文의 「업계의 좋은 산파역」,[54] 식민지 조선에서 『수산주보水産週報』 기자를 역임하다가 일본으로 귀환하여 일본에서 『수산신문』 기자로 재취업한 오카모토 세이이치岡本正一의 「새로 발족한 업자에게 감사한다」,[55] 식민지 시기 한반도에서 아이사와의 후임을 담당했

---

49 木下辰雄, 「祖国再建に寄与することを信ず」, 『朝水』 創刊号, 1947年 2月, 8쪽.

50 鹽田正洪, 「朝水会の結成は業者同志愛の結合」, 『朝水』 創刊号, 1947年 2月, 9쪽.

51 松生義勝, 「恒久不退轉の発展を祈る」, 『朝水』 創刊号, 1947年 2月, 9쪽.

52 穗積眞六郎, 「日鮮平和的交通の魁は水産業界にある」, 『朝水』 創刊号, 1947年 2月, 10쪽.

53 相澤毅, 「有効適切な企て」, 『朝水』 創刊号, 1947年 2月, 10-11쪽.

54 蜷川豊文, 「業界のよき産婆役」, 『朝水』 創刊号, 1947年 2月, 11-12쪽.

55 岡本正一, 「新発足の業者に感謝」, 『朝水』 創刊号, 1947年 2月, 12쪽.

으며 패전 후 일본으로 귀환한 미키 겐키치三木源吉의 「쨍쨍한 하늘에 무지개를 바라보는 느낌」[56], 식민지 시기 경주박물관장을 역임하고 일본 귀환 후에는 야마구치山口현에서 귀환자 갱생회의 이사를 담당하고 있던 모로가 히데오諸鹿央雄의 「양 국민의 복지 증진에 기여」[57], 식민지 시기 대양어업 회사 조선지점장을 역임하다가 패전 후 일본으로 귀환하여 같은 회사 나가사키長崎 지점장을 역임하고 있던 아키야마 슌이치로秋山俊一郎의 「조수는 일본 조선 양국의 쇄기」[58] 등으로 축사가 계속 이어졌다. 이 밖에도『조수』창간호 말미의 광고란에는 도바타戸畑냉동공업소 등 19개 어업 관계 회사들이 연명으로「조수회」설립을 축하하는 글을 보냈다.[59]

현재 시모노세키의 수산대학교 도서관에는 1955년 12월에 발행한 『조수』79호까지 소장되어 있다.『조수』를 자신의 논문 속에 인용한 후지이 겐지藤井賢二 연구자는 2007년 연구에서 이 잡지의 89호1956년 12월 30일 발행를 본 것으로 기술하고 있는데, 필자는 수산대학교 도서관의 자료를 직접 열람했을 뿐이며,『조수』가 언제까지 발행되었는지에 대해서 확인한 바 없다. 아무튼『조수』초기의 기사 속에서는 옛날 조선에서의 어업활동을 회고하는 글이나 일본과 한국의 수산업 협력 구상에 관한 여러 글을 발견할 수 있고,「조수회」등 일본인 귀환자의 활동이나 패전 직후 일본인의 어업 실태 등이 비교적 상세하게 실려 있다.

이 기관지는 1947년 5월 25일 현재 한반도 귀환 어업 관계자 가운데, ① 16건 10명의 저인망 어업자에게 종사하고 있는 종업원 535명, ② 11건 19명의 저인망 어업자로 어로를 준비하고 있는 종업원 835명, ③ 5건

---

56 三木源吉, 「旱天に雲霓を望む感」, 『朝水』 創刊号, 1947年 2月, 12-13쪽.

57 諸鹿央雄, 「両国民の福祉増進に寄与」, 『朝水』 創刊号, 1947年 2月, 13-14쪽.

58 秋山俊一郎, 「朝水は日鮮両国の楔」, 『朝水』 創刊号, 1947年 2月, 14쪽.

59 「再建日本の新春を寿ぎ朝水会の設立を祝福す」, 『朝水』 創刊号, 1947年 2月, 44-46쪽.

4명의 건착망 어업자에게 종사하고 있는 종업원 400명, ④ 2건 2명의 정치定置업자에게 종사하고 있는 종업원 80명이 파악되었다고 했으며, 어업자와 종업원을 합하면 도합 2,060명이 일하거나 준비하고 있다고 했다. 또한 이때 어업자는 물론, 종업원들도 대부분 한반도에서 귀환한 사람들로 이뤄져 있다고 했다. 원래 본토에 있는 일본인 어업자들과 비교해서도 이들의 조업 실적은 웃돌고 있다고 했다. 그리고 저인망 어업자가 취업한 회사로서, 다이세이大成수산, 이노우에구미井上組, 센카이구미鮮海組, 도리이鳥井상점, 공동共同수산 등을 대표적으로 언급한 바 있다.[60]

1948년 8월까지 『조수』에서 주요 사건으로 기술한 것을 보면, 식민지 시기 수산업 종사자의 후계자 양성을 목표로 하여 부산에 설립되었던 전문학교가 폐교되고, 1947년 5월에 과거 시모노세키의 분교를 「제2수산전문학교」로 독립시켜 개교했다는 소식[61], 종래 다이세이 어업회사에 있던 「조수회」 본부 사무실을 1947년 4월 하나노쵸에 있는 조선수산개발회사 터로 옮기게 되었다는 소식[62], 이어 1947년 8월 「조수회」 본부 사무실이 하나노쵸의 신흥해운회사로 옮기게 되었다는 소식[63], 도쿄에서 1947년 7월부터 「동화同和협회」가 발족하여 기존의 「조선인양동포세화회」 업무를 계승하고 1948년 4월 다나카 다케오田中武雄 회장 등이 시모노세키를 방문하여 간담회를 가졌다는 소식[64], 1948년 5월 조수흥산朝水興産의 주주총회가 처음으로 열렸다는 소식[65], 1948년 7월부터 일본정부 내에서 3개의 부部와 13개 과課를 가진 수산청이 독립 발족하게 되었다는

60 「地方に朝水互助会 授産事業予定通り進捗」, 『朝水』 4号-5号, 1947年 6月, 8쪽.
61 「下関水校独立, 開校は五月中旬」, 『朝水』 2号, 1947年 4月, 18-19쪽.
62 「朝水会移転, 朝水興産会社も」, 『朝水』 2号, 1947年 4月, 33쪽.
63 「朝水会の立退き経緯!」, 『朝水』 8号, 1948年 6月, 20쪽.
64 「朝鮮回顧懇談会を開く, 田中同和会長を迎へて」, 『朝水』 8号, 1948年 6月, 4쪽.
65 「朝水興産株式総会, 過去一ヶ年の事業実績」, 『朝水』 8号, 1948年 6月, 14쪽.

소식[66], 1948년 6월「조수회」사무실이 야마토마치 大和町 내의 어항漁港 건물로 이전되었다는 소식[67], 1947년 7월 부산일본인세화회가 폐쇄되었다는 소식[68], 1948년 8월 한국정부의 수립과 함께 정문기鄭文基 부산수산대학 학장을 국장으로 하는 수산국이 설치되었다는 소식[69] 등이 실려 있다.

2차 세계대전을 통한 일본 어업 노동력의 손실도 막대했지만, 패전에 다른 거대한 어장의 손실과 점령당국에 의한 조업 해역의 규제로 인하여 일본 어민들로서는 막대한 피해를 입게 되었다. 패전 후 이들의 피해는 어획량의 격감 문제와 함께 다른 산업으로부터 어업으로 전환하려는 움직임에 따른 노동력 과잉 문제, 어업 종사자들의 일본 귀환에 따른 일부 어업에 대한 집중적인 조업 문제 등으로 인하여 더욱 심각해져 갔다. 일본 패전 직후 일본의 어업을 연안 조업으로 제한하고자 하는 목적으로 적용된 맥아더라인은 이러한 일본의 열악한 경제사정을 감안하여 점차 일본열도 동남부 해역으로 조업 금지 구역을 해제해 갔다.[70] 그럼에도 불구하고 황해와 쓰시마 서쪽 해역의 어장에서 점령기간 내내 조업이 불가능해진 것은 일본 열도 서쪽의 어장을 무대로 하여 어로활동을 해 온 일본 어민들에게 심대한 불만을 안겼으며, 따라서 이들 대부분은 점령 종결 후의 맥아더라인 철폐만을 학수고대하는 상황에 놓인 것이다.

그렇다고 하여 일본 서해안 조업 어선들 모두가 일본 패전 이후에 곤궁에 빠진 것은 아니다. 예를 들어「다이세이 大成 수산주식회사」의 경우는 점령시기에 일본정부의 지원을 받아 일본 서역 근해와 홋카이도 어장을

66　「水産庁設置本極り」,『朝水』8号, 1948年 6月, 5쪽;「水産庁七月一日開庁, 新機構は三部十三課」,『朝水』9号, 1948年 8月, 2쪽.

67　「朝水会, 漁港ビルに移転 事務所を新築す」,『朝水』8号, 1948年 6月, 6쪽.

68　「釜山日本人世話会閉鎖, 森田・三宅両氏帰還す」,『朝水』9号, 1948年 8月, 1쪽.

69　「南鮮の水産事情」,『朝水』9号, 1948年 8月, 11쪽.

70　水産新聞協会,『大日本水産会百年史(後編)』, 6~17쪽.

개발함으로써 회사 규모를 성장시키기도 했기 때문이다. 일제강점기에 한반도 어업과 가공수산업을 통제하는 기구였던 「조선수산개발주식회사」는 해방 이후 미군정에 접수되었지만 여기에 종사하던 일본인 사원들은 일본으로 귀환하여 1946년 10월 자본금 300만 엔으로 「다이세이大成」주식회사를 설립했다. 일본정부는 설립 경위의 특수성을 감안하여 이 회사에 일본해 서쪽 근해 어장에 5척의 저인망 어업을 우선적으로 허가하고 3,500만 엔 정도의 융자를 제공했다. 이에 따라 이 회사는 점령기 사이에 저인망 뿐 아니라 건착망, 정치망 등의 어업은 물론 운수업으로까지 사업을 확대하는 한편, 점령 말기에는 자본금을 1,000만 엔으로까지 확대할 수 있게 되었다.[71] 하지만 전반적으로 일본 점령당국의 어족자원 보호정책으로 인하여 일본정부는 어선 감축 정책을 추진하게 되었고 결과적으로 일본인 어업 종사자 규모 역시 대폭 축소되어야만 했다.[72]

구룡포 일본인 어민의 본국 귀환

여기서는 일본인 어민 가운데 큰 재산을 형성하지 못한 어부들 일부에 국한시켜 패전 후 일본 귀환 스토리를 언급하고자 한다. 대체로 이들의 귀환 기록이 남아있지 않을 뿐 아니라 개별 귀환에 대한 다양한 해석이 가능하기 때문에, 역사기록으로 보는 데에는 신중을 기해야 한다고 필자는 생각하고 있다. 실증할 수 있는 역사적 영역이라기보다는 공감할 수 있는 문학적 영역으로 남겨두는 것이 어떨까 한다. 필자는 2015년 3월 부산광역시 기장군청 내의 시설에서 연극 「물고기의 귀향」을 관람했다. 비

---

71 大成水産株式会社의 사장(神田啓三郎), 전무(天野軍治), 상무(馬上福寿)는 모두 일제강점기에 朝鮮水産開發의 임원이었고 일본 패전 후 일본으로 귀환한 사람들이었다. 水産新聞協会, 『大日本水産会百年史(後編)』, 125쪽.

72 水産新聞協会, 『大日本水産会百年史(前編)』, 大日本水産会, 1982년, 492쪽.

록 일본인과 한국인의 슬픈 스토리는 한편으로는 연극 대사에 불과한 것이고, 또 한편으로는 일제식민지 지배를 통하여 조선총독부에 의한 민족적 차별이 계속 유지되어 왔다고 하는 국가와 체제에 따른 일률적인 역사 서술에 대해 고개를 갸우뚱하지 않을 수 없다. 따라서 필자는 해방 직후 구룡포九龍浦 어촌은 물론 한반도 다른 어촌에서도 모든 일본인이 똑같은 방식으로 일본에 귀환했을 것으로 보지 않고 있다. 그러면서도 해방 후 한반도에 찾아온 급격한 정치적 사회적 변동이 일부 일본인 어민과 그 가족 그리고 이와 관련된 한국인과 그 가족에게 또 다른 의미의 상처를 부여했다고 하는 '정치적 모순'에는 공감하고 있다. 이러한 정치체제의 격변과 이에 따른 민간인의 어쩔 수 없는 고뇌를 안타깝게 여기는 가운데 이 연극을 관람하게 된 것이다.

연극 프로그램에 기술되어 있는 작품 설명은 다음과 같다. "<물고기의 귀향>은 개인의 삶에 영향을 끼치는 역사의 정당성에 대해 문제를 제기한다. 역사란 도대체 개인에게 무엇인가? 구룡포에서 태어난 일본인은 한국인으로부터 배척당하지만, 일본에서도 일본인으로 대접받지 못한다. 그들의 고향은 구룡포이긴 하지만, 고향에서 살지 못하는 이방인의 운명을 안고 태어난다. 한국과 일본의 역사가 구획 지어 놓은 국가주의와 민족주의의 경계에서 어디에도 속하지 못한 문제적 개인의 삶에 대한 이야기" 그리고 이 프로그램에 나와 있는 줄거리는 다음과 같다. "일본 가가와현香川縣 어부들이 조선 해협을 건너와 구룡포에 정착하면서 연극은 시작된다. 구마기치는 일본에 두고 온 아내와 어린 아들 도모타로를 데리고 와서 3대가 구룡포에 정착하는데 성공한다. 그러나 와다는 조선인 처녀와 만나 아라이를 낳는다. 태평양전쟁이 발발하고 아라이, 도모타로의 아들 시게노리, 시게노리의 친구인 구룡포 청년 상호는 모두 징병으로 끌려간다. 일본이 패전하고 6년 만에 그들은 무사히 구룡포로 돌아온다. 시게노리는 자신의 집에서 식모살이를 하면서 같이 자랐던 구룡포 처녀 순나와 결혼을 하고 정착하려고 한다. 시게노리는 태어난 곳이 구룡포이기 때문에 구룡포에 살고 싶다는 뜻을 강하게 내세우지만, 그들의 결혼 첫날밤은 어둠 속에서 날아온 돌팔매질로 무참하게 파괴된다……"

19세기 말 일본인 어민들에게 한반도 근해의 어장은 신분을 상승시킬 수 있는 좋은 기회가 되었다. 일본과 같이 북적대지 않는 한반도 근해에서 진전된 어업기술을 손쉽게 이용하여 다량의 생선을 잡을 수 있었고, 높은 수익을 올려 대도시로 진출할 발판을 마련할 수 있었기 때문이다. 그래서 이들은 1910년 한국병합 이전부터 많이 한반도에 진출하기 시작했고 이들 가운데 많은 소득을 올려 저축한 사람들은 대체로 일본을 거점으로 했다. 한반도 어촌에는 조상 때부터 생활의 터전으로 삼아 왔던 사람들 가운데 일부, 그리고 뒤늦게 일본제국의 식민지에 이주한 사람들이 남게 되었다. 그런데 일본이 결국 패전하자 한반도 사회의 혼란과 함께, 남아 있던 일본인들은 점차 동요하기 시작했고 일률적으로 그 대응 방식을 설명하기는 어렵지만, 이들 대부분은 서둘러 일본으로 귀환해야 했다.[73]

한국병합 이전에 가가와현에서 경상북도 구룡포로 이주해 와서 거주했던 일본인 어민을 다년간 추적한 조중의와 권선희의 작품『구룡포에 살았다』가 이 연극의 시나리오로 사용되었다. 이 작품의 작가들은 해방 당시에서부터 이곳에 살았던 한국인의 증언을 이용하여 한반도 해방에 대해 다음과 같은 기록을 남기고 있다. "내가 열네 살 때 해방이 되었어요. 라디오를 통해 일본 패전 소식을 들었지만, 처음에는 믿어지지 않아서 사나흘이 지나도록 누구도 표시를 하지 못했어요. 워낙 긴 세월동안 지속되어 온 일본의 강제점령 생활이 일상이 되어 버렸기 때문에 우리가 해방됐다는 것이 실감나지 않았어요." 일본인에 대한 사회적 반감 분위기가 고조되

---

73 최영호,『일본인 세화회』, 논형, 2013년, 72-77쪽.

면서 이윽고 일본인 어민들도 구룡포를 떠나야 했다. 이 책은 한국인 목격 자의 증언을 통해 해방 후 미군의 구룡포에 진주에 대해 다음과 같이 기록 했다. "지금의 구룡포 버스 종점 중앙시장 부근에 작은 규모의 미군부대가 들어왔다. 총으로 무장한 헌병들이 주둔을 했다. 처음부터 있었던 것이 아 니라 해방 후 들어온 걸 보면, 일본인들에게 행여 일어날지도 모르는 일이 나 본국으로의 귀국을 돕기 위해 온 것 같았다. 누군가 대문에 태극기를 걸 어 놓았는데 미군 헌병이 와서 이를 내리라고 한 적이 없었다."[74]

[사진-5] 연극 「물고기의 귀향」 포스터

출처 : PLAYDB, http://www.playdb.co.kr

그리고 구룡포 일본인 어민의 일본 귀환 과정에 대해서, 구룡포의 한국 사람들은 해방 후에도 그들에게서 함부로 재산을 빼앗거나 훔치지 않았 다고 하며, 다음과 같은 회고 기록을 남겼다고 한다. "오히려 고국으로 돌 아가는 일본인들에게 챙길 수 있는 건 다 챙겨가라고 할 정도였어요. 근

---

74 조중의·권선희, 『구룡포에 살았다』, 146-147쪽.

처 ^{한반도} 내륙에 살던 일본인들도 모두 구룡포항으로 모여들었지요. 이곳 항구에서 어선이나 운반선을 타고 떠났어요. 내륙에서 피난 오듯 들어온 그들이 어판장 부근으로 트럭에 가득히 짐을 싣고 온 걸 보면 구룡포뿐만 아니라 인근의 사람들도 그리 야박하지 않았던 것 같아요. 해방 후얼마간 조선인들은 밤마다 만세를 부르고 다녔다. 상황이 상황인지라 밤이면 일본인들은 전혀 거리에 나오지 않았다. 청년들은 밤이면 한 집에서넛 혹은 네댓 명씩 모여 놀다가 누가 나가자 하면 골목으로 뛰어나와'만세, 만세' 하면서 골목을 오락가락 하다보면 인원이 점차 늘어나기 시작했으며 많게는 이삼십 명까지 되곤 했다. 그러다가 밤 열시쯤 되면 하나 둘 돌아가고 맨 처음에 뛰어나간 사람들만 남게 되었어요."⁷⁵

구룡포 어촌의 일본인 가운데는 부자와 가난한 사람이 공존했다. 한반도에 들어올 때부터 큰 자금이 있었던 사람들은 대체로 한창 어업이 왕성할 때 막대한 어업 소득으로 신분이 바뀌어 일본으로 일찍 돌아갔다. 그러나 나중에 이주해 온 일본인들은 대부분 가난했다. 비탈진 언덕에서 살다가 패전 후가 되어 여전히 가난한 채로 일본으로 돌아가야 했다. 여러 집이 어울려 부둣가에서 짐을 쌓아놓고 기다리다가 운반선이나 고깃배를 타고 구룡포를 떠나갔다. 일본인들이 거의 구룡포를 떠난 후에도 죽어도 이곳을 떠나지 않겠다고 하며 남은 일본인도 있었다. 일본과 구룡포를 왔다 갔다 방황했던 일본인도 있었다. 결국 이 사람들도 나중에는 구룡포에 정착하지 못했다. 일본인들은 자신의 집이나 재산 일부를 한국인 집사執事나 가까운 이웃에게 맡기고 일단 귀환했다. 결과적으로 일단 본국으로 귀환한 것이 결과적으로 영구적인 귀환이 되었다. 귀환한 일본인으로부터 재산을 물려받은 한국인도 있었다. 해방이 되었다고 해서 대부분의 구룡포 한국인 주민에게는 직접적인 커다란 변화는 없었다. 오히려 해방

---

75 조중의·권선희, 『구룡포에 살았다』, 147-148쪽.

[사진-6] 구룡포에 남아있는 일본인 가옥

직후의 사회는 혼란 그 자체였고 극복해야 할 가난의 문제는 쉽게 해결되지 않았다. 해방 직후에는 아무렇지도 않게 유지되고 있던 돌기둥 공덕비에, 6.25 전쟁 이후가 되어서 시멘트로 '악명 높은' 일본인 유지의 이름을 지우는 사태가 빈발하기도 했다.[76]

해방 후 남한의 일본인 어선 단속

해방 이후 미군 점령기에 남한 해역에서 맥아더라인을 넘어 조업하다가 나포된 일본인 어선은 제주도 등 각지에 걸쳐 잠시 수용되었다가 일본본

---

76 조중의·권선희, 『구룡포에 살았다』, 149-150쪽.

국으로 송환되어 갔다. 일본인 어민에 대한 수용 장소가 남한 각지에 퍼져 있었다는 것을 알 수 있다. 맥아더라인을 월경하여 조업하던 일본인의 수용에 대해서는 필자는 아직 구체적인 장소와 억류 상황을 알 수 없고 앞으로의 연구과제로 남길 수밖에 없다. 다만 이 책을 작성하기 위해 조사한 바에 따르면 미군 점령기 동안에는 제주도, 묵호 등으로 분산되어 있었다는 것을 알 수 있다.

한국의 『수산경제신문』 1947년 7월 8일자 기사 「日密船 처단하라, 나포선 반송은 유감사」는 그해 6월과 7월에 제주도 부근에서 일본 어선이 맥아더라인을 넘어 조업하다가 미군정청의 해안경비대에 나포되었다고 전하고 있다. 또한 일본 수산청의 자료에 따르면, 전후에 들어 1946년부터 일본인 어선에 대한 나포가 시작되었다고 기록하고 있다. 다만 1946년에는 일본인 어선에 대한 소련의 나포가 국제적인 문제를 낳게 되었는데, 1947년부터는 남한 해역에서 미군정에 의한 어선 나포가 시작된 것으로 기록하고 있다. 이어 1948년에는 중국국민당 정부에 의한 나포가 시작되었고, 나아가 1950년에는 중국공산당 정부에 의한 나포가 시작된 것으로 보고 있다. 이 자료에 따르면, 미군정청이나 신생 한국정부가 일본인 어선을 나포하기 시작한 후, 1951년 강화조약 체결 때까지 총 290척의 일본인 어선이 나포되었다고 했다. 그 후 1952년 2월, 한국의 '해양주권' 선언 1개월 후까지 총 71척이 나포되어, 패전 후 이때까지 억류된 일본인 어민이 총 3,815명, 그 가운데 일본으로 귀환하지 못한 어민이 627명에 달한 것으로 되어있다.[77] 1947년부터 1964년까지 18년간에 걸쳐 맥아더라인 혹은 '평화선'을 침범했다고 하여, 미군정청이나 한국의 경비정에 의해 일본의 어선들이 총격·추격·임검·나포·연행 등의 피해를 당한 것으로 되어있으며, 일본 어선의 나포 건수로는 연행

77　日韓漁業協議会, 『日韓漁業対策運動史』, 55쪽.

중에 침몰한 3척의 어선을 포함하여 182척이 몰수되었다고 한다. 또한 승선원 가운데는 8명이 억류 중에 사망했다고 피해 상황을 고발하고 있다. 또한 어선나포가 원인이 되어 도산에 빠진 어업 경영자들도 나왔고, 귀환 후 부상과 후유증을 앓는 사람도 많이 발생했으며, 결과적으로 그 가족이 불행한 처지에 이른 사람들이 많았다고 한다.[78]

　1948년 8월 정부수립 후, 한국정부는 맥아더라인을 넘어 조업하는 일본어선에 대해 나포조치로 강경하게 대응했다. 6.25전쟁이 발발하고 나서는 한국정부의 불법 어선 단속이 어려워지자 더욱 많은 일본 어선들이 무리를 지어 한반도 근해로 몰려와 조업했다. 맥아더라인 침범 혐의로 한국 정부에 의해 일본 어선이 나포당하는 사례로서는 다이시게마루大繁丸에 관한 연구에 비교적 상세하게 언급되어 있다. 미즈노 마쓰지水野松治 선장이 진술한 바에 따르면, 32톤급 다이시게마루는 1949년 5월 4일 돗토리현取鳥縣의 사카이境 항구를 출항한 후 야마구치현山口縣의 미시마見島 북방 해역에서 조업하는 중에, 기관 고장이 생겨 수리하고 있었다. 이때 남동풍이 강하게 불어 북서쪽으로 표류하고 있었는데 수리를 마치고 나니 오른쪽에서 알 수 없는 선박이 접근해 왔다. 이에 도주하자 총격이 가해져 선장의 허리를 관통하여 부상을 입혔고 기관장 와카모토 다메하루若本為治는 두 발이 머리를 관통하여 즉사했으며, 이튿날 한국 해군에 의해 나포되어 울진의 죽변竹邊항으로 연행되었다. 묵호에서 한 달 이상이 넘기고 6월 29일이 되어서야 선박은 억류당한 채로 한반도에 남았고 선원들만 부산에서 사세보로 귀환해 갔다.[79]

　한국정부 수립 후에도 당분간 각 지역에서 단기간 일본인 어민을 분산 배치했다가, '평화선' 선포 이후 날짜는 분명하지 않지만 1953년에 한국

78　水産庁, 『日韓漁業協定関係出漁の手引き』, 水産社, 1965年, 4-5쪽.

79　日韓漁業協議会, 『日韓漁業対策運動史』, 55-56쪽.

외무부 소관의 「외국인 수용소」가 부산에 설립되었고, 여기에 한국정부
는 각지에 분산되어 있는 일본인을 통합하여 수용하기 시작했다.[80] 「외국
인 수용소」는 애초 일본인 어민과 일본인 일반인을 함께 수용하며 귀환
대기소로서 활용한 것으로 알려지고 있다. 「외국인 수용소」의 실태를 일
반인에게 가장 잘 이해하게 하는 자료로서는 현재 1946년 9월 9일자부
터 일반에 공개하고 있는 『부산일보』 기사가 아닐까 한다. 그러나 오늘날
『부산일보』 홈페이지가 제공하는 기사에 대해서 일반인들이 간편하게
접근할 수 있음에도 불구하고, 원본에서 누락되어 있는 날짜가 너무 많을
뿐 아니라 제공되고 있는 자료라고 하더라도 판독이 어려운 상태로 원문
이 남아 있어 연구 자료로 삼기에는 충실하지 않은 것이 사실이다. 다만
필자는 2013년에 단행본 『일본인 세화회』를 펴내면서, 부산 부두 근처
의 「부산세화회」 건물이 한국정부 수립 직전까지 남아있었고, 조선인과
결혼하여 38도 이남에 거주하고 있던 일본인 부인들에 대한 귀국 지도와
상담을 실시했다고 전한 바 있다.[81]

한국정부 수립 이후에도 부산항 제1부두 근처에 「부산세화회」 건물이
남아있었고, 일본인 부인들이 일본정부의 입국 증명을 기다리는 귀환 대
기 시설로 활용되었다는 것과, 일본에 귀환을 희망하는 일본인들은 각지
에 흩어져 거주하고 있었던 것으로 파악된다.[82] 한국정부가 수립된 후 출
입국관리 사무의 일환으로 본격적으로 외국인 송환 업무가 진행되면서,
1951년 5월 30일 제1차 송환으로 일본인 부인과 자녀 60명이 부산항을
출항하여 후쿠오카현福岡縣에 있는 모지항門司港으로 돌아가게 되었다.

80 김경렬, 『기항지: 關門루포』, 91쪽.
81 최영호, 『일본인 세화회』, 194-195쪽.
82 『부산일보』 1949년 3월 5일자, 2면, 「祖國 등진 心境은 무엇? 歸國 同胞 中에
    殆半이 密航者! 在日交換船 入港」이라는 제목의 기사에는, "아직도 제1부두의
    일본인 수용소에 남아있는 일본인 64명"이 이번 교환 선박으로 돌아갈 것이라
    는 기록이 있다.

이와 함께 일본 법무성 자료는 1954년 말까지 54차례에 걸쳐서 1,695명이 일본으로 귀환했다고 기록하고 있다.[83] 나아가 한국 외무부 통계는 1958년 말에 송환 작업이 끝났으며, 총 782차례에 걸쳐 도합 8,758명의 일본인 부녀자들과 자녀들이 한국정부에 의해 일본으로 송환되었다고 전하고 있다.[84]

[사진-7] 부산 외국인 수용소

출처 : http://blog.livedoor.jp/tajima_osamu/archives

부산 괴정槐亭에 위치해 있던 「외국인 수용소」에서 일본인들이 어떻게 생활했는지를 밝히는 자료로서는, 김경렬金敬烈이 1958년에 부산일보

---

83 현무암, 「한일관계 형성기 부산수용소/오무라 수용소를 둘러싼 '경계의 정치'」, 『사회와 역사』 106집, 2015년, 124-125쪽

84 송환 사무가 끝난 시점에도 한국에 잔류하고 있는 일본인 여성이 약 1,200명이 되고, 이들로부터 출생한 자녀들이 대체로 3,000명 정도 될 것으로 외무부는 추정하고 있었다. 김경렬, 『기항지: 관문루포』, 청우출판사, 1958년, 95-96쪽.

사 판매부를 통해 내놓은 『기항지: 관문關門 루포』라고 생각한다. 그렇다고 하더라도 이 자료의 성격을 연구서라고 평가하기는 어렵고, 이미 『부산일보』 신문에 게재한 기사들을 종합 편집한 르포 기사집과 같은 성격의 것으로 이해할 수 있다. 이 자료집을 통하여 일본인 여성의 귀환 대기자들이 부산 동구의 초량에 있던 소림사小林寺 또는 부산 남구의 우암동 근처에 있던 적기赤崎 임시수용소에 분산 배치되어 있었다는 것을 알 수 있다.[85]

김경렬의 르포 기사집에는 기자로서 민간 피해자가 존재하는 현장에 직접 뛰어들어 인터뷰와 취재를 시도하고 현장을 기록한 것이다. 예를 들어 「유괴 10년 만에 환국한 日소녀」, 「밀항 군상」, 「눈물의 강제송환」, 「현해탄 건너는 女群」, 「외국인 출국자 대기소」, 「특별 귀국 조처가 있던 날」, 「평화선을 침범한 日人 어부들」, 「日人 어부의 송환」, 「송환 어부 "라스트 크롚"」 등의 기사와 사진을 통해, 1950년대 부산 외국인 수용소의 분위기와 민중의 애환을 절실하게 느낄 수 있게 하고 있다. 이 책의 저자는 서문에서 한일 양국의 민중의 애환을 전달하고자 했다고 하는 점을 강조하는 한편, 현장 취재를 위하여 외무부 부산출장소, 부산 지방해무청, 부산세관, 해경대, 해운공사 등의 각종 공공 기관으로부터 협력을 받은 것에 대해서 고마움을 표시했다.[86]

해방 후의 일본인 귀환에 관한 기사로서 「현해탄 건너는 女群」 일부를 소개하고자 한다. 이것은 국가 중심의 난폭한 정책이 개인과 가정에 얼마나 비인간적 결과를 초래하는지, 개인의 이동에 있어서 국가 간 외교적 교섭이 얼마나 중요한 역할을 수행하는지를 알 수 있게 하기 때문이다. 1958년 6월 1일, 한국의 선박 웅진호熊津號가 부산항 제1부두에서 고베

---

85 김경렬, 『기항지: 關門루포』, 91쪽.
86 김경렬, 『기항지: 關門루포』, 3-5쪽.

神戸로 떠났다. 이 중에는 당시 51세의 일본인 어머니 다케가와 다케竹川 たけ와 함께 당시 25세였던 장남金光만이 동승하고, 23세의 장녀美代子와 11세의 차남金夫은 수용소에 남겨두어야 하는 에피소드가 소개되었다. 그녀의 본적은 아이치현愛知縣이었는데, 1945년 12월 남편을 따라 남편 의 고향인 전라북도 신태인에 들어와서 살았다. 1952년에 남편이 세상 을 떠나자, 그녀는 세 자녀를 데리고 와서 1957년 10월부터 부산의 수용 소에서 거주하기로 했다. 장남과 장녀는 호적에 입적이 되어 일본정부가 입국증명을 보냈으나, 다케가와는 차남을 돌보기 위해서 장녀를 한국에 남겨놓았다.[87]

수용소 제4동 건물에 들어온 젊은 일본인 부녀자 가운데는 한국인과 결혼하여 자녀를 여럿 낳고도 대체로 한국의 호적에 입적시키지 않은 경 우가 많았다. 남자들은 대체로 한국인과 재혼했기 때문에 동거자 아니면 첩이란 형태로 살아오다가 그렇게 애매한 입장에서 더 이상 허락되지 않 아 떠나는 사람들이 많았다. 김경렬은 이러한 가련한 일본인 부인의 사례 로, 야마가시라 미쓰코山頭みつ子, 와타나베 시쓰에渡辺しつえ, 아키야마 에 이코秋山えいこ, 다무라 쓰나에田村つなえ, 요시다 도시코吉田としこ 등을 소 개했다.[88] 그는 이들과는 다른 일본인 여성으로서, 1957년 당시 수용소 에서 가장 인기를 끌었던 당시 44세의 다나베 마리코田邊まりこ를 소개하 기도 했다. 그녀의 부친은 2차 대전 전에 파리의 영사를 지냈다고 한다. 직업이 의사였던 그녀는 해방 후 한국군 고급장교와 동거생활을 하다가 그의 명예와 지위를 생각해서 신혼생활에 간섭할 마음이 없어 헤어졌다 고 한다. 그리고 그녀는 수용소에서 1년 8개월 동안 거처하면서 자치회 장을 맡아 일본인 여성을 귀환시키는데 노력했다고 한다. 이들의 에피소

---

87 김경렬, 『기항지: 關門루포』, 86-87쪽.

88 김경렬, 『기항지: 關門루포』, 93-99쪽.

드를 기술하면서, 김경렬 기자는 "헤어지면 남자의 허물만 퍼뜨리는 한국의 일부 '인텔리' 여성에 비하면 좋은 대조가 된다"고 기록했다. 그리고 귀환을 대기하고 있던 일본인 어머니와 이들의 귀환을 돕는 일본인 여성에 대해 대체로 좋은 평가와 공감을 표현했다.[89]

또한 김경렬은 이 책에 '평화선'을 침범한 혐의로 구속 및 수용되어 있던 일본인 어부 제1진에 관하여 다음과 같은 내용의 글을 실었다. 1957년 10월 22일 인도 뉴델리에서 열린 제19회 적십자 국제회의는 일본대표와 함께 부산 억류 어부의 부인이 참가하여 상호석방 외교각서東京協定 체결을 앞당기게 했다. 이에 따라 1958년 1월 31일부터 시작하여 5월 17일까지 총 4차례에 걸쳐 일본인 어부 922명이 부산항 제1부두를 통해 시모노세키下關로 송환되었다. 공식적 송환 이후에도 형기를 마치지 않은 약 100명이 형무소에 남아있었고, 밀수·밀항 등 잡범 범죄자 약 20명이 계속 수용소에 남아있었다. 형기를 마치지 않은 사람 가운데는 1958년에 나포된 어부 약 90명이 포함되어 있었는데, 이들은 1957년 12월의 외교각서 체결 이후에도 계속 '평화선'을 침범하면서 조업했기 때문이다. 수용소에 억류된 어부들은 경비당국으로부터 설날 선물로 술과 떡을 받아들고 석방 예정 소식을 들었다. 막상 떠나는 날까지 누가 몇 번째로 갈지 모르는 상황에서 그들은 모두 제1진으로 갈 것으로 예상하고 환호했으며 수 많은 기자들과의 인터뷰에서 연신 고맙다고 인사했고 경비당국으로부터도 관대한 조치를 받았다. 그리고 석방 몇 시간 전에 대한적십자의 외투를 한 벌씩 선물 받았다. 오후 4시 경 대한해운공사 소속 평택호平澤號를 타고 30명 정도의 호송경관·승무원·외무부직원의 받으며 일본을 향해 떠났다. 제1진 송환 후 일본의 라디오는 다음과 같은 소식을 전했다. "보도진 수백 명을 실은 여러 척의 선박이 평택호를 맞기

---

89 김경렬, 『기항지: 關門루포』, 90쪽.

위하여 쓰시마 부근에 출동했다. 제7관구 해상보안부 소속 순시선이 평택호와 동행하고 비행기 몇 대가 저공으로 날면서 이를 보도했다.[90]

[사진-8] 부산 수용소의 일본인 가족, 일본인 어부 송환선 평택호

출처 : 김경렬, 『기항지: 關門루포』, 91쪽; 154쪽.

이 책에는 일본인 어부의 제4차 송환, 즉 마지막 공식적 송환에 대해서는 대체로 다음과 같이 언급했다. 1958년 5월 17일 부산 교외의 괴정 수용소 철문이 열리고 검정색 코트와 푸른 작업복 바지를 입은 일본인 어부 122명이 석방되었다. 이들은 한국경찰이 대기시킨 버스 5대에 실려 제1부두로 향했다. 한일 쌍방의 억류자 상호석방이 다소 순조롭게 진행되고 있는 것은 아시아 냉전이 점차 완화되어가고 있음을 반영한다. 이날 김경렬 씨는 석방자 가운데 시모노세키 야마토마치大和町 출신의 나카무라 마사오中村政雄 씨와 한국어로 인터뷰했다. 인터뷰 내내 나카무라는 "신세 많이 졌습니다" "고맙습니다"를 연발하고 다른 말은 들리지 않는 모양이었다. 제4차 한일회담이 교착되면서 제4진의 석방에 차질이 생기지 않을까 걱정했는데, 어부 하마구치濱口弘 씨가 처음으로 수용소에서 석방되기 시작하면서 122명 전원이 석방되기에 이르렀다. 제4진 안에는

---

90   김경렬, 『기항지: 關門루포』, 143-149쪽.

1957년 1월에 강제 출옥에 성공한 제1지도리마루第一千鳥丸의 자매 선박第二千鳥丸에서 선원 조업을 했던 당시 38세 오이大井泉太郎 등 7명도 포함되어 있었다.[91]

연합국군 사령부의 맥아더라인

먼저 일본패전 후 맥아더라인의 설정 경위를 살펴보자. 일본의 점령이 시작되는 1945년 9월 2일, 더글라스 맥아더Douglas MacArthur를 최고사령관으로 하는 연합국군Allied Powers 사령부는 일반명령 제1호 4항에 따라, 별도의 지시가 있을 때까지 일본의 모든 상선과 군함에 대해서 이동 운항을 금지시켰다.[92] 이어 9월 3일에 발표된 제2호 부속서 B의 4항에 따라 100톤이 넘는 모든 일본 상선에 대해 최고사령관의 감독을 받을 것을 명령했다.[93] 이것은 점령군이 속속 일본에 진주하면서 이에 방해가 되는 선박의 이동을 금지시킨 조치였다. 그 후 9월 10일과 9월 21일에 도쿄東京만에서부터 100톤 미만의 선박에 대해 통행 제한이 풀렸고, 9월 14일에는 미군 태평양함대연락단의 각서 제35호 a항에 따라, 비록 점령당국의 허가를 받는 입장에는 변화가 없었지만, 일본 해군에 대해 보조기관이 딸린 일본의 목조선에 한하여 일본의 연안으로부터 '12마일 이내에서만' 자

---

91 김경렬, 『기항지: 關門루포』, 151-155쪽.

92 eneral Order No.1, 2 September 1945, IV, 「Military and Naval」, Japanese or Japanese-controlled Naval or Merchant vessels of all types will be maintained without damage and will undertake no movement pending instructions from the Supreme Commander for the Allied Powers.

93 OFFICE OF THE SUPREME COMMANDER FOR THE ALLIED POWERS, APO 500, ANNEX "B" DIRECTIVE NUMBER 2, 3 September 1945, (4) The operation of all Japanese merchant vessels of over 100 gross tons will be subject to the supervision of the Supreme Commander for the Allied Powers.

유롭게 항행하고 조업할 수 있도록 했다.[94] 이로써 점령기에 들어서 일본 근해 연안의 '12마일 이내' 수역에서 어민의 조업이 가능하다는 공식허가가 전후 처음으로 내려진 것이다.[95]

소위 점령당국의 맥아더라인은 1945년 9월 27일 설정되었다. 패전 직후 일본에 대한 점령 목표를 훼손하지 않는 범위에서 일본 어민의 어로활동을 부분적으로 보장하기 위해서 점령당국은 맥아더라인을 설정했다. 점령군 진주 후 어업 조업에 제한을 받는 일본 어민의 요구를 일본정부가 점령당국에게 수차례에 걸쳐 전달하자, 이날 미국 태평양함대 사령관의 각서 제95호를 발표하고 조업 범위를 확대했다. 그리고 이날 별도의 각서인 SCAPIN-80을 통해 구체적 범위를 지정하면서 조업 가능 해역을 넓혀갔다. SCAPIN-80에서 규정한 해역 경계선은 다음과 같다. 홋카이도北海道 스와나이推內 시의 노샤푸納紗布, Noshappu를 기점으로 하여, 북위 41도 30분 및 동경 150도에 이르고, 그 지점에서 남쪽으로 북위 30도에 이르며 그 지점에서 서쪽으로 동경 130도에 이른다. 이어 이 지점에서 남쪽으로 북위 29도에 이르며, 그 지점에서 서쪽으로 동경 126도에 이르고, 이에 그 지점에서 남쪽으로 북위 26도에 이른다. 또한 그 지점에서 서쪽으로 동경 123도에 이르며 그 지점에서 쓰시마對馬 섬의 남단에 이른다. 이어 쓰시마 북쪽 끝에서 북위 40도 및 동경 135도에 이르고, 그 지점에서 북위 45도 30분 및 동경 140도에 이르고, 그 지점에서 동쪽으로 동

94　UNITED STATES PACIFIC FLEET LIAISON GROUP WITH THE SUPREME COMMANDER FOR THE ALLIED POWERS, MEMORANDUM No.35, 14 September 1945, To: The Imperial Japanese Minister of the Navy, Permission is hereby given for the operation of Japanese wooden vessels (auxiliary sailing vessels) in Japanese coastal waters subject to the following restriction: (a) These vessels will operate within 12 miles of the Japanese coast, except where special permission to go outside these coastal waters is obtained.

95　지철근, 『평화선』, 89쪽.

[사진-9] 맥아더라인의 일본어선 조업범위

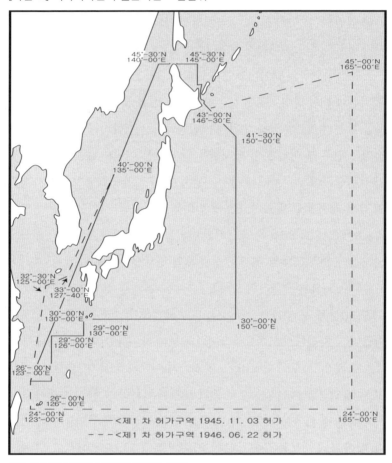

출처: 川上健三, 『戦後の国際漁業制度』 21쪽

경 145도에 이르며 이어 남쪽으로 홋카이도에 이른다.[96]

   일본 본토의 연안과 홋카이도 연안 3해리 이내의 수역에 국한된 것이
었으며, 톤 수에 관계없이 일본의 모든 어선은 이에 적용을 받았다.[97] 이어

96   지철근, 『평화선』, 90쪽.
97   水産新聞協会, 『大日本水産会百年史(後編)』, 9~10쪽.

1945년 11월 3일에 확정된 맥아더라인의 제1차 허가구역 범위는 다음과 같다. 홋카이도 스와나이稚內시 북서부에 위치한 노샤푸를 북단으로 하여, 북위 41도 30분 및 동경 150도 경계선과 남쪽 방향으로 북위 30도 및 동경 130도, 서쪽으로 북위 29도 및 동경 126도, 그 남쪽으로 북위 26도 및 동경 123도, 그리고 직선으로 쓰시마 섬을 거쳐 홋카이도까지 북위 40도 및 동경 135도, 거기로부터 북위 45도 30분 및 동경 140도, 동쪽 방향으로 북위 45도 및 동경 145도에 이르는 경계선 안쪽의 해역을 조업 가능 구역으로 설정했다.[98] 이어 1946년 6월 22일에 확장 허가를 받은 해역의 범위는 제1차 허가구역에 비해 4배 정도 확대되었다. 그리고 이때 나중에 선포되는 '평화선'과 관련하여 쓰시마 섬을 경계선에 포함시켰으며 반면에 독도를 경계선에서 제외시켰다.

당초에 점령당국은 엄중한 해양 단속을 통해 맥아더라인을 준수하도록 하는 모습을 보였지만, 일본정부의 요청과 일본국내 사정을 감안하여 여러 차례에 걸쳐 규제 조선을 완화시켜 갔으며 점차 해양 단속도 완화시켜 갔다. 특히 유류 연료의 제공, 출어에 대한 허가, 어선 건조에 대한 점령당국의 허가는 비교적 관대하게 이루어졌다.[99] 이와 함께 1945년 9월 27일의 각서에 따라 조업 범위 약 63만 제곱 해리 이내에서는 미국 태평양함대에서 설치한 일본상선관리국SCAJAP으로부터 일일이 허가를 받을 필요가 없게 되었고, 다만 100톤 이상의 철강선과 어류 운반선만은 SCAJAP으로부터 번호를 받아서 이것을 배에 부착해야 했다. SCAJAP은 점령당국의 지시를 받아 일본정부의 운수성 아래에서 1945년 9월부터 1950년 4월까지 유지된 상선관리기구였다.[100] 결과적으로 점령이 길어

98   川上健三, 『戦後の国際漁業制度』, 大日本水産会, 1972年, 54-55쪽.

99   水産新聞協会, 『大日本水産会百年史(後編)』, 7~8쪽.

100 マッカーサー・ライン-Wikipedia https://ja.wikipedia.org/wiki/マッカーサー・ライン, 2020년 2월 26일 검색.

짐에 따라 맥아더라인에 의한 조업 조건은 날로 완화되어갔고 대일강화 조약의 발효와 함께 소멸되어갔다는 것을 알 수 있다.

임호민의 연구논문에 따르면, 한반도 해방 이후 4-5년 사이에 100척 정도의 일본 어선이 맥아더라인 침범을 이유로 나포되었다 한다. 이들은 한반도 해역에서 단속을 피해 갔으며 야간에 소등하고 조업하는 사례도 많았다고 한다. 하나의 사례로 1951년 2월 5일 미군 구축함 703호가 동해안 묵호 근해에서 일본어선 하야토리마루早鳥丸를 발견하고 멈출 것을 명령했으나 이를 어기고 도주하려다가 나포되어 묵호항으로 끌려 온 사례도 있었다.[101]

또한 모리수 가즈오森須和男의 연구논문에 따르면, 맥아더라인이 선포된 1945년 9월 27일부터 '평화선'이 선포된 1952년 1월 18일까지 남한의 미군정 당국이나 신생 한국정부에 의해 나포된 일본 어선이 총 122척에 이른다고 했다.[102] 다만 모리수는 이러한 숫자가 부정확한 자료에 근거한 나포 어선의 숫자에 불과하다고 했으며, 국가별로 연구자별로 나포 어선의 숫자가 각각 다르게 나타난다는 것을 기존 연구조사의 문제점으로 지적했다. 즉 어선에 대한 '나포'가 일반적으로 포획, 임검, 연행, 취조, 재결 등 일련의 과정을 거치는데, 어느 시점을 '나포'라고 할 수 있는지, 어민에 의한 조업 뿐 아니라 밀수, 도난, 납치, 해난사고좌초·추돌·행방불명·침몰·표류·고장의 경우에도 나포라고 할 수 있는지, 등을 문제점으로 제기한 것이다. 또한 그는 나포 어선 수에 공적인 선박을 포함시킬 것인지에 두고도 나포 결과가 달라지고 있다는 문제점을 제기했으며, 어선 나포의 원인

101 임호민, 「1950년대 전반기 한국의 해양주권 수호에 대한 연구: 독도와 주변해역을 중심으로」, 『한국민족문화』 45호, 2012년, 242-243쪽.

102 기록상 1945년 11월 10일에 나포된 것으로 확인되는 제79하야부사(隼) 선박을 필두로 하여, 1951년 12월 12일에 나포된 것으로 확인되는 제5헤이료(平漁) 선박까지를 말한다. 森須和男, 「李ラインと日本船拿捕」, 『北東アジア硏究』 28号, 2017年 3月, 87-92쪽.

으로도 경계선을 침범한 것이 원인인지, 아니면 어족자원의 보호를 위해서인지, 또는 두 가지 원인 모두에 따른 것인지에 따라 것인지 구체적인 사항은 각 사안별로 검토해야 한다고 주장했다. 이러한 근본적인 조사의 한계를 제시하면서 그는 나포의 내용을 구체적으로 구분하지 않았고, 다만 기록상 나타나는 일본 어선의 나포를 열거하는데 그쳤다고 말했다.[103]

오늘날 일반에 널리 알려진 일본의 인터넷 백과사전 「위키피디아ウィキペディア」는 맥아더라인이 1945년 9월 27일 1차 허가구역 확정 후부터 점령기간 동안 대체로 다음과 같은 큰 변화를 보였다고 기술하고 있다. ① 1945년 11월 30일 오가사와라小笠原 제도의 주변 해역에서 고래잡이를 할 수 있도록 점령당국이 허가했다, ② 1946년 3월 22일, 점령당국은 일본정부의 행정구역을 남서 제도와 오가사와라 제도를 분리하고, 쓰시마·다네가시마種子島·이즈伊豆 제도까지로 국한시켰다, ③ 1949년 9월 21일, 조업 해역을 동쪽으로 확장하여, 북위 40도 및 동경 165도, 북위 40도 및 동경 180도, 북위 24도 및 동경 180도, 북위 24도 및 동경 165도를 경계선으로 했다, ④ 1950년 5월 12일, 조업 해역을 남쪽으로 확장하여, 북위 24도 및 동경 123도, 적도 및 동경 180도, 북위 24도 및 동경 180도를 연결하는 경계선 안으로 했다, ⑤ 강화조약 발효 3일 전인 1952년 4월 25일, 맥아더라인은 폐지되었다.[104]

'평화선' 해역과 관련하여, 1945년 11월 30일 맥아더라인이 확장되자, 일본 어선의 한반도 진출은 심해졌고 한반도 어민들은 이에 불만을 제기하기에 이르렀다. 이 시기에서 일본의 어민들은 쓰시마 서쪽 연안에서도 조업을 하고 있었으며 맥아더라인 서쪽 경계를 넘어서까지 조업하

---

103 森須和男, 「李ラインと日本船拿捕」, 85-86쪽.

104 マッカーサー·ライン-Wikipedia https://ja.wikipedia.org/wiki/マッカーサー·ライン, 2020년 2월 26일 검색.

고 있었다. 패전 전에 이미 한반도 근해 수역에서 약 300톤 규모의 트롤 어선과 90톤부터 515톤 규모에 이르기까지 저인망 어업을 실시해 온 일본 어민으로서는 아무리 점령 기간이라고 해도 결코 방치해 둘 수 없는 해역이 되었기 때문이다.[105] 신생 한국의 외무부는 맥아더라인을 불법 침입하여 조업하다 나포된 일본 어선의 수가 1947년 9척, 1948년 19척, 1949년 9척, 1951년 37척에 이른다고 보았다. 남한의 미군정 시기에도 맥아더라인을 불법으로 넘어오는 일본 어선이 많아지고 이를 방어하자고 하는 민원이 자주 들어오자, 미군 군정청은 마지못해 일본 어선을 단속하는 태도를 보이게 됐다. 이에 따라 1948년 7월 28일 군정청이 MG JOS-546 명령을 발령하여 맥아더라인을 침범하여 불법으로 조업하는 일본선박을 발견했을 때 즉각 당국에 보고하도록 조치했다.[106]

1948년 8월 한국정부가 수립된 후 이 문제는 더욱 심각해져 갔다. 한국정부는 맥아더라인을 넘어 조업하는 일본 어선에 대해 나포 조치로 임했다. 6.25전쟁이 발발하면서 한국정부의 불법 어선 단속이 어려워지자 더욱 많은 일본 어선들이 무리를 지어 한반도 근해로 몰려와 조업했다. 한국정부에 의해 맥아더라인 침범 혐의로 일본 어선이 나포당하는 사례로, 다이시게마루大繁丸에 관하여 전술한 바 있다. 한국에서도 1949년 6월 24일자『수산경제신문』에 해군본부가 발신한 기사를 통해 이 사건이 보도되어, 미즈노 선장과 8명의 선원이 체포되었다고 전했다. 이 신문은 1948년 10월 한국 해군에 의해 나포된 일본 선박이 총 6척이며 불법침입이 발각된 것만 10여 척에 이른다고 보도했다. 당시 일본인 어민들은 대체로 맥아더라인을 무시해도 좋은 경계선으로 생각하고 있었고, 다이

---

105 조윤수, 「'평화선'과 한일 어업 협상: 이승만 정권기의 해양질서를 둘러싼 한일 간의 마찰」,『일본연구논총』 28호, 2011년 12월, 203-204쪽.

106 조윤수, 「'평화선'과 한일 어업 협상: 이승만 정권기의 해양질서를 둘러싼 한일 간의 마찰」, 206쪽.

시게마루가 한반도 근해에서 어획하려고 한 주요 어종은 붉은가자미였다고 한다.[107]

한국의 맥아더라인 유지 희망

점령 시기에도 일본의 어업산업은 날로 성장하여 1948년이 되면 패전 이전의 수준을 회복했다. 점령 당국의 수산업 담당관은 자주 남한을 방문하여 일본과 어업협정을 교섭해야 한다고 했다. 한국정부로서는 어족자원의 보호만을 위해서라면 일본과의 교섭을 필요로 했지만, 신생 한국정부로서 한반도 해방에 따른 외교적 교섭을 실현하기에는 어려움이 많았을 뿐 아니라, 일본정부도 연합국군의 점령을 받고있는 상황에서 공식적인 교섭에 나설 수 없는 입장에 놓여있었다. 더욱이 근본적인 문제는 맥아더라인 침범 어선을 단속해야 하는 일본의 점령당국의 태도가 매우 소극적이었다는 점을 들 수 있다. 일본은 점령당국의 실행력 없는 지시에 맞추어 형식적으로 몇 척의 어로 감시선을 배치하고 지도와 감시를 하는 시늉만을 행하고 있었다. 이에 따라 한국정부로서는 몇 척의 낡은 경비선을 이용하여 일본 어선의 맥아더라인 침범을 방지해야 했고 결국에는 독립된 국가의 어업정책을 수행하기에는 역부족임을 깨닫게 되었다.[108]

맥아더라인의 철폐와 관련하여 일본정부가 선택할 수 있는 어업정책은 다음과 같은 것이었다. ① 독도 주변 해역에서 한국의 어선을 나포하는 행위, ② 독도와 한국 해역의 역사성 강조, ③ 독도 상륙과 함께 한국의 해역에 해양 순시선을 파견하는 일, ④ 독도를 비롯한 한국 해역에서 일

---

107 藤井賢二,「研究ノート：大繁丸の拿捕事件」,『東洋史訪』8号, 2002年 3月, 60-65쪽.

108 지철근,『평화선』, 96-97쪽.

본 어선의 조업 활동을 진작시키는 일, 등이다.[109] 맥아더라인 철폐 전망 아래 일본 어선의 계획적이고 조직적인 조업이 이루어지자 한국의 어민들도 일본 어선의 맥아더라인 침범 사태를 좌시할 수 없어, 1949년 6월 초에 남해안 일대 어민들이 부산에 모여, 일본 어선을 규탄하는 궐기대회를 열었다. 이 궐기대회 이후 여수 출신의 황병규黃炳珪 의원을 포함한 9명이 1949년 6월 13일 맥아더라인의 확장을 반대하고 한국정부에 대해 일본 점령당국에 대한 강력 항의를 촉구하는 긴급동의안국회회의록 16호을 제출했으며, 이 긴급동의안은 한국국회에서 만장일치로 가결되기에 이르렀다.[110]

6.25전쟁 발발과 함께 일본 어선의 한반도 근해에 대한 진출이 더욱 더심해지자, 한국의 어민과 어업 관계자들은 부산을 중심으로 하여 각지에서 수산인 총궐기대회를 개최했고 과거 식민지 지배에 대한 앙금이 쌓여 있는 상황에서 일본의 어업 진출 문제는 한국인에게 일본에 대한 혐오감을 증폭시켰다. 조윤수 연구자는 1951년의『조선일보』기사와 연구 자료를 분석하면서 당시 일본 어선에 대한 일반사회의 혐오 분위기를 전달했다.[111] 즉,『조선일보』1951년 3월 10일자 기사는 남한 연안에서 한국의 어선보다 월등하게 성능이 좋은 일본 어선들이 한국보다 훨씬 더 많은 어획고를 올리고 있었고, 한국전쟁 중에도 유일한 수출 산업인 어업 산업이 또 다시 일본에 의해 유린당하고 있었다고 했다. 이어 같은 신문의 4월 25일자 기사는 한국정부가 일본 어업자의 불법 조업에 대해 대책을 마련하기로 했으며, 지난 2월 24일 한국 국회가 맥아더라인 확장을 반대하는 결

---

109 임호민,「1950년대 전반기 한국의 해양주권 수호에 대한 연구: 독도와 주변해역을 중심으로」, 240-243쪽.

110 지철근,『평화선』, 97-101쪽.

111 조윤수,「'평화선'과 한일 어업 협상: 이승만 정권기의 해양질서를 둘러싼 한일간의 마찰」, 207쪽.

의를 채택했다고 보도했다. 이어 유진오兪鎭午의 회고록을 인용하여, 한국정부가 한국 수산업의 육성과 근해 어족자원의 보호를 위해 일본에 강력하게 대응할 방침을 세웠다고 전하고, 이승만 대통령이 맥아더라인을 침범하는 일본 어선을 나포하도록 손원일孫元一 해군 참모총장에게 지시했다고 보도했다.

1951년 2월 16일에 주일대표부 김용주金龍周 공사가 외무부장관에게 보낸 주간 보고서, 「주간일본정세보고」에 따르면, 강화조약을 앞두고 일본사회가 전반적으로 점령 종결과 국가 독립에 대해 얼마나 크게 열망하고 있었는지 잘 알 수 있다. 따라서 맥아더라인의 철폐가 어업문제에 국한하지 않고 국가경제 전반에 걸친 문제로 일본사회가 이를 얼마나 당연하게 여기고 있었는지 잘 표현하고 있다. 이 자료에서는 미 국무부의 덜레스John Foster Dulles 특사와 일본정부가 대화했다고 하는 문서의 내용을 언급하며, 한국의 주장과는 달리 일본이 독립 후 관련 국가들과 어업협정을 맺을 것이고 어족자원 보호에 노력하겠다는 의향을 보이고 있으며 이에 대해 미국도 적극 호의를 보이고 있다고 했다. 따라서 이 자료는 이미 맥아더라인이 동쪽으로 확대된 데다가 한반도 근해 조업을 위해 맥아더라인을 침범하는 사례가 많은 것으로 보아서 앞으로 한반도 근해의 어족자원이 고갈될 것이 분명하다고 전망했으며, 따라서 한국정부로서는 일본과의 상호 어업보호 수역 설정이 필요하다는 주장을 제기하기에 이르렀다.[112]

그런데 6.25전쟁 상황은 1년 가까이 되는데도 여전히 전황은 호전되지 않은 채, 일전일퇴를 반복하는 교착상태에 빠졌다. 또한 중국대륙에 공산당 정권이 안정을 되찾아가면서 동아시아를 둘러싼 국제정세가 급변하게 되었고 이에 따라 일본에 대한 미국의 점령정책도 대폭 완화되어

---

112 한일회담자료, 「한국의 어업보호정책: 평화선 선포, 1949-52」, 분류번호: 743.4 1949-1952, 등록번호: 458, 생산과; 정무과(1952년), 프레임번호: 0044-0059.

갔다. 특히 제주도와 흑산도를 중심으로 한 한반도 남서 해역에 어종이 풍부했기 때문에 일본 어선의 진출 조업이 심해졌는데, 1951년 4월부터 8월 사이에 임시수도인 부산을 중심으로 하여 전국 각지에서 한국 어민에 의한 궐기대회가 빈번히 열렸으며, 궐기대회에서 한국정부의 방침을 대변하듯이 일본의 강화조약이 체결된 후에라도 맥아더라인은 그대로 존속되어야 한다고 주장하기에 이르렀다. 한편 한국정부로부터 일본어선의 단속을 요청하자 점령당국도 일본정부를 통해 해양경비를 증강시키는 조치를 취했지만, 단속에서 실효성을 찾기는 어려웠다. 예를 들어 점령당국의 지시로 일본정부가 옛날 제국해군 함정이었던 제2교마루京丸를 보수하여 일본 수산청 소속 선박의 감시선으로 배치했는데, 한국의 해군에 의해 1951년 4월 나포되는 일이 발생했다. 이 선박은 한국의 동남 해안에서 나포되자 부산항에 예인되었고 일본인 승무원 약 20명은 경북 감천甘川에 임시로 설치된 수용소에 억류되었다. 이에 대해 일본정부는 주일대표부를 통해 항의하고 즉각 송환하도록 요청하게 되었고, 결국 한국정부는 일본인 어부 200여 명과 함께 일본으로 이들을 돌려보내게 되었다. 이 과정에서 법제처장 유진오와 식산은행 총재 임송본林松本을 일본에 파견하여 한일회담의 예비접촉을 시작하게 되었다.[113]

1951년 4월 12일 샌프란시스코 강화조약이 체결되고 나서도 한국정부의 방침이 바뀌지 않은 것을 확인하고, 주일대표부의 김용주 공사는 만약 점령 종료와 함께 맥아더라인이 폐지되면 일본어선의 조업이 분명히 확대될 것이고 결국 한국의 수산업을 위협할 것이라는 서한을 외무부에 보낸 것으로 확인된다. 그는 ① 맥아더라인을 샌프란시스코 강화조약 발효 이후에도 존속시키고 일본 어선의 맥아더라인 침범을 방지한다, ② 위의 방침이 불가능할 경우에는, 맥아더라인을 존속시키고 일본의 어선 뿐

---

113 지철근, 『평화선』, 105-108쪽.

[사진-10] 맥아너라인 절폐반대 국민대회

출처: 국가기록원 http://www.archives.go.kr

아니라 한국의 어선도 그 라인을 침범하지 않도록 한다, ③ 이상 방침이 받아들여지지 않을 경우에는, 한국이 보호수역을 설정하고 공포하여 그 것을 일본이 승인하도록 한다, ④ 일본이 한국측 보호수역 안을 승인하지 않을 경우에는, 양국이 상호 어업보호 수역을 설정해야 한다고 했다. 이 때 한국은 특히 황해와 동중국해 수역에서 일본 어선의 접근을 제한하는 데 주력해야 한다고 했다.[114] 결과적으로 이와 같은 김용주 공사의 조언은 한국정부의 '평화선' 선포로 이어지게 되었지만, 일본에 의해 받아들여지지는 않았고, 1965년 국교정상화에 따른 어업협정의 체결을 통해 ④ 의 조언이 마침내 현실화되기에 이르렀다.

---

114 조윤수, 「'평화선'과 한일 어업 협상: 이승만 정권기의 해양질서를 둘러싼 한일 간의 마찰」, 208-209쪽.

42°-15´N
130°-45´E

제2장

일본 강화조약과 한일회담 개시

5´N
.0´E

38°-00´N
132°-50´E

35°-30´N
130°-00´E

34°-40´N
129°-00´E

-00´N
-00´E

32°-00´N
127°-00´E

한국 독도영유권의 불완전성

독도의 명칭에서는 근대 이전부터 한국과 일본에서 각기 달리 사용해 왔으며 여기에 19세기부터 서양식 명칭인 '리앙쿠르 바위Liancourt Rocks'가 혼용되고 있는 실정이다.[1] 이 책에서는 한국식 명칭인 독도를 통일적으로 사용하고자 한다. 독도문제에 대해서는 한국의 연구자들을 중심으로 하여 수많은 자료집과 선행연구들이 나오고 있으며, 오늘날에도 한국이 독도를 실효적으로 지배하고 있는 상황에서 한국과 일본 사이에 논쟁거리는 될 수 있을지언정 외교적 협상의 대상이 결코 될 수 없다.[2] 패전 직후 일본정부가 점령당국SCAP에 대한 순종과 조정을 중시하는 가운

1   정영미, 「일본의 '섬의 명칭 혼란에 대한 연구'와 Liancourt Rocks」, 김병렬 외, 『근대 이행기의 한일 경계와 인식에 대한 연구: 독섬(石島)과 Liancourt Rocks를 중심으로』, 동북아역사재단, 2012년, 217-290쪽.

2   신용하, 『독도영유권 자료의 탐구』, 독도연구보전협회, 2001년, 제1권-제4권 제10부; 이종학, 『일본의 독도해양정책자료집』, 독도박물관, 2006년, 제1권-제4권; 박홍갑, 『독도자료』, 국사편찬위원회, 2008년, 미국편1-3; 동북아역사재단, 『일본국회 독도관련 기록모음집』, 동북아역사재단, 2009년, Ⅰ부-Ⅱ부; 강세구 외, 『독도관련자료해제집: 고문헌편』, 국립중앙도서관 도서관연구소, 2009년, 1-179쪽; 곽진오 외, 『독도와 한일관계: 법·역사적 접근』, 동북아역사재단, 2009년, 6-202쪽; 동북아역사재단, 『독도·울릉도 연구: 역사·고고·지리학적 고찰』, 동북아역사재단, 2010년, 1-295쪽; 이원덕 외, 『한일공문서를 통해 본 독도』, 동북아역사재단, 2014년, 1-391쪽; 손승철 외, 『일본의 독도연구 동향과 분석』, 지성인, 2014년, 1-192쪽; 영남대학교 독도연구소, 『울릉도·독도 관련 거문도 자료』, 선인, 2018년, 제1권-제2권 등.

데, 1946년 1월 16일 영토 관련 연구회의 공식적 활동을 개시했다. 또한 1948년 동아시아 지역에서 냉전이 심화하는 상황에서 미국을 중심으로 하는 서방측 중심의 강화회의를 추진해 갔으며 대일강화조약에서부터 한일국교정상화 기간에 이르기까지 독도문제를 둘러싸고 외교적 논쟁을 계속해 왔다.[3] 그러나 한국은 1954년 8월에 등대를 설치하거나 1956년 12월 울릉도 경찰을 배치하기 시작하면서 오늘날까지 실효적인 지배를 강화하고 있다.[4]

필자는 한국정부의 수립 이전부터 독도의 영유권이 한국에 있다고 생각하지만, 그것은 아직 한국에 국한된 주장일 뿐이며 일본은 전후 국제사회에 복귀하면서 한국정부와는 달리 독도의 영유권을 지속적으로 주장해 오고 있다. 결과적으로 독도문제에 대한 외교적 협상은 아직 불가능하며 한국과 일본이 서로의 영유권을 주장하는 선에서 외교적 협상을 실시하고 있다고 본다. 아무리 국제교섭을 통해서 한일 간 국교정상화가 이루어졌다고 하더라도 그렇다고 해서 독도의 영유권문제를 외교적인 협상으로 해결하려고 시도한 사례는 없다. 한국과 일본이 독도의 영유권문제는 외교적으로 해결할 사항이 아니라는 점에 대해서 암묵리에 동의한 것이다. 따라서 한일회담의 주역들에 대해 아무리 비판한다고 하더라도 영토를 상대방에 양보했다고 하는 비판은 성립되지 않는다. 필자는 영유권에 대해서는 외교적 협상이 곤란하다는 점을 전제하고, 여기서는 한반도

3 1952년 1월 18일 이후 1965년 6월 22일까지 일본은 한 해도 거르지 않고 총 33차례에 걸쳐 영해침범 등을 이유로 하여 한국에 항의하는 구상서를 보냈고, 마찬가지로 한국은 총 26차례에 걸쳐 이를 반박하는 구상서를 보냈다고 한다. 현대송, 「전후 일본의 독도 정책」, 『한국정치학회보』 48권 4호, 2014년, 55-56쪽.

4 김명기, 『독도의 영유권과 실효 지배』, 우리영토, 2007년, 41-42쪽; 이서행, 「독도의 실효적 지배권 운영과정과 국토안보의 방향」, 『군사연구』 129호, 2010년, 175-266쪽; 곽진오, 「한일회담 단절을 통해서 본 한국의 독도등대설치와 일본: 일본의회 독도관련 속기록을 중심으로 1953-54」, 『일어일문학연구』 76집 2호, 2011년, 262-266쪽.

의 해방에서부터 연합국의 대일강화회의에 이르기까지 한국의 강화회의 참가국 지위문제와 독도의 영유권문제가 외교적으로 유보되는 과정에 대해서만 논하기로 한다.

그리고 한일 양국의 외교적 협상 대상이었던 어업자원 문제를 중심으로 하여, '평화선' 선언을 둘러싸고 진행된 한일 간 외교적 공방을 집중적으로 논하고자 한다. 현 시점에서 볼 때, 한반도 해방 후 독도문제가 외교적으로 보류되는 과정에 대해 미국의 사료를 통해 검증하고자 한 연구로서는 정병준의 단행본 『독도1947년』이 가장 참고할 만하다고 생각된다. 따라서 필자는 해당 단행본을 중점적으로 참고하면서 대일강화회의를 앞두고 한일관계에서 독도문제가 외교적으로 유보되어가는 과정에 대해서 간략하게 정리하고자 한다.

일본의 무조건 항복에 대한 법적 근거가 되는 포츠담 선언은 1943년의 카이로 선언을 촉구하는 한편, 일본의 영토에 관한 문구로서는 '혼슈·홋카이도·규슈·시코쿠와 연합국이 정하는 작은 섬들'이라고 규정함으로써 일본 패전 후 영토문제에 대해 지나친 포괄적 해석을 낳았다.[5] 전후 일본을 점령한 연합국군사령부SCAP는 1946년 1월 29일 SCAPIN 제677로 알려지고 있는 '약간의 주변 지역을 정치상 행정상 일본으로부터 분리하는 각서 Memorandum for Governmental and Administrative Separation of Certain Outlying Areas from Japan'를 통해서 일본 점령의 범위를 보다 분명히 했다. 독도문제와 관련하여 이 각서의 제3조는 한반도를 일본 점령군의 지배 범위에서 제외시킬 것을 다시 천명하고 또한 이 범위에서 제외되는 섬으로 울릉도Utryo/Ullung Island·독도 Liancourt Rocks/Take Island·제주도Quelpart/Saishu or Cheju Island를 명시한 바 있다.

아울러 같은 해 6월 22일 SCAPIN 제1033호로 일본어선의 독도주변

5 　최영호, 「카이로선언의 국제정치적 의미」, 『영토해양연구』 5, 2013, 79-80쪽.

접근을 금지했으며, 9월 16일 SCAPIN 제1778로로 독도를 폭격연습지로 지정했다.[6] 마찬가지로 일본은 1946년 4월 중의원 선거를 시행하는데 있어서 식민통치 시기 내내 시마네현 관내였던 독도를 선거 실시 지역으로부터 제외시켰다.[7] 또한 미국국무성은 1946년 6월 11일에도 SWNCC-59/1의 (3)항에서 "제주도·거문도·울릉도·독도 및 조선 주변의 다른 모든 도서는 조선의 일부로 간주하여야 한다(Quelpart Island, Port Hamilton, Dagelet[Utryou] Island, Liancourt Rock[Takeshima], and all other offshore islands should be considered part of Korea)"고 규정했다.[8]

해방 후 한국이 독도문제에 대해 일찍이 대응한 사례로서는, 해방 전부터 독도 어업을 주관해 오던 일본인 어민이 1947년 4월 독도에 불법 상륙하여 울릉도 어민들을 배척하게 되자, 미군정청 지도 아래에 있던 경상북도는 이 사태에 대해 6월 19일 일본이 독도 침탈을 시도한 행위라고 하며 이를 중앙 과도정부에게 보고했다. 때마침 『대구시보』는 이 보고 내용을 이튿날 「왜적 일인의 얼빠진 수작, 울릉도 근해의 소도를 자기네 섬이라고 어구漁區로 소유」라는 기사를 게재했다. 이 보도를 계기로 하여 해방정국에서 한국인들이 독도문제를 인식하게 되었다.[9] 이어 1947년 7월 23일자 『동아일보』는 「판도에 야욕의 촉수 못 버리는 일인의 침략성, 울릉도 근해 독도 문제 재연」 기사를 게재하여 일본과

---

6 신용하, 「일제하의 독도와 해방직후 독도의 한국에의 반환과정 연구」, 『사회와 역사』 34집, 1992년, 24-33쪽; 김병렬·內藤正中, 『한일전문가가 본 독도』, 다다미디어, 2006년, 122쪽.

7 장박진, 「대일평화조약 형성 과정에서 일본정부의 영토인식과 대응 분석」, 이원덕 외, 『한일공문서를 통해 본 독도』, 동북아역사재단, 2013년, 87-89쪽.

8 김태기, 『미국의 독도 정책 입안 연구: 1942~1946년을 중심으로』, 한국해양수산개발원, 2009년, 35-45쪽.

9 정병준, 『독도1947: 전후 독도문제와 한·미·일 관계』, 돌베개, 2010년, 98-103쪽.

독도영유권 분쟁이 발생할 수도 있다는 전망을 제시하고 과도정부에게 대비를 촉구했다.

이날 『동아일보』에 게재한 신석호申奭鎬 국사관국사편찬위원회 관장과의 인터뷰 기사 「당연 우리 것 申국사관장 담」은 독도문제가 역사적·군사적·경제적 초점이 되고 있고, 어장 개척의 문제가 중대한 관심과 이해를 가져오고 있다고 언급했다. 또한 그 해 8월 13일자 『한성일보』는 지리적·역사적으로 독도는 한국의 영토라고 했다.[10] 이러한 움직임 가운데 1947년 8월 20에 신석호를 단장으로 하는 민정장관 직속의 학술조사단과 조선 산악회 학술조사대 등 총 70명 정도가 독도에 상륙하고 해방 후 처음으로 한국 영토임을 알리는 표목을 세웠다.[11] 이러한 민간 동향의 연장선에서 1948년 서울의 「우국노인회Patriotic Old Men's Association」 등 한국인 관변단체들이 일본의 점령당국에 대해 울릉도·독도·파랑도의 영유권을 주장하는 서한을 보냈다.[12] 1948년 6월 8일에 발생한 주일미군 공군기의 독도폭격사건을 『조선일보』가 전격 보도하면서 이 사실이 널리 알려지자 한국인 사회에서 독도문제 인식이 더욱 강렬해졌다.[13]

---

10 정병준, 『독도1947: 전후 독도문제와 한·미·일 관계』, 104-108쪽.

11 정병준, 『독도1947: 전후 독도문제와 한·미·일 관계』, 110-141쪽.

12 1948년 9월 6일 SCAP 외교국장이 접수한 서한으로, THE FOREIGN SERVICE OF THE UNITED STATES OF AMERICA UNITED STATES POLITICAL ADVISER FOR JAPAN, Korean Petition Concerning Sovereignty of "Docksum", Ullungo Do, Tsushima, and "Parang" Islands, September 6, 1948을 들 수 있다. 이 서한은 1947년 9월 23일에 제기된 일본 외무성의 영유권 주장에 대해 포괄적으로 비판하는 것으로, 한국의 정부수립 직전에 취한 한국의 독도 영유권 주장이었으나, 과격하게 지리적 위치나 실체가 확인되지 않은 파랑도를 언급하거나 쓰시마의 귀속을 주장함으로써 국제사회는 물론 일본 점령당국에게 의문을 안겼다. 박병섭, 『한말 울릉도·독도 어업: 독도 영유권의 관점에서』, 한국해양수산개발원, 2009년, 267쪽.

13 정병준, 『독도1947: 전후 독도문제와 한·미·일 관계』, 179-237쪽.

한국의 대일강화회의 참가 좌절

1948년 8월 15일 한국정부가 수립되었다. 신생 한국정부는 수립 직후 대일강화회담에 대한 한국의 준비 작업으로, 대체로 ① 대일배상의 요구 문제, ② 한국의 연합국 지위 부여 및 강화조약 서명국 참가 문제, ③ 일본제국에 빼앗긴 영토를 회복하는 문제, ④ 맥아더라인의 유지 문제 등을 대비해 왔다.[14] 이 가운데 결과적으로 어느 것 하나도 당시 국제정치의 현실에 부합하지 않아 한국정부가 원하는 방향에서 이루어지지 않았지만, 여기서는 ②와③의 문제에 집중하여 신생 한국정부의 노력을 중심으로 하여 역사적 자료를 통해 실증해 가고자 한다. 신생 한국정부에게 있어서 대일강화회의의 참가국 지위를 얻는 것이 대일배상과 영토문제를 요구하는데 무엇보다 중요했다. 대일점령기간 동안 몇 차례 강화회의 가능성에 대한 논의가 이뤄지는 가운데 한국의 과도입법의원 의장 김규식은 일찍이 1947년 8월 27일 미국 국무부에 대해서 대일강화회의 참가를 요구한 바 있다. 다만 이때는 아직 미국의 대일점령 종결 방침이 결정된 상황이 아니었기 때문에, 과도입법의원의 요청이 실효성 있는 것이었다고 말하기는 곤란하다.[15]

실제로 한국정부가 수립되고 나서 공식적으로 미국 국무부에 대해 한국의 대일강화회의 참가국 자격을 요청한 것은 1951년 1월 4일이다. 이때 한국은 장면張勉 주미대사를 통하여 "일본 침략으로 직접 고통을 받은 한국이 참가하지 않고는 대일강화조약이 완성될 수 없다"고 하는 논리를 제기했다. 그해 1월 26일 장면은 덜레스John Foster Dulles 고문을 방문하고 방한 요청서를 전달하면서 다시 한국이 대일강화조약의 서명국이 되어야 한다고 주장했다. 이때만 해도 미국은 어떤 형태로든 신생한국 정부가 마땅히

---

14 박진희, 앞의 책, 제2장과 제3장.
15 정병준, 『독도1947: 전후 독도문제와 한·미·일 관계』, 674-675쪽.

대일강화회의에 참가해야 한다고 본 것이 아닌가 생각된다.[16]

그런데 독도영유권에 대해 종래부터 한국의 입장을 두둔하던 미국국무성은 1949년 11월 14일 SCAP 외교국장 시볼드William J. Sebald로부터 전문이 전달되는 시점부터 그 입장을 바꾸어갔다.[17] 이날 시볼드의 전문에 따르면 독도와 관련된 제6조는 다음과 같이 되어 있었다. "리앙쿠르 바위(다케시마)에 대한 재고를 요청한다. 이들 섬에 대한 일본의 주장은 오래된 것이며 유효한 것으로 보인다. 안보적으로 고려해 볼 때, 그곳에 기상 및 레이더 기지를 상정해 볼 수 있다." 시볼드의 전문은 1947년 6월에 일본 외무성이 발행한 팸플릿 「일본의 부속 소도 IV, 태평양 소도서, 일본해 소도서」에서 전문을 따온 것으로 보인다.[18] 전반적으로 이 전문은 일본의 이익을 대변하고 있었고, 독도 문제에 국한해 보면 시볼드는 외교관으로서 중립성이나 공정성, 그리고 전시에 합의된 연합국의 대일 영토정책을 무시했으며, 한국 관련기관으로부터 전혀 의견을 청취한 일이 없다.

도쿄에서 이러한 공작을 전개하는 있는 사이에, 한국정부는 1949년 12월 3일 무초John J. Muccio 주한미국대사로부터 자문국의 입장으로 대일강화회의에 참가할 것을 요청받았지만, 이 시점에서 한국정부는 독도에 대한 미국의 정책방향 선회 움직임을 포착하지 못했다.[19] 1949년 12월 29일 국무부 극동국이 마련한 대일강화조약 초안의 제1항에서도 "버마·인도네시아·파키스탄은 기본 서명국에 추가되고 실론과 한국은 기

---

16 박진희, 『한일회담: 제1공화국의 대일정책과 한일회담 전개과정』, 70-71쪽.

17 시볼드는 11월 12일 강화조약 5차 초안을 검토하고 일본에 대한 '징벌' 조약임을 느꼈으며, 바로 수정안을 맥아더 원수에게 제출하고 이를 수락했으며 강화조약 초안에 대한 권고안을 미국국무성에 타전했다. 게다가 11월 19일 그는 국무성과 싸우기를 원치않는 맥아더 원수의 뜻을 받아들여, 스스로 "다케시마를 일본영토로 명기하라"는 권고안을 미국에 보냈다고 한다. ㅁㅡ·ダニエル, 『竹島密約』, 草思社文庫, 2013年, 32-33쪽.

18 정병준, 『독도1947: 전후 독도문제와 한·미·일 관계』, 458-463쪽.

19 정병준, 『독도1947: 전후 독도문제와 한·미·일 관계』, 475-478쪽.

타 서명국에 추가된다"고 했으며, 해당 초안의 제3항은 "하보마이·시코탄·독도가일본의 영토에 새로 포함된다"고 규정했었다.[20] 그러다가 1950년 4월에 덜레스John Foster Dulles가 국무장관 고문으로서 대일강화회의 추진을 위한 특사로 임명된 즈음에는 미국 국무부 내부에 큰 변화가 생겼으며, 결과적으로 대일강화조약 안의 변천 과정에서 독도의 영유권과 같은 구체적 영토 규정이 사라지고 말았다.[21]

또한 한국정부가 대일강화회의에 참가하는 문제를 둘러싸고 미국과 영국은 종래의 방향에서 선회하는 움직임을 보였다. 정병준 연구자는 애초부터 미국은 한국의 참가에 대해 우호적인 견해를 가지고 있었던 것에 비해, 영국은 이를 반대하는 태도를 보인 것으로 보는 반면, 독도문제가 국교정상화 과정에서 어떤 과정에서 수습되는가를 조사한 노 다니엘 연구자는 애초 영국은 한국의 독도 인식에 대해서 우호적이었지만 시볼드와 일본정부의 중간개입에 의해 결정적으로 종래의 방향에서 바뀌었다고 보고 있다.[22]

필자는 독도문제는 구조적인 문제이며, 한국이 스스로 국가해방을 쟁취하지 못한 결과가 이렇듯 강대국의 협의에 좌우되는 상황을 맞게 된 것으로 보고 있다. 아무튼 1951년 3월부터 5월 사이에 대일강화회의 내용에서 핵심이 되는 영토 문제와 서명국 문제에 관하여 미국과 영국의 외교당국이 논의하는 과정에서 한국정부의 입장과는 전혀 다른 결말이 이뤄졌다. 미국과 영국은 결과적으로 한국의 독립에 대해서 찬성하는 태도를 취하면서도 한국이 서명국이 되어 대일강화회의에 참가하는 일에 대해서는 반대하는 입장을 내보였다. 이렇게 하여 한국의 대일강화회의 불참 방침이 결정되었고, 대체로 1951년 4월의 미국과 일본의 협

---

20 정병준, 『독도1947: 전후 독도문제와 한·미·일 관계』, 483-486쪽.
21 정병준, 『독도1947: 전후 독도문제와 한·미·일 관계』, 501-522쪽.
22 ロー·ダニエル, 『竹島密約』, 30-34쪽.

의,[23] 그리고 4월과 5월의 미국과 영국의 협의 과정에서 이러한 방침이 굳혀진 것이다.

결과적으로 1951년 6월 14일의 미영 합동 초안에서 대일강화회의에 참가할 연합국 명단에서 한국과 중국을 명시적으로 배제했으며, 강화회의에서 배제된 국가는 그 후 일본과의 개별 교섭을 통하여 국교를 정상화한다고 최종적으로 규정했다. 이 문제와 관련하여 정치 및 영토Political and Territorial 부분에 "한국은 연합국이 아니지만 기본이익을 부여받을 수 있다"라고 규정했다. 덜레스는 7월 9일 양유찬梁裕燦 주미한국대사를 만나 대일강화회의에 초청하지 않겠다는 의사를 공식적으로 밝혔고, 대신 한국의 '기본이익'으로서는 재조일본인 재산청구권의 소멸, 한일어업협정, 한일평화조약 체결 가능성 등에 관하여 언급한 것으로 알려지고있다.[24]

1951년 6월 24일에 작성된 미영합동초안은 같은 해 9월에 최종 서명된 샌프란시스코 강화조약의 기본적인 외교자료로서 활용되었다. 공식적인 불참 통보를 받은 양유찬 대사가 7월 19일과 8월 20일 덜레스 고문에게 편지를 보냈지만, 결국 이때 한국 측은 일본이 포기해야 할 도서로서 독도를 명시하지 않았다.[25] 같은 해 8월 10일 미국 국무성 극동담당 차관보 러스크Dean Rusk는 널리 알려진 바와 같이 한국에 독도영유권이 없음을 명시하는 서한을 주미한국대사관에 보내기까지 했다. 한국정부의 독도영유권에 대한 준비 부족과 쓰시마·파랑도 영유권에 대한 경솔한

---

23 4월 23일 덜레스와 시볼드는 일본의 각료들과 협의했다. 이때 요시다 수상은 "한국과 일본은 교전하지 않았기 때문에 강화조약의 서명에 참여할 수 없다. 만약 한국이 서명국이 된다면 재일한국인은 연합국 시민이 되어 그 지위에 상응하는 권리를 주장하게 될 것이고 재일조선인의 대부분이 공산주의자인 점에 비추어 이를 도저히 받아들일 수 없다"고 주장했다. ロー・ダニエル, 『竹島密約』, 68쪽, 각주 14.

24 정병준, 『독도1947: 전후 독도문제와 한·미·일 관계』, 583-620쪽.

25 김명기, 「대일평화조약 제2조 (a)항에 규정된 울릉도에 독도의 포함여부 문제의 검토」, 『독도연구』 18호, 2015년, 371-373쪽.

주장은 일본정부의 치밀한 이론 무장에 부딪혀 국제적으로 인정받지 못하는 결과를 낳고 만 것이다.[26] 대일강화조약 제2조(a)는 최종적으로 "일본은 대한민국의 독립을 승인하고, 제주도, 거문도 및 울릉도를 포함하는 한국의 모든 권리, 권원 및 청구권을 포기한다"라고 규정했다. 샌프란시스코 대일강화조약은 덜레스의 투철한 기독교 정신과 반공 의식 아래 일본에 대한 '관대한' 정책으로 추진되었고 트루먼Harry S. Truman 대통령의 전적인 승인을 받아 성립되었다.[27]

미국·캐나다·일본의 어업조약

이 조약은 점령 종결 후에 일본이 처음으로 체결한 국제적 조약이다. 연합국의 대일강화회의 방침이 결정되고 나서 1951년 3월에 일본의 관변 단체로 결성된 「해양어업협의회海洋漁業協議会」는 조약의 체결 직후에 전문前文·본문·말문末文·부속서·부속의정서 내용을 실었고, 이들에 대해 각각 해설을 붙여서 책자로 발간했다. 이 책은 어업조약의 배경으로 다음 세 가지를 들고 있다. 첫째는 1911년 12월부터 미국, 캐나다, 러시아, 일본 사이에서 시행된 해달sea otter과 물개seal에 대한 보호조약이 일본의 일방적 파기에 따라 1941년에 10월 이미 폐지되었다는 것, 둘째는 일본은 전쟁 전에 1931년의 국제 포경捕鯨 협정에 가입하지 않고 남극해에 포경을 나섰다가 협정가입 국가들로부터 협정을 위반한 사항으로 지적받았던 것, 셋째는 일본의 조사선박이 1936년과 1937년에 알래스카 브리스

26   ロー・ダニエル, 『竹島密約』, 37-38쪽.

27   Soongbae Kim, John Foster Dulles's Beliefs and the Birth of Republic of Korea-Japan Relations, Seoul Journal of Japanese Studies. Volume 6, No.1, November 2020, pp. 58-61.

톨Bristol 연안에서 연어salmon의 시험조업을 실시한 것 등이다.[28]

1951년 9월에 체결된 샌프란시스코 강화조약에서 제9조는 다음과 같이 규정하고 있었다. "일본은 공해에서의 어업규칙과 규제 또는 제한 나아가 어업자원의 보존과 발전을 규정하는 양국 간 또는 다자간 협정을 체결하기 위하여, 희망하는 연합국과 속히 교섭을 개시하기로 한다."[29] 그런데 강화조약의 체결을 앞두고 어업문제에 관한 1951년 2월의 요시다·덜레스 서한, 물개잡이에 관한 1951년 4월의 미국 각서, 해양 어업문제에 관한 1951년 7월의 일본정부 성명 등이 이미 진행된 일이 있다.[30]

막상 대일강화조약이 체결된 이후에는 동부 태평양과 베링Bering 해역에서 일본인 어민에 의한 연어·가자미turbot·청어herring·정어리sardine 잡이를 어떻게 할 것인가를 두고, 1951년 11월 5일부터 12월 14일까지 도쿄의 일본 외무성에서 일본·미국·캐나다에 3개국 대표가 모여 20차례에 걸쳐 어업회의를 진행했다. 다만 이때에는 아직 점령이 끝나지 않았기 때문에 점령당국의 외교부는 회의 개시 날짜에 맞추어 일본정부에 대해 각서를 보내고, 이 조약의 교섭과 체결에 대해서는 「일본이 캐나다와 미국 정부와 동등한 주권 위에서」 행할 것이라고만 언급했다.[31] 3개국의 어업회의 결과, 「북태평양의 공해어업에 관한 국제조약」이 태어났으며, 이 조약은 강화조약 비준 후 1952년 5월 9일 도쿄에서 3국 정부 대표자들

28 日本海洋漁業協議会, 『日米加漁業条約の解説』, 内外水産研究所, 1952年, 42-45쪽.

29 Treaty of Peace with Japan, CHAPTER IV. POLITICAL AND ECONOMIC CLAUSES, Article 9. Japan will enter promptly into negotiations with the Allied Powers so desiring for the conclusion of bilateral and multilateral agreements providing for the regulation or limitation of fishing and the conservation and development of fisheries on the high seas. "The World and Japan" Database (Project Leader: TANAKA Akihiko) http://worldjpn.grips.ac.jp, 2020년 2월 25일 검색.

30 日本外交文書: サンフランシスコ平和条約対米交渉 https://rnavi.ndl.go.jp, 2020년 2월 25일 검색.

31 日本海洋漁業協議会, 『日米加漁業条約の解説』, 37-38쪽.

에 의해 조인되었고, 1953년 6월 12일부터 그 효력을 발생시켰다.[32]

3국의 어업회의 과정에서 일본은 주로 적극적인 해양진출 의사를 밝혔고 캐나다는 과학적 연구와 관리를 기본방침으로 내세우면서 일본에 응수하는 태도를 보였다. 즉 캐나다는 ① 공해에서 어류의 전체량을 규제해 왔고 이를 확대해서는 안 된다, ② 수산자원의 과학적 연구와 관리에 3국이 협력기관을 설치해야 한다는 의견을 제시했다.[33] 그런데 미국은 공해의 수산자원에 대한 보호와 억제가 필요하다는 기본입장을 유지하면서도 비교적 어업국의 권익을 보호해야 한다는 입장에 서서 다음 두 가지 이견을 제시했다. ① 각국이 어떠한 경우에도 자국 영해와 인접한 공해 수역에서 어획하기 위한 권리행사를 억제할 필요까지는 없다, ② 어느 한 국가가 개발하거나 개발에 공을 들인 어장에 대한 경제적 역사적 권익을 생각하여, 어족자원의 개발이 이뤄지고 있을 때, 어족자원이 충분한 규모로 유지되고 있을 경우에는 굳이 이를 억제할 필요가 없다.[34]

캐나다와 미국 방침과는 달리, 일본은 어족자원의 보호보다는 어업을 진흥시켜 일본 국민의 생선잡이에 대한 수요에 부응하자는 기본방침을 갖고 있었으며, 따라서 다음 세 가지 입장을 분명히 내세웠다. ① 생선을 식량으로 하는 일본으로서 점령시기에 절반밖에 소비하지 않았던 점에 비추어, 앞으로 식량공급을 확대하기 위해서는 어업의 진흥이 필수적이다, ② 미국과 캐나다는 다른 국가와 함께 일본의 전후 독립을 지원했다. 어업에 있어서도 양국의 선의를 기대한다, ③ 이 어업조약은 전후 평등한 주권 국가로서 맺는 최초의 조약이 될 것이다. 일본은 지리적으로 아시아와 태평양에 근접해 있으며 역사적 현실적으로 이해관계를 갖고 있다, 등

---

32 川上健三, 『戰後の国際漁業制度』, 大日本水産会, 1972年, 184쪽.

33 川上健三, 『戰後の国際漁業制度』, 173-174쪽.

34 川上健三, 『戰後の国際漁業制度』, 174-175쪽.

이었다.[35] 결과적으로 일본이 상대적으로 강렬하게 어업진흥의 당위성을 주장한 데 반하여, 캐나다는 보다 어족자원의 보호를 주장했으며, 미국은 중도적인 입장에서 국제법이나 관습에 기초하여 공해에서 어획의 평등한 권익에 대해 긍정적으로 인식했다고 할 수 있다.

1952년 5월에 체결된 미국·캐나다·일본의 어업조약은 전문前文, 본문 11개조, 말문末文, 부속서로 되어 있었으며 따로 부속의정서를 가지고 있었고, 비준서를 교환한 날로부터 10년간 효력을 갖기로 했다. 그 이후는 어느 한 국가가 폐지 통고를 하게 되면 그날로부터 1년 동안만 존속하고 그 이후는 이 조약이 소멸되는 것으로 했다. 그리고 10년이 경과한 이후에 대해서는 특별히 조문이 없으며 이의가 없는 이상 그대로 조약을 유지하는 것으로 해석하기로 했다. 또한 국제위원회International Commission의 '억제' 권고가 이뤄지는 것은 특정 조건에 있어서의 특정 어종에 국한시키기로 했고, 특정 조건을 설정하는 것은 과학적 근거에 기초하여 국제위원회가 결정하기로 했다.[36]

이 조약은 제2조에 「북태평양어업 국제위원회」를 두기로 했으며, 이 위원회가 조약의 전반적 운영을 담당하고 그 아래 3개국에 의한 국가별위원부Contracting Party를 두기로 했다. 또한 각 국가별위원부에서는 과반수로 결정하며, 국제위원회에서는 전원일치로 결정하기로 했다. 결국 이 조약은 국제법 또는 국제관습 원칙에 기초하여 공해에서의 어업자원을 개발하는 한편, 지속적 생산을 위한 보존 조치로서 「자발적인 억제」를 내세웠다고 하는 특징을 갖고 있었다.[37]

---

35 川上健三, 『戦後の国際漁業制度』, 180-182쪽.

36 川上健三, 『戦後の国際漁業制度』, 198쪽.

37 오늘날에는 2012년에 도쿄에서 채택된 조약이 계속 유지되고 있다. 外務省, 「北太平洋における公海の漁業資源の保存及び管理に関する条約」, https://www.mofa.go.jp/mofaj/gaiko, 2020년 2월 25일 검색.

이 조약의 체결에 맞추어 [사진-11]에 보이는 바와 같이 덴류마루天龍丸를 모선母船으로 하는 집단 어선이 전후 처음으로 연어와 송어trout를 잡기 위해서 북태평양北洋에 나서게 되었다. 그리고 이어 트롤어선인 아사마마루浅間丸가 가자미잡이를 위해서, 그리고 미야지마마루宮島丸를 모선으로 하는 집단 어선들이 저인망 방식으로 가자미를 잡기 위해서, 당당히 이 해역으로 조업에 나섰다.

[사진-11] 일본의 북태평양 어업 재개

출처 : https://www.nissui.co.jp/corporate/history/03.html

'평화선' 선포 이전의 일본측 입장

여기서는 일본외무성이 공개한 회담 기록을 주된 분석 대상으로 하여 일본의 행정부, 특히 외무성과 수산청의 동향을 주로 검토하여 '해양주권' 선포 직전을 중심으로 하여 일본 측의 대응 양상을 살펴보고자 한다. 일본외무성 자료는 한국의 한일회담자료가 전면 공개된 이후, 「일한회담문서 전면공개를 요구하는 모임」의 공개요청 운동에 따라 이제까지 부분적으로 공개된 자료를 말한다. 해당 모임의 홈페이지에 따르면, 2007년 3월 제1차 공개開示결정문서로부터, 2008년 11월 제6차 공개결정문서, 그리고 그 후에 2011년 12월까지 추가로 공개가 결정되어 추가 공개와 공개방식의 변경이 계속 이루어지고 있다. 또한 이 홈페이지에는 2020년 3월까지 제6차 공개결정문서에 이르는 총 1,916건 자료에 관한 목록이 게재되어 있고 일본 측 공개 문서와 함께 한국 측 공개 문서의 일본어 번역본도 함께 게재되어 있어 일반인들에게 이를 다운로드 받아서 사용할 수 있게 하고 있다.[38] 또한 1951년 샌프란시스코 강화조약 체결을 전후하여, 일본이 주변국에 대해 취하고 있던 어업문제에 대한 입장을 이해하기 위해서는, 중국과 일본과의 교섭에 관한 연구[39]와 소련과 일본과의 교섭에 관한 연구[40]를 함께 참고해야 할 것으로 생각된다.

여기서는 한반도 어장에 대한 '복귀' 문제에 국한하여 일본정부가 한국과 어업협정 교섭을 앞두고 어떠한 대응 방침을 가지고 있었는지 살펴보기로 한다. 일본정부는 「일한회담 문제별 경위(2)」에서 어업문제에 관하여 맥아더라인이 점령정책의 일환인 까닭에 점령종결과 함께 효력을 상실할 것이며, 공해상에서 자유조업이 가능해질 것을 전제로 하여, 강화조약 체결 이전에라도 한국 측과 어족자원 보호에 관하여 토의할 용의가 있다고 하는 기본자세를 밝혔다. 또한 만약 한국 측이 맥아더라인의 존속과 같은 주장을 해 오게 되면 일본 측으로서는 가능한 「회담을 끌어서 principle원칙에 관한 논의를 계속하며 강화조약 발효를 기다리는」 등 충분

---

38 日韓市民でつくる日韓会談文書·全面公開を求める会 http://www.f8.wx301. smilestart.ne.jp, 2020년 3월 21일 검색.

39 최근의 대표적인 연구로, 陳激, 「漁業問題をめぐる戦後日中関係: 第一次日中民間漁業協定の締結を中心に」, 『漁業経済研究』 57巻1号, 2013년 1월, 68-80쪽을 꼽을 수 있다.

40 러일전쟁 직후부터 일본과 러시아(소련)는 영토 교섭과 함께 북양어업(北洋漁業)에 관한 교섭이 있었다. 전후 1956년 5월 양국은 어업협정을 체결했다. 하지만 영토문제에 가려 심도 있는 연구가 나오지 않고 있는 실정이다. 전후 1950년대 일본의 입장에 대해서는, 外務省, 『情報メモ』, 外務省情報文化局, 1956년, 1-8쪽; 川上健三, 「北洋漁業と国際問題」, 『地理』 14巻8号, 1969년 8월, 9-14쪽; 川上健三, 『戦後の国際漁業制度』, 411-444쪽이 비교적 상세한 편이다.

히 연구를 해 둘 필요가 있다고 보았다.[41] 새로운 어업협정에 임하는 자세에서, 이렇듯 일본 측은 신생 한국에 비해서 소극적인 자세로 임하고 있었다.

한반도에서는 1950년 6월 25일 내전이 발발했고 이에 따라 부산시가 1950년 8월 18일부터 10월 27일까지, 그리고 1·4 후퇴로 인하여 1951년 1월 4일부터 1953년 7월 27일까지 대한민국 정부의 임시수도가 되었다. 한편 일본은 1951년 9월 8일 강화조약 체결을 통해 점령 종결을 공식화했다. 그해 10월 20일 SCAP연합국군최고사령부 외교국장의 중재에 따라 한국 측과 일본 측이 처음으로 도쿄 SCAP회의실에서 예비회담을 가졌다. 시볼드 SCAP 외교국장은 우선 재일한국인의 법적지위와 국적문제를 다루기로 하고, 어업협정문제를 비롯하여 선박반환문제나 통상항해협정문제는 한국과 일본의 대표가 교섭을 시작하도록 제안했고 한국과 일본은 이 제안을 받아들였다.[42] 특히 일본 측은 가능한 강화조약 발효시기 이후로까지 어업협정 교섭을 미루고자 했고 한국 측은 예비회담에서부터 서둘러 교섭을 시작해야 한다고 판단하여, 결과적으로 한일 양측은 이듬해 1952년 2월에 들어서 실질적인 교섭에 들어가게 되었다.

한국 측 '해양주권' 선포가 이루어지기 전에 일본 측이 한국과의 교섭에 어떻게 대응하고자 했는지는 외무성 공개 자료 속의 협의회打合會 자료를 근거로 하여 유추해 볼 수 있다. 그 첫 번째 공식 자료로 1952년 1월 8일 오후 1시부터 외무성에서 개최된 외무성과 수산청 고위 실무자 측의 「제1회 협의회」 회의록을 들 수 있다. 외무성은 한 달 후에 열릴 한국과의 어업협정 교섭을 앞두고 일본의 수산청 관계자를 불러 의견을 청취하는 것으로부터 교섭 준비를 시작했다. 이 자리에는 후지타 이와오藤田巖 수

---

41 浅野豊美·吉澤文寿·李東俊(編), 『日韓国交正常化問題資料(基礎資料編第1巻)』, 現代史出版, 2010년, 12쪽.

42 박진희, 『한일회담: 제1공화국의 대일정책과 한일회담 전개과정』, 선인, 2008년, 73쪽.

산청 청장이 개인적인 사고를 이유로 하여 불참했고 그 대신 수산청 조사연구부장 후지나가藤永元作와 수산부 해양과장 오자키尾崎順一郎, 그리고 어정부漁政部의 조정제1과장 다카하시高橋泰彦와 수산청의 기술관 시게타重田芳二, 생산부의 해양사무관 가메나가亀長友義와 기술관 나카무라中村正路·도치나이栃内万一 등이 참석했다.[43]「제1회 협의회」회의록에는「제2회 협의회」이후의 회의록에서 보이는 바와 같이 발언자 이름을 명시하지 않았고 협의 결과만을 정리했기 때문에 외무성과 수산청의 각 부서 의견을 정확하게 짚어내기가 어렵다. 이러한 자료적 제한을 무릅쓰고 이 시기 일본정부가 갖고 있던 어업문제에 관한 인식에 관하여 다음 네 가지로 정리할 수 있지 않을까 한다.

1) 일본어업의 곤경에 관한 인식

일본정부는 과거 한반도에 진출한 일본인 어민들에 대해서 패전 이후에 일본으로 돌아온 '가엾은 귀환자'로 보고 있었고, 점령 시기에 들어서도 일본 어민들은 비참한 현실에 처해 있다고 인식했다. 이러한 점에서 한국과 일본의 당국자 견해는 서로 궤를 달리하고 있었다고 볼 수 있다. 다분히 수산청 관계자의 견해를 인용했을 것으로 보이는, 위의「제1회 협의회」회의록은 "일본의 고등어 건착망巾着網 업자, 저인망 업자들이 도산하기 일보직전의 상황에 있기 때문에 맥아더라인 철폐로 자유로운 출어를 기대하고 있다"라고 기록했다. 그리고 이들 업자들의 대부분은 예전에 한반도에 기지를 가지고 있었고 어획물을 일본 본토로 운반하여 판매했던 사람들이라는 말이 나왔다. 일제강점기에 한반도에 진출했던 일본인 어민에 대해 당시 한국 측은 오로지 '제국 침략의 앞잡이'라는 주장을

---

43 浅野豊美·吉澤文寿·李東俊編), 『日韓国交正常化問題資料(基礎資料編第1巻)』, 1쪽.

내세우고 있었는데, 이 회의록에서는 "조선이 일본 치하에 있을 때"라고 하면서, "건착망이나 선망·저인망 등의 신식 어업은 비교적 자본이 들기 때문에 일본인이 경영하는 예가 압도적으로 많았다"라고 했다. 한국이 독립한 후에도 한국 자체의 어업은 중유와 어선·어업자재가 부족하기 때문에 매우 낙후되어 있지만, 한국 어업의 발전에 여지를 남겨놓기 위해 얼른 일본과 어업협정을 체결하여 일본의 어업을 억제하려고 할 것이라는 전망을 내놓았다.

일본어업의 곤경에 대해서, 일본 수산청 관계자는 주로 맥아더라인의 존재에 대해 언급하고, 일본에게 유리한 선에서 한국과의 협정이 이뤄지기를 바란다고 했다. "일본의 어선은 현재 한국의 어장에 가서 조업하고 있는데, 이것은 맥아더라인을 침범한 것으로 국내법의 처벌 대상이 되고 있다, 과거 수년 동안 한국 측에 대해 맥아더라인은 한일 어업 해역을 분할한 경계선이라는 '오해'를 주었고, 따라서 맥아더라인 침범 어선을 나포하고 구류하는 일이 발생했으며, 현재에도 나포 8척과 좌초 5척, 도망 22척에 이르고 있다"고 했다. 또한 수산청에서는 앞으로 협정 교섭에서 영해 3해리설을 계속 주장해 갈 것과 비록 한국 영해에 들어가더라도 나포나 몰수가 되지 않도록 할 것을 외무성에게 주문했다. 그리고 "현재 한국이 어족자원 보호를 이유로 하여, 쌍방 어선의 척수를 제한하여 목적을 달성할 수 있을 것으로 보고 있는 것 같다고 하면서도, 만약 중국이나 북한이 여기에 참가하지 않는다면 어족자원 보호에 의미가 없으며, 어족자원 보호 조치는 산란産卵 지대를 고려하여 제한해 가야 한다, 고등어·조기 등 해저에 있는 어종에 대해서는 협정에 의한 제한이 필요할 것"이라고 했다.[44]

1952년 1월 8일의 첫 번째 협의회 단계부터 일본 외무성은 당시 30톤 정도의 선박으로 200척 정도 있을 것으로 보이는 일본인 저인망 어선 업

44　같은 쪽.

자나 수산물 운반선 업자의 의견을 참고로 하여, 이상적인 안을 만들고 충분한 대책을 논의하기로 했고, 만약 한국이 맥아더라인의 존치와 같은 방침을 갖고 나오면 회담을 질질 끌고 원칙적인 논의를 거듭하면서 강화조약의 발효를 기다리는 것을 기본방침으로 삼고 있었다.[45] '해양주권' 선포 직후인 1월 29일에 열린 「제3회 협의회」에도 수산청 고위 공직자들이 참가했는데, 이 자리에서도 외무성은 맥아더라인이 강화조약 발효에 의해 그 효력이 없어질 것이며, '해양주권' 선언은 어업교섭을 위한 한국정부의 전초전이 시작된 것이라는 전제 아래 "강화조약 발효 이전에 우호적인 어업협정을 맺는 것이 바람직하다, 다만 가능한 일부터 차근차근 해결해 가겠다"고 하는 교섭방침을 수산청에게 설명한 것이 확인된다.[46]

2) 한국의 낙후된 어로 인프라에 관한 인식

「제1회 협의회」 자료에 따르면, 비교적 큰 자본이 소요되는 건착망, 선망, 저인망 어업에 대해서는 전쟁 전부터 일본인 회사가 조선인에 비해 압도적으로 우위를 차지하고 있었고, 한국의 경우 해방된 이후에도 중유, 어선, 어업자재 등에서 퇴보적인 상황에서 벗어나지 못하고 있다고 일본 외무성과 수산청이 공통으로 인식하고 있었다. 따라서 한국 측은 자국 어업의 발전을 위해 일본과 서둘러 어업협정을 체결하려고 하고 있으며 협정을 통해서 「일본어업을 억제하려고 할」 것으로 파악했다.[47] 한국

---

45 浅野豊美·吉澤文寿·李東俊(編), 『日韓国交正常化問題資料(基礎資料編第1巻)』, 1-2쪽.

46 浅野豊美·吉澤文寿·李東俊(編), 『日韓国交正常化問題資料(基礎資料編第1巻)』, 5-6쪽.

47 浅野豊美·吉澤文寿·李東俊(編), 『日韓国交正常化問題資料(基礎資料編第1巻)』, 1쪽. 1953년 12월에 창설된 한국의 해양경비대는 낡은 경비정 6척을 가지고 해양 순찰을 실시하고 있었다. 「해양경찰 60년, 든든한 '바다 지킴이'」, KTV10, 2013년 9월 24일 방영.

의 열악한 어업 실태에 관한 인식에서는 비록 정도의 차이가 있었지만, 한국과 일본 사이에는 희미하게나마 외교적 상호 접근이 가능한 공통 인식이 있었다는 것을 확인할 수 있다.

일본인이 보유한 선박은 한국인의 것에 비해 규모가 크고 성능이 뛰어났다. 해방직후 남한의 어선 수를 보면, 일본인이 남기고 간 선박의 영향으로 일제강점기에 비하여 나아진 편이기는 했어도 1946년 총 45,970척으로 파악되었고 이 가운데 동력선은 2,003척(18,622톤)에 불과했다. 일제강점기 때부터 한국의 조선업은 대일의존도가 심하여 어선을 일본에서 많이 수입해 왔기 때문에 해방 이후에는 새로운 어선 조달에 어려움을 겪었다. 한국 상공부 수산국의 자료에 따르면, 1951년 10월 말 당시 남한 전체에 조선造船 공장이 총 115개소 있었는데, 대부분 영세업자들이었고 종업원 50명 이상의 공장은 6개에 불과했고 100명 이상의 공장은 단 한 개뿐이었다고 한다. 게다가 조선소가 있다고 하더라도 선박재료의 부족, 제조기술의 취약함, 자금난, 한국전쟁 등으로 한국의 조선업은 그야말로 낙후 상태를 면하지 못했다.[48]

특히 일본정부는 한국전쟁으로 인하여 한국의 어업발전이 심대한 타격을 입고 있다는 것을 충분히 인식하고 있었다. 미국의 원조 아래 한국이 1949년부터 제1차 경제부흥 5개년 계획을 추진했지만 한국전쟁으로 인하여 이 계획은 근본적으로 수정되었고 1952년부터 다시 5개년 계획을 추진해야 했다. 1952년 한국의 어선보유 상황은 동력선이 3,361척(32,033톤)에 불과했고 비효율적인 무동력 어선이 37,882척(80,105톤)에 달했다. 같은 해 일본의 어선 수를 보면 동력선만 해도 129,048척(860,645톤)으로 한국 어선의 38배에 달하는 규모로서 양국 간에 서로 비교할 수 없는 차이를 보이고 있었다. 같은 시기 일본의 무동력 어선조차

---

48   지철근, 『시련기의 수산업사』, 한국수산신보사, 1998년, 51-73쪽.

도 280,721척으로 한국과 비교하여 7.5배가량 많았다. 일본정부는 이러한 한국의 열악한 어선 상황을 인식하고 "일본어선의 세력은 한국 어민들을 위협하기에 충분했는지 모른다"고 인정했다.[49] 어선뿐 아니라 한국에는 항해 기기도 충분하지 않았고 그물도 면제품을 사용하고 있었던 것에 비해, 일본어선은 각종 항해 기기나 어군탐지기 등을 사용하고 있었고 합성섬유 재질에 의한 어망을 본격적으로 사용하고 있었던 만큼, 일본정부는 한국과의 사이에 "어업 능력에서 차이가 현저하다"는 것을 실감하고 있었다.[50]

그러나 한국에 비하면 일본은 이미 점령시기부터 대폭적인 어선 건조 실적을 보였다. 전후 일찍부터 일본국민의 영양실조 해결을 위하여 점령당국에 대해 철강선을 중심으로 하여 건조 허가를 요청했으며 점령당국도 이를 적극 지원하는 모습을 보였다. 이에 따라 1946년에 5월, 8월, 11월 세 차례에 걸쳐 철강선 776척(92,995톤)과 목선 19척(2,177톤)을 건조하도록 하는 허가가 떨어졌고, 1946년 말까지 철강선 590척과 목선 709척(약 12만 톤)을 새로 준공하기에 이르렀다. 이것은 2년 만에 새로운 어선이 매월 54척씩 준공되었다는 것을 의미하며 일본의 전반적인 경제가 허탈 상태에 있었던 것과 비교해 볼 때 점령기 일본의 어업 재건이 얼마나 급속도로 추진되었는가를 알 수 있다. 주목할 만한 것은 1946년 5월의 제1차 건조 허가를 받은 선박 가운데 73%가 서일본 해역의 저인망 어업을 위한 어선이었기 때문에 이러한 새로운 어선들이 일본의 점령 종결과 한반도의 어장을 호시탐탐 노리고 있었다는 점이다.[51]

1947년에 들어서 일본에서는 더욱 어선 건조 움직임이 활발해지고

49 日韓漁業協議会(編), 『日韓漁業対策運動史』, 内外水産研究所, 1968年, 30-31쪽.
50 日韓漁業協議会(編), 『日韓漁業対策運動史』, 31쪽.
51 水産新聞協会, 『大日本水産会百年史(後編)』, 13-15쪽.

급기야 미리 선박의 건조에 착수하고 나중에 허가가 내려오는 것을 기다리는 상황에까지 이르렀다. 점령당국은 애초부터 이제까지 허가를 받은 어선으로도 일본 근해 조업이 충분하다고 판단했고, 1947년 6월 당시만 해도 100톤 미만의 소형 목선 이외에는 더 이상 어선 건조를 허가하지 않겠다고 발표한 적이 있다. 이러한 점령정책의 변화는 제4차 허가를 예상하고 이미 건조를 시작한 어업 관계자들에게 큰 충격을 안겨주었고 특히 배 한 척을 소유하고자 하여 갖가지 융자금을 투입한 일본인 귀환자가 많았기 때문에 사회적인 문제로 대두되기까지 했다. 이에 따라 민관합동으로 점령당국에 대해 어선건조에 대한 추가 허가를 요청하는 한편, 자발적으로 「자숙안」을 제출하고 노후 선박에 대한 대체 건조에 그치겠다고 하는 의향을 표명함으로써 그해 11월 제4차 허가를 받아내기에 이르렀다.[52] 이리하여 1948년 2월 말 시점에서는 어선 건조 허가 척수가 총 947척(78,000톤)에 달하여 전쟁 전과 같은 규모를 회복했고, 그해 연말에는 총 1,146척(95,000톤)으로 급증하여 전전 규모를 훨씬 뛰어넘는 규모로 성장했다.[53]

이러한 어선 증강은 전후 일본에서 참치에 대해 폭발적으로 증가한 수요가 주된 원인이었지만, 이에 따라 서일본 해역에서 어로 활동이 증가했기 때문이다. 어획량에서 볼 때 점령시기 일본의 어획량은 해마다 증가했으며 1950년에는 337만 톤으로 전쟁 전 수준을 회복했고, 1952년 일본의 어획량은 사상 최대인 482만 톤을 기록했다. 이 가운데 한반도 근해에서 남획한 것에 힘입어 한반도 연안 수역에서 연간 약 23만 톤을 어획한 것으로 알려지고 있으며, 그것은 2,600만 달러 상당의 어획량으로 추산되는 것이었다. 해방 이후 한반도의 총 어획량이 연간 30만 톤 내외였던

52　水産新聞協会, 『大日本水産会百年史(後編)』, 15-17쪽.
53　水産新聞協会, 『大日本水産会百年史(後編)』, 20-21쪽.

것에 비추어보면 한국과 일본의 어로 규모의 차이를 확연히 알 수 있다.[54]

3) 맥아더라인의 한시적 성격에 관한 인식

1952년 1월 8일의 「제1차 협의회」에서 일본정부 당국자들은 점령종결과 함께 맥아더라인도 종결되는 것이라고 주장했고 만약 맥아더라인을 침범하는 사례가 있다면 그 처벌을 일본 국내법으로 해야 한다고 주장했다. 즉 맥아더라인의 한시적 성격과 국내법적 성격을 강조한 것이며 일본의 외무성과 수산청이 모두 이 점을 공통으로 인식하고 있었던 것으로 보인다.[55] 1945년 9월 2일 연합국에 대해 일본정부가 서명한 항복문서에는 모든 일본어선에 대한 통행금지 조치가 규정되어 있었다.[56] 따라서 원칙상 항복문서에 서명한 이상 점령통치 하에서 일본의 모든 어선은 기본적으로 어로활동을 할 수 없게 되었다. 이것은 군사적인 점령을 위하여 취해진 조치이기는 하지만, 일본어민의 생활에 있어서는 치명적인 조치가 된 것이 분명하다.

맥아더라인은 다음과 같은 방침 아래에서 운용되었다.[57] A. 목적을 국

---

54 박진희, 『한일회담: 제1공화국의 대일정책과 한일회담 전개과정』, 132-133쪽.

55 浅野豊美·吉澤文寿·李東俊(編), 『日韓国交正常化問題資料(基礎資料編第1巻)』, 1쪽.

56 데이터베이스, 『世界と日本』(代表: 田中明彦) http://worldjpn.grips.ac.jp에서 일본어와 영어 문서를 확인할 수 있다. [文書名] 降伏文書, 「一切ノ船舶, 航空機竝ニ軍用及非軍用財産ヲ保存シ之ガ毀損ヲ防止スルコト及聯合国最高司令官又ハ其ノ指示ニ基キ日本国政府ノ諸機関ノ課スベキ一切ノ要求ニ応ズルコトヲ命ズ」 Instrument of Surrender, September 2, 1945. We hereby command all Japanese forces wherever situated and the Japanese people to cease hostilities forthwith, to preserve and save from damage all ships, aircraft, and military and civil property and to comply with all requirements which may be imposed by the Supreme Commander for the Allied Powers or by agencies of the Japanese Government at his direction.

57 水産新聞協会, 『大日本水産会百年史(後編)』, 8-9쪽.

내 소비 수요에 대응한다고 한정하고, 이를 위해서 ① 일본이 보유한 어선 어구와 기자재를 우선적으로 사용하게 할 것, ② 필요한 경우 어선에 충분한 연료 공급에 필요한 수단을 강구할 것, ③ 일본정부에 대해 어업과 수산처리 가공업 관련 여러 시설과 생산물 배급 시설의 재건을 요구할 것, ④ 점령 목적을 고려하는 가운데 수산 식량에 최대한 배려하며 필요에 따라 이에 대한 원조 방안을 강구할 것, 등을 채택했다. B. 연안어업과 양식업으로 최소한의 국내수요를 충족하지 못할 때에는 허가 범위 내에서 심해 어업 등을 위해 수역을 이용하게 할 것을 채용했다. 다만 이때에도 ① 미국과 미국의 위임통치 지역에 가까운 장소에서는 심해 어업을 허가하지 말 것, ② 연합국 관리하에 있는 지역의 근처 해역에서는 관계국의 사전 허가가 없을 때에는 허가하지 말 것, ③ 이상의 금지 사항은 이에 관한 국제적인 합의가 이루어질 때까지 계속 유지할 것, 등을 채택했다. C. 예전에 일본인에 의해 개발된 태평양 어업구역에서 어업자원의 조사와 자료를 받을 것, D. 일본어업은 미국을 체약국으로 하는 자원 보호에 관련되는 협약 조항들, 그리고 연안어업에 관하여 미국 기타 정부가 발표한 특정 어업관리 정책 또는 법규를 엄수할 것, E. 일본의 국내 소비에 맞지 않으며 미국 국민에게 동물성 단백질과 기름을 공급하는 경우, 그리고 필요한 수입을 위하여 각국 외화를 획득하기 위한 어업 생산품은 수출할 수 있다, 그리고 지방 차원의 점령규칙 설정에 있어서 최대한의 수산 식량을 획득하도록 배려할 것 등을 채택했다.

　일본정부는 점령이 종결되면 자연스럽게 맥아더라인도 폐지되어야 한다고 인식했다. 그렇다고 해서 한국정부에 의해 새로운 경계선이 나올 것으로도 생각지 않았다. 따라서 일본정부는 한국과 예비회담을 거치고 나서 한국정부가 점령 종결 이후에도 맥아더라인이 존속해야 하는 것처럼 인식하고 있다는 것을 확인하고 이에 대해서 지극히 불쾌한 감정을 표현했다. 「제1차 협의회」 자료에서 보이는 바와 같이 "과거 몇 년 동안 한국 측에게 맥아더라인이 어업에 종사하는 해역을 분할하는 것인 양 '오해'를 제공했다"고 본 것이다. 앞서 지적한 것처럼 일본정부는 한국의 어업능력이 일본에 비해 뒤떨어진다는 것을 인정하면서도 이것을 이유로 하여 한국이 '공해 어장'을 일방적으로 폐쇄하는 것은 도저히 허용할 수 없다는 입장을 견지한 것이다.[58]

또한 일본정부는 한국정부에 의해 맥아더라인을 넘은 어선에 대해 나포 조치가 강행되고 있는데 대해, 이것은 일본 국내법으로 처리해야 할 문제라고 하면서, 이러한 국제적인 문제에 대해서 일방적으로 한국정부가 처리하고 있다고 비판하면서, 이러한 조치는 국제법을 위반하는 사례라고 지적했다. 당시 일본어선들이 실제로 맥아더라인을 넘어 북한 어장에서도 어로활동을 하고 있었는데, 한국식의 처리방식이라면 북한에서 나포하고 처리했어야 하는 것이 아닌가 하며 일본은 한국식 나포의 문제점을 제기하기도 했다. 또한 1952년 1월 8일 "현재까지 일본어선 가운데 나포 구류중인 것 8척, 좌초 5척, 어선 탈취 22척에 이르고 있다"고 주장하고, "비록 한국의 영해 3해리 안에 들어갔다고 해도 몰수당하는 일이 없이 일본 측에 곧바로 인도될 수 있기를 바란다"고 주장했다.[59] 이것은 수산청 관계자에 의한 문제제기였다고 생각한다.

실제로 맥아더라인을 어기고 한반도 근해에 들어와 '불법' 조업하는 일본어선의 문제로 인해 한국의 어민들은 자국 어장의 보호를 끊임없이 주장하고 있었고, 일본정부와 점령당국의 허술한 통제로 인하여 국내법적인 처리방식으로는 한반도 연안 어장을 보호할 수 없다고 하며 항의하고 나서기도 했다. 예를 들어 1949년 6월부터 남해안 일대의 어민대표

---

58 日韓漁業協議会(編), 『日韓漁業対策運動史』, 31쪽.

59 浅野豊美・吉澤文寿・李東俊(編), 『日韓国交正常化問題資料(基礎資料編第1巻)』, 1쪽.

110   평화선을 다시 본다

들이 부산에 모여 맥아더라인 침범을 규탄하는 어민궐기대회를 개최하는 한편, 이를 받아들여 한국 국회는 대일 점령당국의 '묵인' 조치에 항의하는 결의문을 일본점령당국, 미국국무성, 미국 의회 상원위원회 등에 발송했고, 한국정부는 주일대표부에 훈령을 내보내고 맥아더라인 완화에 따른 어장의 확장을 적극 저지하도록 지시했다.[60]

또한 한국정부는 해군에 대해 맥아더라인을 침범하는 일본어선을 나포하도록 명령하고 저인망 어선들을 중심으로 하여 이를 나포하기 시작했으며, 1951년 9월에는 해상보안청 소속 순시선第二京丸이 일본어선의 맥아더라인 월경을 감시하기는커녕 오히려 자국어선을 묵인하고 보호하고 있는 것을 발견하고는 이 선박까지 나포하는 사태로까지 번져나갔다. 지철근의 책을 인용하면, 맥아더라인 침범 어선에 대한 나포는 대한민국 정부 수립 이전부터 시작되어 1947년 2월 4일에 저인망 어선 고료마루幸漁丸를 처음 나포했으며, 1947년에 9척, 1948년에 15척, 1949년에 14척, 1950년 13척, 1951년에 46척에 달했다고 한다.[61] 한국정부의 입장에서 보면, 일본어선의 맥아더라인 침범이 다반사로 이루어지고 있는 상황에서, 나포된 어선은 극히 일부분에 지나지 않았고 결과적으로 이러한 국내법적인 강경 처리방식도 실질적으로 일본어선의 통제에 그다지 효력이 없었다.

4) 어족자원보호의 필요성에 관한 인식

「제1차 협의회」 자료에 따르면, 일본 수산청 당국자는 다음과 같이 주장한 것으로 알려지고 있다. "한국 측이 어족자원의 보존을 위한 방책으로 한국

---

60 지철근, 『한일어업분쟁사』, 한국수산신보사, 1989년, 63-64쪽.

61 지철근, 『시련기의 수산업사』, 155-158쪽.

과 일본 쌍방의 어선 척수를 제한함으로써 목적으로 달성할 수 있을 것으로 생각하는 모양인데, 일본 측의 견해로서는 어족 보호는 중국공산당 정권이나 북한이 함께 참가하지 않으면 의미가 없고 어족 보존을 위한 조치는 산란 해역을 고려하여 수역을 제한해 가야한다." 아울러 어족자원의 보호를 위해서는 고등어나 조기와 같은 해저 서식 어류에 대해 어종별로 협정을 맺어나갈 필요가 있다고 보았다. 그러면서도 당시 고등어와 같은 어종은 지속적으로 번성하고 있어 자원이 고갈될 우려는 전혀 없다고 단언했다.[62] 즉 어족보호는 관련국 모두의 협의와 함께 과학적 근거에 의한 최소한의 어장 출입 통제를 통해서도 달성될 수 있을 것으로 본 것이다. 발언 중에서 일본 측이 협의 대상국으로 중국과 북한을 언급한 것은 한국과의 우선적인 교섭을 회피하기 위한 구실에 불과하다. 다만 일본 측이 앞으로의 교섭을 통하여 한국 측이 (어장을 제한하지 않고) 어선 척수를 제한함으로써 어족자원을 보호하려고 할 것으로 예상한 것은 일본 측이 한국과의 어업협정 교섭에 대해 지나치게 안이하게 대처했다고 볼 수 있다.

한국과의 협상에 대한 대책을 논의하는 과정에서 일본 외무성은 어장에 따른 어족자원에 관하여 자문을 청취한 것을 알 수 있다. 예를 들어 '평화선'이 선포된 직후에 열린 1월 29일의 「제3차 협의회」에 참석한 수산청 장관은 고등어 문제를 강조했다. 그는 "현재에도 한국이 주로 고등어 건착망 어선을 주문하고 있는데, 고등어 어선은 각지에서 쓰시마對馬로 몰려들어 한국의 어부들과 경합하고 있다"고 했다.[63] 또한 1월 31일의 「제4차 협의회」에도 수산청 고위 임원들이 출석했는데, 수산청은 한국과의 교섭에서 "규제 대상으로 해야 할 것은 트롤 어선과 저인망 어선이며, 전갱이나 고등어 어종은 회유하는 성향을 가지고 있기 때문에 선망

62　浅野豊美·吉澤文寿·李東俊(編),『日韓国交正常化問題資料(基礎資料編第1巻)』, 1쪽.

63　浅野豊美·吉澤文寿·李東俊(編),『日韓国交正常化問題資料(基礎資料編第1巻)』, 7쪽.

어선까지 규제할 필요는 없다"고 했다.[64] 이어 "현재 제주도 북부 해역을 규제 해역으로 하는 것은 보기에 좋지 않다具合いが悪い, 한반도 북동부 해역은 수심이 깊고 거의 어장이 없다, 제주도 북서부 해역은 3해리 영해선을 그어 어선을 통과시켰으면 좋겠다" 라고 했다. 또한 "조기의 산란기는 4~5월이기 때문에 1~3월에 많이 조업할 수 있도록 교섭하기 바란다"고 했으며, "귀환자들에게 계속 허가를 내려 어선을 건조하게 했는데, 그 후 어선이 너무 많아져서 한정된 어장에서 남획이 성행하면서 업자들끼리 함께 무너지고 있다. 그렇다고 해서 한국에 대해 어선을 함께 늘려가자고 제안하기에는 일본보다도 경제부흥을 꾀하는 한국에게 더욱 유리한 제안이 될 것"이라고 하면서, 일본의 어업이 딜레마에 빠져있다고 하는 것을 고백하기도 했다.[65]

일본 수산업계의 입장

일본의 수산업계는 샌프란시스코 강화조약 체결 이전부터 점령 후 국제 어장에 대한 '복귀'를 준비해 왔다. 일찍이 일본의 수산업계는 1949년 12월 「해양어업대책연구회」를 설립하고, 맥아더라인 안에서 각종 조사연구를 실시하기 시작했다. 이 연구회는 특히 한반도 주변 어장과 관련하여, 1950년 5월 18일 「동해와 황해에서 어업조업 구역제한의 완화에 관한 탄원」이라는 서신을 점령 당국에 제출하고 맥아더라인을 통한 규제를 완화해 달라고 요청했다.[66] 하지만 일본의 어선들이 맥아더라인을 어

---

64 浅野豊美·吉澤文寿·李東俊(編),『日韓国交正常化問題資料(基礎資料編第1巻)』, 9쪽.

65 浅野豊美·吉澤文寿·李東俊(編),『日韓国交正常化問題資料(基礎資料編第1巻)』, 9쪽~10쪽.

66 日韓漁業協議会,『日韓漁業対策運動史』, 13쪽. 日韓漁業協議会,『日韓漁業対策運動史』, 13쪽.

기고 해역을 확장하고 어로에 임하는 사태에 직면하자 한국을 비롯한 주변국들은 일본어선의 단속에 나섰고 자국의 연안 어장을 지키고자 하는 강경한 대응을 보였다.[67] 특히 중화민국 정부는 1948년 5월부터 시작하여 1949년 8월까지 일본의 저인망 어선 29척을 나포했고 그중에 2척을 격침시키기도 했다. 중국공산당 정부도 1950년 12월부터 일본어선에 대한 나포를 시작하여 1952년 말까지 총 107척을 나포했으며 그중에 단 한 척만을 일본에 반환했다. 이러한 국제적인 움직임에 맞추어 한국정부는 1950년 1월에 들어 맥아더라인 위반 어선에 대한 대량 나포를 개시했고, 1952년 말까지 총 130척에 달하는 일본어선을 나포하고 그중에 20척만을 일본에 반환하기에 이르렀다.[68]

또한 대일강화조약 체결 움직임이 분명해지자, 일본의 수산업계는 1950년 10월 24일에 전국대회를 열고, 그 결정에 기초하여 12월 13일에 맥아더 사령관에게, 그리고 미국·캐나다·일본 3국의 어업회담을 위해 일본을 방문하고 있던 미국 대표단에게, 「어선의 조업구역 제한 철폐에 관한 요망」이라는 제목의 서한을 제출했다. 이어 1951년 2월에는 기존의 「해양어업대책연구회」 명칭을 「대책협의회」로 바꾸고 더욱 국제적 어장 '복귀'를 위한 현실적인 방안을 강구하고 있었다. 때마침 2월 6일 덜레스 특사가 일본을 방문하자, 협의회는 「어업문제에 관한 요망서」를 그에게 제출했다. 요망서에는 ① 공해 어업에 관하여 공정하고 평등한 국제어업 관계의 실현, ② 과거에 일본인들이 개척한 어업 기지와 어장의 최대한 회복, 두 가지를 골자로 하여 어장의 확대를 요청하는 주장을 담고 있었다. 이때 협의회는 "연합국군이 설정한 일본 어업 구역 제한을 조

---

67 신용옥, 「'평화선' 획정 과정의 논리 전개와 그 성격」, 『사총』 76권, 2012년 5월, 101쪽.

68 水産新聞協会, 『大日本水産会百年史(後編)』, 81-82쪽.

속히 철폐할 것"을 요청했다. 이어 1951년 8월 1일에는 점령당국에 요청서를 보내, 맥아더라인은 강화조약 발효와 함께 자연적으로 소멸될 것으로 아는데, 오랜 기간에 걸친 규제가 되고 있었던 점에 비추어, "강화조약을 체결하지 않은 국가들에게는 여전히 계속하여 존속하여 어선의 불법 나포 등 기타의 각종 분분한 구실이 될 수 있기 때문에, 점령당국이 권한을 갖고 강화조약 발효 이전에 정식으로 철폐해 줄 것을 요망한다"고 했다.[69]

1951년 9월 8일 샌프란시스코 강화조약이 체결되었다. 강화조약 제9조에서 "희망하는 연합국과 속히 교섭을 개시한다"고 규정하고 있었기 때문에 미국과 캐나다에 대해 일본은 어업교섭에 돌입한 것이다. 이에 반하여 일본어선이 대거 진출하고 있는 주변국, 특히 한국과 중국은 대일 강화조약의 체결국이 아니었기 때문에, 일본의 수산업계 일부에서는 강화조약의 체결과는 상관없이 설령 강화조약이 발효되더라도 맥아더라인을 존속시키는 것은 아닐까 하는 의구심을 갖게 되었다. 한편 이 시기 어족자원을 둘러싼 사회적 갈등이 심화될 정도로 생선과 해물에 대한 일본 내 사회적 수요가 높은 상황에서 일본어선은 맥아더라인의 철폐를 간곡하게 원했고 한국해역을 비롯하여 동아시아 해역으로의 조업 확대를 원하고 있었다. 이 시기 일본 사회에서 어선에 의한 갈등이 많이 발생했다. 사가현佐賀縣 공문서관이 소장하고 있는 아리아케해有明海 어업조정위원장의 자료에 따르면, 1951년 11월부터 후쿠오카현 어민들이 어선 등록도 없이 50-60척 집단으로 오다쿠마大詫間 양식장에 내습하여 소수 감시자에게 폭력을 행사하고 하루아침에 조개들을 모두 채취해 갔다고 하며, 해외귀환자와 군대제대자들이 대거 어업에 뛰어들어 마을의 해양자원이 고갈되고 이키壱岐와 쓰시마対馬 방면으로의 조업 확대를 간절히

---

69   日韓漁業協議会, 『日韓漁業対策運動史』, 12-14쪽.

원했다고 하는 기록을 찾아볼 수 있다.[70]

　아무튼 종래의 맥아더라인이 일본어선의 조업을 관리해 왔는데 이것이 철폐되고 나면 한국해역에 대한 일본어선의 조업 확대가 자명한 일이었기 때문에 한국정부에게 있어서 '해양주권' 선포를 단행하게 하는 하나의 원인을 제공했다. 강화조약의 체결 이후, 대일점령당국이 맥아더라인 철폐 조치를 바로 행할지, 그 여부에 대해서 명확한 답변을 발표하지 않고 있었던 것은 일본 수산업 관계자로 하여금 의구심을 더욱 갖게 하고, 나아가 주변 국가에게 있어서는 맥아더라인 존치 가능성을 짐작하게 했다. 이에 따라 일본의 수산업계는 대일점령당국에게 수차례에 걸쳐 책임 있는 정식적인 대답을 촉구했으며, 결과적으로 점령당국은 강화조약의 발효를 사흘 앞두고 1952년 4월 25일에, 맥아더라인의 공식적인 소멸 조치와 함께, 「일본의 어업과 포경업 그리고 그에 부수하는 모든 활동에 대한 허가구역」을 폐지하기에 이르렀다.[71]

한국 외무부 정무국의 '평화선' 준비

'평화선' 선포에 이르는 과정에 대해서는 비록 짧은 글이지만 근래에 들어 조윤수의 발표문이 이를 잘 정리하고 있다고 생각된다.[72] 일본 점령당국의 지령SCAPIN-1033으로 맥아더라인의 소멸이 기정사실화 하자, 신생 한국정부는 맥아더라인에 대체할 새로운 이름의 라인을 필요로 하게 되었다. 일찍이 남한의 미군정 당국은 마지막 조치로 1948년 7월 28일 맥

70　木下写, 1951년 12월 5일, 「貝類養殖場窃盗防止取締方陳情について」, 佐賀県公文書館, 쪽 수 없음; 濱町漁業協同組合, 1952년 1월 5일, 「貝類養殖場窃盗防止取締方陳情について」, 佐賀県公文書館, 쪽 수 없음.

71　日韓漁業協議会, 『日韓漁業対策運動史』, 15쪽.

72　조윤수, 「해양을 둘러싼 한일관계 50년: 1952년 해양주권 선언 '평화선' 선언에서 현재까지」, 『독도연구저널』 31호, 2015년 3월, 20-21쪽.

아더라인을 침범한 일본어선에 대해서 나포를 금지시킴으로써 사실상 맥아더라인을 유명무실화 했다.[73] 맥아더라인을 침범하여 남획을 자행하는 일본어선이 많아지고 있는 상황에서 신생 한국정부는 경제적으로 열악한 장비와 경비정을 갖추고 있어 이들의 조업을 통제하기 곤란했다. 일본어선들은 제주도 우도와 거문도 부근 수역 등 한국의 근해까지 진출하여 조업을 일삼았고, 반면에 한국의 어민들은 단체 행동을 통하여 맥아더라인의 존속과 함께 일본어선의 단속을 정부에 대해 요구했다. 이에 한국 해군이 1950년 1월 중에 연달아 일본어선을 나포하자 일본의 언론들이 나포 소식과 함께 손해배상 요구계획을 보도했다. 게다가 대일점령당국도 1월 하순 미국 구축함을 맥아더라인 해역으로 보내 공해상의 일본어선을 방해하는 한국의 해군군함을 체포하겠다고 발표했고 결국 이승만 대통령은 국방부 장관에게 일본어선을 나포하지 말도록 지시하기에 이르렀다.[74] 이러한 상황에서 해양주권을 어떻게 대외적으로 표명할 것인가를 둘러싸고, 한국의 외무부가 중심이 되어 주미대사관을 통하여 각국의 어업 관련 선언과 같은 자료 등을 수집하고 있었다고 한다. 김동조의 회고록에 의하면, 외무부에서도 특히 정무국의 김동조金東祚 국장, 장윤걸張潤傑, 김영주金永周 사무관이 중심이 되어 해양주권의 선포를 준비했다고 기록하고 있다.[75] 이하, 김동조의 회고록을 중심으로 하여 외무부 측의 '평화선' 준비 과정에 대해 정리하고자 한다.

1951년 당시 피난 수도 부산의 외무부 형편은 해양에 대한 국제법 관계 법령이나 자료 또는 선례 자료조차 거의 없는 상황이었으며, 아는 것이라고 해야 고작 공해 자유의 원칙이나 영해 개념 정도였다. 그런데 마침

---

73 박진희, 『한일회담: 제1공화국의 대일정책과 한일회담 전개과정』, 131쪽.

74 박진희, 『한일회담: 제1공화국의 대일정책과 한일회담 전개과정』, 131-135쪽.

75 김동조, 『회상30년 한일회담』, 중앙일보사, 1986년, 15쪽.

외무부에서 근무하다가 UN 한국통일부흥위원단UNCURK으로 자리를 옮긴 김윤열金胤悅에게 부탁하면 자료가 나올지도 모른다고 생각하여 김윤열 씨와 친분이 있는 장윤걸 사무관을 시켜 결국 UN국제법위원회가 발간한 해양법 관련 자료를 몇 권 입수하게 되었다. 이에 따라 해양법에 관한 국제적 추세를 연구하고 한국의 대응책을 마련하기에 이르렀다. 트루먼 미국 대통령이 공포한 어업자원보존을 위한 1945년 대통령 선언문을 비롯하여, 대륙붕자원보존을 위한 선언, 그리고 중남미 국가들이 선포한 대륙붕자원에 관한 선언, 영해기선에 관련된 문서 등을 검토했다. 외무부 정무국은 한국도 연안 어족자원을 보존하기 위하여 일정한 어업보호수역을 설정하여 배타적 해양관리를 할 수 있다고 하는 방안을 변영태卞榮泰 장관에게 보고하고 내부 결재를 얻었다. 이에 따라 선언 문안을 기초하고 수역의 경계를 획정하기에 이르렀다. 수역경계 획정을 위해서는 해군 수로부, 진해 경비사령관, 상공부 수산국 등의 의견을 참고했다. 이렇게 하여 1951년 9월 7일 「어업 보호구역 선포에 관한 안건」을 제98회 국무회의에 올려 통과시켰다. 따라서 외무부는 그 이튿날 이 안건을 외무958호 문건으로 하여 이승만 대통령에게 재가를 상신했다.[76]

　그런데 정작 이승만 대통령은 이 문건을 바로 재가하지 않았고 외무부에 반려시켰다. 당시 외무부를 비롯하여 관계부처나 국제법 학계에서도 이 안건의 내용이 국제법 법리에 비추어 볼 때, 도저히 타당성을 발견하기 어렵다고 하여 반대했던 것으로 알려지고 있다.[77] 그러나 김동조 정무국장은 이승만 대통령이 맥아더라인을 서둘러 포기하고 어업보호조치를 선포하는 것이 아직 시기상조라고 여겼기 때문에 재가하지 않았다고

76　김동조, 『회상30년 한일회담』, 15-16쪽.
77　지철근, 『평화선』, 123쪽.

기록했다.[78] 다만 김동조 국장의 회고록은 어족자원의 보호라고 하는 수산국의 주장이나 움직임에 대해서는 그다지 언급을 하고 있지 않다. 그럼에도 불구하고 일본어선의 남획으로부터 어족자원을 보호하는 일에 대해서, 당시 외무부가 한국의 능동적 주권 행사를 필요로 했다고 기록하고 있다. 그는 회고록에서 대일강화조약 체결 이후, 해양주권이라는 보다 큰 틀의 논의를 중심으로 하여 한국 외무부 정무국 내에서 해양주권 선언을 어떻게 할 것인가에 대해 지속적으로 논의했다고 한다.

외무부 내의 정무국은 선언문 기초 작업과 해양경계선 획정에 주도적인 역할을 담당했다. 경계선 획정 작업에는 해군 수로부 관계 인사, 진해 경비사령관, 상공부 수산국 국장, 수산국 어로과장, 수산국 검사소장 등이 의견을 제시했다. 필자는 군이 직선을 독도를 경계선 안에 포함시킴으로써 어족자원의 보호라는 원래의 취지를 흐리고 지나치게 광범한 수역을 설정하여 일본을 과도하게 자극한 점에 대해서는 김동조와는 다른 견해를 갖고 있다. 이 점에서 필자는 지철근에 가까운 견해를 가지고 있다. 한국정부가 해양경계선을 설정하면서 만약 독도를 수역에 포함시킬 수 있다고 해도 반드시 직선을 그어 해역을 획정해야 했는가 하는 문제를 제기하고 싶다. 1946년 1월 29일의 SCAPIN 제677과 같이 곡선을 통하여 독도를 포함시키려고 하지 않았는지 의문을 제기하고 싶은 것이다. 김동조는 나는 앞으로 한일 간 야기될지도 모르는 독도 분규에 대비하여 주권 행사의 선례를 남겨놓는 것이 반드시 필요하다고 했다.[79] 필자는 그에 대해 '평화선'이란 것은 일본과의 외교적 타결에 따라 어차피 철폐될 것이 분명하기 때문에 단기적으로 국내적인 선언으로서 의미만을 부여하겠다고 한 것이 아닌가 생각하고 있다. 그는 외교정책을 담당하는 자로서

---

78 김동조, 『회상30년 한일회담』, 15쪽.
79 김동조, 『회상30년 한일회담』, 15-18쪽.

대통령에게 고언苦言하는 일을 게을리 한 고위 공직자로서 결과적으로 무책임한 정치에 편승했으며, 이승만 대통령의 심기心氣를 건드리는 일에 앞서지 않았던 것으로 보고 있다.

아무튼 신생 한국정부는 대일강화회담에서 영유권 문제와 전후배상 문제를 논의하고자 노력했음에도 불구하고, 일본과 영국의 반대, 그리고 미국의 소극적인 태도로 그 뜻을 이루지 못하고, 앞에서 언급한 바와 같이 1951년 7월 한국이 대일강화회담의 서명국에서 배제되었다고 하는 것을 정식으로 통보받았다. 하지만 이미 그해 5월 시점에 이미 한국정부는 대일강화조약 서명국에서 배제되었다고 하는 것을 실질적으로 알고 있었다.[80] 결과적으로 한국은 연합국의 일원으로 대일강화회의에 참가하지 못하고 강화회의 후에 미국의 중재 아래 재일한국인의 법적지위를 비롯하여 일본과의 개별적인 협상을 통하여 국교정상화 회담에 임해야 했다. 주일 한국대표부와 연합국군사령부GHQ가 접촉하여 한일교섭을 위한 자료를 수집하기로 했으며, 한국정부는 7월 28일 유진오 고려대 교수와 임송본 조선은행 총재를 각각 주일대표부의 법률고문과 경제고문으로 파견했다. 이들의 임무는 한일회담의 기초적 준비와 이미 진행되고 있던 재일동포 문제에 관한 일본과의 교섭을 지원하는 일이었다.[81] 그리고 10월 19일 한일 예비회담을 위하여 양유찬 주미대사를 비롯한 대표단 일행은 당시 임시수도였던 부산의 수영공항을 이륙하여 도쿄의 하네다羽田 공항을 향해 출발했다. 이때 그는 미국의 압력에 따라 도쿄로 향하기는 했지만 한일회담의 성사에 대해서 그다지 관심을 갖지 않았고, 오로지 이승만 대통령의 의사를 파악하고 이를 전달하고자 했다.[82] 여기서

---

80 박진희, 『한일회담: 제1공화국의 대일정책과 한일회담 전개과정』, 73쪽.

81 박진희, 『한일회담: 제1공화국의 대일정책과 한일회담 전개과정』, 101쪽..

82 ロー・ダニエル, 『竹島密約』, 25-26쪽.

는 한일회담 자료 가운데서 유진오 국적분과위원회 위원장이 그해 12월 30일자로 외무부장관에게 보낸 『한일회담 보고서』 자료를 중심으로 하여, 예비회담의 대강 상황을 정리하고자 한다.

　1951년 10월 20일부터 예비회담이 열렸다. 그러나 한일 양국 사이에는 회담에 임하는 자세에서부터 전혀 다른 모습을 보였다. 한국 측은 회담과정에서 장래 양국의 국교수립을 위한 기초 마련을 위해 성의를 갖고 문제를 논의하고자 했으나, 아직 강화조약이 비준되지 않은 상태에서 일본 측은 회담에 성의를 보이지 않았고 재일한국인의 국적이 한국이라는 것을 한국정부에게 확인하게 했을 뿐, 국교정상화에 대한 한국 측의 의사를 떠보려고 했다. 다만 ① 한일회담을 성공시키려는 미국 측 의도가 일본에 전달된 것, 그리고 ② 일본이 강화회의 후 처음으로 개최한 개별회담으로서 전 세계 민주주의 국가들 특히 동남아시아 국가들이 관심을 갖게 된 것을 계기로 하여, 예비회담 개시 후 1개월 만에 일본 측의 태도에서 약간의 진척이 발생했다. 이에 따라 일본은 이미 설치된 국적분과위원회와 선박분과위원회에서부터 점차 약간의 성의를 보이기 시작했고, 여타 재산 및 청구권, 어업, 통상항해, 해저전선 등의 문제에 대해서도 관심을 보이기 시작했다고 유진오는 긍정적인 전망을 가지고 일본의 변화를 평가했다.[83]

　그러나 유진오의 당시 한일회담 전망은 지나치게 낙관적이었다고 평가할 수 있다. 그 후 한일회담의 전개과정을 볼 때, 일본은 1957년 전후로 미국의 한일회담 성사 압박에 대해 기시 노부스케岸信介 내각에 이르러 국제적 현실의 엄중함을 인식하고 식민지 역사에 대한 인식이 변화할 때까지는, '평화선'으로 인한 일본어민의 억류문제 이외에는 외교협상으로 한국과의 과거사 문제에 관하여 해결하려는 태도를 보이지 않았기 때문이다.

83　한일회담자료, 등록번호 : 3111, 분류번호 : 723.1JA 법1951-52 1-36차, 정무과, 「제1차한일회담(1952.2.15.-4.21) 재일한인의 법적지위위원회 회의록, 1-36차, 1951,10.30-1952.4.21.」(1952년), 프레임번호 628-630.

한국 상공부 수산국의 '평화선' 준비

한국정부로서는 독도영유권 문제가 샌프란시스코 강화회의에 대한 불참으로 인하여 이미 미국과 국제사회로부터 인정받는데 실패하게 되자, 독도영유권 문제는 한국 내부의 국민적 결속을 위한 과제로 넘기고 한반도 어장의 어업자원 고갈 문제를 대일교섭의 중심 카드로 사용하게 되었다, 즉 당시 맥아더라인을 어기고 한국 근해에 몰려와 남획하는 일본 어선의 조업 문제를 클로즈업하는 전략을 내세운 것이다. 이에 따라 샌프란시스코 강화조약 비준을 앞두고 한국정부는 ① 맥아더라인 확장에 대한 반대, ② 맥아더라인 월경 어선의 나포, ③ 일본 어선의 남획 반대를 위한 국민궐기 대회, ④ 과거 총독부에 의한 트롤어업 금지구역 설정을 선례로 하는 전관수역 설정을 강하게 주장하고 나섰다.[84]

한국정부 내에서는 또 다른 움직임으로 상공부 수산국을 중심으로 하여 일본과의 어업교섭을 앞두고 일본어선의 어장을 대폭 규제하려고 하는 움직임이 있었다. 한국정부의 수립 이전부터 일본이 「식량기아대책」을 내세우고 SCAP에 조업구역 확장을 지속적으로 요구해 가고 있을 때, 군정청에 의해 설치된 조선해양경찰대가 맥아더라인을 월경하여 조업하는 일본어선들을 단속하고 있었다. 미군정 당국이 1947년부터 형편없는 경비정으로 맥아더라인 월경 어선을 단속한 상황에 대해서는 앞에서 언급한 바 있다. 한국정부가 수립된 이후에는 1949년 6월 부산에서 남해안 일대의 어민 대표들이 일본어선의 남획을 규탄하는 어민궐기를 개최한 일 등, 한국어민에 의한 집단행동이 사회적으로 널리 알려지기 시작했다. 이에 따라 한국 국회에서도 맥아더라인을 확장시키고 있던 SCAP의 '부당한' 조치에 대해 SCAP이나 미국 국무성과 상원 등에 대해

---

84 지철근, 『한일어업분쟁사』, 63-70쪽.

항의문을 발송하지 않을 수 없었다. 아울러 신생 한국정부의 외무부도 국내 어민궐기대회의 결과를 받아들여 정환범鄭桓範 주일대표부 대표에게 맥아더라인 확장을 적극 저지하라는 지시문을 전달하기에 이르렀다.[85]

한국정부 내의 이러한 움직임에 발맞추어 한국 상공부 수산국은 1950년부터 지철근 어로과장을 중심으로 하여 일제강점기에 조선총독부가 어족자원 보호를 위해 적용했던 트롤어업 금지조치를 참고하여 일본어선에 대한 관할수역을 설정할 것을 주장하고 있었다. 일찍이 조선총독부는 트롤어선의 폐해를 인정하고 1911년 6월에 트롤어업 금지구역을 설정하는 어업단속규칙을 공포하고 이듬해 4월부터 이를 시행해 왔다. 이어 조선총독부는 1912년 12월에 어업단속규칙을 개정하고 금지구역을 확대했다. 두만강 입구 중앙으로부터 경상북도 울릉도 동쪽 끝, 동경 130도 북위 35도 해상, 경상북도 거제군 홍도 남쪽 끝, 전라남도 제주도 내어곶 동남 30해리 해상, 제주도 모슬포 남서 30해리 해상, 전라남도 흑산도 서쪽 끝, 황해도 백령도 서쪽 끝, 그리고 평안북도 신도 서쪽 끝을 지나 압록강 입구 중앙에 이르는 해역이었다고 한다.[86] 다만 조선총독부의 트롤어업 금지구역은 그 후에도 수차례 소폭적으로 변경되다가 1944년 전쟁 막바지에 이르러 식량 증산의 단기적인 효과를 거두기 위해 서해안과 남해안에서 금지구역을 대폭적으로 감소했으며 제주도 연안을 금지구역에서 제외시키기도 했다.[87]

신생 한국정부 시기에 수역안의 작성에 직접 관여한 지철근은 그의 책에서 획정안 마련을 위한 참고지도, 특히 서해안 어장도를 어떻게 마련했는지 다음과 같이 회고하였다. "막상 관할수역에 대한 획선 작업을 시작

---

85 지철근, 『한일어업분쟁사』, 63-64쪽.
86 지철근, 『시련기의 수산업사』, 121쪽.
87 지철근, 『시련기의 수산업사』, 124쪽.

하고 보니 동해안은 과거 트롤어업 금지구역 등에 대해 충분한 자료와 어장도가 있어서 별 문제가 없었으나 서해안에 대해서는 정밀한 어장도가 없는 것이 문제점으로 등장했다. 당시만 해도 서해안은 조기나 도미와 같은 비교적 고급어종이 많이 서식하는 황금어장이었는데도 어장도가 국내에 없었다. 그런데 1950년 6월 미국의 원조자금에 의한 어선과 자재구매를 위하여 도쿄에 머무르고 있을 때 홋카이도대학 수산학부 1년 후배로 일제강점기 조선의 수산업계를 주름잡았던 다이요大洋어업[88]의 트롤 부장이었던 나가이 지사쿠永井次作를 만나서 지나가는 말로 서해안 어장도를 구해달라고 부탁했더니 마침 갖고 있다면서 며칠 후 선뜻 건네주는 것이 아닌가."[89]

지철근은 1979년 저서에서 어장도를 구입하고 난 이후의 경위에 대해서 기술한 적이 있다. "하도 고마워서 나는 그 길로 이 친구를 부근 선술집에 데리고 갔으며, 여비를 몽땅 털어 당시 7천 엔円을 주머니에 넣어 주었다. 지금은 타계하고 없지만 두고두고 잊을 수 없을 뿐 아니라 이 친구가 아니었다면 그때의 혼란한 사회상황으로 보아 정밀한 어장도를 구해 내는 것이 힘들었을 것으로 생각된다. 아무튼 이 서해黃海 어장도가 어업관할수역을 마련하는데 결정적인 길잡이가 된 것은 물론이다. 지금 생각해도 끝내 그 친구에게 어장도의 사용 목적을 사실대로 안 밝히고 얻어 낸 것이 그지없이 미안한 생각도 없지 않지만, 만약 이 어장도를 구하지 못했다고 가정할 때 적어도 이런 정밀한 어장도를 새로 작성하려면 그때의 사정으로는 많은 시간과 막대한 자금이 소요되었을 것이고, 나아가서는 후일 인접해안에 관한 주권선언을 선포하는 데도 시간적으로 상당한

---

88 大洋漁業의 역사에 대해서, マルハ-Wikipedia https://ja.wikipedia.org/wiki/マルハ를 참고했다, 2020년 2월 28일 검색.

89 지철근, 『한일어업분쟁사』, 67~68쪽.

차질을 가져왔을 것이다."[90] 그는 이렇게 입수한 어장도를 참고로 하여 1951년 초에 들어 [사진-12]와 같은 수역안을 성안하게 되었다. 그는 이 안에서 일제강점기 트롤어업 금지구역과 달리 한반도 남서쪽 해역이 돌출되어 있는 것은 이곳이 주요 어류의 산란 해역으로 판명되었기 때문이라고 했다.[91]

[사진-12] 1951년 한국정부의 어업관할수역안

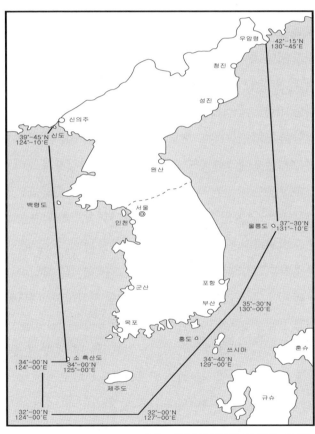

출처 : 지철근, 『시련기의 수산업사』, 126쪽.

---

90   지철근, 『평화선』, 114쪽.
91   지철근, 『시련기의 수산업사』, 124쪽.

지철근은 외무부의 해양주권 선언 움직임에 대해 반대 입장을 분명히 했던 것으로 보인다. 이 시기가 6.25 전쟁 등으로 정국이 어수선한 시점이었던 점에 비추어, 일본과 외교적 협상을 통하여 어업관할수역을 설정하는 것이 주변국으로부터 지지를 얻을 수 있을 것으로 보았다. 그는 자신의 지론에 대해서 당시 내무부 장관이던 이순용李淳鎔이나 법무부 장관이던 서상환徐相煥 등이 호의적인 반응을 보였다고 증언하고 있다.[92] 이 수역안은 '영해선 이외의 어족자원 보호 관할을 위한 수역을 설정하는 것으로, 국무회의 의결을 위해 법무부·상공부·국방부·외무부 등 4개 부처가 여러 차례의 협의를 거쳐 독도와 파랑도 등 영토 문제와 수산업·국방의 견지에서 맥아더라인 존속을 위한 법적 근거를 마련한 것이었다. 다만 파랑도에 대해서는 뒤늦게 1951년 9월 18일부터 26일까지 한국산악회 '제주도 파랑도 학술조사대'가 해군 함정을 이용하여 조사 활동을 실시했으나 그때에도 파랑도의 실체를 발견하지 못하고 돌아오고 말았다. 파랑도의 실제 좌표는 동경 125도 10분 58초, 북위 32도 7분 31초로, 수면 아래의 암초였기 때문에 1973년의 탐사 활동을 통해서도 이 암초를 발견하지 못했고 1984년에 가서야 제주대학교와 KBS의 공동 탐사를 통해 그 실체가 밝혀지게 되었다. 또한 한국의 해양수산부는 1995년부터 이 암초 위에 해양과학기지 설치를 시작하여 2003년에 이르러 '이어도종합해양과학기지'를 완공했다.[93]

대일강화조약 체결식이 며칠 남지 않는 상황에서 변영태 외무부 장관은 1951년 9월 7일 일본과의 외교협상을 전제로 하는 「어업보호구역 선포에 관한 건」을 국무회의에 긴급 상정하여 국무회의에서 의결까지 거쳤다. 이 때 일본과의 어업협정을 위한 단계별 대책으로, ① 맥아더라인

92   지철근, 『평화선』, 123쪽.
93   정병준, 『독도1947: 전후 독도문제와 한·미·일 관계』, 821-825쪽.

을 존속시켜 일본어선이 이 선을 침범하지 못하도록 한다, ② 앞의 요구가 성립하지 않을 때에는 맥아더라인을 존속시켜 일본어선 뿐 아니라 한국어선도 상호 침범하지 않게 한다, ③ 앞의 요구가 성립되지 않을 때에는 우리나라가 어업보호수역을 선포하여 이를 일본이 승인하도록 한다, ④ 앞의 요구가 성립되지 않을 때에는 상호간 어업보호수역을 선포하여 이를 상호 승인하게 한다, 등을 제시한 것으로 알려지고 있다.[94]

그런데 외무부의 결재 서류에 대해서 이승만 대통령은 반려하는 조치를 취했다. 지철근은 대통령의 반려 이유에 대해서, "분명치 않지만, 그때 트루먼 대통령의 선언이나 중남미 국가의 해양주권에 대한 자료나 대륙붕 이론에 관한 충분한 자료에 대해 경무대가 요구했던 것에 비추어, 보다 강력한 조치를 구상하고 있었던 것이 아닌지 추측할 따름'이라고 했다.[95] 필자는 이때 대통령이 결재를 재가하지 않은 이유로, ① 아직 일본과 협상할 시기가 아니다, ② 어업협상은 맥아더라인의 소멸을 전제로 하기 때문에 임할 수 없다, ③ 어업문제에 국한시키기보다는 안보와 대륙붕 해저자원 개발과 같은 보다 폭넓은 자원을 둘러싸고 일본과의 협상이 이뤄져야 한다, ④ 일본보다는 미국을 주된 협상대상으로 해야 한다, 등을 판단했을 것으로 추정하고 있다. 1952년 한국이 독단으로 '평화선'을 설정할 때나 1965년 일본과 어업협정을 체결할 때 모두 외교 관료로서 김동조가 관여했던 것에 비추어 볼 때, 필자는 이승만 대통령이 어업보호를 위한 외교적 협상보다는 식민통치 문제와 독도영유권 문제에 대해 한국 대중들의 관심이 훨씬 더 많은 관심을 갖고 있었기 때문에 국민적 관심을 증폭시키는 선에서 결재를 반려했다고 보고 있다. 이런 까닭에 우리는 대한민국 정부의 초기부터 이승만 대통령을 반일反日 정치가라고 평가하

---

94 정병준, 『독도1947: 전후 독도문제와 한·미·일 관계』, 817-821쪽.

95 지철근, 『평화선』, 126쪽.

고 있는 것이다.

　지철근의 수역안은 외무부 안에 비해서 가능한 한 일본과의 외교적인 협상을 통하여 어장을 획정하려는 계산이 있었다고 할 수 있다. 다만, 그의 안은 강화회의 체결과 발효를 앞두고 일본이 한국과의 외교적 협상에 지극히 소극적이었던 현실적인 상황에 비추어 볼 때, 이상적인 성격을 띠고 있었다고 생각된다. 다만 당시 독도문제가 외교적 협상 대상이 되기 어렵다고 하는 점에 비추어 볼 때, 우선 어족자원 문제에 집중하여 일본과의 협상을 통하여 점진적으로 문제를 해결해 가려고 했던 점에서 본다면 현실적인 성격도 갖고 있었던 것으로 생각된다. 그러나 결과적으로 결재 과정을 거치면서 수산국의 수역안이 경무대와 외무부의 수정을 거치면서 변영태 수정안이 되었고, 점차 독도를 포함시키는 보다 넓은 수역으로 확대되어 갔다.[96]

　어업문제에 국한하여 볼 때 외무부의 입장은 대외적으로 맥아더라인의 존속을 주장하고 있었지만 대내적으로는 맥아더라인이 소멸될 것을 둘러싸고 그 대처 방안을 마련하고자 했다. 그러나 전쟁 통에 외교적 여력이 부족한 한국정부로서는 일본과의 지지부진한 외교협상을 이어가기보다는 국내의 민족주의적 분위기를 돋우는 방안을 선호한 것으로 보인다. 결국 이렇게 하여 한국으로서는 어업자원의 보호라고 하는 명목에다가 독도영유권을 관철시키고자 하는 명목을 하나 더 추가하게 되었다. 한국인 어민들의 생활과 직결된다고 여겨 어업자원의 보호에 심혈을 쏟아 온 지철근은 나중에 자신의 회고록을 통하여 "본래의 참뜻을 알리기에 매우 불리했으며 국익차원에서 이를 따르지 않을 수 없었다"고 서술하는데 그쳤다.[97] 결과적으로 1952년 1월 18일 이승만 대통령은 외무부

---

96 박진희, 『한일회담: 제1공화국의 대일정책과 한일회담 전개과정』, 127쪽.

97 지철근, 『한일어업분쟁사』, 69-70쪽.

에서 올라온 기존의 「어업 보호구역 선포에 관한 안건」에다가 「대륙붕의 해상海床 및 지하자원의 보호, 보전과 개발」 등의 문구를 추가하여, 4개 항에 이르는 「대한민국 인접해양의 주권에 대한 대통령의 선언」국무원 고시 제14호을 선포하기에 이르렀다.[98]

---

98 지철근, 『한일어업분쟁사』, 74-75쪽.

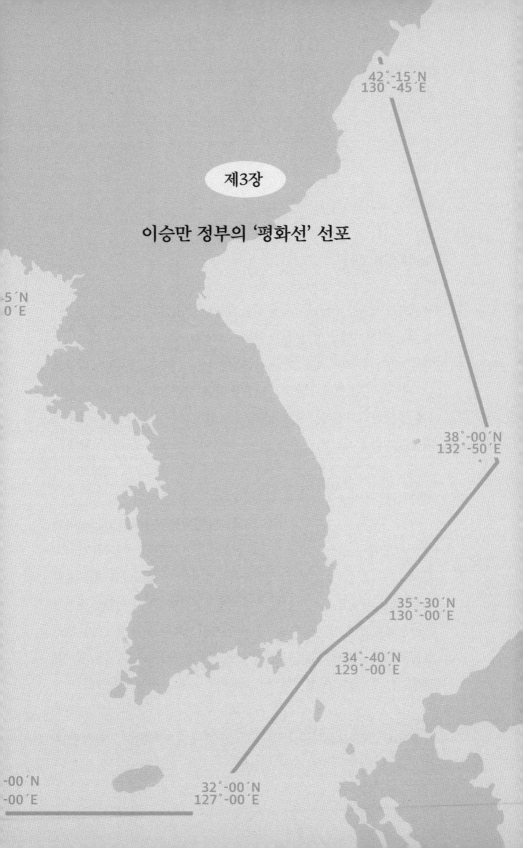

제3장

이승만 정부의 '평화선' 선포

42°-15´N
130°-45´E

-5´N
0´E

38°-00´N
132°-50´E

35°-30´N
130°-00´E

34°-40´N
129°-00´E

-00´N
-00´E

32°-00´N
127°-00´E

'해양주권' 선언

북한과의 전쟁을 수행하고 있는 상황에서 이승만 정부는 1952년 1월 18일 부산의 임시정부 청사에서 국무원 고시 제14호를 통하여 '대한민국 인접 해양의 주권에 대한 대통령의 선언'^{해양주권 선언}을 국내외에 발표했다. '해양주권' 선언에 관한 고시 내용은 다음 [사진-13]과 같다. 이날 국무회의는 맥아더라인이 대일강화조약 발효일 ^{1952년 4월 28일} 이전에 자동 철폐될 것이라고 하는 미국과 일본의 움직임이 한국에도 전달된 상황에서, 「한국도 해양주권을 확보하고 독립권을 행사하는 조치로서 이 안건이 상정되었다.」는 사유를 밝히고, '해양주권'을 선포하기에 이르렀다.

　1952년 당시 대부분의 국가들이 3해리의 영해를 적용하고 있는 상황에서, 이승만 대통령은 그 20배에 달하는 60해리까지 이르는 해역을 한국의 주권이 미치는 이른바 '영해'라고 '과격하게' 선포한 것이었기 때문에, 실질적으로 국내적인 조치에 국한된 것이며 국제사회로부터 승인을 받기는 어려운 조치였다. 이 선언의 골자는 어업자원 보호를 통한 지속적인 생산성을 유지하고 한반도 및 도서에 인접한 대륙붕 자원에 대해 주권행사를 하겠다는 것이었다. 이 선언의 주요 내용은 다음 네 가지로 이뤄져 있다.¹

1　지철근, 『평화선』, 범우사, 1979년, 168-169쪽; 日韓漁業協議会, 『日韓漁業対策運動史』, 内外水産研究所, 1968年, 31-33쪽.

[사진-13] 국무원 고시 14호 '평화선' 선포

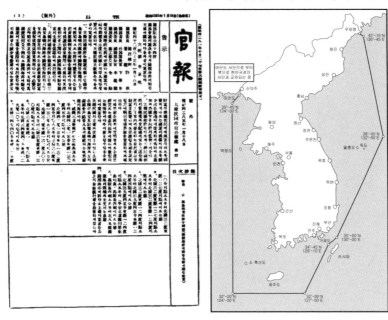

출처 : https://blog.naver.com/mofakr/221522731697, 2020년 3월 18일 검색

1. 대한민국 정부는 국가의 영토인 한반도 및 도서의 해안에 인접한 해붕海棚
   의 상하에 이미 인지하고 장래에 발견될 모든 자연자원 광물 및 수산물을
   국가에 가장 이롭게 보호 보존 및 이용하기 위하여 그 심도 여하를 불문하
   고 인접 해붕대륙붕에 대한 국가의 주권을 유지하며 또 행사한다.

2. 대한민국 정부는 국가의 영토인 한반도 및 도서의 해안에 인접한 해안의
   상하 및 내에 존재하는 모든 자연자원 광물 및 재부財富를 보유 보호 보존
   및 이용하는데 필요한 아래와 같이 한정된 연장 해안에 걸쳐 그 심도 여하
   를 불문하고 인접 해안에 대한 국가의 주권을 유지하며 또 행사한다. 특히
   어족과 같이 감소될 우려가 있는 자원 및 재부가 한국 국민에게 손해가 되
   도록 개발되거나 또는 국가의 손상이 되도록 감소 혹은 고갈되지 않도록

하기 위하여 수산업과 어업을 정부의 감독 하에 둔다.

3. 대한민국정부는 이로써 대한민국정부의 관할권과 지배권에 있는 상술한 해양의 상하 및 내에 존재하는 자연자원 및 재부를 감독하며 또 보호할 수역을 경계선을 선언하며 또 유지한다. 이 경계선은 장래에 규명되어 발견, 연구 또는 권익 출현에 따라 발생할 새로운 정세에 대비하여 수정할 것을 선언한다.

4. 인접해양에 대한 이러한 주권선언은 공해상 자유통행권을 방해하지 않는다.

독도 문제에 대해서는 한국정부 수립과 대일강화회의 시기는 물론, '평화선' 선포 이후부터 국교정상화 시기에 이미 한국의 실효적 지배가 이루어졌을 뿐 아니라, 오늘날에 이르기까지도 한국과 일본 사이에 외교적 역사적 공방이 치열하게 전개되고 있는 듯이 보이면서도 외교적 협상의 대상은 절대로 될 수 없다. 결과적으로 '평화선'을 넘어 조업했다고 하는 이유로 하여 한국정부가 일본어선을 나포하기 시작하자, 1953년부터 일본 해상보안청 소속 순시선은 독도 해역에 접근하여 감시 활동에 들어갔다. 일본은 1953년에 16차례로 가장 빈번하게 순시선을 파견했고 1954년에 14차례 파견하여 1950년대를 통틀어 평균 5차례 이하로 파견했다. 그리고 1960년대에 들어서는 1963년에 한 차례 파견한 것을 제외하고 국교정상화 때까지 단 한 차례도 순시선을 파견하지 않았다. 그 후로 일본은 독도 문제를 외교협상의 대상으로 하고 있지 않을뿐더러 독도에 대한 한국의 실효적 지배에 임하여 단기간에 해결할 수 없는 '구조적' 문제라는 점을 인식하고 있다.[2] 따라서 제3장에서는 독

---

2   현대송, 「전후 일본의 독도 정책」, 56-58쪽.

도문제에 관한 언급을 자제하고, 대신에 어업자원문제에 국한시켜서 한국과 일본이 어떻게 외교적 협상을 이어갔는지를 중심으로 하여 논하기로 한다.

한국정부는 '해양주권' 선언의 후속 조치로서, 1952년 10월 4일 '포획심판령'을 긴급명령인 대통령령 제12호로 공포하고 그날부터 시행에 들어갔다. 이는 '해양주권'의 경계선을 침범하는 외국^{일본} 선박을 나포하기 위한 법적 장치였다. 이 긴급명령은 제2조에서 포획심판소가 1차 심판을 담당하고, 고등포획심판소가 2차 심판을 담당하도록 했으며, 제24조에서는 고등포획심판소의 2심에서는 서류로만 심리하게 했다. 이어 '해양주권'의 후속 조치로서 한국정부는 1953년 12월 1일에 「어업자원보호법」 법안을 상정하여 국회를 통과시켰고 그날부터 이 법을 발효시켰다.[3]

하지만 한국의 '해양주권' 선언에 대해서, 「공해의 자유를 침해, 정부 이승만 선언에 견해 표명」마이니치신문 1952년 1월 24일이나 「한국 해양주권을 선언, 어업교섭에 선수를 치다」요미우리신문 1952년 1월 25일 등에서 보이는 바와 같이, 일본의 신문들은 일제히 외교적 협의도 없이 일방적으로 한국이 어업정책을 시행한 것이라고 비난하는 기사들을 내보냈다. 이러한 관점에서 일본정부도 공식적으로 한국정부를 비난하고 항의했다. 1952년 1월 24일 일본정부는 성명을 발표하고, ① 미국·캐나다·일본 어업협정에서 공해의 자유가 인정된 것과 같이 공해자유의 원칙이 인정돼야 한다, ② 공해에 국가주권을 일방적으로 선언한 전례는 아직까지 없다, ③ 한일 양국의 친선을 위해 신중히 검토되어야 한다, 등을 주장했다. 이밖에도 일본정부는 ① 대일강화조약의 해석 상 일본영토로 인정받고 있는 다케시마竹島를 '이라인李ライン' 안에 넣은 것은 한국의 일방적인 영토 침해이

---

3   지철근, 『시련기의 수산업사』, 한국수산신보사, 1998년, 137-143쪽.

다, ② '이라인' 안에는 일본어선이나 기타 외국어선의 출어를 절대로 금지하는 것인지, 선언문만으로는 알 수가 없다, ③ 이 선언문에는 '이 경계선은 장래에 규명될 새로운 발견, 연구 또는 새로운 정세에 맞추어 수정할 수 있음을 겸하여 선언한다'는 구절이 있는데, 이것은 어업회담을 앞둔 일종의 흥정이 아닌가, 라고 했다.[4]

이어 일본의 외무성은 1월 25일 정보문화국 국장 이름으로 다음과 같이 항의문을 발표했다. "한국의 대통령이 발표한 해양주권 선언은 오랫동안 국제사회에 확립되어 온 해양자유 원칙을 파괴하는 것일 뿐 아니라, 평등한 입장에서 공해 어업자원의 개발과 보호 목적을 달성하고자 하는 현대 국제어업 협력의 근본 관념과도 상치하는 조치이다. 이상의 조치는 국제사회의 통념으로 용인할 수 없다는데 의심이 없으며, 이것을 순수하게 언급하기에도 주저하지 않을 수 없다. 우리는 이러한 자의적 조치를 무시하는 입장에 서 있다는 것은 말할 필요도 없는데, 특히 대일강화조약의 우호적 협력 정신에 서서, 그리고 일한 양국의 공존공영을 목적으로 하여 곧 어업교섭이 시작되려는 바로 직전 시점에서 한국이 이렇게 나온 것을 우리는 중시하고 있다. 이 조치는 일한 어업회담 성공의 기초를 뒤집는 일이며, 또한 한국 측에 이 회담을 선의로써 수행하고자 하는 성의가 있는지 의심하지 않을 수 없다."[5]

이에 대해 2월 8일 이승만 대통령은 공보부 명의로 이를 반박하는 성명을 발표하고, ① 이 선언은 한일회담에서 제기할 예정이다, ② 확정한 경계선은 양국 간 불행한 사건을 방지하기 위한 것이다, 라는 취지의 발언으로 대응했다.[6] "인접 해양주권을 선언한 최근 정부 발표는 각국이 같

---

4   지철근, 『평화선』, 172-173쪽.

5   日韓漁業協議会, 『日韓漁業対策運動史』, 34쪽.

6   日韓漁業協議会, 『日韓漁業対策運動史』, 35-36쪽.

은 형태로 발표한 성명이나 포고에 따라서 한 것이며, 현재 진행 중인 한일회담에서도 이 문제를 제기할 예정이다. 해양 상 경계선을 획정한 목적은 한일 양국의 평화 유지를 위한 것이며, 일본은 이에 응할 것으로 생각한다. 서로에게 이익이 될 관계를 맺고자 하는 우리의 진지한 노력에도 불구하고, 아직도 욕심을 버리지 못하는 일본인은 맥아더라인을 넘어 수많은 어선들이 우리 인접해양에 들어와 바다 속 자원을 불법으로 약탈하고 있다. 우리는 이대로는 참을 수 없기 때문에 이를 막지 않으면 양국 간 충돌은 피할 수 없다는 우려가 존재한다. 불행한 사건을 방지하기 위해서, 양국은 합의에 의해 공평하게 그어진 획정선이 반드시 필요한 것이다. 우리는 공해(통행) 자유의 원칙을 조금도 무시할 생각이 없는데, '인접 해양 상의 주권'이라는 어구 표현이 부정확하기 때문에, 일본의 오해를 사고 있는 모양이다. 우리의 목적은 다른 주권이나 이익을 해함이 없이 어업자원을 지키기 위하여 공평한 획정선을 설정하여, 한일 양국의 평화와 우의를 유지하려고 하는 것이다."

그 후에도 한국정부와 일본정부 사이에서 몇 차례 외교적 공방이 발생했다. 일본정부가 한국정부에 대해서 '해양주권' 선언에 항의하는 구상서를 보내자, 이에 대해서 한국정부는 2월 13일 주일대표부를 통하여 일본 외무성을 향해 이를 일일이 반박하는 각서를 보냈다. 이 각서는 '해양주권' 선언에 대한 한국정부의 해설서와 같은 성격의 것이었다. 다소 긴 문장으로 되어 있는데 이를 요약하면, ① 이 선언은 확정된 국제적인 선례에 따라 선언한 것이며 과거 한일관계로 보아 공해에 일정한 경계선을 설정하는 조치는 타당성 있는 일이다, ② 일본은 과거 40년간 한국 통치를 통해 한국의 어업수역을 독점했고 한국의 어업발전을 저해했다, ③ 지난해 한 해 동안 40여 건의 맥아더라인 침범 어선을 발견했고 오늘날에도 불법행위는 그치지 않고 있다, ④ 한일회담의 기초가 파괴될 것으로 우려하는 것은 오해에서 나온 것이다, ⑤ 독도 영유권은 1946년 1월 29일자 SCAPIN-677호에 의하여 일본영토로부터 제외되었고 맥아더라인이 바깥에 위치하고 있었다, 등이다.[7]

아무튼 한국정부의 '해양주권' 선언에 대해서 호주와 노르웨이는 중립적인 입장에서 깊은 관심을 보이면서 주일대표부에 '해양주권' 선언문의 사본을 요청했지만, 대부분의 주변국으로부터는 영해의 확장 움직임이라고 하는 비판을 받게 되었다. 일찍이 1952년 1월 28일 일본의 외무성이 '해양주권' 선언을 인정하지 않는 구상서를 한국정부에 전달한 바 있으며, 2월 11일에는 미국도 주한 미국 대사를 통해 '해양주권' 선언의 불법성을 지적하는 서한을 한국정부에 전달했다. 미국은 '평화선'이 공해상의 자유 항해 원칙을 명백히 위반한 것이라고 했다. 당시 각 국가가 일반적으로 3해리 영해설을 받아들이고 있었던 상황에 비추어 볼 때, '과도하게' 주권을 주장함으로써 자유항행 원칙과 같은 당시 해양질서가 위협을 받을 것으로 보았다.[8] 6월 11일에는 주한 중화민국 대사가 한국정부에 대해 중화민국 권리와 이해를 침해한다고 항의했으며, 이듬해 1월 12일 주한 영국 공사 역시 한국의 선언을 인정하지 않는다고 하며 이에 반대하는 의향을 담은 서한을 한국정부에 전달했다. 한국 외무부가 영국의 반대에 대해 외교적으로 어떻게 대응했는지, 한일회담 자료 「평화선 선포와 관련된 제 문제」에 관련 자료들을 남기고 있다.[9]

한국의 조정환曹正煥 외무차관은 1월 28일 주한 영국 공사에 대해서,

---

7   지철근, 『평화선』, 173-174쪽; 日韓漁業協議会, 『日韓漁業対策運動史』, 36-40쪽.

8   박진희, 「미국 국무부 재외공관문서(RG 84)와 한일회담」, 『사학연구』 115호, 2014년 9월, 440-442쪽.

9   한일회담자료, 「평화선 선포와 관련된 제문제, 1953-55」, 분류번호: 743.4, 등록번호: 328, 생산과: 정무1과(1955년), 필름번호: K-0001, 프레임번호: 0086-0102.

"인접해양 주권에 관한 대통령 선언Presidential Proclamation of Sovereignty over Adjacent Seas은 주로 일본어선 집단의 무모한 남획에 대하여 한반도 어장을 보호하기 위한 것으로, 대통령 선언의 부속지도에 나타난 경계획정은 한일 간 '평화로운 관계peaceful relationship'를 설정하는 기능을 갖고 있으며, 이 선언은 영국이나 영국 국민에게는 하등 영향을 끼치지 않고, 이 선언 중의 「대륙붕」은 지리적인 의미로 UN국제법위원회의 설명을 대거 참고했다"고 하는 내용의 답변 서신을 보냈다. 6.25 전쟁의 휴전과 함께 임시수도 생활이 끝나고 서울로 복귀하자, 한국의 외무부 내에서도 '해양주권'이라는 용어가 과도한 외교적 부담이 되고 있다고 하는 비판이 쏟아져 나왔다. 따라서 한국정부는 '해양주권'의 의미를 미국에 대해서 일부러 설명해야 했다.[10] 필자는 1953년 이후로 대외적 공식 명칭으로는 '이승만라인'을 사용하면서도, 국내적 명칭으로 '평화선Peace Line'이란 용어를 사용한 것으로 보고 있다. 회담 자료에 따르면, 분명히 1953년 9월 28일 변영태卞榮泰 외무장관이 주미대사에 보낸 서신에서 처음으로 peace line이라는 용어가 나타난다.[11] 하지만 이때 처음으로 사용한 peace line을 대외적인 공식적인 용어로 사용했다고 말하기는 어렵다고 본다. 필자는 오히려 순전히 국내용 용어로 사용되었다고 보아야 마땅하다고 보고 있다. 여전히 '이승만라인'Syngman Rhee Line이 대외적 공식 용어로 사용되고 있었고, 또한 한국 내에서 이것이 때때로 통용되는 용어로 사용되었다고 되어있기 때문이다. 또한 한국의 회담 자료를 보면, 나중에 외무부 안의 누군가에 의해 장관의 서신 가운데서 소문자 p를 대문자

---

10 조윤수, 「'평화선'과 한일어업협상: 이승만 정권기의 해양질서를 둘러싼 한일간의 마찰」, 『일본연구논총』 28호, 2008년, 216쪽.

11 한일회담자료, 「평화선 선포와 관련된 제문제, 1953-55」, 분류번호: 743.4, 등록번호: 328, 생산과: 정무1과(1955년), 필름번호: K-0001, 프레임번호: 0108.

P로 고친 것이 잘 나타나 있다.

이 부분에 대한 영문 원문을 보면, 당시 '평화선' 용어의 국제적 의미가 보다 더 분명해진다. Korean government established a "Syngman Rhee Line" by the residential proclamation of Sovereignty over Adjacent Seas which is to maintain peace between Korea and Japan after coming into force of the Japanese peace treaty, and we sometimes call that the conservation line in a peace line. 이 서한은 끝부분에서도, "많은 태평양 국가들이 자국에 주장하고 있는 바와 같이, 한국과 일본 사이에 평화로운 관계를 구축하고 유지하기 위해 어떤 평화로운 경계가 필요하다고 영국에 조언했다" they should exert their good offices in advising the Japanese to realize the necessity to some such peace line in order to establish and maintain peaceful relationship between Korea and Japan 라고 기술하고 있다. 이를 통해 peace line이 앞의 '평화로운 관계peaceful relationship'를 설명하는데 사용된 보통 명사였다는 것을 잘 알 수 있다.[12]

이와 같은 한계에도 불구하고 이승만 대통령은 선언을 통해 어업자원보호와 독도 영유권에 대한 대일 독립의 의지를 대외적으로 천명하기 위해 '해양주권'을 강력하게 주장했다는 것은 두말할 필요가 없다. 1953년 2월 2일 일본 어업자 대표단의 방한 인사에 대한 응답에서, "서로 양보하여 사이좋게 해 나가자"고 의례적인 답변과 함께 일말의 외교적 해법을 내비치기도 했다고 한다.[13] 하지만 이 시기에 많은 일본 어선이 '해양주권' 경계선을 위반하여 조업하고 있는 상황에 비추어 볼 때, 일본 어민에 대한 이승만 정부의 입장은 유연한 것이었다고 보기 어렵

---

12 한일회담자료, 「평화선 선포와 관련된 제문제, 1953-55」, 분류번호: 743.4, 등록번호: 328, 생산과: 정무1과(1955년), 필름번호: K-0001, 프레임번호: 0111.

13 日韓漁業協議会, 『日韓漁業対策運動史』, 64-65쪽.

다. '해양주권' 선언에 대해서 명목상 유연성을 유지하면서도 이승만 대통령은 실질적으로 일본과의 어업협정 체결을 통하여 외교적 해법을 찾는 것과 관련하여, 강인한 외교적 의지를 갖고 있었다고 평가하기는 극히 어렵다.[14]

　'해양주권' '평화선'의 해양경계선은 [사진14]와 같이, 기존의 맥아더라인이나 곧 이어지는 클라크라인에 비해서도, 보다 넓은 해역을 한국의 전관수역으로서 일방적으로 또한 선제적으로 선포한 것이었다. 이 때문에 당시 신생 한국의 어업 조건이 상당히 어려운 상황이었음에도 불구하고, 한국의 '평화선'에 대해 일본과의 외교적 합의를 전제로 하는 국제적 선언이었다고 말하기 매우 곤란하다. 나아가 한국이 이미 1948월 8월에 주권을 회복했으니 주권국가였기 때문에 '해양주권' 선포가 가능했다는 주장도 있다.[15] 그러나 아무리 한국정부가 곤란한 상황이었다고 해도 국제사회와 동떨어져 폐쇄적으로 국가 정의를 실현하고자 한 것을 결코 정당화할 수 없다. 신생 한국정부는 전쟁하는 중이었고 국회의원 등 특권계층의 병역 기피와 세비 인상을 비롯하여 국내정치적 혼란 상황을 경험하고 있었다.[16] 그렇지만 이러한 혼란 상황이 당시 이승만 대통령의 비민주적 행태와 국제사회를 무시한 처사를 정당화하지 않는다. '평화선' 선언은 장기적인 국가발전의 비전을 갖지 못하는 상황에서, 단기적으로 한국인 대중의 민족주의 감정에 호소하여 이승만 정권의 권력을 보강하는 역할에 충실한 우리식 전관수역 선언에 불과했다고 본다.

14　박진희, 『한일회담: 제1공화국의 대일정책과 한일회담 전개과정』, 선인, 2008년, 332-333쪽.

15　호사카 유지, 『신친일파』, 봄이아트북스, 2020년, 306쪽.

16　인보길, 『이승만 현대사 위대한 3년 1952~1954』, 기파랑, 2020년, 79-107쪽.

[사진-14] '평화선'과 기타 경계선

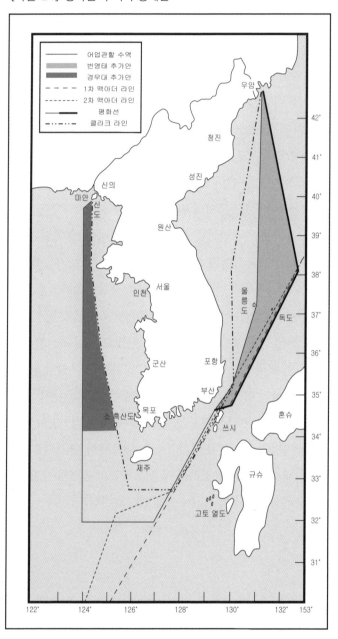

출처 : 지철근, 『시련기의 수산업사』 131쪽.

제1차~제3차 한일회담

1952년 2월 20일부터 개최된 제1차 한일회담의 1차 어업위원회 회의는 일본 측이 제주도 근해에서 일어난 한국의 나포 행위를 비난하면서부터 시작되었다. 이날 일본 측이 제시한 어업협정안 「제안이유설명서」의 핵심으로, 일본은 '평화선'을 결코 인정할 수 없으며 공해의 자유어업 원칙은 준수되어야 한다는 것이었다. 특히 '평화선' 수역 중에서 한류와 난류가 교차하는 수역은 각종 어종이 풍부한 부가가치가 높은 어장으로서 이 해역에서 조업하는 일본어선과 어민이 2,500척과 4만 명에 달한다고 강조했다.[17] 이때 한국은 미국·캐나다와 맺은 어업조약에서는 일본이 상대국의 어업관할권을 인정하면서 한국에 대해서는 왜 인정하지 않으려고 하는지, 일본의 이중적인 태도를 비판했다. 또한 한국 측은 3월 20일의 9차 회의에서 어업협정 「제안이유설명서」를 제시하고, 어업관할권의 상호 존중, 어족자원의 보존과 개발, 공동위원회 설치 등의 원칙을 제시했으며 15차 마지막 회의 때까지 이에 대한 질의응답이 계속되었다.[18]

제1차 한일회담에서는 양국이 각국의 협정안을 제안한 이유에 대해 장황하게 설명했지만, 실질적으로 협정안 타결에 대해서는 양국이 모두 소극적으로 임하는 가운데 상대방에 대해 자국의 정당성 법리를 주장하는 것으로 일관했다. 15차례에 걸친 회의를 통해 한국은 어업자원의 확보라는 관점에서 어업관할권과 '평화선' 인정을 요구했고, 반면에 일본은 공해 자유어업이라는 관점에 서서 일본어선 조업확대의 정당성과 '평

---

17 한일회담자료, 「제1차 한·일회담(1952.2.15-4.21) 어업위원회 회의록 1-15차, 1952.2.20.-4.21」, 분류번호: 723.1JA 어1952 1-15차, 등록번호: 84, 생산과: 정무과(1952년), 프레임번호: 1683-1694.

18 한일회담자료, 「제1차 한·일회담(1952.2.15-4.21) 어업위원회 회의록 1-15차, 1952.2.20-4.21」, 분류번호: 723.1JA 어1952 1-15차, 등록번호: 84, 생산과: 정무과(1952년), 프레임번호: 1862-1869.

화선'의 불법성을 주장했다.[19] 결국 4월 21일 제1차 회담의 중단과 함께 어업협상도 중단되기에 이르렀다.

1953년 4월 15일부터 7월 23일까지 제2차 회담이 열렸다. 5월 6일에 열린 어업위원회 1차회의에서 일본 측 수석대표 구보타 간이치로久保田貫一郎 외무차관은 인사만 하고 나갔는데, 그는 인사말에서 "지난해 어업회의에서는 주로 법률이론을 논하는데 시간을 많이 사용했는데, 이번 회의부터는 실질적인 문제에 대해 토의를 했으면 좋겠다"고 말했다. 그리고 그는 어업에 관한 국제적 흐름으로 UN의 인도·태평양수산회의, 대서양어업위원회, 미국·캐나다 어업위원회, 미국·캐나다·일본의 어업조약 등을 들고 한일 간에도 어업의 합리적 개발을 위해 노력하자고 말했다.[20] 6월 29일의 9차 회의에서 일본은 「일한어업협정요강日韓漁業協定要綱」을 제시했으며, 일본의 기본입장으로서 국제법과 국제관습에 기인한 공해자유 원칙의 준수를 재강조하고 연안국의 어업관할권은 인정하지 않지만 관심을 갖고 임하겠다는 종래의 주장을 반복했다. 이때 ① 한국전쟁으로 인한 어업의 피폐 ② 현격한 한국과 일본의 어업기술의 격차를 특별히 고려하겠다고 했다. 또한 ③ 어종이 다양하지만 우선 저인망 어업 금지구역을 설정하고, ④ 고등어 어장이 교착되지 않으므로 예상보다 양국의 어업분쟁 방지조치는 어렵지 않을 것이다, ⑤ 일본어선이 한국의 영해를 침범하지 않도록 하겠다, ⑥ 동종 어종에 관한 조정조치를 하겠다 등의 의지를 표명했다.[21]

---

19 한일회담자료, 「제1차 한·일회담(1952.2.15-4.21) 어업위원회 회의록 1-15차, 1952.2.20-4.21」, 분류번호: 723.1JA 어1952 1-15차, 등록번호: 84, 생산과: 정무과(1952년), 프레임번호: 1962-1968.

20 한일회담자료, 「제2차 한·일회담(1953.4.15-7.23) 1951-53. 어업위원회 회의록 제1-13차, 1953.5.6-7.23」, 분류번호: 723.1JA 어1953.5 1-13차, 등록번호: 91, 생산과: 정무과(1953년), 프레임번호: 0921-0925.

21 한일회담자료, 「제2차 한·일회담(1953.4.15-7.23) 1951-53. 어업위원회 회의록 제1-13차, 1953.5.6-7.23」, 분류번호: 723.1JA 어1953.5 1-13차, 등록번호: 91, 생산과: 정무과(1953년), 프레임번호: 1044-1060.

1953년 10월 6일부터 21일까지 제3차 회담이 열렸다. 휴전협정으로 한국전쟁을 마치고나서 재개된 회담이었다. 이미 널리 알려진 대로 10월 15일에 열린 재산청구권위원회 2차 회의에서 작심하고 발언한 일본 측 수석대표의 소위 '구보타 망언'을 둘러싸고 한국 측이 강력한 태도로 철회와 해명을 요구하는 가운데 제3차 회담이 종결되었다.[22] '평화선' 문제로 인한 어업분쟁을 최우선 과제로 하여 열린 어업위원회도 10월 8일과 14일 단 두 차례만 열리고 본격적인 토의에 들어가기 전에 끝이 났다. 주일대표부 김용식金溶植 공사가 외무부장관에게 보낸 보고문서와 일본 어업관계자의 자료집을 통해서 간략하게 제3차 회담과 어업위원회 회의결과를 정리하고자 한다.

10월 6일에 제3차 한일회담이 열리자마자 구보타 일본 측 대표는 주로 '평화선' 문제를 언급하고 한국 측에 대해 일본어선의 나포 중지와 반환을 요구했으며, 이에 한국 측은 '평화선'은 일본과의 평화적 관계를 위하여 설정했다고 하는 원칙론적인 답변과 함께, 주로 대한對韓 청구권 주장을 포기하라고 반박했다. 10월 8일에 열린 1차 어업위원회는 처음부터 끝까지 일본 측 수석대표와 위원들은 다소 격앙된 감정으로 회담을 미루려고 하는 한국 측에 대해 한국해군의 일본어선 나포 문제를 의제로 하여 주로 비난을 퍼부었다.[23] 마침 고등어 성어기이기도 하여 많은 일본어선이 '평화선' 주변에서 조업을 하고 있는 가운데, 한국해군은 국방을 이유로 하여 어선들을 나포하는 상황에서 9월 27일 수산청 감시선을 나포하

---

22 이원덕, 『한일 과거사 처리의 원점: 일본의 전후처리 외교와 한일회담』, 서울대학교출판부, 1996년. 65-73쪽; 박진희, 『한일회담: 제1공화국의 대일정책과 한일회담 전개과정』, 178-187쪽.

23 1953년 10월 8일 어업위원회에서 한국 측에 대한 일본 측의 비난 내용은 김용식 공사의 보고서 속에 포함되어 있다. 한일회담자료, 「제3차 한·일회담(1953.10.6.-21) 어업위원회 회의록 제1-2차, 1953.10.8-14」, 분류번호: 723.1JA 어1953 1-2차, 등록번호: 96, 생산과: 정무과(1953년), 프레임번호: 1366-1368.

는 일까지 발생했다. 이에 따라 한국정부를 성토하는 대회가 각 일본지역에서 열렸고, 9월 10일에는 도쿄 마루노우치丸ノ內에서 어업관계자들로 이루어진 대규모 「일한어업대책본부」가 결성되었다.[24] 1차 어업위원회에서 일본 측은 "최근 제주도 주변에서 상당수의 일본어선이 나포당했는데, 그중에는 수산청 소속 감시선第二京丸도 포함되어 있다"고 했으며, 나포된 어선 가운데는 동중국해에서 약 210상자를 어획하여 '평화선'을 통과하고 있는 선박도 있었다고 했다. 일본 측은 ① 이 나포 행위가 한국정부의 명령에 따른 것인지, ② 만약 명령에 따른 것이라면 무슨 이유로 나포한 것인지, ③ 해군 함정과 같은 기관에 명령을 내렸는지, ④ 또 다른 명령도 있었는지, 등을 추궁했다. 이에 대해 한국 측은 항행하는 어선과 조업하는 어선을 구분하여 나포했을 것이라고 원칙론을 말하고, "여타 외국과 같이 일정한 경우 국내치안을 군軍에게 협조 요청하는 일이 있다, 이번에 수백 척의 일본어선이 대거 이라인을 침범하는 마당에서 수산국의 감시선만으로 단속 불가능하여 해군에서 출동했다"라고 답변했다.[25]

10월 14일에 열린 2차 어업위원회에서는 벽두에 일본 측 수석대표가 새로 옵저버로 참석하게 된 「일한어업대책본부」의 이토 이노로쿠伊東猪六 위원장을 소개했다. 이토는 정부 당국과 회담 참석자들에게 억류된 일본어민의 의류와 약품 지원을 요청하고 나포된 일본어선 문제를 비롯하여 한일 양국의 어업분쟁을 해결하도록 촉구하는 발언을 이어나갔

---

24 1953년 9월 7일 수산청 감시선 第1成洋丸은 한국해군으로부터 그날 밤부터 '평화선' 침범 어선을 나포하겠다는 통보를 받았다. 같은 날 第2德島丸, 第1大福丸 등이 한국해군에 의해 나포를 당했고 9월 21일부터 한국해군의 나포행위는 다시 활발해졌다. 日韓漁業協議会, 『日韓漁業対策運動史』, 81-87쪽.

25 한일회담자료, 「제3차 한·일회담(1953.10.6.-21) 어업위원회 회의록 제1-2차, 1953.10.8-14」, 분류번호: 723.1JA 어1953 1-2차, 등록번호: 96, 생산과: 정무과(1953년), 프레임번호: 1330-1340.

다.[26] 일찍이 그해 2월 그는 와지마 다이도鍋島態道 전 대일본수산회 회장을
단장으로 하여 서울의 경무대를 방문하여 이승만 대통령을 면담하는 한편,
지철근 수산국장을 면담하여 일본인 어민의 방면放免을 요청하고 일본과
한국의 어업관계자 사이의 공식적 교류를 개진한 바 있다. 비록 다이호마
루大邦丸의 총격과 나포 사건으로 인하여 일본사회에 혐한嫌韓 분위기가 확
산되면서 공식적 교류의 움직임은 물거품이 되고 말았지만, 이토는 '평화
선' 문제를 어디까지나 어업관계자의 국제적 교류로 해결해야 한다고 주장
한 인물이다.[27] 「일한어업대책본부」의 자료집에 따르면, 이 조직 안에 「어
업협정 소위원회」를 결성하고 한일 간 제3차 회담에 대비해 왔다고 한다.[28]

「일한어업대책본부」의 자료집은 10월 14일의 어업위원회 2차 회의
에 대해서 다음과 같이 기록하고 있다. "일본 측 기요이 다다시淸井正 대
표가 한국 측의 이라인 주장에 대해서 다음과 같이 반박했다. ① 공해상
에서 외국선박에 대한 관할권을 행사하는 것은 국제법 및 국제관습을 위
반하는 행위이다, ② 어족자원 보호를 위해서는 관련국과 과학적 근거
에 기초하여 보존조치를 취해야 한다, ③ 어업능력의 격차에 따른 실질
적 불평등은 시정되어야 하지만, 그렇다고 해서 공해상 일방적인 관할
권 조치의 이유가 되지 않는다, ④ 양국 어업의 공존공영을 위해서 일본

---

26 한일회담자료, 「제3차 한·일회담(1953.10.6.-21) 어업위원회 회의록 제1-2차,
    1953.10.8-14」, 분류번호: 723.1JA 어1953 1-2차, 등록번호: 96, 생산과: 정무
    과(1953년), 프레임번호: 1343-1344.

27 日韓漁業協議会, 『日韓漁業対策運動史』, 63-70쪽.

28 1953년 10월 5일, 「일한어업대책본부」는 김용식 공사에게 편지를 통하여, 9
    월 7일 이후 일본어선 94척이 나포·임검·퇴거 조치를 받았으며, 선린우호와
    어민의 공존공생을 위한 조치를 요구했고, (1) 공해상 임검, 나포행위를 즉각
    정지할 것, (2) 정상적인 어업협정을 위한 심의를 추진할 것, (3) 나포된 어선과
    함께 어구(漁具)와 어획물을 즉시 반환할 것, 등을 요청하는 한편, 각 위원들을
    일본의 외무성과 자유당에 대해 나포어선에 대한 보상과 한국과의 공식 협상
    에 적극 임하도록 촉구했다. 日韓漁業協議会, 『日韓漁業対策運動史』, 88-90쪽.

측에도 고려의 여지가 있다."[29] 이에 대해서 한국 측은 '평화선'이 영해의 확장을 의도하지 않는다고 반론을 전개하고, 일본 측은 실제로 항행의 자유를 인정하고 있지 않다는 현실적 '모순'을 지적하는 가운데, 구보타 망언이 발생한 것이다. 「일한어업대책본부」는 '평화선' 문제의 실질적 해결이 어려운 상황에서 한국 측은 구보타 망언을 '이용하여' 회담을 결렬시킨 것이라고 지적하고 있다.[30]

한편 김용식 공사의 보고서는 한국 측 장경근張暻根 대표가 다음과 같이 '평화선'에 관한 한국 측 입장을 설명했다고 기록하고 있다. 즉, ① 한국 측이 먼저 어업문제를 협의하자고 요구했는데 일본 측이 소극적으로 임하게 되어, 결국 이라인을 선포할 수밖에 없었다, ② 어업자원에 민감한 연안국은 국제법에서 볼 때나, 역사적 사실에서 볼 때 일방적으로라도 어업관할수역을 설정할 수 있다, ③ 이라인 선포 속의 '주권'은 일정 수역에서 한국이 어업관할권만을 행사하겠다는 뜻이라고 했다. 이에 대해서 일본 측은 한국이 어업협의를 제안할 때 일본은 미국·캐나다와의 어업조약에 집중하여 한국과의 협의에 준비가 부족했음을 시인했다. 그리고 어업자원에 관한 구체적 자료를 요구하고 어선나포의 정당성에 관한 비난을 제기하는 상황에서, 제3차 회담의 결렬은 어업자원의 문제가 아니라 청구권 문제에 기인하는 것이라고 했다. 또한 한국 측은 일본어선의 조업에서 자숙自肅을 기대했는데 결국 배반당하게 되었다고 하면서 따라서 어선나포를 강행한 것이라고 대답했다. 이러한 공방이 이뤄지는 가운데 10월 21일에 열리기로 한 3차 회의는 제3차 회담의 종결과 함께 무

---

29 1953년 10월 14일 清井正 대표가 한국 측에 제시한 자료는 김용식 공사의 보고서 속에 포함되어 있다. 한일회담자료, 「제3차 한·일회담(1953.10.6.-21) 어업위원회 회의록 제1-2차, 1953.10.8-14」, 분류번호: 723.1JA 어1953 1-2차, 등록번호: 96, 생산과: 정무과(1953년), 프레임번호: 1354-1365.

30 日韓漁業協議会, 『日韓漁業対策運動史』, 93-98쪽.

산되었다.[31]

'평화선'에 대한 연구

그럼, 연구자들은 '평화선'을 어떻게 보고 있을까. '평화선'에 관한 기존 연구를 통해서 특징을 찾아보면, 첫째는 일본보다는 한국 측 연구자의 분석 활동이 두드러지게 나타나고 있다는 점, 둘째는 한국이나 일본의 연구들이 수산업 문제보다는 독도영유권 문제나 개인청구권 문제에 연구 관심이 쏠려 있다는 점을 지적할 수 있다. 특히 한국과 일본에서 나온 회담자료들을 상호 대조하면서 한일교섭에서 나타난 양국 입장의 차이를 분석한 연구들이 쏟아져 나오고 있다. 또한 한국의 국제법 학회를 중심으로 하여 변화하는 국제법 해양법 흐름에 맞추어 '평화선'을 구조적인 측면에서 재평가하고자 하는 움직임도 존재한다. 이러한 연구의 분위기가 오늘날 새로운 연구를 견인하고 있는 것이 아닌가 생각된다. 대표적인 연구물로 서는 후지이 겐지,[32] 오제연,[33] 정인섭,[34] 조윤수,[35] 스튜어트 캐이Stuart Kaye[36] 등으로 이어지는 논문과 저서를 꼽을 수 있다. 나아가 미국 국무성 자료를

31 한일회담자료, 「제3차 한·일회담(1953.10.6.-21) 어업위원회 회의록 제1-2차, 1953.10.8-14」, 분류번호: 723.1JA 어1953 1-2차, 등록번호: 96, 생산과: 정무과(1953년), 프레임번호: 1345-1353.

32 藤井賢二, 「李承晚ライン宣布への過程に関する研究」, 『朝鮮学報』 185号, 2002年 10月, 73-112쪽; 藤井賢二, 「李承晚ラインと日韓会談: 第一次〜第三次会談における日韓の対立を中心に」, 『朝鮮学報』 193号, 2004年 10月, 111-146쪽.

33 오제연, 「평화선과 어업협정」, 『역사문제연구』 14호, 2005년 6월, 11-46쪽.

34 정인섭, 「(특집)국제법 발전에 대한 한국 외교의 기여: 1952년 '평화선' 선언과 해양법의 발전」, 『서울국제법연구』 13권 2호, 2006년 12월, 1-28쪽.

35 조윤수, 「'평화선'과 한일 어업 협상: 이승만 정권기의 해양질서를 둘러싼 한일 간의 마찰」, 199-223쪽.

36 스튜어트 캐이, 「해양법의 발전에서 평화선이 지니는 의의」, 『영토해양연구』 4권, 2012년 12월, 36-58쪽.

이용한 '평화선' 문제에 관한 미국 정부의 인식을 조사한 박진희의 연구[37] 라든지, 대일 점령당국의 자료를 활용하여 대일 점령기에 한일 간 어업협력 정책이 좌절되어 가는 과정을 취급한 연구도 나오게 되었다.[38]

이들 선행연구에서는 독도영유권 문제와 함께 어업문제가 함께 다루어졌기 때문에 대체로 일본정부의 대응방식보다는 한국정부나 대일 점령당국의 대응방식에 상대적으로 높은 비중이 실려 있었다. 여기에서는 방대한 일차적 자료 가운데서 외무성 자료를 중심으로 하고 선행연구를 참고하는 한편, 선행연구와의 차별을 위하여 시기적으로 제1차 회담에 이르기까지의 과정에 집중하여 분석하고 일본 외무성의 공개 문서와 일본 수산업 관련 자료를 대조하면서 당시 일본정부의 교섭 방침 내용과 배경을 가능한 한 상세하게 밝히고자 한다.

'평화선' 연구에서는 대체로 정책결정자(인물)의 역할을 강조하는 연구와, 시대적인 상황(구조)을 강조하는 연구로 대별할 수 있지 않을까 한다. 대체로 어업자원 보호와 독도영유권을 중심으로 하여 정책결정자 이승만의 '평화선' 정책을 평가하고 있다. 먼저 어업자원의 보호라고 하는 측면에서 '평화선'을 높이 평가하고 있는 연구로서는, 단연코 이승만 정권에서 수산국 국장을 역임했던 지철근 연구자의 '평화선'에 관한 긍정적인 평가를 들 수 있다.[39] 이에 반하여 어업자원과 관련하여 이승만 대통령 개인에 대한 부정적인 평가는 주로 일본에서 '평화선' 시기에 무수하

---

37   박진희, 「미국 국무부 재외공관문서(RG 84)와 한일회담」, 440-447쪽.

38   히구치 도시히로, 「동지나해·황해 수산자원 질서재편에서 GHQ-SCAP 천연자원과와 한일관계」, 국민대학교 일본학연구소(편), 『의제로 본 한일회담: 외교문서 공개와 한일회담의 재조명 2』, 선인, 2010년, 447~470쪽.

39   지철근, 『평화선』; 지철근, 『한일어업분쟁사』, 한국수산신보사, 1989년; 지철근, 『수산부국의 야망: 평화선, 이라인, 지라인』, 한국수산신보사, 1992년; 지철근, 『시련기의 수산업사』.

게 이루어졌다.[40] 또한 독도영유권 문제를 중심으로 하여 이승만 대통령
의 정책에 대한 부정적인 평가를 내리고 있는 연구도 일본에 다수 존재하
고 있다.[41] 재일한국인 연구자 장박진의 경우에는, 일본외무성의 공개 자
료를 이용한 한일 청구권 교섭을 연구한 선행 작업으로, 국민대학교 일
본연구소 이름으로 2009년 12월 동북아역사재단에 보고서를 제출했
는데, 그는 이 보고서에서 이승만의 독도영유권 자세를 비판적으로 평가
한 바 있다.[42] 이와 함께 장박진 연구자는 2015년 청구권 협정에 관한 논
문에서 일본정부의 독도문제에 관한 입장에서 보이는 한계를 지적하기
도 했다. 즉, 일본정부가 한국과의 교섭에서 나포당한 자국 어선에 대한
청구권을 주로 인식했으며, 1965년 4월 가조인 막바지 단계에서 한국에
대한 독도영유권 주장을 포기했다고 하는 연구결과를 발표한 것이다.[43]

일본과의 국교정상화 교섭 과정에 대한 연구에서는 이승만 대통령에
대한 개인보다는 1950년대 한국이 처한 구조적 문제를 강조하는 연구
풍토가 강한 편이다. 특히 일반에 공개되고 있는 한일회담 자료를 분석
한 연구에서는 구조적 문제를 언급한 연구가 지배적이다.[44] 다만 이때 이

---

40 参議院法制局(編), 『李承晩ラインと朝鮮防衛水域(国際関係資料;第1)』, 参議院
法制局, 1953年; 自由党, 『日韓漁業問題の解説; 国際慣例を無視した李承晩ラ
イン(政調シリーズ5)』, 自由党, 1953年; 朝鮮事情研究会(編), 『朝鮮の経済』, 東
洋経済新報社, 1956年; 今田清二, 『公海漁業の国際規制』, 海文堂, 1959年; 大
沼保昭, 『資料で読み解く国際法(上)』(第2版), 東信堂, 2002年.

41 政策調査研究会(編), 『日本国土政策; 外交問題の歴史』, 政策調査研究会, 2004年;
藤井賢二, 『竹島問題の起原: 戦後日韓海洋紛争史』, ミネルヴァ書房, 2018年.

42 장박진, 「전후 일본 공문서에 나타난 독도 관련 내용에 대한 총괄 분석」을 주제
로 하여 일본 외무성 공개자료를 이용한 최초의 한일어업협정 연구를 담당했다.
국민대학교 일본학연구소, 『2009년도 동북아역사재단 연구지원과제 연구결과보
고서』(전후 일본 공문서 조사분석 연구사업), 국민대학교 일본학연구소, 2009년.

43 장박진, 「한일 청구권협정 제2조의 형성 과정(1965. 3~6) 분석: 개인청구권 문
제를 중심으로」, 『동북아역사논총』 48호, 2015년 6월, 300-310쪽.

44 박진희, 『한일회담: 제1공화국의 대일정책과 한일회담 전개과정』, 제6장; 尹錫
貞, 『李承晩政権の対日外交; '日本問題'の視点から』, 慶応義塾大学大学院法学
研究科博士論文, 2016年.

승만 대통령의 반일反日적인 성향이 강조되고 있다. 그러다보니 일방적인 경계선 선포를 통해 일본인 어민들을 억류하는데 '평화선'이 사용되었다고 하는, 이승만 정부의 비민주성을 강조하는 연구도 함께 존재한다.[45] 1950년대 시기의 국제적 흐름과 구조의 변화를 강조하는 연구에서도 어업자원의 보호라고 하는 관점에서 국제법 흐름을 강조하는 연구가 있고, 1950년대 미국 위주의 국제정치를 중심으로 하는 연구가 있다. 어업자원 보호의 관점에서는, 한국 측에서 대표적으로 최종화2000[46]를 꼽을 수 있고, 일본 측에서는 널리 인용 대상이 되고있는 가토 하루코加藤晴子의 논문들을 꼽을 수 있다. 가토는 1979년과 1980년에 발표한 논문을 통하여 주로 일본의 신문기사와 국회회의록을 이용하여 현대 한일관계사 연구의 일환으로 어업협정 교섭과정과 그 배경을 정리한 바 있다.[47]

국민대학교 일본연구소의 장박진 연구자는 2011년 논문을 통해서도 일본 측 독도 영유권 정책을 비판하는 연구를 보완했는데, 그는 여기서 샌프란시스코 강화조약을 전후하여 일본의 대응양상에서 비교적 독도

---

45 名取義一, 「日韓会談のゆくえ」, 『改造』 33巻 9号, 1952年 7月, 78~81쪽; 末松満, 「朝鮮休戦会談と日韓会談」, 『中学教育技術. 数学·理科·図工』 2巻 7号, 1952年 10月, 43~47쪽; 安平政吉, 「日韓会談と大邦丸事件」, 『警察時報』 8巻 6号, 1953年 6月, 19~22쪽; 鄭然圭, 「日韓会談は謀略?」, 『改造』 34巻 8号, 1953年 7月, 142~144쪽; 橘善守, 「日韓会談ドロ仕合い」, 『政治経済』 6巻 11号, 1953年 7月, 16~17쪽; ナライン K. V, 「日韓会談の決裂によせて」, 『中央公論』, 68巻 14号, 1953年 12月, 106~108쪽; 漆島参治, 「日韓会談決裂と日本国民の覚悟」, 『東邦経済』 24巻 12号, 1953年 12月, 2~3쪽; 金達寿, 「日韓会談と在日朝鮮人問題」, 『新日本文学』 13巻 3号, 1958年 3月, 100~108쪽; 辺永権, 「日韓会談の展望」, 『コリア評論』 2巻 7号, 1958年 7月, 31~35쪽; 中保与作, 「日韓会談と帰還問題--基本的にはどう考えたらいいか」, 『世界週報』 40巻 34号, 1959年 8月, 42~43쪽: 韓国抑留船員協議会(編), 『韓国抑留生活実態報告書; 昭和29年7月-昭和33年5月』, 韓国抑留船員協議会, 1958年.

46 최종화, 『현대한일어업관계사』, 세종출판사, 2000년, 제2장.

47 加藤晴子, 「戦後日韓関係史への一考察(上)」, 『日本女子大学文学部紀要』 28号, 1979年 3月, 19-41쪽; 加藤晴子, 「戦後日韓関係史への一考察(下)」, 『日本女子大学文学部紀要』 29号, 1980年 3月, 9-31쪽.

영유권에 대한 관심이 낮았다고 하는 점을 입증한 것이 두드러지게 나타난다.[48] 그 후 한국과 일본에서 나온 2차적인 자료들을 상호 대조하면서 한일 교섭에서 나타난 양국 입장의 차이를 분석한 연구들이 쏟아져 나왔다. 이러한 움직임 가운데 국제법 흐름을 이해하고 그 속에서 '평화선'을 재평가하고자 하는 움직임도 탄생한 것이 아닌가 생각한다.

'평화선' 문제는 1950년대 한국과 일본의 외교에서 가장 큰 이슈가 되었다. 이 문제를 이해하기 위한 자료 가운데 주목되는 것으로는 일본국회의 의사록과 한일 양국의 외교자료를 들 수 있다. 일본국회의 의사록과 관련해서는 주로 한국의 연구자들에 의해 특히 독도영유권 문제를 중심으로 하여 이미 상당한 분석이 이루어져 왔다.[49] 또한 한국의 외교자료와 관련하여, 한국은 노무현 정부에 들어서 한일회담의 책임성을 묻는 일련의 사회적 움직임과 관련하여 2005년 8월에 총 35,354장에 이르는 한일회담 관련 문서를 일반에 전면 공개했다.[50] 1957년 상호 외교각서를 포함하여 1950년대 한일관계의 착종 상황에 관한 인식을 보다 심층적으로 조사하기 위해서는, 현재 한국사회에 일반 공개되고 있는 방대한 한일회담 관련 외교자료에 대한 분석이 무엇보다 필요하다. 한국의 외교자료 가운데에서도 국민대학교 일본학연구소의 2008년 자료, 즉 평화선·북송·6차회담에 관한 자료집[51] 내용과 함께 국립외교원의 외교사료관에 소장되어

---

48 장박진, 「대일평화조약 형성과정에서 일본 정부의 영토 인식과 대응 분석」, 『영토해양연구』 창간호, 2011년 9월, 34-85쪽.

49 현대송, 『일본 국회에서의 독도 논의에 대한 연구』, 한국해양수산개발원, 2007년; 이형식, 「일본의 국회의사록을 통해서 본 독도에 대한 일본의 대응(1950~1956)」, 『일본공간』 6호, 2009년 11월; 최장근, 『(일본 의회 의사록이 인정하는) '다케시마'가 아닌 한국영토 독도』, 제이앤씨, 2014년 등.

50 호리야마 아키코, 「연속기획: 한일회담 핵심 문서 해제 한일협정 문서 공개와 노무현 정부의 피해자 보상 정책」, 『일본공간』 2, 2007, 192-220쪽.

51 국민대학교 일본학연구소, 『한일회담외교문서 해제집 II : 평화선·북송·6차회담』, 동북아역사재단, 2008년 자료의 제2부.

있는 자료⁵²를 분석하는 것이 우선시 되어야 할 것이다.

한편 일본정부의 한일회담 문서에 대한 방침으로서는, 실질적 측면에서 자료 대부분을 공개했음에도 불구하고 원칙적 측면에서는 아직까지도 전면적 공개의 입장을 내세우지 않고 있다. 일본정부가 한일회담 자료의 전면 공개를 반대하는 이유로 내세우고 있는 것은, 북한 관련 부분, 배상액의 구체적인 산정내용에 관한 부분, 민간 문화재의 목록, 당사자 개인 정보가 기재된 부분, 등이 들어있다는 것을 지적하고 있다.[53] 일본정부가 부분적인 공개이기는 하더라도 일반에 한일회담 자료를 내놓게 되자, 한국의 국민대학교 일본연구소는 2010년에 문서작성 시기를 순서로 하여 해당 문서들을 정리하여 한국에서 총 103권에 달하는 자료집을 출판하기에 이르렀다.[54] 이에 따라 연구자들은 한국과 일본 양국의 외교자료를 상호 비교하고 보완하는 작업을 추진하였으며, 2010년부터 한일회담에 관한 일본어 자료집을 발간하기 시작했다.[55] 이러한 형태로 오늘날에는 어업협정을 둘러싸고 한국과 일본에서 공식적인 회담 관련 자료들이 거의 공개되었고 이를 활용한 분석 작업이 다양하게 이루어지고 있다고 말할 수 있다.

52 외교부 외교사료관,『재일한인 북한송환 및 한일양국억류자 상호석방 관계철 1955-60』전9권.

53 浅野豊美,「日韓国交正常化問題資料集紹介」浅野豊美·吉澤文寿·李東俊(編),『日韓国交正常化問題資料』(基礎資料編第1巻), 現代史出版, 2010年, ⅳ쪽.

54 국민대학교 일본학연구소·동북아역사재단(편),『한일회담 일본외교문서 목록집』, 선인, 2010년; 국민대학교 일본학연구소·동북아역사재단(편),『한일회담 일본외교문서』(제1권 ~ 제103권), 선인, 2010년 등.

55 浅野豊美·吉澤文寿·李東俊(編),『日韓国交正常化問題資料』(基礎資料編第1巻~第5巻), 現代史出版, 2010年; 浅野豊美·吉澤文寿·李東俊(編),『日韓国交正常化問題資料』(基礎資料編第6巻~第11巻), 現代史出版, 2011年; 浅野豊美·吉澤文寿·李東俊(編),『日韓国交正常化問題資料』(第1期第1巻~第8巻), 現代史出版, 2010年; 浅野豊美·吉澤文寿·李東俊(編),『日韓国交正常化問題資料』(第2期第1巻~第12巻), 現代史出版, 2011年; 浅野豊美·吉澤文寿·李東俊(編),『日韓国交正常化問題資料』(第3期第1巻~第5巻), 現代史出版, 2013年.

'평화선'에 대한 사회적 평가

한국 외무부의 고위 인사로 '평화선' 선포와 소멸 과정에서 중요한 역할을 했던 김동조金東祚는 이승만의 대통령의 재가 철회와 선포, 그리고 박정희 대통령의 국교정상화 및 어업협정 추진을 강조하며, 정치적 지도자의 역할을 높이 평가하고 있다.[56] 최근까지도 이승만 개인의 '평화선' 선언과 관련된 리더십을 긍정적으로 평가하는 글이 나타나고 있다. 한국의 대표적 논객으로 김중위는 1950년대 일반적인 해양법 인식이 부족한 상황에도 불구하고, 이승만 대통령은 일본에 대해 '호통'을 침으로써 외교협상에서 우위를 차지하고 한국의 어장을 안정적으로 확보하고자 하는 조치를 취했다며 이를 높이 평가하고 있다.[57] 독도영유권 문제를 중심으로 이승만 대통령의 리더십을 긍정적으로 평가하려고 하는 연구도 존재한다.[58] 이 연구들은 미국 등 국제사회의 압력을 회피하면서 독도영유권 주장을 관철시키기 위해서 '평화선'을 이용했다고 하며 이를 긍정적으로 보고 있는 것이다. 또한 한국의 '평화선' 정책에 대한 긍정적·부정적인 평가를 유보하는 가운데, 과거 식민지 지배를 반성하지 않고 조선관과 한국관에서 민족 차별을 계속하고 있는 일본사회에 대해서 한국이 나서서 일본어선을 나포함으로써 양국 관계를 최악으로 이끌었다고 하는 연구도 존재한다.[59]

다만 어업자원의 보호나 외교적 협상을 중시하는 입장에서는 한국정

---

56 김동조, 『회상 30년, 한일회담』, 중앙일보, 1986년, 15-18쪽.

57 김중위, 「평화선 이승만」, 『月刊憲政』 442호, 2019년 4월, 62-71쪽. 그러면서도 그는 이 자료에서 1965년의 어업협정 체결이 '평화선' 포기를 의미하지 않는다고 주장하는 일이 있다고 기록했다.

58 배규성, 「이승만 라인(평화선)의 재고찰: 해양법 발전에서의 의의와 독도 문제에서의 의미」, 『日本文化研究』 47집, 2013년, 213-238쪽; 박병선, 「일본의 해적어법·약탈어업과 평화선·독도에 대한 오해」, 『독도연구』 22호, 2017년 6월, 131-169쪽.

59 文京洙, 「日韓関係, 第三の転機か？」, 『抗路』 6号, 2019년 9월, 45-46쪽.

부의 방침으로 '평화선'이 채택되는 과정에 대해 부정적인 평가를 내리는 글이 있다. 지철근은 1976년 8월에 올리버^{Robert T. Oliver} 씨가 한국을 방문했을 때 그에게 이승만 대통령의 '평화선' 선포의 취지를 물었다고 한다. 이때 올리버는 대외적 여론을 의식하여 당초에는 이승만 대통령의 '평화선' 선포에 대해 선뜻 동의하지 않았다고 했다. 그리고 1978년 3월에도 서신을 통해서도 올리버는 "나의 임무는 '평화선' 문제에 대한 악화된 미국과 유럽의 여론을 완화시키는 일이었고, 당시 한국은 군사적으로나 경제적으로 원조가 절실하게 요청되던 상황이었다"고 했으며, '평화선' 문제에 대한 임무로 "나는 첫째로 '평화선'은 성격상 반일反日적이 아니며 막강한 일본의 어업을 이겨낼 수 없었기 때문에 공해에서 수산자원을 지키기 위해 어쩔 수 없는 선택지였다고 대외적으로 주장했고, 둘째로는 이승만 대통령을 설득시켜 한국의 권익을 보호하는 한도에서 어선나포 등 좋지 않은 평판이 발생하지 않도록 정책의 완화를 촉구했다. 결과적으로 나는 한국이 수산시설을 개선하여 공해상에서 경쟁할 수 있도록 힘을 기르고, 한일 양국이 원만한 어업협정을 체결하도록 이승만 대통령에게 건의하는 일을 주로 했다"고 기술한 바 있다.[60]

한편 1950년대 한일관계에서 나타난 비인도적인 처사를 비판하는 가운데, 한국인과 재일한국인의 오무라大村 수용소 억류 실태를 조사하여 비교적 이른 시기부터 일본사회에서 일본정부와 한국정부의 비인도적 조치들을 함께 비판하는 연구들이 대거 쏟아져 나왔다. 그 대표적인 연구가 김일金日이 1956년에 편집한 단행본 『탈출: 오무라 수용소』가 아닌가 한다. 여기에는 1952년 5월에 발발한 「오무라 수용소 사건」[61]에 관한 경

---

60 지철근, 『평화선』, 126-129쪽.

61 오무라(大村) 수용소 억류자의 소요 사태에 대해서는 오늘날에도 일본정부의 비인도적 처사를 비판하는 논조와 재일한인의 불법 폭동 사건이라고 주장하는 논조가 서로 대립하고 있다.

위, 수용소 억류자 7명의 회고록을 싣고 있을 뿐 아니라 1956년 5월에 국
제적십자 대표를 향하여 북한 송환을 주장하는 '탄원서' 내용을 게재하
고 있기 때문이다. 이 탄원서에는 한일회담 재개와 관련하여 일본정부가
오무라 수용소 억류자를 일괄적으로 한국에 송환하여 정치적으로 억압
하려고 했다는 고발과 함께 북한 적십자 대표의 일본 입국을 조속히 실현
하라고 했던 요청도 담고 있다.[62]

　오늘날에도 한국의 일방적인 경계선 선포를 통해 일본인 어민들을 억
류하는데 '평화선'이 사용되었다고 하는, 이승만 정부의 비민주성을 부
각시켜서 '평화선'을 부정적으로 평가하려는 연구도 존재한다. 예를 들
면 한국의 연구자 가운데 대표적으로 최상오와 홍선표를 들 수 있다. 이
들은 이승만 정부에서 실질적으로 한국인 어민들의 어장에 대해서는
관심이 희박했다는 점을 꼽았고, 이승만 정부의 업적으로 내세우고 있
는 농지 개혁에 대해서도 이승만 정부는 민간의 영역보다 정부의 영역
을 훨씬 강조하고 있었다고 하며 이승만 정부에 대해서 과도한 부정적
평가를 내리고 있다.[63] 이러한 연구는 이승만 정부의 비민주성에 관한
특징적인 연구 업적이라고 생각된다. 하지만 이러한 연구가 나오는 데
에는 과거부터 이어져 온 연구의 흐름이 있었다는 점을 결코 잊어서는
안 된다.[64]

62　日(編), 『脫出: 大村收容所の人びと』, 三一書房, 1956年, 140-150쪽.

63　최상오·홍선표 외, 『이승만과 대한민국 건국』(현대한국학연구소 학술총서 14),
　　연세대학교출판부, 2010년, 5쪽.

64　高崎宗司, 『検証日韓会談』, 岩波書店, 1996年, 1-6章; 문지영, 『한국에서 자유주
　　의: 정부수립 후 1970년대까지 그 양면적 전개와 성격에 관한 연구』, 서강대학
　　교대학원 정치외교학과 박사학위논문, 2004년, 1-276쪽; 강요식, 『당산 김철 연
　　구: '민주적 사회주의'를 중심으로』, 경남대학교대학원 정치외교학과 박사논문,
　　2009년, 1-238쪽; 윤충로, 『반공독재국가형성과 국가능력 비교연구: 남베트남
　　지엠정권과 남한 이승만정권을 중심으로』, 동국대학교대학원 사회학과 박사학
　　위논문, 2014년, 1-579쪽; 서정욱, 『해방이후 조봉암의 정치활동에 대한 비판적
　　연구』, 경남대학교대학원 정치외교학과 박사학위논문, 2017년, 1-166쪽 등.

특히 어업협정 교섭과 관련하여 1950년대 일본에서 생산된 연구물에서는 '평화선'을 부정하는 논조가 강했으며, 재일한국인 사회에 한일회담에 대한 비판론과 북한으로의 송환을 지지하는 견해가 팽배한 가운데, 앞에서 언급한 것과 같이 이승만 대통령의 비민주성을 강조하면서 반한反韓 감정을 일본사회에 조장하는 연구들이 대거 쏟아져 나왔다고 하는 분위기를 읽을 수 있다. 여기에다가 1960년대 후반 이후 일본사회에서 재일한국인의 처우에 관한 다양한 논저가 출간되는 과정에서 한국정부와 일본정부에 의한 비인도적 수용소 억류 상황을 고발하는 평가도 나오게 되었다.[65] 또한 한국에서 2013년에 출판된 국가와 민족의 관점에서 '일본'과 '조선'의 경계를 다룬 단행본에서, 조경희 연구자는 '고마쓰가와小松川 사건'을 통해서 1950년대 후반 일본사회의 모순과 재일한국인 청년의 고뇌를 분석한 당시 '일본'과 '조선' 경계가 가져온 암울한 부조리 상황을 절실하게 이해하게 하고 있다. 자연스럽게 이 책에서는 한국정부와 일본정부의 비인도적 처사를 비판했다.[66]

최근 한국의 중학교 '역사' 교육을 위한 참고서적 가운데, 일부 독도의 영유권 주장과 관련하여 '평화선'에 대한 긍정적인 평가를 내리고 있는 움직임은 상당히 주목할 만한 것이다. 가장 중요한 움직임으로 허영란과 윤미림이 공동으로 집필한 한국 중학교 역사교육을 위한 참고서적『중학교 아름다운 독도』에, '평화선'에 관한 언급이 비교적 상세하게 기록되어 있는 것을 지적할 수 있다. 이것은 한국의 중학교 역사 담당 교사 가운

---

65 오무라 수용소의 억류 실태에 관한 연구로서는, 吉留路樹, 『大村朝鮮人収容所: 知られざる刑期なき獄舎』, 二月社, 1977年에 실증적인 내용이 많다. 이외에도, 朴正功, 『大村収容所』, 京都大学出版会, 1969年; 朝日新聞社, 『大村収容所の20年』, 朝日新聞社, 1972年; 岡正治, 『大村収容所と朝鮮人被爆者』, '大村収容所と朝鮮人被爆者' 刊行委員会, 1972年; 朴順兆, 『韓国·日本·大村収容所』, JDC, 1982年 등이 참고할 만하다.

66 권혁태·차승기(편), 『'전후'의 탄생: 일본. 그리고 '조선'이라는 경계』, 그린비출판사, 2013년, 287-323쪽.

데 의식이 있는 사람이라면 교육 현장에서 '평화선' 문제를 설명하고 있을 것으로 보이기 때문이다. 이 참고서에는 한국의 독도 영유권을 중심으로 하여 다음과 같은 기술 내용이 실려 있다.

1952년 1월 18일, 한국의 이승만 대통령은 「인접 해양에 대한 주권에 관한 선언」(일명 평화선)을 선포하였다. 1952년 4월 28일에 있을 샌프란시스코 강화조약의 발효를 앞두고 그동안 한국과 일본 사이의 어업 경계선 역할을 해 온 맥아더라인의 폐지에 대응하기 위한 조치였다. 평화선을 선포한 일차적인 목적은 당시 한국과 일본 사이의 최대 쟁점 중 하나였던 어업분쟁을 방지하는 것이었다. 어업 경계선을 선포한 이 선언은 대한민국 정부의 관할권과 지배권 안에 독도를 포함하고 있기 때문에, 대내외적으로는 독도에 대한 영유권을 공식적으로 재확인한 조치이기도 했다. 평화선 선포 이후 일본 정부는 독도영유권을 주장하며 항의문을 보내왔다. 한국정부는 그때마다 일본의 주장을 반박하는 한편, 1965년 12월 17일자 외교 각서를 통하여 '독도는 한국 영토의 불가분의 일부이고 한국의 합법적 영토권 행사 아래에 있다. 독도영유권에 관련하여 일본정부가 제기하는 어떠한 주장도 전혀 고려할 가치가 없다'라고 매듭짓고, 앞으로 일본의 주장에 일일이 대응하지 않을 것임을 분명히 하였다. 한국이 밝힌 평화선 선포의 목적은 ① 독도 근해의 어족자원 보호, ② 한일간 어업분쟁 방지, ③ 영해와 대륙붕의 자연자원에 대한 보호와 주권 행사, ④ 한일어업협정 체결이었다.[67]

---

67 허영란·유미림, 「한국의 평화선 선포는 어떠한 결과를 가져왔을까?」, 『중학교 아름다운 독도』, 천재교육, 2012년 2월, 90-91쪽.

**Q 한국의 평화선 선포는
어떠한 결과를 가져왔을까?**

1952년 1월 18일, 한국의 이승만 대통령은 '인접 해양에 대한 주권 선언'(일명 '평화선')을 선포하였다. 1952년 4월 28일에 있을 샌프란시스코 강화 조약의 발효를 앞두고 그동안 한국과 일본 사이의 어업 경계선 역할을 해 온 맥아더 라인의 폐지에 대응하기 위한 조치였다.

평화선을 선포한 일차적인 목적은 당시 한국과 일본 사이의 최대 쟁점 중 하나였던 어업 분쟁을 방지하는 것이었다. 어업 경계선을 선포한 이 선언은 대한민국 정부의 관할권과 지배권 안에 독도를 포함하고 있기 때문에, 대내외적으로는 독도에 대한 영유권을 공식적으로 재확인한 조치이기도 했다.

출처 : 허영란·유미림, 『중학교 아름다운 독도』, 90쪽.

한편 한국의 중학교에서 오늘날 채택하고 있는 사회 교과서에서는 모두가 '평화선'을 직접 언급하지 않고 있으며, 역사 교과서에서도 모든 교과서가 '평화선' 문제를 직접 언급하고 있지 않다. 오늘날 사용되고 있는 한국의 12종 사회2 교과서나 9종의 중학교 역사교과서 내용을 보면, 일률적으로 독도영유권에 대한 기술을 하고 있음에도 불구하고, '평화선'에 대해서는 직접적인 기술을 하고 있지 않은 것이다. 이에 따라 한국의 청소년들에게 '평화선'의 역사를 학습할 기회마저 빼앗고 있는 것이 아닌가 생각한다. 가장 한국의 중학교에서 채택률이 높은 금성출판사의 역사교과서 기술을 보면, 이승만정부의 업적과 관련하여 반민족행위 특별조사위원회 활동과 농지개혁에 관한 언급이 중심을 이루고 있다. 이때 "이승만정부가 친일 관료를 많이 등용하고 있었기 때문에 친일파 처벌은 제대로 이루어지지 않았다"라고 하여 기술하여 「친일파」 문제를 강조하고 있다.[68] 또한 동아출판의 교과서는 이승만 정부의 활동과 관련하여, 「4.19혁명

---

68 김형종 외, 『중학교 역사2』, 금성출판사, 2019년, 101쪽.

으로 독재정권이 무너지다」에서, "6.25전쟁 이후 이승만 정부는 반공 정책을 앞세우며, 독재 체제를 강화해 나갔다. 이승만 정부는 발췌 개헌과 사사오입 개헌을 통해 계속 정권을 유지하려 하였고, 정부에 비판적인 언론을 탄압하였다"라고 기술함으로써 이승만 대통령의 비민주성을 강조하고 있다.[69] 미래엔 교과서는 이승만 정부에 대해서 농지개혁과 반민족행위 특별조사위원회의 활동을 중시하고 있고, 이승만 정부의 장기 집권 과정에 대한 비교적 상세한 기술을 내보이고 있다.[70] 비상교육 교과서에는 이승만 정부의 활동에 대한 기술로, 미완의 친일파 청산 노력과 함께 농지개혁을 비교적 간결하게 기술되어 있다. 반면에 이 책은 이승만 정부의 장기 집권 시도와 좌절에 대해서 2면에 걸쳐 비교적 장황하게 기술했다.[71] 좋은책 신사고 교과서에도 미완의 친일파 청산 노력과 농지개혁을 비교적 상세하게 기술하고 있다.[72] 지학사 교과서의 내용을 보면, 이승만 정부의 활동으로는 반민족행위특별조사위원회 구성과 농지개혁을 간략하게 기술한 반면, 장기집권과 표현의 자유에 대한 탄압은 비교적 상세하게 기술하고 있다.[73] 천재교과서의 교과서에는 이승만 정부의 활동으로 반민족행위특별조사위원회 설치와 농지개혁을 간략하게 기술했고, 반면에 정권의 장기적 유지와 언론과 표현의 자유에 대한 탄압에 관하여 사진과 만화 이미지를 실어 비교적 상세한 기술로 일관했다.[74] 마지막으로 천재교육이 발간하는 교과서를 보면, 이승만 정부의 활동에 대해서는 다른 교과서와는 달리 아예 기술이 존재하지 않는다. 반면에 「이승만의

69   이문기 외, 『중학교 역사2』, 동아출판, 2020년, 86쪽.

70   정선영 외, 『중학교 역사2』, 미래엔, 2020년, 79-80쪽; 84-85쪽.

71   조한욱 외, 『중학교 역사2』, 비상교육, 2020년, 90쪽; 94-95쪽.

72   한철호 외, 『중학교 역사2』, 좋은책 신사고, 2020년, 97쪽.

73   정재정 외. 『중학교 역사2』 지학사, 2020년, 85-89쪽.

74   김덕수 외. 『중학교 역사2』 천재교과서, 2020년, 78쪽; 82-84쪽.

장기 집권」과 「4.19혁명의 전개」에서 이승만 개인의 비민주성에 대해 비교적 많은 비판을 내놓고 있다.[75]

반면에 오늘날 사용되고 있는 일본의 중학교 교과서 가운데 일부 교과서가 '평화선이승만라인'에 대해 직접 언급하고 있다는 것은 한국의 교과서에서는 보기 힘든 현상으로 지목된다. 예를 들어 2012년 검정을 통과하고 오늘날까지 사용되고 있는 일본 중학교의 7개 '공민公民' 교과서 가운데, 도쿄東京서적[76], 제국帝國서원[77], 이쿠호샤育鵬社[78] 등 3개 교과서가 '평화선' 문제에 대해서 직접 기술하고 있다. 또한 일본 중학교의 '역사' 교과서에 국한해 보면, 2015년에 문부과학성의 검정을 통과하고 나서 오늘날까지 사용되고 있는 8개 교과서 가운데 유일하게 일본문교 출판사의 교과서에서는 독도영유권 문제를 다루는 과정에서 '평화선'에 대해 일부 언급하고 있다.

관련 부분을 인용하면, "한국의 이승만 대통령은 「해양주권선언」을 행하고 수산물 등에 대해서 자국의 주권을 행사하겠다는 범위를 나타낸, 소위 「이승만라인」을 공해상에 설정하고 그안에 다케시마독도를 포함시켰다"라고 되어있는 것이다.[79] 그럼에도 불구하고 나머지 중학교 '역사' 교과서에서는 '평화선'에 관한 직접적인 언급은 전혀 보이지 않고 있으며, 앞의 일본문교 출판의 것 이외에 도쿄서적과 제국서원의 출간 교과서는 독도영유권 문제만을 강조하고 있다.[80] 또한 필자가 동북아역사자료

---

75 주진오 외,『중학교 역사2』천재교육, 2020년, 86-88쪽.

76 坂上康俊 外,『(新編)新しい社会公民』, 東京書籍, 2019年, 196쪽.

77 江口勇治 外,『社会科中学生の公民: より良い社会をめざして』, 帝国書院, 2019年, 168-169쪽.

78 伊藤隆 外,『(新編)新しいみんなの公民』, 育鵬社, 2019年, 177쪽.

79 藤井讓治 外,『中学社会: 歴史的分野』, 日本文教出版格式会社, 2019年, 265쪽.

80 坂上康俊 外,『(新編)新しい社会: 歴史』, 東京書籍, 2019年, 252쪽; 黒田日出男 外,『(社会科)中学生の歴史: 日本の歩みと世界の動き』, 帝国書院, 2019年, 247쪽.

센터에서 2015년 일본 문부과학성의 검정을 통과하고 오늘날까지 일본 중학교에서 사용되고 있는 2019년 판 6개 '지리' 교과서를 열람한 일이 있는데, 이 교과서는 모두 '평화선'에 관한 언급은 하지 않고 독도를 시마네현島根縣 소속의 도서에 포함시키고 있다는 것을 확인할 수 있었다. 또한 일본의 중학교 '지리' 교과서 가운데서, 도쿄서적83쪽·제국서원1 178쪽·일본문교118-119쪽 교과서가 독도를 따로 언급하고 있었고, 제국서원1 178쪽·제국서원2 127쪽 교과서는 전후 한국의 독도 점유 상태를 '불법'이라고 명기하고 있었다. 다만 도쿄서적과 교육출판의 '지리' 교과서에서만 세계의 지도보다는 일본의 지도를 비교적 적게 표기하고 있는 가운데, 독도에 대한 별도의 언급도 존재하지 않는다는 것을 확인할 수 있다.

일본인 어선의 나포

한국정부의 '해양주권' 선포는 한반도 어장에 진출하여 조업하려고 했던 일본어민에게 미처 예상치 못한 만큼 커다란 충격을 안겼다. 맥아더라인의 철폐가 예상되고 더 이상 '불법' 조업을 하지 않아도 되어 한반도 어장으로 자유로운 진출을 희망했던 일본어민에게 있어서 한국정부의 조치는 청천벽력과 같은 것이었다. 일본어민들을 감싸고 돌던 「한국문제국민유지동맹」과 같은 일본의 우익단체들은 때를 만난 듯이 도쿄東京·오사카大阪·후쿠오카福岡 등지에서 대중집회를 열고 한국정부를 비난하는 시위를 전개했다. 「한국문제국민유지동맹」은 "한국의 민족성이 나타내는 완고함, 무례함, 불손한 태도는 유사 이래 분명한 것이다. 진구황후神功皇后가 삼한을 정벌한 이래 메이지 초기 정한론이나 청나라와 러시아와의 전쟁 등 일본국민의 희생은 말할 수 없다"고 했으며, 재일한국인·독도·이승만라인 등의 한국과 얽힌 문제에 대한 일본정부의 나약한 외교

자세를 질책하기도 했다.[81] 때마침 6.25전쟁이 종결되고 나서 한국정부가 일본어선을 대량으로 나포하면서 일본의 시위운동은 걷잡을 수 없이 일본사회 전역에 널리 퍼져갔다.

결과적으로 '평화선'에 의한 일본어민 피해 문제는 1950년대 한국에 대한 일본인 대중의 인식에 지극히 부정적인 영향을 끼쳤다.[82] 특히 '평화선' 문제는 일본의 언론으로 하여금 「불법」 「부당」 등 각종 부정적인 표현으로 한국에 대한 혐오를 부추기는 재료가 되었다.[83] 또한 이것은 한일 양국의 외교교섭에도 커다란 영향을 끼쳤다. 그것은 인도적인 차원에서 외교교섭을 재개하는 방향으로 외교교섭이 움직여야 하는 중요한 계기가 되었기 때문이다.[84] 그러나 식민지 지배에 대한 서로 다른 견해와 청구권 문제로 인하여 외교교섭이 제대로 진행되지 않는 가운데 결과적으로 '평화선' 피해자들의 호소가 제대로 반영되지 못했다. 일본인 어민 문제는 재일한국인의 법적지위 문제와는 완전히 일치하지 않지만, 적어도 인도적인 차원에서 양국 외교관계의 수립을 필요로 하는 마이너리티 문제였다는 점에서 어느 정도 비슷한 국제관계적 성격을 띠고 있었다고 할 수 있다.

1965년 한일 간 어업협정의 체결 이후 일본정부는 자국의 나포 피해 어민에 대해서 보상에 준하는 조치를 해야 했다. 이에 따라 억류된 승무원의 경우 억류 기간 1일에 대하여 1000엔씩, 사망자 부조금 450만 엔씩, 부상자에 대해서는 국가공무원 재해보상 규정에 따라 장해등급을 14단계로 나누어 최고 450만 엔부터 최저 20만 엔까지 지급했다. 또한 일본정부는

---

81 지철근, 『평화선』, 175-177쪽; 宮城雄太郎, 「李ラインと日本漁業」, 『中央公論』 68巻 12号, 1953年, 132-133쪽.

82 内海愛子, 「李ラインと戦後日本人の韓国認識」, 内海愛子·宮本正明·内藤寿子· 鈴木久美·高敬一, 『<海の上の国境線>について考える』, 大阪国際理解教育研究 センター, 2010年, 1-6쪽.

83 鄭大均, 『韓国のイメージ: 戦後日本人の燐国観』, 中央公論社, 1995年, 71-81쪽.

84 박진희, 「한일회담: 제1공화국의 대일정책과 한일회담 전개과정」, 256-257쪽.

이를 위해 특별교부금 총 40억 엔과 저리의 장기융자 총 10억 엔에 달하는 예산을 집행했다.[85] 그럼에도 불구하고 '평화선' 나포 피해 어민에게 있어서 이러한 일본정부의 보상조치는 충분하지 않았다. 이러한 상황에서 일본의 일부 언론들은 피해 일본인 어민의 고통을 강조하며 한국에 대한 혐오를 조장하는 기사들을 일본사회에 지속적으로 쏟아낸 것이다.[86]

예를 들어 2015년 6월에도 『사가신문佐賀新聞』은 「나포의 공포 잊을 수 없다.」라고 하는 제목으로 한일국교정상화 50주년 특집 인터뷰 기사를 내보냈다.[87] 일반 어민乘務員으로 제주도 동쪽에서 조업하던 중 '평화선 침범' 죄목으로 1962년 12월에 한국 해안경비정에 나포되어 부산에서 3개월간 수용된 우라마루 겐이치로浦丸健一郎 씨에 관한 인터뷰 기사였다. 이 시기는 한국의 군사정부 때였으며 국교정상화에 대한 내부 추진 방침이 어느 정도 분명해졌고 이승만정부 시기에 비해서 상대적으로 길지 않은 수용소 생활이었음에도 불구하고 한국정부의 억류조치와 그 이후의 부자유함에 대해 그는 언급한 것이다. 기사를 통하여 그는 계속하여 가라쓰唐津에서 거주해 왔는데 한국 수용소 생활의 트라우마를 씻어내지 못하고 양국의 국교정상화 이후 다양한 민간 국제교류에도 선뜻 참가하지 못하는 아픔을 안고 있다고 했다. 기록 자료에 나타나는 일본어선의 나포 상황을 조사한 모리수 가즈오森須和男 연구자는 2017년 논문을

---

85 日韓漁業協議会(編), 『日韓漁業対策運動史』, 428~437쪽. 일본정부는 교부금 지급 대상 선박으로 총 325척의 나포 피해를 인정했고, 「일한어업협의회」는 일본 정부의 인정 결과에서 33척의 나포 피해 어선이 누락되었다고 보았다. 지역적으로는 山口県·長崎県·福岡県·佐賀県 순으로 많았고, 島根県·鳥取県·愛媛県·鹿児島県·兵庫県·静岡県·香川県·熊本県·大分県에서도 나포 피해 어선이 나왔다.

86 예를 들어, 「韓国に拿捕された船長 73日間毎日丸麦1合と大根葉の塩漬2回」, 『週刊ポスト』 2012年 8月 27日; 【韓国の本性】李承晩ラインで日本漁民が味わった塗炭の苦しみ, 射殺, 餓死…」, 『夕刊フジ』 2014年 8月 26日; 「日韓国交正常化まで韓国が日本漁船を拿捕·抑留日本人4000人」, 『NEWS ポストセブン』 2015年 6月 25日.

87 「拿捕の恐怖忘れられぬ, 日韓国交50年思い複雑」, 『佐賀新聞』 2015年 6月21日.

통하여 일본 패전 이후 1965년 6월 한일어업협정 체결에 이르기까지 총 381개 선박이 남한의 미군정 당국이나 한국정부에 의해서 나포되었다고 하는 사실을 밝힌 바 있다.[88]

[사진-16] 일본어민의 '평화선' 반대 시위(1955년)

출처 : https://ja.wikipedia.org/wiki/李承晩ライン

한국에 억류된 일본인 어민

필자는 2014년 4월에 후쿠오카福岡의 RKB 마이니치 TV방송국 지하에 있는 영상자료실을 방문한 것을 계기로 하여 현대 한일관계의 괄목할 만한 사건에 관하여 정리해 왔다. 또한 일련의 조사를 통하여 필자는 RKB

---

88 기록상 1945년 8월 26일에 나포된 것으로 알려진 제53하야부사마루(隼丸) 선박으로부터, 1965년 5월 22일에 나포된 것으로 알려진 긴쇼마루(金昭丸) 선박까지를 말한다. 森須和男, 「李ラインと日本船拿捕」, 『北東アジア研究』 28号, 2017年 3月, 87-106쪽.

TV의 영상자료를 데이터베이스화하고 후세 연구자에게 관련 자료를 남기는 한편, 이에 대한 분석을 실시하고 살아있는 일본인 피해자로부터 구술을 채취했다. 앞으로도 이러한 연구조사 작업을 하면서 여생을 보내는 것이 개인의 희망이다. 필자는 연구활동의 일환으로 '평화선' 피해 어민들이 가장 많이 거주하던 서일본지역의 RKB방송국이 1958년 2월부터 1965년 6월까지 촬영한 영상자료를 수집하는 한편, 일반적으로 공개되고 있는 1950년대 영상자료들을 목록화해 오고 있다. 그 가운데 2014년과 2015년에 RKB방송국으로부터 '평화선'에 관한 자체 영상자료를 전달받았고 이에 대한 개별적인 자료목록을 생산할 수 있게 되었다. 애초 해당 방송국의 자료는 저작권 문제로 공개할 수 없다고 하는 입장을 전달받았으나, 조사를 진행하는 과정에서 개별적으로 연구조사를 원하는 연구자에게 해당 방송국 영상자료실에 문의하여 자료를 열람할 수 있게 했다. 마침 해당 방송국이 2014년에서 2016년에 걸쳐 영상자료를 비디오 자료를 디지털 자료로 변환시키고 있어서 2015년 시점에는 필자가 일부 자료를 파악하지 못하는 문제를 야기했다. 그러나 2017년 10월 시점에는 해당 방송국 자료의 아날로그 데이터를 디지털화하는 작업이 모두 종료됨에 따라 완성된 목록을 받을 수 있게 되었다.

주지하다시피 샌프란시스코 강화조약 발표에 따른 '맥아더라인' 철폐를 앞두고 한국정부는 급기야 '평화선'을 선포하고 한국 근해에서 어로 활동하는 일본인 어선과 어민을 나포하고 억류하겠다는 것을 국내적으로 혹은 대외적으로 공식 선언하기에 이르렀다.[89] 한국정부는 어족자

---

89 서울국제법연구원 주최, 『평화선 선언 60주년 국제세미나』(2011년 11월 25일)에서 발표된 다음 논문에 '평화선' 선포 이유와 과정이 상세하게 기록되어 있다. Stuart Kaye, The Relevance of the Syngman Rhee Line in the Development of the Law of the Sea, 1-33쪽; Shigeki Sakamoto, The Light and Shadow of the Peace Line in 1952, 35-59쪽; Chang-Hoon Shin, Peace Line (Syngman Rhee Line) and its Legacy, 61-74쪽.

원 보호를 위해 일찍이 1947년부터 한국 근해에서 남획하는 외국 어선을 나포하기 시작했고 1951년에 들어서는 한국전쟁 상황에서 한국 주변 수역에 경비를 강화하면서 외국인 어선의 나포를 더욱 더 강력히 실시했다. 필자는 2015년 한국과의 어업협정 교섭을 위한 1952년 일본의 외교적 기본방침에 관한 글을 통하여, 당시 일본 측에서조차 한국의 낙후된 어로 인프라 현실을 인식하고 있었고 어족자원 보호를 위한 한국정부의 정책적 필요성에 대해 인식하고 있었다는 점을 확인했다.[90] 그때 일본 외교자료의 분석을 통하여 한일 양국의 국가적 주권 행위의 정당성과 배경, 그리고 양국의 외교적 초기 대응 과정을 밝혔다.

이글은 연구개시 이후 2년 동안 수집한 연구 자료와 동 기간에 채취한 구술 자료를 기초로 하여 작성되었다. 여기에서는 '평화선' 피해자의 목소리를 통하여 한일 양국의 국가적 조치의 한계를 논함과 동시에, 일본인 피해자의 인권문제를 소홀히 취급하고 있는 한국사회에 대해 이들의 존재를 부각시키는 한편, 일본사회에 횡행하고 있는 혐한嫌韓 영상의 문제점을 비판적으로 검토하고자 한다. 즉 국제관계에서 국가적인 조치와 외교적인 타협으로도 해소되지 않는 중간자 또는 중간 피해자가 존재한다는 것을 확인하고 국제관계의 현실을 재확인하고자 하는 것이다. 마찬가지로 '평화선' 문제의 현실을 이해하기 위해서는 한일 양국의 국가적 조치는 물론 중간 피해자의 존재를 함께 인식해야 한다. 이때 오늘날 일본사회에 떠돌고 있는 '평화선' 억류 피해자 관련 영상이 반드시 피해 당사자들의 인식을 기초로 하여 편집된 것인지 확인하고자 했다. 오늘날 생존해 있는 피해자들을 직접 만나서 그들의 기억을 확인하고 해당 영상자료의 편집과 해설이 피해자들의 인식과 일치하는지 확인하는 일은 현대 한

---

90 최영호, 「한국과의 어업협정 교섭을 위한 1952년 일본 측 기본방침에 관한 연구」, 『동북아역사논총』 50호, 2015년 12월, 159-179쪽.

일관계사 연구에서 절대적으로 필요하다고 생각했기 때문이다.

[사진-17] 제주도에 나포된 일본어민(1953년)

* 출처 : https://ja.wikipedia.org/wiki/李承晚ライン

일본인 어민의 억류 상황

한국에 나포된 어선의 어부들은 '불법 어로 활동'을 죄목으로 하여 한국의 형무소에서 법정 복역을 하게 했다. 또한 이들은 법정 복역 이후에도 평균 10개월 정도의 추가 수용소 생활을 거친 후에 일본으로 돌아갔다.[91] '불법 어로' 혐의에 의해 나포되고 한국에서 형무소 복역을 하게 된 것에 대해서는 수많은 한국의 연구자들이 주장해 오고 있는 바와 같이 근해 어족자원 보호를 위한 한국정부의 주권행사라고 하는 측면에서 국내적인 법률의 근거가 분명히 존재했다.[92] 그러나 법정 구속을 통해 형무소 복역

91　日韓漁業協議会(編), 『日韓漁業対策運動史』, 140-156쪽.

92　지철근, 『평화선』, passim; 지철근, 『수산부국의 야망』, passim: 지철근, 『평화선, 이라인, 지라인』, passim: 신용옥, 「'평화선' 확정 과정의 논리 전개와 그 성격」, 『사총』 76권, 2012년 5월, 97-141쪽; 최장근, 「일본정부의 '이승만라인' 불법성 주장의 부당성 논증: 평화선 선언 직후의 일본의회 속기록을 중심으로」, 『일어일문학』 54집, 2012년 5월, 445-464쪽.

을 마친 이후에도 한국정부가 이러한 정치적이고 외교적인 이유를 들어가면서 이들을 계속하여 억류하고 수용소 생활을 강요한 것은 법률적인 근거를 찾을 수 없고 비인도적인 처사였다는 것을 부정할 수 없다.

또한 '평화선' 침범 혐의로 나포되거나 억류된 일본인 어민의 피해 규모에 대해서 한일양국의 관련 기관에서 견해의 차이를 보이고 있다. 먼저 한국의 외무부는 1947년부터 1964년까지 18년간에 걸쳐 한국이 일본의 어선 총 324척을 나포했고 이 가운데 141척을 일본으로 되돌려 보냈으며 180척은 되돌려 보내지 않았고 나머지 3척은 침몰되었다고 주장했다. 아울러 일본인 어민 총 3,883명을 억류했고 이 가운데 3,875명을 생환하였으며 나머지 8명은 사망했다고 했다. 한일어업협정을 눈앞에 둔 1965년에도 한국은 일본인 어선 1척을 나포하여 되돌려 보냈으며, 일본인 어민 7명을 억류하여 일본으로 생환했다고 발표했다. 또한 한국은 1954년부터 1963년까지 일본인 뿐 아니라 한국인 어민 1,878명에게도 '평화선' 내에서 남획했다는 이유를 들어 이들을 임검했다고 했다.[93] 그러나 '평화선'을 위반했다는 혐의로 한국인 어민을 억류하거나 수용했다고 하는 자료는 발견할 수 없다.

한편 일본의 수산청은 나포 연행 중에 침몰한 어선 3척 이외에도 182척이 한국 측에 몰수당했으며 어민의 경우에는 3,904명이 억류되었고 이 가운데 8명은 억류 중에 사망했다고 주장했다. 또한 어선의 나포가 원인이 되어 도산한 일본인 어업경영자도 나왔고 어민 억류로 인한 가족의 이산 문제도 발생했다고 주장했다. 이에 따라 '평화선'에 의한 유무형의 피해 금액이 1965년 당시 70억 엔을 넘을 것이라고 했다.[94]

93　박진희, 「평화선과 한일회담」, 『일본교과서의 평화선 왜곡과 우리의 논리』(경북대 사회과학연구원 발표문), 2016년 3월 25일, 7쪽.

94　水産庁, 『日韓漁業協定関係出漁の手引き』, 5쪽.

필자는 피해 어민에 대한 일본정부의 위로금 지급 결과를 통해 공식적인 피해 규모를 파악해야 한다고 보고 있다. 한일 간 어업협정이 체결된 후 일본정부는 교부금 지급 대상을 확정하고 이들에 대해서 위로금을 지급했기 때문이다. 이때 일본정부는 교부금 지급 대상자로서 ① 피해 선주나포 당시 어선의 경영자 또는 그 유족이나 법인일 경우 선주의 일반 승계인, ② 억류 어민 사망자나 장애자를 포함 또는 그 유족, ③ 유족의 범위는 처자, 부모, 손자·손녀로 했다. 또한 교부금 지급 금액 기준으로서는 ① 선체에 대해 미귀환선의 경우는 이미 보험이나 보조금을 받았을 때 그 금액을 공제하는 것을 원칙으로 하고, 목선은 톤 당 28만 엔円, 강선은 톤 당 31만 엔으로 했으며, 귀환선의 경우는 억류 1년에 따라 톤 당 3만 엔 씩으로 했다. ② 적재물 피해에 대해서는 서쪽 저인망은 220만 엔 씩, 동쪽 저인망은 95만 엔 씩, 그물 선박은 1,460만 엔 씩, 정선灯船은 20만 엔 씩, 운반선은 32만 엔 씩, 기타 25만 엔 씩으로 했다. ③ 지출비 피해 명목으로 승무원 1인당 4만 엔씩, 휴업 손해 명목으로 미귀환선에게는 연간 톤 당 4만 5천 엔을 지급하기로 했고, 보유 톤 수가 천 톤 미만의 경우 2년 분, 천 톤 이상 5만 톤 미만에 대해서는 1.5년 분, 5만 톤 이상은 1년 분을 지급하기로 했다. 귀환선의 경우에는 연간 톤 당 4만 5천 엔을, 보유 톤 수가 천 톤 미만은 억류 기간 플러스 2개월, 천 톤 이상 5만 톤 미만은 억류기간 플러스 1개월, 5만 톤 이상은 억류기간만을 적용했다. 억류 어민의 경우, 억류기간 1일 당 천 엔, 사망자는 450만 엔 플러스 억류기간 1일당 천 엔, 장애자는 장애정도를 14등급으로 나누어 최고액 450만 엔부터 최저액 20만 엔까지로 하고 억류기간 1일 당 천 엔을 가산하여 지급하기로 했다.[95]

위와 같은 지침에 따라 일본정부는 한국과의 청구권협정 체결에 따라 1966년과 1967년에 5차례에 걸쳐 자료를 통해 피해를 판정하고 그

95　日韓漁業協議会(編),『日韓漁業対策運動史』, 429-430쪽.

에 따른 급부금을 지급했다. 그 결과 총 325척 어선의 나포 피해를 판정했고, 이에 대해서 급부금 2,476,063,000엔을 지급했다. 또한 총 3,796명의 어민 피해를 판정했고, 이에 대해서 급부금 1,116,502,000엔을 지급했으며, 사망자 29명의 피해를 판정하고 이에 대해서 급부금 130,500,000엔을 지급했다. 그리고 장애자 84명의 피해를 판정하고 이데 대해서 급부금 85,800,000엔을 각각 지급했다. 이리하여 '평화선' 관련 피해자유족에게 일본정부가 지급한 급부금 총액은 3,808,865,000엔에 달한다. 다만 일본정부의 피해 판정을 피해 단체가 전적으로 수용하지는 않았다. '평화선'에 따른 어선과 어민의 피해 보상에 주력해 온 대표적인 단체 「일한어업협의회」는 일본정부의 공식 판정 결과를 수용하면서도 피해 어선 판정에서 33척의 나포 어선이 누락되었고 사망자·장애자 판정에서도 52명이 누락되었다고 하며 불만의 의사를 표현했다.[96] 아무튼 일본정부는 결과적으로 [표-2]와 같이 총 325척의 나포 피해 어선에 대해서, 5차례에 걸쳐 급부금을 지급했다.

결과적으로 일본과의 국교정상화에 따른 어업협정 체결을 통하여 한국인의 반일 감정을 대표하는 '평화선'은 종결되기에 이르렀으며, 이 과정에서 한국의 수역이 축소되고 독도가 전관수역에서 제외되기에 이르렀다. 또한 재판관할에서 기국주의를 적용한 한일어업협정이 일본에서 제공하는 어업협력 기금을 매개로 하여 체결되기에 이르렀다. 당시 회의에 직접 참여한 주일대표부 오재희吳在熙 정무과장은 어업협정 체결로 '평화선'이 소멸된 것이 아니며 한국은 일본의 '평화선' 소멸 주장에 대해 동의하지 않았다고 증언한 것으로 알려진다.[97] 그러나 그는 실질적으로

---

96 日韓漁業協議会(編), 『日韓漁業対策運動史』, 436~437쪽.
97 이원덕·김여민, 「오럴히스토리: 오재희 전 주일대사 인터뷰」, 『일본공간』, 3호, 2008년 5월, 175쪽.

'평화선'이 소멸한 것이 아니라고 회고한 적은 없다. 그는 과거를 회고하는 가운데, 어업협정 체결을 전후하여 한일회담을 반대하는 한국사회의 전반적인 움직임 속에서 실질적으로는 '평화선'이 소멸되었으나 명분상으로는 살아있다고 하는 '명분론'을 우스갯소리로 다시 언급한 것이다. 그도 실질적으로는 한국과 일본 양국 사이에 어업협정이 체결됨으로써 한국정부의 일방적인 '평화선' 선언은 소멸되었다고 하는 점을 인정한 것이다. 1965년 어업협정 체결을 통하여 '평화선'보다 축소된 공동규제 수역에 관한 외교적 합의가 이루어졌으며, 결국 이승만 대통령의 '평화선' 선포는 한일국교정상화 이전의 한국의 '일방적'인 해양경계선 선언에 머문 것이다.[98]

[표-2] '평화선' 피해 어선에 대한 일본정부의 교부금 지급 결과

지역별	1차 66.6.13	2차 66.7.26	3차 67.1.5	4차 67.3.7	5차 67.3.9	계
山口県	59	43	6	4	13	125
長崎県	64	13			1	78
福岡県	41	9	7		8	65
佐賀県	12				3	15
島根県	11					11
鳥取県	9				2	11
愛媛県	5					5
鹿児島県	5					5
兵庫県	4				1	5
静岡県	1					1
香川県	1					1
熊本県	1					1
大分県	1					1
徳島県		1				1
계	214	66	13	4	28	325

출처 : 日韓漁業協議会, 『日韓漁業對策運動史』, 435-436쪽.

---

98 최종화, 『현대한일어업관계사』, 77쪽.

'평화선'에 관한 한·일 인식

국교정상화 교섭과정에서 한국과 일본의 대표단은 '평화선' 문제의 국제법적 논쟁을 전개해 갔다. '평화선' 선포 한 달 후에 시작된 제1차 어업협정 교섭에서 일본 측 대표 지바 고千葉皓는 인사말에서 '어업문제의 역사성', '공해자유의 원칙'을 주장했으며, 이에 대해 한국 측 대표 임철호는 '정의와 공평의 원칙', '공해 자원에 대한 연안국의 이익'을 주장했다. 일본 측은 과거의 관례와 국제사회의 보편 원칙을 내세워 '공해자유의 원칙'을 관철시키고자 했으며, 반면에 한국 측은 '변화해 가는' 국제사회의 인식을 토대로 하여 어족자원 보호와 연안국 이익의 확보를 중시하는 의견을 제시했다. 양국이 어족자원의 보호의 필요성을 함께 인정하면서도 일본 측은 '자원의 공동관리'에 역점을 두어 '평화선'의 철폐를 주장했고, 한국 측은 '실질적 불평등의 해소'에 역점을 두어 '평화선'의 정당성을 주장했다.[99]

한국 상공부의 수산국장으로서 '평화선' 구상을 현실화 하는데 기초적인 실무 작업을 담당했던 지철근은 각종 출판물을 통하여 '평화선'의 국제법적 의미 해석에 관한 한국정부의 입장을 전달하는데 주력했다. 비록 '어업보호수역안'이 국무회의를 통과하기에 앞서서 외무부가 독도를 수역 안에 포함시킴으로서 '정치적' 성격을 강화시켰지만, 그는 기본적으로 '평화선'이 '맥아더라인' 폐지를 앞두고 한국 어업의 생존을 위한 자구책이었다고 보았다. 과거 조선총독부가 어족자원 보호를 위해 트롤어업 금지 수역을 설정했던 것을 기준으로 하여 한일간 어업분쟁의 해역이 되고 있는 동남해의 중간수역에 경계선을 설정하여 한국의 관할 어장을 확

---

99 南基正,「日韓漁業交涉に見る東アジア国際社会の出現: 漁業及び'平和線'をめぐる国際法論争を中心として」,『法学』76巻6号, 2013年 1月, 691-711쪽.

보하려는 조치였다고 강조했다.[100] 한국정부는 '평화선'을 선포하는데 있어서 국제적 선례로서 1945년 9월의 트루먼 대통령 선언과 그 뒤를 이어 선포된 중남미 국가들의 선언들을 제시했고, 따라서 '평화선'이 국제법적으로 아무런 하자가 없는 선언이라고 강조했다.[101]

이에 대해 일본정부는 1965년 어업협정 체결에 이르기까지 '평화선'은 국제적인 선례가 없는 것이며 국제법적으로 '불법'이라고 주장했다. '평화선' 선포 이후에 일본의 국제법 학계에서도 일본정부의 입장을 대변하는 주장이 쏟아져 나왔다. 1950년부터 일본변호사협회가 발간해 온 『자유와 정의』를 보면, 일찍이 1952년 6월호에서 에노모토 시게하루榎本重治는 '평화선'을 자의적인 nationalism이 표출된 것으로 보고, "어느 국가의 일방적인 선언 또는 국내법에 의해 공해 일부에 대한 전권을 행사하려는 것은 분명히 국제법 원칙에 반하는 것"이라고 비판했다.[102] 이어 1953년 12월호에서는 일본변호사연합회 인권옹호위원회가 성명을 발표하고 "대개 일국의 영해는 3해리를 한도로 하는 것이 국제법상 관행이며 공해 안에서 어족 기타 일체의 자원은 인류공동 복지를 위하여 전세계를 향해 개방해야 한다. 따라서 한국 대통령이 이를 봉쇄하고 평화적 어선을 나포하고 어민을 납치하거나 형사법으로 처벌하는 것은 국제 정의에 반하는 행위"라고 비판했다.[103] 또한 일본의 언론 매체들도 단락적인 보도들을 통해 일본 대중들에게 한국에 억류된 일본인 어부들의 참상

---

100 지철근, 『평화선』, 92~120쪽.

101 대한민국공보처, 『대통령 이승만박사 담화집 제2집』, 대한민국공보처, 1952년, 84쪽; 지철근, 「어업관할수역(평화선)과 최근 각국 어업조약의 국제적 동향」, 『대한국제법학회논총』 창간호, 1956년 2월, 101-137쪽.

102 榎本重治, 「沿岸水域及び従属地下に対し主張され及び行使される権利の性質及び範囲」, 『自由と正義』 3巻6号, 1952年 6月, 14쪽.

103 小津生, 「人権擁護委員会秋季総会記」, 『自由と正義』 4巻12号, 1953年 12月, 44쪽.

을 부각시키면서 '평화선'의 비인도적인 측면을 강조했다.[104]

오늘날 일본사회의 일부 보수 단체는 신생 한국정부에서 주장한 근해 어족을 보호하기 위한 '평화선' 획정의 필요성 논리는 전혀 도외시하고, 1950년대 일본에서 방영된 피해자 관련 영상만을 내보이면서 혐한嫌韓 분위기를 선동하고 있다.[105] 또한 일본의 일부 매스컴이 피해자들의 트라우마에 관한 기사를 보도하면서 한국에 대한 부정적인 이미지를 부각시키고 있는 것이다.[106] 오늘날에 이르기까지 일본사회 전반에서 '평화선' 문제는 '평화'라는 의미와 거리가 멀고 이승만 정부에 의해 일방적으로 책정된 경계선에 따른 문제라고 하여 '이라인李ライン'이라는 용어로 비하되고 있으며, 자국 어선과 어민에 대한 비인도적인 억류만이 강조되어 혐한 분위기를 전달하는 수단으로 사용되고 있다.[107]

1950년대에 '평화선' 피해자 가족들이 피해자의 조속한 귀환을 위하

---

104 「抑留漁夫帰る」, 『アサヒグラフ』 1953年 12月 9日, 4~5쪽; 「日本漁夫の抑留所」, 『アサヒグラフ』 1953年 12月 9日, 6~7쪽; 「留守家族李ライン版」, 『アサヒグラフ』 1953年 12月 23日, 4~5쪽; 「李ラインに憤激する国民感情」, 『キング』 1956年 2月, 64~72쪽: 「抑留漁船百五十三隻─李承晩ライン」, 『アサヒグラフ』 1959年 6月 14日, 3-5쪽.

105 최영호, 「'평화선' 피해 일본인 어민에 관한 영상자료」, 『한일민족문제연구』 29호, 2015년 12월, 141-142쪽.

106 「竹島の日の向こう側(3)「痛み」いら立ち募る漁業者」, 『山陰中央新報』 2006年 2月 14日; 「<悪夢>拿捕され 3 年, 故郷を思う」, 『フォトしまね』 161号, 2006年; 「帰国した船員の姿を見てほっと」, 『フォトしまね』 161号, 2006年; 「拿捕の恐怖忘れられぬ: 日韓国交50年思い複雑」, 『佐賀新聞』 2015年 6月 21日.

107 오늘날 일본사회에서 혐한 분위기를 조장하는 대중지 기사에는 다음과 같은 것이 있다. 「韓国に拿捕された船長73日間 毎日丸麦1合と大根葉の塩漬2回」, 『週刊ポスト』 2012年 8月 27日; 「【韓国の本性】李承晩ラインで日本漁民が味わった塗炭の苦しみ 射殺, 餓死 …」, 『夕刊フジ』 2014年 8月 26日; 「日韓国交正常化まで韓国が日本漁船を拿捕·抑留日本人4000人」, 『NEWS ポストセブン』 2015年 6月 25日. 일본사회에서 오늘날까지 혐한 분위기의 소재로 활용되고 있는 '평화선' 관련 영상자료에는 다음과 같은 것이 있다. 「緊張つづく朝鮮水域」, 『毎日世界ニュース』 1953年; 「李ライン即時撤廃を(山口東京)」, 『朝日ニュース』 1955年; 「抑留漁夫第一陣帰る(下関)」, 『NHK週間ニュース』 1958年; 「ワイドの眼, 李ラインを行く」, 『朝日ニュース』 1959年.

여 일본정부에 대해 탄원 운동을 전개하고 일본사회에 대해 부조리를 호소했던 일, 생환되어 귀국한 피해자 가운데 한국 억류 중에 걸린 질병이나 신체장애 등으로 고통을 겪은 사람들이 많았던 일, 등은 일본사회에게 있어서 신생 한국정부에 대한 극도의 혐오감을 주었다. 일본의 전후처리 문제를 오랫동안 연구해 온 우쓰미 아이코內海愛子는 1950년대 자신의 초등학교 시절 '평화선'에 따른 일본인 어선 나포 소식이 신문과 방송 등의 언론을 통해 보도될 때마다 주위의 분위기가 극도의 반한反韓 감정으로 가득해지는 것을 목격했다고 회고했다. 그녀는 1950년대에 일본인들에게 주변국에 대한 반감을 조장한 언론 프로그램으로서, NHK의 '찾는 사람의 시간 방송', 그리고 거의 매일 라디오와 TV에서 방송된 '평화선' 뉴스를 지목했다.[108] 또한 일찍부터 일본인의 반한 감정에 대해서 그 원인을 조사해 온 재일동포 학자 정대균鄭大均은 전후 처음으로 일본인 대중이 한국에 대한 부정적인 이미지를 갖게 된 데에는 '평화선' 문제가 결정적인 영향을 끼쳤다고 보았다. 그는 일본인의 경우 오래된 이웃국가에 대한 멸시의 전통이 있는데다가 한국인에 대한 감정에서는 대체로 무관심한 편이었는데, '평화선' 문제에 관한 '불법 부당'을 고발하는 보도가 계속되면서 1950년대와 1960년대 일본사회에서 혐한 분위기가 극도에 이르렀다고 했다.[109]

'평화선' 선포 이후 한국이 일본의 어선에 대한 나포를 강화하자 일본의 해안보안청은 순시선을 파견하여 자국 어선의 비호에 나섰다. 따라서 한국의 경비정은 일본 해상보안청의 행위를 '불법 행위'로 간주했고, 반면에 일본 해상보안청은 한국 경비정의 행위를 '해적 행위'로 간주했다. 히로세 하지메廣瀬肇는 일본의 어선 보호를 위해 순시선, 즉 '특초선特

---

108 内海愛子, 「李ラインと戦後日本人の韓国認識」, 1-6쪽.
109 鄭大均, 『韓国のイメージ』, 71-81쪽.

哨船'의 초계 활동에 대해서 상세한 기록을 남겼다. 그는 1950년대 '특초선'이 한국 경비정의 동정을 살피고 그 동향을 무선으로 일본어선에 알려서 위험해역에서 즉각 퇴각하도록 하는 일을 담당했는데, 일본어선들이 어로 작업에 열중하여 경보를 듣지 않았고 대피해야 하는 때에 공교롭게 큰 고기가 낚여서 잡아 올리는데 시간이 많이 걸리기도 했다고 기록했다. 그리고 '특초선'이 확성기로 "불법 나포를 중지하라" 라고 외치면서 한국 경비정과 어선 사이에 끼어들어 억류를 못하도록 하는 일이 잦아지자, 한국의 경비정은 어선 뿐 아니라 일본의 '특초선'에 대해서까지 총격을 가했다고 했다. 그는 한국 경비정의 행위가 '해적행위'에 해당했다고 보고, 소위 '해적 행위의 이미지 구조'에 관하여 언급하는 가운데, 일본 순시선이 반격해 오지도 않을 것이고 반격하지도 못할 것이라는 전제 아래 총격을 가한 것으로, "인간으로서 가장 비겁·비열·치졸한 행위"였다고 비판했다.[110]

1953년 말부터 일본 해안보안청은 순시선에 무기를 장비하기 시작했다가 무장한 순시선이 자국 어선의 나포 방지에 나서는 것이 오히려 국제사회와 한국에 대해 악영향을 끼칠 것으로 보고 1955년 12월에 이르러서는 무기를 철거시켰다. 이후 일본의 순시선은 한국 경비정과 일본 어선 사이에 끼어들어 연막을 사용하거나 견인하거나 하며 자국 어선의 나포를 막았다.[111] 『해상보안청 10년사』에는 「순시선의 나포·습격 사건 일람표」가 게재되어 있는데, 이 가운데 한국 경비정과의 대치 상황으로 1952년 10월 25일에 일어난 사건이 가장 먼저 기재되어 있다. 그날 일본 순시선PM05壱岐는 한국 경비정을 발견하고 퇴각했는데, 2해리 정도까지 따

---

110 廣瀬肇, 「竹島調査と李承晩ライン(李ライン)[後編]」, 『捜査研究』 745号, 2013年 4月, 95-96쪽.

111 廣瀬肇, 「竹島調査と李承晩ライン(李ライン)[後編]」, 『捜査研究』 744号, 2013年 3月, 98~99쪽.

라온 한국 경비정이 10여발 총격을 가해오자 하는 수 없이 순시선을 멈추고 조사에 응했다고 기록되어 있다. 아울러 1954년 2월 20일에는 일본 순시선(PM03佐渡)이 한국 경비정에 의해 제주도로 연행되었다가 석방되었다고 되어 있다. 이외에도 1954년 2월 20(PM11クサカキ), 1955년 7월 22일(PM16コシキ), 1958년 3월 16일(PS52タツタ), 1958년 6월 26일(PSO4イスズ, 1959년 6월 3일(PM11クサカキ와 PS54ヤハギ), 1959년 11월 5일(PSO4イスズ), 1959년 11월 15일(PM20コウズ) 등 일본 해안보안청의 순시선이 한국 측으로부터 총격을 받았고, 이 외에 총격을 받지 않고 추격을 당한 사례는 무수히 많았다고 되어 있다.[112]

그런데 이와 같이 일본사회 전반에서 1950년대 '평화선'을 비판하는 소리가 들끓고 있을 때, 일본의 무분별한 한반도 근해 어업 진출 문제를 비판하는 주장도 일본사회에 함께 존재했다는 것을 인식해야 한다. 그 사례로 전후 일본으로 귀환해 간 재조일본인 가운데 수산업 관계자 단체 조수회朝水會가 1955년에 이러한 사회적 통념에 반하는 견해를 발표한 일이 있다. 이러한 사실은 시모노세키下關에 소재한 수산대학교 도서관에 소장되어 있는 『조수朝水』라고 하는 잡지의 관련 기사를 통해서 알 수 있다. 일찍이 2007년에 이 잡지를 세상에 소개한 후지이 겐지藤井賢二 연구자는 이 단체가 '평화선' 문제에 대해 깊은 관심을 가지고 있었던 것은 분명하지만, 명확한 대응 방향을 제대로 이해하지 못했다고 하며 부정적인 평가를 내린 바 있다. 이때 그는 조수회 소속의 일부 사람들이 현실 판단을 잘못하여 지나치게 한국에 호의적이고 동정적인 논조를 펼쳤고 일본인으로서의 자각을 잃어버렸다고 폄하했다.[113]

---

112 廣瀬肇,「竹島調査と李承晩ライン(李ライン)[前編]」, 99~100쪽.

113 藤井賢二,「朝鮮引揚者と韓国: 朝水会の活動を中心に」, 崔吉城・原田環, 『植民地の朝鮮と台湾: 歴史・文化人類学的研究』第一書房, 2007年, 3-35쪽.

그런데 필자는 후지이의『조수』에 대한 평가와는 다르게 생각하고 있다. "평화선 밖에서 한국에 나포되는 사례도 있어 이것은 부당하다고 생각되지만, 한국의 어선조차 금지되어있는 구역에서 조업하는 일본어선을 볼 때가 많다. 솔직히 얘기하자면 나 자신도 그런 구역에서 조업을 하는 일이 있기 때문에 잘 알고 있다. 한국어선도 발견되면 허가 취소를 당한다고 하니 일본어선이 나포되는 것은 당연한 일이다, 일본어선의 엄중한 자숙이 필요하다"라고 하는 주장으로부터, 이들의 논조가 분명하고 현실 판단에서 결코 커다란 오류를 범하지 않고 있었다는 점을 확인할 수 있기 때문이다.[114] 특히 이 기관지의 발행인이자 주간을 담당한 노가타 나오카즈野方直一는 일본인에 대한 한국인의 자세는 우호적이라는 점을 강조하고, '평화선' 문제는 일본정부가 어정漁政을 잘못하여 어선을 범람시킨데 그 원인이 있다고 했으며, 일본사회에서 사실 이상으로 과도하게 혐한嫌韓 분위기를 조장하고 있다고 하면서 당시 대다수 일본 사회의 견해와는 다른 입장을 분명히 나타냈다.[115]

이처럼 당시 일본인 대중의 인식에 반하는 목소리가 있었기 때문에 그 후 1960년대에 들어서 한일 국교정상화를 앞두고 일본사회에서는 한국의 '평화선' 선포 목적을 이해해야 한다는 견해가 일본의 지식인들 사이에서 확산되기 시작한 것이 아닌가 생각된다. 과거 일제강점기에 식민지 조선에서 출생한 일본인 이즈미 세이이치泉靖一, 하타다 다카시旗田巍 등을 비롯한 지식인들이 '해방'된 한국·조선에 대한 재인식을 촉구하면서 인식 전환의 분위기가 확산되는 가운데 상대방한국을 이해하자고 하는 목소리가 일본 사회에서 분출되기 시작한 것과 같은 맥락에서 이해되어

---

114 「抑留船員の現状」,『朝水』74号, 1955年 2月, 8-9쪽.
115 野方直一, 「李ライン問題を切る」,『朝水』78号, 1955年 11月, 1-2쪽.

야 한다.[116] 따라서 1950년대 일본사회에서는 전반적으로 '평화선'의 폭력적인 측면과 비인도주의적인 측면에 대한 비판이 팽배했지만, 1960년대에 들어서는 어업자원 보호라고 하는 관점에서 한국의 '평화선' 획정은 영세한 어로기술을 가진 신생국으로서 취할 수밖에 없는 자구책이었고, 반면에 일본에서는 대규모 독점적 어업경영자들이 막대한 이익 추구를 위하여 나포의 위험성에도 불구하고 무고한 어민들을 위험 수역으로 내몰아 조업하게 했다고 하는 견해가 비록 소수설이지만 일본 사회의 전면에 나선 것이다.[117]

일본사회에서 이러한 인식전환이 대두된 또 다른 배경에는 국제해양법 추세에서 어족자원을 보호하기 위한 연안국의 전관수역을 현실적으로 확대해 가는 추세를 일본인들이 점차 받아들이게 되었다는 점을 결코 간과해서는 안 된다. 즉 1958년의 제1차 해양법회의와 1960년의 제2차 해양법회의를 거치면서 국제사회에서 전관수역 12해리설이 다수설이 되어 가고 있는 국제환경의 변화가 일본인들의 현실 인식에 영향을 끼친 것이다. 이러한 변화에 따라 1977년 제3차 해양법회의에 이르러서 어업자원 보호를 위한 연안국의 주권 행사를 더욱 보장하는 국제법적 체계가 갖추어지게 되었다.[118]

---

116 旗田巍, 『日本と朝鮮(アジア・アフリカ講座Ⅲ)』, 勁草書房, 1965年, 110-112쪽; 한일관계사학회(편), 『한일양국의 상호인식』, 국학자료원, 1998년, 247-250쪽.

117 竹本賢三, 「もういちど李ライン問題について: 日本漁業再進出についてのメモ」, 『朝鮮研究』 30号, 1964年 6月, 35-37쪽.

118 문철순, 「제네바 국제해양법 회의경과」, 『대한국제법학회논총』 4호, 1958년 9월, 94-103쪽; 정인섭, 「1952년 평화선 선언과 해양법의 발전」, 『서울국제법연구』 13권 2호, 2006년 12월, 21-23쪽.

제4장

'평화선' 직후의 한일교섭

42°-15′N
130°-45′E

5′N
0′E

38°-00′N
132°-50′E

35°-30′N
130°-00′E

34°-40′N
129°-00′E

-00′N
-00′E

32°-00′N
127°-00′E

'평화선' 직후의 한국측 대응

'평화선'이 선포되고 나서 한국정부가 행한 대응에 관하여 관련 신문 기사를 살펴보자. '평화선' 선포 직후에는 북한과의 전투로 그다지 일반에게 알려지지 않았다가, 1953년 7월 북한과의 휴전이 성립되고 나서부터 이 문제가 한국 사회에 널리 널리 알려지게 되었다. '평화선' 선포 이후와 정전협정 이전 시기에 한국 외무부의 대응으로서 당시 외무부 정무국 제1과장이었던 김영주金永周의 「보호수역」에 관한 국제적 변화 상황을 소개한 기사를 통하여 찾아볼 수 있다. 정작 일본과의 외교적 협의 아래 '평화선'이 선포되지는 않았지만, 「접속수역」contiguous zone 이론을 소개한 그의 논리는 1952년 11월에 창간한 『외교통보』 기사를 통하여 오늘날까지 전해져 오고 있다. 그는 접속수역을 영해에 인접한 공해상의 일정 수역에 있어서 어업에 관하여 연안국의 배타적인 권리를 주장하는 수역이라고 정의하고, 「접속수역」 이론은 앞서 실패해 온 영해 확장 이론을 회피하면서 연안국의 어장 보호 요구를 만족시키기 위한 법률적 기술이라고 하고, 이미 1718년 영국의 배회조례Hovering Act를 비롯하여, 1925년 헬싱키 조약에서 각 체약국이 주류 밀무역 단속 범위를 12해리까지 설정한 사례, 그리고 1930년 헤이그 국제법전 편찬회의 준비위원회가 「접속수역」 수용의사를 타진한 결과 일본과 영국이 긍정적으로 회답했다고 소개했다. 결과적으로 반대하는 국가가 많아서 통일안을 마련하지 못했지만, 그는 여기서 '평화선' 선포의 정당성을 국제법의 점진적 진화 움직임으로서 주장한 것이다.[1]

또한 한국의 대표적인 언론이었던 『자유신보』 1953년 기사를 통하여 당시 한국사회에서 '평화선'이 어떻게 인식되고 있었는지 살펴보기로 한다. 『자유신보』의 전신은 『자유신문』이다. 『자유신문』은 진보적 성향을 띤 신문이었고, 1945년에 정인익鄭寅翼이 창간한 것이다. 하경덕河敬德 사장과 함께, 정진석鄭鎭石이 발행인·편집인 겸 주필을 맡은 것으로 유명하며, 후에 신익희申翼熙가 사장에 취임했다. 또한 『자유신문』은 1946년 신탁통치를 찬성함으로써, 같은 해 5월 14일 「독립전취국민대회獨立戰取國民大會」에 참석했던 우익청년 단체의 습격을 받아 주조기 5대를 분실당한 것을 비롯하여 다섯 차례에 걸쳐 우익의 피습을 당한 바 있다. 미군정 『조사월보』는 이 신문의 논조 경향을 중립적 성향으로 간주하고 있었다. 1949년 7월 7일에는 콜레라 기사를 다루어 서울시 당국으로 고발을 당하여 정인익·정진석 등이 구금되기도 했다. 한국전쟁 시기 정인익이 북한으로 납치당하고 1952년 5월에 폐간되었다가 1953년 9월 백남일白南一에 의해 『자유신보自由新報』로 속간되기에 이르렀다. 이에 따라 『자유신보自由新報』의 편집진은 사장 백남일, 부사장 이상협李相協, 고문 최남선崔南善, 편집국장 심정섭沈貞燮, 주필 김석길金錫吉 등이었다.[2]

일찍이 『자유신보』 1953년 9월 12일자는 「李라인을 平和線으로, 孫 장관 관하에 시달」이라는 제하의 기사를 통해, 인접수역에 있는 수산자원의 권익을 보호하기 위한 노력으로 세계 11개국이 자국 영해를 넓히

---

1   김영주, 「공해자원개발에 관한 보호수역이론의 형성과정: 공해자유의 원칙의 현대적 의의」, 『외교통보』 창간호, 1952, 81-83쪽.

2   Daum백과 https://100.daum.net/encyclopedia/자유신문, 2020년 2월 21일 검색.

고 있고, 그 해 1월부터 한국의 평화선 선언에도 불구하고 일본어민의 불법조업과 관련하여 한일 간 갈등이 깊어지고 있는 가운데, 손원일 국방장관이 9월 11일 각 군 부대에 대해 종래의 '李라인'을 '평화선平和線'으로 호칭하라고 하는 지시를 내렸다고 보도했다.[3] 이어 9월 17일자 같은 신문은 「日船 침범시 격침, 평화선 수호 결의 재천명」을 통해서, 어선 나포가 점차 격화되고 있다는 것을 보도했다.[4] 1953년 9월 22일자 신문은 「평화선 침범한 日船 나포」를 보도했고, 9월 25일자 신문은 「日船 침범 1100여척, 평화선 침해 점차 노골화」라는 기사를 통해, 한반도 근해 상에서 일본어선의 '불법 조업'이 점차 성행하고 있다고 보도했다.[5] 또한 1953년 12월 23일자 같은 신문은 「평화선 침범 日 선원, 대구 형무소서 석방」이라는 기사를 통해 일본어민의 억류가 이미 시작되었고 '불법'에 따른 형벌 조치가 이루어지고 있다고 보도했다.[6]

[사진-18] 평화선 수호 데모

출처 : 국가기록원 http://www.archives.go.kr

---

3   자유신보, 1953년 9월 12일.
4   자유신보, 1953년 9월 17일.
5   자유신보, 1953년 9월 22일; 9월 25일.
6   자유신보, 1953년 12월 23일.

'평화선' 직후의 일본측 대응

'평화선' 선포는 한반도 연안에서 어로 활동에 종사하는 일본인 어민들에게 커다란 충격을 끼쳤다. 무엇보다도 제주도 부근 해역이 전갱이와 고등어 어획을 위한 일본어선에게 중요한 어장이 되어있었고 특히 제주도 동쪽 끝 우도에서 25~30해리 정도 떨어진 해역은 한류와 난류가 교차하는 곳으로 풍부한 어류 자원을 가지고 있었다. 서일본 지역 어선이 잡는 고등어 대부분은 '평화선' 선포 해역에서 이루어지고 있었다. 1952년의 경우만 해도 일본어선은 '평화선' 수역 안에서 고등어를 중심으로 연간 22만 톤 혹은 23만 톤을 잡아 올리고 있었고 이것을 금액으로 환산하면 130억엔 가량 되는 것이었다. 당시 '평화선' 수역 안에서 어로활동을 하는 일본어선과 어민은 ① 고등어 채낚이 어선 270척과 어민 9,600명, ② 선망 어선 450척과 어민 10,000명, ③ 저인망 어선 1,030척과 어민 12,300명에 달했으며, 이 밖에도 청새치かじきまぐろ나 고래를 잡는 어선과 어민도 있었다.[7]

　'평화선'을 선포 직후 일본정부는 내부 검토를 거쳐 이에 항의하는 성명을 발표했다. 일본 외무성이 1월 25일 정보문화국장 발언의 형태로 발표한 성명에 따르면, '평화선' 선언이 ① 해양자유의 원칙을 파괴하는 것, ② 공해 어업자원의 개발과 보호를 위한 국제어업협력의 이념과 배치되는 것, ③ 국제사회의 통념에서 용인할 수 없는 것, ④ 곧 재개될 한일 어업회담 성공의 기초를 뒤엎는 것, ⑤ 한국 측의 회담 자세를 의심하게 하는 것이라고 주장했다.[8] 아울러 1월 28일에는 외무성이 주일한국대표부에 대해 「대통령의 선언은 공해자유의 원칙 및 공해에서의 수산자원 보호

7　　日韓漁業対策本部,『李ライン問題と日本の立場』, 日韓漁業対策本部, 1953年, 7-8쪽.
8　　日韓漁業協議会,『日韓漁業対策運動史』, 内外水産研究所, 1968年, 33-34쪽.

개발에 관한 국제협력에 반하는 것이며, 일본정부로서는 이 선언을 받아들일 수 없다. 또한 한국은 이 선언에서 다케시마竹島에 대한 영토권을 주장하고 있는 것 같은데 이러한 주장은 인정할 수 없다」는 취지의 항의 문서를 전달했다.[9]

이에 대해 한국정부는 1월 27일 성명을 발표하고 '평화선'은 ① 트루먼 대통령의 선언이나 멕시코, 아르헨티나, 칠레, 페루, 코스타리카 정부에 의한 성명에서 보는 바와 같이 충분히 확립된 여러 국제문제 선례를 가지고 있다, ② 맥아더라인은 대일 점령당국의 일방적인 지령에 의해 설정된 것이기는 하지만 여타 국제적 합의로 대체될 때까지는 당연히 유효하게 존속되어야 한다, ③ 맥아더라인은 일본어선의 행동 허가를 제한하기 위한 것이지만, '평화선'은 고갈되기 쉬운 천연자원을 보호할 목적으로 일본인에게 뿐 아니라 한국인에 대해서도 제한을 부가한 것 등이라고 반박했다.[10] 이어 한국정부는 2월 8일 공보부 발표를 통해 공식적 입장을 밝히는 가운데「① '평화선'은 한일회담에서도 제기할 것이며, ② 획정선은 양국 간의 불행한 사건을 미연에 막기 위해서 취한 것이고, ③ 한일양국의 합의에 의한 공평한 획정선이 필요하다고 하며, '평화선'이 한일회담과 배치되지 않고 어디까지나 잠정적인 성격을 가진다고 하는 점을 강조했다.[11]

1월 23일 오후에 외무성 아시아국장실에서 열린「제2차 협의회」에는 외무성 아시아국과 조약국의 과장과 참사관·사무관이 참석했다. 이 모임은 '평화선' 대책 문제와 어업교섭의 기본방침을 검토하기 위한 것이었다. 이때 논의된 사항을 통해 일본정부의 의견을 정리하면 다음과 같다.

---

9   日韓漁業協議会,『日韓漁業対策運動史』, 36쪽.

10 日韓漁業協議会,『日韓漁業対策運動史』, 34-35쪽.

11 日韓漁業協議会,『日韓漁業対策運動史』, 35쪽.

① '평화선'에 대한 외무성의 항의 성명은 호들갑스럽게 보이기 때문에 비교적 minor한 직위, 예를 들어 농림대신이나 국무대신이 담화를 발표하는 것이 좋을 것이라고 보았다. 즉 '평화선'이 국제법을 어긴 조치인 만큼, 외무성이 나서 성토할 필요는 없고 관련 정부 부처에 맡겨 비교적 차분하게 무시하고 반박하자는 의견이었다. ② 아직 일본이 점령을 받고 있던 시기인 만큼, SCAP 외무국DS의 양해를 얻고 외국 신문에 널리 보도 되도록 하자는 견해, 즉 절차를 중시하고 국제적 여론을 이용하자는 의견이었다. ③ 한국 측이 주장하는 국제적 선례에 관하여 연구하자는 의견, 다시 말해 1945년의 트루먼 대통령 선언을 연구하자는 한국 측 주장을 국제법적으로 반박하자는 의견이었다.

1952년 1월 29일 오전에 외무성은 아시아국장실에 수산청 장관과 수산청 고위 간부를 불러들여 한국과의 어업교섭을 위한 기본방침에 관한 협의를 실시했다. 이 협의회에서는 주로 수산청 관계자가 질문하고 외무성 관계자가 답변하는 형태로 이루어졌다. 회의 벽두부터 국제적인 정세와 한국의 정세, 그리고 점령당국의 중재 능력 등을 묻고 이제 한국과의 직접적인 교섭이 필요해졌음을 상호 확인했다. 외무성은 '평화선'에 대해서 한국의 일본에 대한 태도에 근본적인 변화가 보이지 않고, 미국의 대일 원조, 행정협정에 대한 반발 혹은 질시嫉視로부터 나온 것이라고 폄하하면서도, 실질적으로 '평화선' 선언이 「어업교섭의 전초전」이 되었다고 평가하고, 한국 측에게 알리지 않고 비밀리에 일본 측 교섭방침을 정해가고 싶다고 했다.[12] 이때 수산청 장관은 한국 측이 주로 고등어를 잡기 위해 일본에 건착망 어선을 주문하고 있는 상황을 설명하면서, 트롤어선이나 건착망 어선을 한국 측에 제공했다가는 당시 일본 각지의

---

12 「日韓漁業交涉第三回打合せ会」(1952年1月29日), 浅野豊美・吉澤文寿・李東俊 (編), 『日韓国交正常化問題資料』(第1期1945年~1953年第7巻漁業問題), 現代史出版, 2010年, 5-6쪽.

어선들이 고등어잡이를 위해 쓰시마對馬 해역에 몰려들고 있는 상황에서, 언젠가 일본 측이 한국 측 어선과 경합하게 될 것이라는 전망을 제시하기도 했다.[13]

이 회의에서는 외무성이 중심이 되어 어떠한 절차로 앞으로 한국과의 교섭을 진행할 것인가를 논의했다. 외무성 오노 가쓰미大野勝巳 참사관이 논의를 정리하여 발표한 바에 따르면, 교섭 전권단 단장은 마쓰모토 슌이치松本俊一 고문이 담당하고 관련 부처의 차관이 각각 대표를 맡기로 했다. 이때 어업분과위원회는 시오미 도모노스케塩見友之助 수산청 장관을 일본 측 대표로 하여 교섭을 시작하며, 외무성의 지바 고千葉浩 참사관과 수산청의 나가노 세이지永野正二 차장이 각각 표면에 나서 교섭을 주도하기로 했다. 만약 분과위원회에서 의견이 모아지면 공동 보고서를 작성하여 전권단에게 이를 제출하여 훈령을 요청하고, 전권단에서는 이들 보고서를 취합하여 우호조약으로 한다든지 어업협정으로 한다든지 하기로 했다. 그리고 가능한 오는 2월 첫 주까지 일본 측 교섭안으로서 이상적인 안을 만들어 보고 3월 중에는 모두 정리해 보겠다고 했으며, 만약 이때까지 정리가 되지 않으면 정부 최고위층과 상담하여 교섭을 연기하겠다고 했다.[14]

또한 이 회의에서는 수산청 장관이 한국과의 교섭에서 일본, 미국, 캐나다 어업협정의 정신으로 추진하자는 의지를 표명했다. 이에 반하여 외무성은 「전반적으로 미국과의 관련을 고려하여 추진해 가야 한다」고 주장했다.[15] 외무성에서는 미국, 캐나다와의 어업협정이 일본 측이 인식하

---

13 「日韓漁業交渉第三回打合せ会」(1952年1月29日), 浅野豊美 · 吉澤文寿 · 李東俊(編), 『日韓国交正常化問題資料』, 7쪽.

14 같은 쪽.

15 「日韓漁業交渉第三回打合せ会」(1952年1月29日), 浅野豊美 · 吉澤文寿 · 李東俊(編), 『日韓国交正常化問題資料』, 8쪽.

고 있는「공해자유의 원칙」을 훼손한 것으로 보고, 한국과의 교섭에는 결코 유리한 협정이 아니라고 판단한 것이다. 이 협정은 일본이 강화조약을 체결하고 나서 처음으로 임한 국제교섭으로서, 비록 3국이 통행의 자료로서의「공해자유의 원칙」에는 동의하면서도, 연안국의 어족자원 보호를 위한 제재 가능성에 대해서는 특히 미국과 일본 사이에 서로 다른 견해가 대두되어 합의문 도출을 위해서 긴 협상을 이어나가야 했다.[16] 교섭 결과 일본에서 주장한「평등한」제재 원칙의 적용이 합의문에 실리기는 했지만, 북태평양 원양 어업 진출을 해야만 했던 일본으로서는 실질적으로 북태평양 넙치halibut 잡이에 대해 일방적인「자발적 억제」의무를 이행해야 하는 국제적 협정이 되었다. 이처럼 미국이나 캐나다에 대해서는 자유경쟁의 원칙을 포기하면서 한국에 대해서는 자유경쟁의 원칙을 주장하기 어렵다고 하고 하는 것을 일본 외무성도 인식하고 있었던 것이다. 다만 이 협정에서 자유경쟁의 원칙을 포기한 이유로, 일본은 미국·캐나다에 대해서는 실질적으로 특정 어업이나 특정 어종의 보호에 관하여 '실적을 가진 국가'에 대해 자유경쟁을 포기하는 것이었기 때문에, 한국 측이 주장하는 바와 같은 '연안국의 우위성'을 인정한 것이 아니라는 '궁색한' 논리를 전개한 일본인 연구자도 있다.[17]

대일강화조약 제9조에 따른 어업협정을 체결하기 위하여, 일본의 농림성, 미국의 국무성, 캐나다의 어업성 대표자들은 자국의 수산업 관계자들을 대동하고 도쿄에서 1951년 11월 5일에 첫 회합을 가졌으며 일본의 북태평양 해역 어업 문제와 관련하여 40일간에 걸친 마라톤 회의 끝에, "3국은 공해자유의 원칙을 인정하면서 자원의 보호조치는 평등한

---

16   日本海洋漁業協議会(編),『日米加漁業条約の解説: 北太平洋の公海漁業に関する国際条約締結の意義と逐条解説』, 内外水産研究所, 1952年, 59-74쪽.

17   近藤康男,『近藤康男著作集第11巻』, 農山漁村文化協会, 1975年, 267-269쪽.

입장에서 협력한다"는 취지의 협정문에 합의하고 12월에 가조인에 들어갔다. 이 회의에서는 ① 어획이 한계에 달한 것이 분명해진 어종, ② 어획이 법적으로 제한되어 있거나 규제되어있는 어종, ③ 과거 25년간 실질적으로 어획이 이루어진 곳이나 3국 이외의 국가들이 대부분 어획하고 있는 곳, 또는 조업의 분리나 단속이 곤란한 곳을 제외하고, 억지 또는 제한 구역을 설정하기로 했다.[18] 일본의 수산청은 이 협정이 국제적 합의와 상호 평등에 입각했다는 이념에 입각하여 한국과의 교섭에서 그 정신을 강조하고자 했다. 이에 반하여 일본의 외무성은 이 협정이 어족 자원의 보호를 위해서 어장을 제한할 수 있도록 함으로써 해양자유 원칙을 훼손하고 일본 측이 '양보'해야 했던 현실에 입각하여, 한국과의 교섭에서 국제적 합의의 선례로서 굳이 전면에 내세우려고 하지 않은 것이다.

일본의 1952년 교섭방침안

여기서는 「협의회」 자료를 통해 '평화선' 선포 직후에 일본 외무성이 마련한 「일한어업교섭의 기본방침(안)」을 검토하고자 한다. 1월 23일의 외무성 내부 협의회에서 처음으로 기본방침안에 관한 설명이 작성자 가와카미 겐조川上健三에 의해 이루어졌다.[19] 그는 당시 외무성 정무국 특별자료과에서 사무관 직책을 담당하고 있었고 미국, 캐나다와의 어업조약 교섭에서도 사무직을 담당한 바 있다. 그가 협의회에 제시한 초안에 따르면, "국제적으로 확립되어 있는 공해자유의 원칙에 입각하여 어업활동

---

18 日本海洋漁業協議会(編), 『日米加漁業条約の解説: 北太平洋の公海漁業に関する国際条約締結の意義と逐条解説』, 79-81쪽.

19 가와카미는 1972년에 편찬한 저서에서 한일어업회담의 경과를 정리하는 글을 발표했다. 그러나 「기본방침안」에 대해서는 아무런 언급을 하지 않았다. 川上健三, 『戦後の国際漁業制度』, 大日本水産会, 1972年, 237-283쪽.

에 대한 필요한 제한 및 규제는 언제나 양국 평등의 입장에서 행해야 한다"라고 하여, 국제적 원칙과 평등한 입장을 강조했다. 그리고 협정의 주된 목적으로, ① 어업자원의 지속적 생산성 확보, ② 어업분쟁 방지, ③ 어업협력을 들었다.

첫째, 「지속적 생산성」을 위해서는 현 단계에서는 장래의 제한이나 규제를 위해 생물학적 조사연구를 행할 「공동위원회」 설치를 규정하는데 그칠 필요가 있으며, 동중국해와 황해 방면의 해저 어류자원에 관하여 가능한 보존조치를 강구해야 할 필요가 있다. 둘째, ① 「어업분쟁 방지」를 위해서 양국은 각각 상대국의 연안 3마일^{해리} 이내에 자국어업 출입을 금지하기로 한다. ② 각 도서에서 원둘레를 그리는 것은 분쟁을 야기할 가능성이 크기 때문에 판별하기 쉬운 한계선을 결정하여 단속 규정을 마련할 필요가 있다. ③이때 영국과 노르웨이 사이의 어업분쟁에 대한 1951년 12월 28일의 국제사법재판소 판결은 유력한 참고가 될 수 있다. ④ 그러면서도 분쟁 방지를 위해서는 해난 시 어선의 피난에 관한 규정이 필요한데, 만약 쌍무적인 규정을 허용하면 한국으로부터의 불법 입국과 밀무역을 조장할 우려가 크기 때문에 이것은 설정하지 않는 것이 좋다. 셋째, 「어업협력」을 위해서 한국에 일본의 어업 근거지를 확보하는 것이 바람직하다고 하면서도, 한국의 일본어업 근거지는 앞의 이유때문에 두어서는 안 된다고 보았다. 다만 한국에 대한 일본의 기술 원조는 고려해 볼 수 있다고 했다.[20]

가와카미의 초안에서는 일본 측이 여전히 3해리 전관수역을 고집하고 한국의 일본 어업기지 반대를 주장했지만, '평화선' 선포 이전에 가지고 있는 완강한 자세에서 물러나 어장 제한의 필요성을 인정하는 방침으로

---

20 「日韓漁業交渉の基本方針(案)」(1952年1月23日), 浅野豊美·吉澤文寿·李東俊 (編), 『日韓国交正常化問題資料』(第1期1945年~1953年第7巻漁業問題), 現代史 出版, 2010年, 3-4쪽.

선회하고, "한국 측 희망을 어느 정도는 인정해야 한다"는 입장으로 완화된 것을 알 수 있다. 1950년 5월로 추정되는 시기에 한국정부는 「한일수산협정에 관한 건」을 작성하고 일본과의 교섭을 준비한 바 있다. 그때만해도 일본정부의 대응은 지극히 소극적이었다고 할 수 있다.[21] 그런데 '평화선' 선포 이후의 대응을 보면, 일본정부가 '평화선' 선포에 의해 지대한영향을 받았다는 것을 잘 알 수 있다. 점령이 끝나기를 기다리던 일본 측에 있어서 '평화선' 선포는 이처럼 한국과의 교섭안을 서둘러 마련하게하는 직접적인 계기가 된 것으로 보인다.

그럼에도 불구하고 이 회의록을 둘러싸고 아직 외무성 내부에서 합의가 이뤄지지 않은 것으로 볼 수 있다. 그것은 이날 외무성 내부 협의회에서 전반적으로 한국정부의 '평화선' 선포 조치를 무시하고 어장의 제한보다는 어선의 제한 가능성에 중심을 두고 논의가 진행되고 있었기 때문이다. 즉 ① 해저 어류에 관하여 보존 조치를 규정해야 할 필요가 있다, ②트롤 어선이나 저인망 어선에 대해서도 조업 금지구역을 설정해야 한다,③ 양국이 가능하다면 어선 척수를 조정해야 할 필요가 있다고 했다. 이처럼 가와카미 초안에서는 한국과의 어업교섭이 이뤄지면 어느 정도 조업금지 구역을 받아들일 필요가 있다는 입장이 나타난다. 그러나 아직 본회담이 개최되지 않은 상황에서 외무성은 앞으로 기본적으로 어선 척수를 제한하자는 방침에 서서, 한국과의 교섭에 임하겠다고 하는 종래의 태도를 유지하고 있었다.[22]

---

21 신용옥, 「'평화선' 확정 과정의 논리 전개와 그 성격」, 『사총』 76권, 2012년 5월, 104-108쪽.

22 「日韓漁業交渉のための部内打合第二回」(1952年1月23日), 浅野豊美·吉澤文寿·李東俊(編), 『日韓国交正常化問題資料』(第1期1945年~1953年第7巻漁業問題), 2쪽.

가와카미의 수정안

가와카미는 초안을 수정하고 보완하여 1월 29일 외무성에 검토 자료로 내놓았다. 이 자료는 「극비」 문서로 분류된 것으로, ① 국제적으로 확립되어있는 공해자유의 원칙을 고수한다, ② '평화선' 선언이나 맥아더라인 존치를 전제로 하는 교섭에는 응하지 않는다, ③ 어업자원의 보호를 위해 평등한 입장에 서서 어업공동위원회를 설치하고 동해·황해의 해저 어류를 보호한다, ④ 어업분쟁을 방지하기 위해 연안 3해리 이내의 영해권을 인정하며 해난 시의 대피소를 상호 마련하며 이때 한국 측의 불법입국과 밀무역에 대해서는 일본의 국내조치를 강구한다, ⑤ 한국 측이 기술원조나 어류수입을 요청해 올 경우 응할 수 있으나, 이때 일본 측도 그 대가로 포경선과 고등어 건착망 어업 기지를 요구해야 하며 다만 일본 측이 먼저 나서서 이 문제를 제기할 필요는 없다, 는 방침을 제시했다.[23] 이 수정된 기본방침(안)에는 별지(1)로서 「일한어업공동위원회」[24], 별지(2)로서 「동해·황해 해저어류 자원의 보존조치」[25], 그리고 별지(3)으로서 「일한어업의 분쟁방지」[26] 문서가 각각 첨부되어 있었다.

수정된 기본방침(안)을 설명자료로 하여 외무성은 1월 31일 수산청 관계자와 함께 협의회를 개최했다. 이날 외무성은 나가노 세이지 차장을 비롯한 수산청 고위 간부를 불러 아시아국장실에서 협의회를 가졌다. 해

23 「日韓漁業交渉の基本方針(案)」(1952年 1月 29日), 浅野豊美·吉澤文寿·李東俊(編), 『日韓国交正常化問題資料』(第1期1945年~1953年第7巻漁業問題), 12-18쪽.

24 「(別紙一)日韓漁業共同委員会」, 浅野豊美·吉澤文寿·李東俊(編), 『日韓国交正常化問題資料』(第1期1945年~1953年第7巻漁業問題), 18-19쪽.

25 「(別紙二)東海·黄海底魚資源の保存措置」, 浅野豊美·吉澤文寿·李東俊(編), 『日韓国交正常化問題資料』(第1期1945年~1953年第7巻漁業問題), 19-20쪽.

26 「(別紙三)日韓漁業の紛争防止」, 浅野豊美·吉澤文寿·李東俊(編), 『日韓国交正常化問題資料』(第1期1945年~1953年第7巻漁業問題), 20쪽.

저어류 보호를 위한 어장 제한에 대해서, 수산청 해양제2과장 마스다 마사이치桝田正一는 과거 조선총독부에 의한 보호수역 제한 조치가 있었고 그 자신도 어장도漁場圖 작성에 직접 관여했다고 했다. 그러나 일본 본토의 어민들이 이를 어겼다고 해서 처벌을 받은 일은 없었다고 하면서, 애써 조선총독부 조치에서 실현성이 부족했다는 점을 밝혔다. 또한 조선총독부는 산란지구 보호와 치어육성을 위해 대충 어림짐작으로 보호지구를 설정했으며, 만약 앞으로 한일 양국 사이에 보호수역을 설정해야 한다면 공동위원회를 통하여 과학적인 조사 후에 이루어져야 한다고 말했다. 그러면서도 전갱이나 고등어는 회유성 어류이기 때문에 현재의 선망 어업을 제한할 이유가 없다고 했고, 제주도 북부 전역을 산란 보호수역으로 하는 것은 보기에 좋지 않다具合いが悪い고 했다. 어선 제한 문제에 대해서도 한일 간 어선 규모 차이가 현격한 현실을 감안하여 신중하게 다루어야 한다.는 견해가 외무성 수산청 관계자 모두에게서 나왔다.[27]

한편 수산청 관료와의 협의회와 병행하여 외무성 아시아국 2과는 1월 하순에 사무관을 시모노세키下関와 도바타戸畑에 파견하여 한일 해역에서 어로활동을 하고있는 어민 단체로부터 어업협정을 위한 의견을 청취하고 어선 종류와 척수, 어획 어종 등을 구체적으로 조사한 바 있다. 그때 어민 단체들은 중앙의 수산청 관료들과 같이 동해와 황해에서 공해자유의 원칙에 따라 저인망 어선의 활동이 가능하게 해 달라고 요청했다. 다만 수산청 관료와는 달리 이민 단체들은, 현실적으로 한국으로부터 생선이 수입되어 높은 가격에 판매되고 있으며 여기에 일본의 운반선 업자들이 종사하고 있는 점도 고려해야 한다, 일본에 한국의 어업 관련 사무소를 설치하는 것에는 개방적으로 임해도 좋다, 제주도 연안 전관수역을 3

---

27 「日韓漁業交渉第四回打合せ会」(1952年 1月 31日), 浅野豊美·吉澤文寿·李東俊(編), 『日韓国交正常化問題資料』(第1期1945年~1953年第7巻漁業問題), 8-11쪽.

해리로 정하기를 희망하지만 이에 한국이 응하지 않을 경우 5해리 정도로 물러설 수 있다, 등의 의견이 제시된 것으로 알려진다.[28] 이와 같이 규슈九州 북부 어민 단체들이 정부 관료와 비교하여 상대적으로 한국에 대해 관대한 자세를 보인 것은 양국의 어업협정 체결을 통한 한반도 어장 진출에 대한 현실적 기대가 컸기 때문으로 보인다.

2월 8일에는 한일 양국의 대표단이 상견례를 하기로 되어있었기 때문에 외무성 아시아국 2과는 그때까지 기본방침안을 마련하기로 하고, 가와카미의 초안을 보완한 교섭안을 간략하게 정리하면서 여기에 설명을 붙여 기본방침안을 마련했다. 2월 5일에는 외무성이 초안을 마련하여 수산청에 보내어 의견을 묻게 되었고, 이에 수산청은 「각국이 평등한 입장에서」라는 문구를 넣을 것을 요구했고, 「예를 들어 산란 및 치어 육성 구역에 대한 조치」 부분을 생략할 것을 요구했다.[29] 이에 따라 외무성은 수산청의 의견을 받아들여 일부 문구의 수정을 가한 후, 다음과 같이 2월 6일에 「일한어업협정교섭에 대한 일본측 기본방침」 내용을 확정지었다.[30]

1. 공해 자유의 국제적 원칙을 관철함과 동시에 어업자원 보존을 위한 각국 평등의 입장에서 공동 조치를 강구한다.

   (개) 이 대통령의 해양주권에 관한 선언 및 맥아더라인 존속을 인정하지 않으며 또한 이것을 전제로 하는 교섭에는 응하지 않는다.

   (내) 어업자원의 더욱 유효한 이용과 과학적 기초에 입각한 보존조치를 공

28 アジア局二課, 「下関・戸畑出張報告書」, 浅野豊美・吉澤文寿・李東俊(編), 『日韓国交正常化問題資料』(第1期1945年~1953年第7巻漁業問題), 21-25쪽.

29 「日韓漁業交渉事務担当者打合せ会」(1952年 2月 4日), 浅野豊美・吉澤文寿・李東俊(編), 『日韓国交正常化問題資料』(第1期1945年~1953年第7巻漁業問題), 28쪽.

30 アジア局二課, 「日韓漁業協定交渉に対する日本側基本方針案」(1952年 2月 6日), 浅野豊美・吉澤文寿・李東俊(編), 『日韓国交正常化問題資料』(第1期1945年~1953年第7巻漁業問題), 26-27쪽.

동으로 조사연구하는 것으로 하며 이를 위하여 일한어업공동위원회를 설치한다.

(다) 일한 양국은 어업자원보존을 위한 평등한 입장에서 각 어업활동에 필요한 제한 또는 규제를 가하는 것으로 하며 우선 동해·황해의 해저어류에 대해 공동보존 조치를 강구한다.

2. 양국 어업분쟁을 방지하기 위한 다음 조치를 강구한다.

(가) 영해 및 금지구역 침범에 대한 양국의 처리를 협의하여 결정한다.

(나) 해난의 경우 어선의 피난 및 구조에 관하여 규정한다.

3. 한국어업의 기술적 원조 등 경제제휴에 대해서는 한국의 움직임에 따라 고려하지만, 일본 측이 먼저 나서서 이를 적극적으로 제기하지는 않는다.

외무성은 「기본방침」에 입각하여 어업협정 문안을 작성하고 이를 다듬어갔다. 협정안을 확정해 가는 과정에서 외무성은 수산청 관료들과 또다시 2월 8일과 2월 9일에 협의회를 가졌다. 2월 8일 오후에 열린 협의회에서는 일본, 미국, 캐나다 3국 조약은 「국제법상 이례적 조치」인 임검나포臨檢拿捕를 규정하고 있기 때문에 이 조약을 굳이 선례로서 제시할 필요는 없고, 만약 한국 측 연안 3해리 이내에서 일본어선이 나포될 경우에도 곧바로 일본 측에 인도할 수 있도록 하여 일본어민을 보호하자는 의견이 제기되었다. 그리고 어업협정안 초안을 제1조에서 7조까지 축조逐條 심의했다.[31] 그리고 2월 9일 오전과 오후에 열린 협의회에서는 제8조에서 제10조까지를 심의했다. 이 자리에서는 수산청이 한국의 연안에서 나포될 경우, 항해일지, 어로일지, 바다지도를 빼앗기는 일은 어쩔 수 없는 일이라고 해도, 어민이나 어선이 억류되는 일은 없도록 한국과 교섭할 것을

---

31 「日韓漁業協定案審議のため水産庁との打合会」(1952年 2月 8日), 浅野豊美·吉澤文寿·李東俊(編), 『日韓国交正常化問題資料』(第1期1945年~1953年第7巻漁業問題), 39-41쪽.

요청했다.[32] 이렇게 해서 정리된 일본 측 협정안은 2월 16일 한국 측에 미리 제시되었고,[33] 2월 20일의 분과위원회 회의에서 양국 대표는 이 협정안을 중심으로 하여 서로 의견을 교환하게 되었다.[34]

제2차 한일회담의 결렬

앞의 글에서 '평화선' 선언을 통하여 신생 한국정부가 어업자원 보호를 위한 조치에 대해 어떻게 관여해 왔는지 살펴보았고, 1952년 어업협정 교섭을 위한 일본 측 기본방침이 생성되는 과정을 일본 외무성 공개문서를 중심으로 하여 살펴보았다. 이 부분에서는 가능한 당시 일본정부의 인식을 보다 상세하게 실증하고자 했다. 이상의 조사결과를 통하여 '평화선' 선포 이전에 일본 외무성이 ① 해양자유의 원칙을 파괴하는 것, ② 공해 어업자원의 개발과 보호를 위한 국제적 어업협력의 이념과 배치되는 것, ③ 국제사회의 통념에서 용인할 수 없는 것, ④ 곧 재개될 한일 어업회담 성공의 기초를 뒤엎는 것, ⑤ 한국 측의 회담 자세를 의심하게 하는 것, 등을 바탕으로 하여 한국과의 어업교섭 방침을 준비하고 있었다고 하는 점을 밝혔다. 그리고 '평화선' 선포 직후에 외무성이 이를 어떻게 반박할

---

32 「日韓漁業協定案審議のため水産庁との打合会」(1952年 2月 9日), 浅野豊美·吉澤文寿·李東俊(編), 『日韓国交正常化問題資料』(第1期1945年~1953年第7巻漁業問題), 41-42쪽.

33 「日韓漁業交渉に関する水産庁との打合会」(1952年 2月 19日), 浅野豊美·吉澤文寿·李東俊(編), 『日韓国交正常化問題資料』(第1期1945年~1953年第7巻漁業問題), 42쪽.

34 박진희, 『한일회담: 제1공화국의 대일정책과 한일회담 전개과정』, 선인, 2008년, 141쪽. 일본측 협정안은 다음과 같다. 「漁業に関する日本国政府と大韓民国政府との間の協定案」, 「PROPOSED AGREEMENT FOR FISHERIES BETWEEN THE GOVERNMENT OF JAPAN AND THE GOVERNMENT ON THE REPUBLIC OF KOREA」, 浅野豊美·吉澤文寿·李東俊(編), 『日韓国交正常化問題資料』(第1期1945年~1953年第7巻漁業問題), 29-38쪽.

것인지 논의했던 점이나, 1월 23일에 처음으로 제시된 가와카미 사무관 「기본방침안」의 내용, 그리고 2월 6일까지 「일한어업협정교섭에 대한 일본측 기본방침」에 이르는 수산청과의 협의 내용, 등을 규명했다.

'해양주권' 선언 직후인 1952년 2월 15일에 제1차 한일회담이 일본 외무성에서 열렸다. 한국 측의 수석대표는 양유찬梁裕燦 주미대사가 담당했고, 일본 측의 수석대표는 마쓰모토 슌이치松本俊一 외무성 고문이 담당했다. 제1차 회담에서부터 제7차 회담에 이르기까지, 양국은 ① 기본관계문제, ② 재일한인 법적지위문제, ③ 선박문제, ④ 청구권문제, ⑤ 어업문제 등 5개 의제를 중심으로 하여 각각 분과위원회별로 교섭하는 방식을 취했다. 회담 과정에서 ①에서 ③까지의 의제는 비교적 순조롭게 교섭이 진행되었지만, ④와 ⑤의 의제에 대해서는 양국의 견해가 근본적으로 대립하여 회담 개시부터 끝까지 난항에 난항을 겪었다. 특히 어업문제에 관하여, 일본 측은 기본적으로 「공해자유」의 원칙에 입각하여, ① 어족보존을 위해 양국이 평등한 입장에서 공동 조치를 취할 것, ② 일정 수역에서는 필요한 기간 동안 저인망이나 트롤 어업을 금지할 것, ③ 공동위원회를 설치하여 어족보호와 개발을 위한 과학적 조사와 연구를 실시할 것, 등을 제시했다. 이에 반하여 한국 측은 기본적으로 「관할수역」의 필요성에 입각하여, 자국 어선만이 조업할 수 있는 인접 관할수역을 폭넓게 설정하고 그 외의 동해, 황해, 동중국해 등에서 어족보존 조치를 행할 것을 주장했다. 그런데 한국 측의 예상과는 달리 일본 측이 '역청구권'을 주장하고 나섬으로써 제1차 회담은 2개월 만에 중단되기에 이르렀다.[35]

클라크Mark W. Clark는 초대 더글라스 맥아더와 제2대 리지웨이Matthew B. Ridgway에 이어 1952년 5월에 세 번째로 유엔군사령관에 임명되었다. 그는 1953년 7월 정전협정의 서명을 주도하여 6.25전쟁을 종식시킨 사

---

35 中川融, 『日韓問題』, 商工財務研究会, 1957年, 8-13쪽.

람이다. 그런데 그는 1952년 9월 27일에 북한의 잠입을 막고 전시 밀수품의 해상침투를 봉쇄할 목적으로 한반도 주변에 해상방위수역을 설정했는데, 이를 클라크라인Clark Line이라고 부른다. 클라크라인에서 설정한 수역 내에서 일본 어선을 단속할 수 있는 기능을 부여했기 때문에 간접적으로 이승만 정부의 '평화선'을 곁에서 지원하는 결과가 되었다.[36]

1953년 1월 5일에는 그의 도쿄 관저에 이승만 대통령이 초대되었고 이 자리에 요시다 시게루吉田茂 수상이 배석했다. 약 70분간 계속된 한일 정상회담에서 이승만 대통령은 45분간 정도를 일방적으로 요시다 수상과 오카자키 가쓰오岡崎勝男 외상 등에게 식민지 지배를 중심으로 하여 과거사 이야기를 했다. 이에 대해 일본의 수상은 나머지 시간을 활용하여, "과거의 잘못은 일본 군국주의자들 때문이다. 앞으로는 절대로 그런 일이 없을 것을 확인assure한다"고 말했다고 한다. 이어 정상회담 이후의 연회석상에서 한국은 일본 측에게 제2차 한일회담의 재개 의사를 전한 것으로 알려진다.[37]

또한 클라크라인의 선포에도 불구하고 일본어선의 한반도 근해 조업은 멈추지 않았고 이에 따라서 한국정부에 의한 '불법' 어선의 나포는 계속 이어졌다. 1953년 2월에 들어서는 일본어선의 월경과 나포, 그리고 이를 규탄하는 일본사회의 움직임이 격렬해졌다. 2월 4일 57톤급 어선 제1다이호마루大邦丸가 조업을 하다가 한국 순시선의 총격을 받아 어부 1명이 사망하는 사건이 발생하면서 일본사회의 전역에서 반한反韓 시위가 소용돌

---

36 Mark W. Clark, *From the Danube to the Yalu*, Harper, 1954. 207쪽.

37 김용식, 『김용식 외교 33년 새벽의 약속』, 김영사, 1993년, 159-163쪽. 이 회담에 배석한 김용식 공사의 전언을 기록한 백선엽의 회고록 에 따르면, 한일 정상회담 후 이승만은 "한일관계 개선은 쉬운 일이 아니야. 서로 대등한 입장에서 교제를 하려면 앞으로 30~40년은 더 세월이 흘러야 해. 일제 때 종살이한 세대가 다 없어지고 새싹이 자라나야 가능할 게야"라고 말했다고 한다. 백선엽, 「노병이 걸어온 길」(111-한일 정상회담 수행), 2013년, https://blog.naver.com/ohyh45/20193062256.

이처럼 일어났다. 제1다이호마루는 제2다이호마루 선박과 함께 이날 새벽 후쿠오카를 출항하여 제주도 부근 해역에서 조업하고 있었다. 이 선박은 제1창운호第一昌運号 와 제2창운호에 잠복하고 있던 한국 해군에 의해 자동소총의 총격을 받고 도주하다가 두 선박 모두 나포되어 제주도로 연행되어 갔다. 해군의 총격으로 제1다이호마루의 어로장 세토 쥬지로瀬戸重次郎는 의식불명이 되었다가 이틀 후 사망하기에 이르렀다.[38]

제1다이호마루의 사건에 대해서 보다 상세하게 접근해 보자. 2월 4일 제주도 서쪽 약 20해리 해상에서는 북동풍이 몰아치고 있었고 10미터 정도의 높은 파도가 일고 있었다. 총격과 나포 사건이 발생한 시각은 오전 8시경이었다. 사건 당사자 선박인 두 척은 후쿠오카福岡 시에 등록된 다이호어업주식회사의 소속 저인망 어선이었다. 두 척은 조업 중 어망을 끌어올릴 시간이 되어 와이어 약 600미터와 로프 200미터 정도를 끌어올렸을 때, 어선의 오른쪽 끝부분에서 30미터 거리에 있던 제2창운호에서 군인으로 보이는 한국인 남자 5~6명이 일본어선을 향해 카빈총을 계속 발사했다. 제1다이호마루 어선의 선장이 바로 로프를 끊고 조타실로 들어가자 세토 어로장도 조타실로 들어가 기관실에 전 속력을 내어 전진하도록 명령했다. 나중에 밝혀진 바에 따르면, 제1다이호마루 어선의 조타실에서 42발, 기관실에서 32발, 기타 도합 78발의 탄흔이 발견되었다. 이때 세토 어로장의 후두부가 탄환에 명중되었다. 두 어선이 제주도 한림면으로 나포되어 갔고 세토 어로장의 응급 수술을 의뢰했지만 마땅한 병원을 찾지 못해 그는 숨을 거두었다. 다이호마루의 사건을 접한 일본 외무성은 2월 13일에 한국 대표부에게 구상서를 제출하고, 나포 어선의 석방과 살해 책임자 처벌 및 손해배상 등을 요구했다. 그리고 일본정부는 같은 날 주일 미국대사관에 의뢰하여 2월 15일 나포 선박을 석방했지만,

---

38 第一大邦丸事件-Wikipedia https://ja.wikipedia.org/wiki/第一大邦丸事件.

"일본어선은 앞으로 방위수역 안에서 조업할 수 없다"는 원칙을 전달받게 되었다. 일본정부로부터 구상서2월 13일와 항의서2월 18일를 받은 한국정부는 곧바로 "관례에 따라 한국군 관계자가 일본어선에 올라가 수하를 물었으나 이를 무시했고 도리어 일본어선이 도주를 시도하여 경고 발사에 나설 수밖에 없었다"고 응수하며 총격의 정당성을 주장했다.[39]

[사진-19] 제1大邦丸 사살사건을 보도하는 일본신문

출처 : 日韓近代史資料集 https://chaamiey.blog.fc2.com

---

39   日韓漁業協議会, 『日韓漁業対策運動史』, 70-72쪽.

이 사건을 계기로 하여 일본인 어업관계자에 의한 방한 단체가 결성되었고, 이승만 대통령과 내무부 장관을 상대로 하여 방위수역의 철폐와 수역 감시의 완화 및 불상사에 대한 납득할 만한 조치 등을 요구하는 진정서를 제출했다.[40] 그러나 클라크라인 아래에서 유엔군 사령부가 한국전쟁을 지속하고 있는 상황에서 그들의 주장은 효력을 발생하기 어려웠다. 방위수역을 봉쇄하지 않을 수 없었던 것은 공산군 측의 간첩과 밀수품 등이 한국南韓에 침입하는 것을 막는데 무엇보다 유효했기 때문이다. 그렇다고 하여 이렇듯 방위수역에 모든 책임을 전가하는 주장은 정전협정 체결 이후가 되어서도 한국정부가 변함없이 일본어선을 나포하면서 그 의미는 점차 희석되어 갔다.

다이호마루 총격 사건으로 '평화선' 문제가 한일 양국의 뜨거운 사회적 이슈로 떠오른 가운데, 4월 15일부터 일본 외무성 회의실에서 제2차 회담이 재개되었고, 한국 측 수석대표로 김용식金溶植 주일공사가 담당했으며 일본 측 수석대표로 구보타 간이치로久保田貫一郎 외무성 차관이 맡았다. 제2차 회담이 시작되자 일본은 먼저 한국에 대해 '평화선' 조치에 따른 세 가지를 요구사항을 내놓았다. ① 일본의 한국 내 공관을 설치할 것, ② 나포된 어선 중에 반환되지 않은 어선 13척과 귀환하지 못한 15명의 어민을 일본에 송환할 것, ③ 부산에서 받아주지 않아 다시 일본에 송환된 재일한국인들이 수용되어 있으니 이들을 한국이 받아줄 것, 등이다. 또한 일본은 제1차 한일회담 때와 마찬가지로 한국에 대한 재산청구권 주장을 계속 이어나갔다. 기본적으로 일본은 한일회담을 성사시키는 문제에 대해서는 소극적이었다. 때마침 한국에서 북한과의 휴전협정이 어느 정도 이뤄지고 휴전 후 문제를 토의하기 위해 제네바에서 정치회담이 열리게 되자, 클라크라인의 폐지를 지켜보자는 취지에서 일본은 7월

---

40 日韓漁業協議会, 『日韓漁業対策運動史』, 74-77쪽.

23일 제2차 회담의 공식 휴회를 선언했다.[41]

　제2차 회담 기간의 일본정부 움직임으로 '평화선' 선포 후 넉 달이 지난 1952년 5월 23일 각료회의를 꼽을 수 있다. 이때 각료회의는 일본어선의 보호를 위한 대책 방침을 결정하고 같은 날 농림성·운수성 공동으로 다음과 같이 방침을 발표했다. "강화 후에는 공해상에서 식량 생산을 위해 조업하는 비무장 일본어선에 대해 무기로 협박하고 어선과 어구를 탈취하고 또는 신체와 생명에 상해를 끼친다는 것은, 이것이 무슨 국가의 국민에 의해 이루어지는가를 불문하고 독립 일본에 대한 중대한 불법행위이며 진심으로 유감이지만, 현재 국제관계의 복잡한 점에 비추어 볼 때 나포사건이 연이어 발생할 염려가 있고 나아가 국제분쟁을 야기할 원인이 될 수 있다고 생각한다. 따라서 국가로서는 가능한 한 노력을 다하여 나포방지 대책과 어선 보호조치를 강구하고 이러한 분쟁 방지에 임해야 한다. 이상과 같은 취지에 입각하여 오늘 각료회의에 있어서 어선의 보호 대책에 관하여 대체로 다음과 같은 결정을 내렸기 때문에 해상보안청 및 수산청은 각료회의 결정의 선에 따라서 필요한 구체적 조치를 강구해야 한다. ① 해상보안청은 순시선을 우선 20척 출동할 것, ② 얼른 경비정을 증강시킬 것, ③ 순시선과 어선감시선이 목적은 주로 상대국 감사선 등의 동정을 관찰하고 어선과의 연락 등을 통하여 사고방지에 노력할 것, ④ 만약 문제가 발생했을 때도 실력행사는 피하고 외교교섭 등으로 옮길 수 있도록 자료를 마련할 것."[42]

　제2차 회담 시기의 한국 측 대응으로서는 같은 해 9월 19일 변영태 외무부 장관 명의로 발표한 담화문이 있다. "일본 내 방송이나 다른 신뢰할 만한 소식통에 의하면, 일본정부는 자국민의 어선 보호를 위하여 보호함

41　대한민국정부, 『한일회담백서』, 대한민국정부, 1965년, 154쪽.

42　日韓漁業協議會, 『日韓漁業對策運動史』, 59-60쪽.

정을 우리 근해까지 파견한다는 말이 있는 바, 이는 자유세계 대 공산 진영의 투쟁에 있어 전초前哨 임무를 막대한 희생을 치르면서 수행하는 한국의 배후를 위협하는 행동으로서 국제 신의에 배치될 뿐더러 한일회담이 귀속 재산에 대한 일본 측의 무리한 주장으로 중단되었다가 다시 그 회담을 속개할 것으로 기대하고 있는 차제에 돌연히 일본이 이 같은 행동에 나온다는 것은 한일회담 자체에 대한 일본정부의 성의 여하가 의문시되지 않는다 할 수 없다. 만일 들리는 바와 같이 일본의 어선이 어획 목적으로 우리 인접 해안에 대한 대통령 선언 해역을 침입하거나 이 어선들을 보호한다는 구실로 일본 함정이 동 수역에 진출하는 경우에 발생되는 모든 결과에 대해서는 국제협조의 정신을 무시하고 일방적으로 침입 행동을 감행하는 일본정치에서 당연히 그 책임을 부하負荷해야 될 것이다."[43]

그러면 여기서는 일본이 한국과의 공식 접촉을 위해 처음으로 내놓은 1952년 「기본방침」에 대해 결과론적인 목표 지점을 추적해 보자. 이것은 1965년 박정희 정부와 어업협정을 체결하면서, 1952년 일본이 「기본방침」에서 내세운 원칙이 어떻게 되어갔는지를 알아보는 형태로 추적할 수 있지 않을까 한다.

① 공해자유 원칙에 관한 일본 측의 방침: 가장 중요한 원칙으로서 일본은 애초 3해리 전관수역 제한 방침에서 12해리 전관수역 제한으로 후퇴했다. 어업협정 제1조는 "자국 연안 기선으로부터 12해리까지의 수역을 자국이 어업에 관하여 배타적으로 관할권을 행사하는 수역으로 설정하는 권리를 갖고 있음을 상호 인정한다"고 했다. 이 것은 1958년의 제1차 해양법회의와 1960년의 제1차 해양법회의

43　외무부정보국, 「일본어선의 보호를 위한 함정단 파견에 대하여」, 『외교통보』 창간호, 1952년 11월, 7쪽.

에서 전관수역 12해리설說이 다수설이 된 것을 일본도 수용하지 않을 수 없었기 때문이다. 결과적으로「기본방침」에 비추어 본다면 가장 중요한 원칙에서 일본 측이 대폭 물러선 것이며, 국제적 상황이 일본에게 불리하게 전개되었다는 것을 의미한다.

② 분쟁 해결을 위한 일한어업공동위원회 설치 방침: 이 방침은 어업협정 제6조와 제7조에 공동위원회 구성·운영·임무를 규정함으로써 일본 측이 이를 관철시켰다.

③ 동해·황해의 해저어류에 대한 보호 방침: 협정 제2조의 공동규제수역 설정과 제5조의 공동자원조사수역 설정을 통해 일본 측은 이를 실현했다. 협정 제3조는 "충분한 과학적 조사에 기초하여 실시될 때까지 저인망 어업, 쌍끌이 어업, 60톤 이상의 어선에 의한 고등어 채낚이 조업에 대해 잠정적 규제를 실시한다"고 했다. 아울러 협정 제5조는 "공동자원조사수역의 범위와 조사에 대해서는 공동위원회의 권고에 따라 결정된다"고 규정했다.

④ 자국 어선의 영해 및 금지구역 침범에 대한 자국 처리 방침 : 소위 '기국주의'를 채택함으로서 일본 측은 이 방침을 관철시켰다고 할 수 있다. 협정 제4조는 "어업에 관한 수역 외측의 단속이나 재판 관할권은 어선이 속한 체약국만이 행사할 수 있다"라고 규정했다.

⑤ 해난의 구조 시설에 관한 소극적인 방침 : 협정문에 관련 규정을 두지 않음으로써 일본 측은 이를 실현했다. 이 문제와 관련하여 협정 제7조 위원회의 임무에서 양국 어선 간의 사고에 대해 일반적으로 조치를 권고한다는데 그쳤고, 제8조에서도 양국 어선 간의 사고에 대해 양국이 원활하고 신속한 해결을 위해 조치를 취한다는데 그쳤다.

⑥ 한국에 대한 기술 원조에 관한 소극적인 방침 : 어업협정 조항에 관

련 규정을 두지 않았고, 대신 청구권 협정을 통해 10년간 제공되거나 대부貸付되는 「일본의 생산물 및 일본인의 서비스」로 가능하게 함으로써 대체로 일본 측의 「기본방침」이 관철된 것을 알 수 있다.

제3차 한일회담의 결렬

한반도 정전협정이 체결되자 일본어선의 한국 해역에 대한 조업이 극성을 부리고 반면에 한국정부는 '평화선' 단속에 집중하게 되면서 일본사회에서 혐한嫌韓 분위기는 더욱 더 고조되어갔다. 매년 9월이 되면 쓰시마 해역에서 특히 고등어잡이 어업을 위하여 일본어선 수 백 척이 조업에 나서고 있었고 그중에는 쓰시마 해역을 넘어 '평화선' 해역에서도 조업하는 일이 빈번했다. 특히 60척이나 되는 일본어선들이 거문도 주변 해역에 진출하여 조업하는 상황에 이르자 이에 한국 해군은 1953년 8월 31일 "금후 일본어선에 의한 한국수역 침범에 대해서는 발포와 격침을 행하는 등 비상조치를 취하겠다"고 발표했다.

이 발표 직후 9월 6일 연승 어선인 다이에이마루大榮丸이 한국에 나포되었다. 그리고 그 이튿날 7일에는 거문도 부근에서 조업하고 있던 일본어선 2척이 나포되었다. 같은 날 한국 국방부는 2척 나포 사실을 밝히고, "앞으로 한국 영해 '평화선'을 침범하는 일본어선이 한국 함정의 정선 명령에 순종하지 않을 경우 발포하고 격침하겠다"고 발표했다. 이에 대해 9월 9일 일본 외무성은 어선 단속의 중지와 함께 나포한 일본어선의 반환을 요청했으나, 한국군에 의한 일본어선 나포는 9월 21일부터 본격화되었다. 나아가 한국 함정은 9월 27일 일본 수산청 감시선 제2교마루亨丸까지 나포했다. 이러한 상황에서 9월 9일에는 전일본해원조합全日本海員組合이 국제운수노동연합ITF에 전보를 보내는가 하면, 9월 8일에는 평화어업촉진 이서어선以西漁船 선원대회를 개최하였고, 9월 15일에는 시모노세키와 후쿠오카에서, 9월 16일에는 나가사키에서 시민궐기대회를 개최하는 등, 한국정부에 대한 일본 사회의 비난 수위가 점차 높아져 갔다. 이러한 움직임은 결국 9월 17일 「일한어업 대책본부」 결성으로 이어졌다.[44]

이때 한국의 변영태 외무장관은 한일회담에 대한 일본의 소극적인 태도에 대해서, "한국과의 국교를 미조정 상태로 지속하는 것이 미국과 마찰을 적게 하면서 중립적 태도를 확립하는 비결로 보아" 의도적으로 택한 결정이며, 일본의 국익이라는 관점에서 이해타산에 따른 것이라고 했다.[45]

아무튼 제3차 한일회담은 한반도의 정전협정이 체결된 후 1953년 10월 6일이 되어서 속개되었다. 제3차 한일회담에 대해서는 비교적 널리 알려져 있기 때문에 간략하게 결렬 과정을 언급하고자 한다. 10월 15일의 재산청구권 분과위원회에서 구보타 수석대표가 나타나서 36년간의 일본통치가 한민족에게 혜택을 준 것도 있다고 했고, 카이로 선언은 전시 중 연합국의 흥분상태에서 나온 것이며 재조일본인을 추방한 것은 국제법 위반이라는 「망언妄言」을 쏟아냈다. 이어 10월 20일에 열린 본회의에서도 그는 분과위원회에서 나온 발언을 다시 강조했다. 이때까지만 해도 일본 측은 한국과 회담을 지속해야 할 이유를 찾지 못한 것이다.

1953년 10월 21일 오전 제4차 본회의에서 한국 측 김용식 대표는 일본 측의 문제 발언을 철회할 것과 이 발언내용이 잘못이었다고 발표하라고 촉구했다. 이에 대해 구보타 수석대표는 다음과 같이 응수했다. "귀측에서 일본 측의 발언이 비건설적이라고 비난하고 있으나, 오히려 한국 측

---

44 日韓漁業協議会, 『日韓漁業対策運動史』, 80-86쪽.
45 변영태, 『외교여록: 附 片想抄』, 한국일보사, 1959년, 148-149쪽.

이 비건설적이라고 본다. 왜냐하면 1952년 2월 한일회담이 개최되기 직전 이라인을 선포했고, 금번 회담이 재개되기 직전에 이라인 선언을 강행하여 이라인 내에서 일본선박을 나포하여 회담진행의 분위기를 악화시켰다. 일본정부는 이라인의 일방적 설치는 국제법 위반이며, 따라서 국제사법재판소에 제기하여 그 판결에 따라 어느 쪽 주장이 정당한가를 결정짓는 것이 원칙이라고 생각한다"고 발언했다.

이어 구보타는 한국 측의 2개 항 요청에 대해서 구체적으로 다음과 같이 응답했다. ① 본인의 발언을 전부 철회하라는 요청에 대해, 우리들의 회의는 평등한 외교회의라고 생각한다. 국제회의에서 일국의 대표로서 견해를 발언함은 당연한 일이며, 또 상호 차이가 있는 의견을 토로함은 응당 있을 수 있는 일이다. 또한 본인의 경험으로 보아 일국의 대표가 발언한 것을 철회하였다는 예를 들은 일이 없다. 마치 본인이 회담 중 폭언을 한 것처럼 외국에 선전하는 것은 타당치 않다고 생각한다. 본인은 철회할 생각이 없다, ② 본인의 발언이 잘못이라고는 생각하지 않는다. 만일 귀측이 이 회담을 진행하지 못한다면 유감된 일이나 회담은 결렬되는 것이다. 할 수 없는 일이다.

이에 김용식 수석대표는 "귀하가 우리 측의 요청을 거부함에 따라 본인이 말한 바와 같이 우리 대표단은 이 회담에 계속해서 참석할 수 없으며, 이와 같은 사태를 초래한 것은 모두 귀측에 책임이 있는 것이다"라고 말하고, 한국 측 대표단은 전원 퇴장했다. 제3차 회담이 열린 지 불과 2주 만에 결렬된 것이다. 이날 오후 일본 외무성은 성명서를 발표하고, '평화선' 설정과 일본어선의 나포, 그리고 일본어민의 체포 등을 나열하며 회담결렬의 책임이 전적으로 한국 측에 있다고 주장했다.[46]

46　김용식, 『김용식 외교 33년 새벽의 약속』, 199-208쪽.

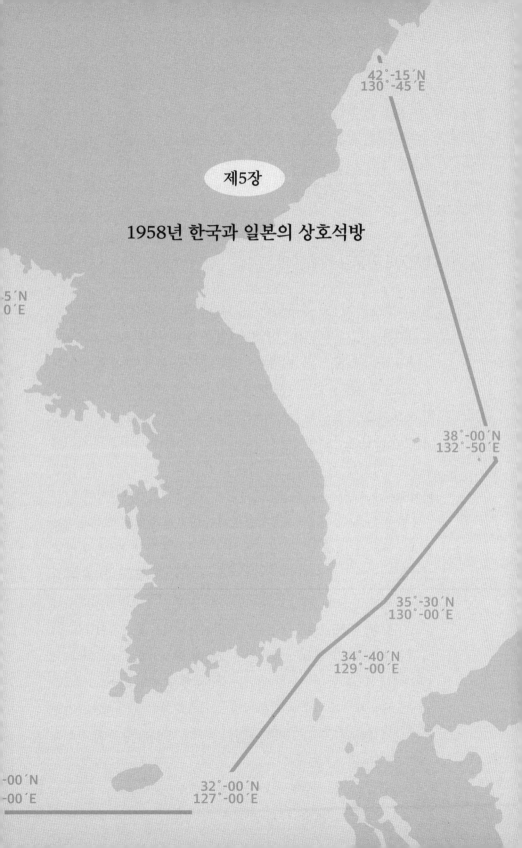

제5장

1958년 한국과 일본의 상호석방

42°-15´N
130°-45´E

-5´N
0´E

38°-00´N
132°-50´E

35°-30´N
130°-00´E

34°-40´N
129°-00´E

-00´N
-00´E

32°-00´N
127°-00´E

1957년 외교각서의 의미

후술하겠지만, 필자는 후쿠오카 마이니치 RKB TV 방송국의 영상자료를 나열하면서, 이 방송국이 1958년 4월 27일에 방영한 뉴스 스크립트를 인용하여, "4월 26일 '이리호裡里號'로 시모노세키下關에 돌아온 선원 300명 가운데 이토시마군糸島郡 가후리可布里 어업협동조합의 관계자 65명이 27일 열차를 타고 하카타역에 도착했다"고 했다. 여기서는 1957년 12월에 한일 양국의 외교당국에 의해 체결된 상호석방 각서에 주목하고자 한다. 이 각서야말로 가후리 어민들이 부산 수용소에서 석방되어 일본으로 귀국하는 결정적인 외교적 근거가 되었기 때문이다.

이 글을 통해서 1957년 상호석방 각서의 외교적·현실적 배경과 내용을 파악하는 한편, 이 시기 한일관계에서 국가 주권이 전면적으로 강렬하게 작용하면서 양국의 정책결정자들이 경계를 넘나들며 생계를 유지해 오던 일반 민중의 존재를 결과적으로 무시했던 부조리 현상에도 주목하고자 한다. 1965년에 한국정부가 한일회담백서를 출간하여 14년간에 걸친 한일교섭 과정을 정리한 일이 있는데, 여기서 한국 측 대표로서 1950년대 한일회담을 주도한 바 있는 김용식金溶植 주일공사는 1957년의 상호석방 각서에 대해 "우리는 가장 큰 저해 요인인 일본 측의 재한일본 재산에 대한 청구권을 포기하게 함과 동시에 '구보타 망언'을 취소하게 하였으며 일부 문화재의 반환과 당시 양국에 억류되어 있던 자의 상호석방도 결정을 지었다"라고 하고, 그러나 한국과 일본의 민간인 억류 상황에 대해서는 상대적으로 적은 관심을 기울였다고 회고했다.[1] 또한 1950년대 '평화선' 관련 일본인 어민의 석방을 위해 주력해 온 「일한어업협의회日韓漁業協議會」의 사무국장 다나카 도치田中道知는 운동사 자료의 후기에 "반공이나 한일우호, 한국전쟁 특수特需의 혜택 따위를 일본어민의 희생으로 단순히 바꿔치는 것은 언어도단이며 정당하지않다"고 하면서 일본인 어민 억류의 부조리함을 역설하고 있다.[2]

그런데 이러한 비인도적 부조리 현상은 1950년대 신생 한국정부에만 있었던 것이 아니라 한일양국에서 공통적으로 발생했다는 점에 주목해야 한다. 기존의 '평화선' 연구에서 부산수용소에 억류된 일본인 어민에 관한 연구를 중시해 온 만큼 필자는 연구조사를 통하여 한국 측의 부조리를 강조해 왔다. 그러나 여기에서는 이러한 한국의 대응 이면에 일본 측 부조리가 함께 존재했음을 강조하고자 한다. 따라서 1950년대에 일본인 억류피해자 단체와 일본정부가 주장해 온 일본인 어민의 한국 억류 현실과 함께, 일본사회의 민주화 단체와 한국정부가 문제시했던 재일한국인의 일본 억류 현실이 존재했음을 언급하고자 하며, 청구권 문제를 둘러싼 한일 간 외교적 공방 속에 비인도적 측면의 민간인 억류 실태가 가려져 있었음을 인식하는 가운데, 샌프란시스코 강화조약 비준 이후부터 제4차 한일회담 재개를 앞둔 예비회담까지의 시기를 중심으로 하여 상호석방 각서 교환에 이르는 외교적 배경과 과정을 추적하고자 한다.

1957년 2월 기시 노부스케岸信介 내각이 출범하면서 미국에 대한 방위조약을 개정하고 종래의 정부와는 달리 독자적이고 적극적인 아시아 외

---

1   대한민국정부, 『한일회담백서』, 대한민국정부, 1965년, 155쪽.
2   日韓漁業協議會, 『日韓漁業対策運動史』, 内外水産研究所, 1968年, 467쪽.

교를 전개하기 시작했다. 기시는 이시바시 단잔石橋湛山 내각의 외상으로서 수상의 임시대리 직무를 수행하다가 국회로부터 내각수반으로 지명을 받아 외상을 겸직하는 상황에서 이시바시 내각의 진용을 그대로 이어받았다. 그리고 그는 그해 7월 10일 제1차 내각 개조를 통하여 후지야마 아이이치로藤山愛一郎에게 외상자리를 넘겼다.[3] 1953년 10월 한일회담 제3차 회담에서 '구보타 망언'을 직접적인 원인으로 하여 한일 국교정상화 회담이 중단된 이후, 기시 정권의 출범에 따라 희미하게나마 회담 재개의 실마리가 보이기 시작했다. 경색된 한일관계에서 1957년 연말에 체결된 양국 외교당국 간의 상호각서는 한일회담 재개의 필요성을 확인하고 미국을 주축으로 하는 한국과 일본의 반공전선을 재확인하는 외교적 이벤트가 되었다. 제3차 회담의 결렬 상황을 해소하기 위해 미국이 어업전문가를 포함한 옵저버를 일본에 파견하여 인도적인 차원의 억류문제를 최우선으로 다뤄야 한다는 제안을 했고 과거사 문제에 대해서 전향적인 태도를 보일 것을 주문하고 한국에 대해 회담 재개에 나설 것을 종용하는 가운데 이루어진 외교적 성과였다.[4] 하지만 1950년대 한일관계를 회고할 때, 억류자 상호석방의 외연에 과거 식민지배의 성격이나 재산권 및 청구권 문제를 둘러싼 한일 양국의 양보할 수 없는 국가적 입장이 존재하고 있어 회담 중단 4년이 넘도록 이를 해소하기 어려운 경색된 국면이 계속되고 있었음을 함께 인식해야 한다.[5]

---

3   北岡伸一,「日本外交の座標軸,外交三原則再考」,『外交』6巻, 日本国外務省, 2011年10月, 11쪽.

4   박진희,『한일회담: 제1공화국의 대일정책과 한일회담 전개과정』, 선인, 2008년, 193-209쪽.

5   이원덕,『한일 과거사 처리의 원점: 일본의 전후처리 외교와 한일회담』, 서울대학교출판부, 1996년, 63-89쪽.

상호석방 각서에 대한 연구

이 글의 목적은 1957년 한일 간 외교적 합의에 이르는 경위를 추적하고 한일양국의 주권 다툼 사이에서 비인도적으로 신병을 구속당하는 민간인들에 대한 부조리 문제를 강조하는 것이다. 1957년 외교적 합의에 관한 선행연구로서는 1950년대 청구권 문제와 어업협정을 둘러싸고 한일회담을 진행 과정을 조사하고 한일 간 쟁점에 관하여 논한 연구물로서는 한국에서는 당시 정치적 표현의 자유가 허용되지 않는 상황에서 정책 옹호를 표방한 연구자와 정책 담당자들에 의한 홍보성 자료만이 나타나고 있다.[6] 반면에 1950년대 일본에서 생산된 연구물을 통해서는 당시 식민지배에 관한 긍정론이나 나아가 '평화선'을 부정하는 논조가 강했으며, 이와 함께 당시에는 재일동포 사회에 한일회담에 대한 비판론과 북한으로의 송환을 지지하는 견해가 훨씬 많았음을 쉽게 이해할 수 있다.[7]

선행연구와 자료들을 통하여 당시 과거사 문제에 관한 한일 양국의 정책 담당자들이나 지식인들 사이에 인식의 차이가 현격히 존재했다고 하는 것을 재확인할 수 있다. 상호각서를 포함하여 1950년대 한일관계의 착종 상황에 관한 인식을 보다 심층적으로 연구조사하기 위해서는, 분석 대상 시기의 시대 상황을 읽어낼 수 있는 시각과 함께 오늘날 일반에 공개되고 있는 방대한 한일회담 관련 외교 사료들을 분석할 수 있는 역량이 절대적으로 필요하다. 필자는 이 글을 집필하면서 국민대학교 일본학연

---

6 김동조, 「한일회담의 전망」, 『지방행정』 1호, 1952년, 30-34쪽; 국제문제연구소, 「특별기고: 한일회담과 그 전망」, 『지방행정』 2권 5호, 1953년, 25-35쪽; 신기석, 「(논단)한일회담의 회고와 전망」, 『중앙문화』 2권 1호, 1955년 2월, 59-64쪽; 변영태, 『나의 조국』, 자유출판사, 1956년, 232-279쪽; 강세형, 「일본의 한일회담연기의 이면」, 『지방행정』 7권 3호, 1958년, 25-28쪽; 윤성순, 「정돈상태에 함입한 한일회담」, 『지방행정』 7권 61호, 1958년, 23-30쪽 등.

7 이 책의 제3장, 각주 45.

구소가 2008년에 펴낸 평화선·북송·6차회담에 관한 자료집[8] 내용과 서울 국립외교원의 외교사료관에 소장되어있는 외교자료들[9]을 분석하는 일에 주력하고자 했다.

우선 선행연구들을 살펴보면, 1950년대 재일동포와 한국인의 오무라大村 수용소 억류 실태를 조사하여 비교적 이른 시기에 일본사회에 비인도적 부조리 상황을 알린 연구서로, 1956년 김일金日 편집의 『탈출: 오무라 수용소』를 지목하고 싶다. 여기에는 1952년 5월에 발발한 「오무라 수용소 사건」[10]에 관한 경위, 수용소 억류자 7명의 회고록이 실려 있을 뿐 아니라 1956년 5월에 국제적십자 대표를 향해 북한 송환을 주장하는 '탄원서' 내용이 실려 있다. 이 탄원서에는 한일회담 재개 움직임과 관련하여 일본정부가 오무라 수용소 억류자를 일괄적으로 남한에 송환하여 정치적으로 억압하려고 하고 있다는 고발과 함께 북한 적십자 대표의 입본 입국을 조속히 실현하라고 하는 요청을 담고 있다.[11] 1960년대 후반 이후 특히 일본사회에서 재일동포의 차별적인 처우에 관한 다양한 논저가 출간되면서 오무라 수용소의 비인도적 억류 상황이 함께 일반에 알려졌다.[12] 또한 한국에서 2013년에 출판된 국가와 민족의 관점에서 '일본'과 '조선'의 경계를 다룬 단행본에서, 조경희 연구자는 '고마쓰가와小松川 사건'을 통해서 1950년대 후반 일본사회의 모순과 재일동포 청년의 고뇌를 분석한 논문을 통하여 당시 '일본'과 '조선'의 국가적 경계가 가져온

---

8   국민대학교 일본학연구소, 『한일회담 외교문서 해제집II: 평화선·북송·6차회담』, 동북아역사재단, 2008년, 제2부.

9   외교부 외교사료관, 『재일한인 북한송환 및 한일양국억류자 상호석방 관계철 1955-60』 전9권, 1959년.

10   오무라 수용소 억류자의 소요 사태에 대해서는 오늘날에도 일본정부의 비인도적 처사를 비판하는 논조와 재일동포들의 불법 폭동 사건이라고 주장하는 논조가 서로 대립하고 있다.

11   金日(編), 『脱出: 大村收容所の人びと』, 三一書房, 1956年, 140-150쪽.

12   이 책의 제4장, 각주 45.

암울했던 부조리 상황을 애절하게 느끼게 하고 있다.[13]

1956년 4월 26일, 이승만 대통령이 부산의 「외국인 수용소」를 시찰하고, 당시 그곳에 머물러 있던 97명의 일본인 부녀자들을 전원 즉각 송환시킬 것을 지시했다. 대통령의 송환 지시는 전례 없던 일이었으며, 일본으로부터 입국 증명이 오기만을 학수고대하며 수용소 생활을 보내야 했던 사람들로서는 여간 반가운 조치가 아니었다. 이들은 대통령의 지시에 따라 1956년 4월 29일, 해운공사 소속 평택호平澤號 선박으로 전원 고베神戶항으로 송환되어 갔다. 이때 한국정부는 송환되어 가는 일본인 부녀자와 자녀들에게 쌀 한 가마니씩을 선물했다. 그러자 그 뒤에도 전국에 흩어져 있던 일본인 부녀자들이 「외국인 수용소」에 모여들었고 이들도 간편한 송환 절차를 밟아 일본으로 돌아갔다. 이에 따라 1958년 6월 시점에, 부산의 수용소에는 일본인 부녀자와 자녀 52명이 대기하고 있었으며, 한국 외무부에서는 이들에게 식량을 배급할 뿐 아니라 부식비, 치료비, 선박료 등을 부담했다고 한다.[14]

아울러 1950년대 한국과 일본의 비인도적인 출입국 통제에 관한 연구결과로서, 오늘날 테사 모리스 스즈키Tessa Morris Suzuki의 2010년 연구서[15], 그리고 성공회대학교 동아시아연구소가 근래의 논문들을 모아 기획 발간한 2017년 연구서[16] 등이 주목을 받고 있다. 이러한 선행연구들

13 권혁태·차승기(편), 『'전후'의 탄생: 일본. 그리고 '조선'이라는 경계』, 그린비출판사, 2013년, 287-323쪽.

14 김경렬, 『기항지: 關門루포』, 청우출판사, 91-93쪽.

15 Tessa Morris-Suzuki, *Borderline JAPAN: Foreigners and Frontier Controls in the Postwar Era*, New York: Cambridge University Press, 2010.

16 권혁태·이정은·조경희, 『주권의 야만: 밀항, 수용소, 재일조선인』, 한울엠플러스, 2017년, 제7장. 현무암 연구자는 다양한 논저에서 한일 양국의 공통된 문제로서 '국가 주권의 폭력성'을 비판해 오고 있다. 玄武岩, 『コリアン·ネットワーク=Korean Networks: メディア·移動の歴史と空間』, 北海道大学出版会, 2013年; 玄武岩, 『「反日」と「嫌韓」の同時代史: ナショナリズムの境界を越えて』, 勉誠出版, 2016年; 玄武岩·パイチャゼ·スヴェトラナ, 『サハリン残留: 日韓ロ百年にわたる家族の物語』, 高文研, 2016年.

은 필자의 연구조사 과정에서 1957년 한일 상호석방 각서의 외교적 배경을 이해하게 하는 데 중요한 밑그림을 제공했다. 그리고 선행연구들은 1950년대 한국의 일본인 어부 억류 상황이나 일본의 출입국 통제 상황을 대체로 이해하게 하고 있으며 이 시기 한일 양국의 비인도적인 측면과 한일관계의 복합적인 구도를 파악하게 하고 나아가 사료 접근을 위한 안내서 역할을 하고 있다.

다만 이러한 선행연구들에서는 부산수용소에 억류된 일본인 피해자들의 견해가 직접 나타나 있지 않으며, 석방된 이후에 부산 억류자들이 과거 억류 사실을 어떻게 이해해 오고 있는지 정확하게 포착하기도 어렵다고 하는 한계가 보이기도 한다. 대부분의 연구들이 정책적 결과를 논하고 있고 일부 비인도적 정책을 비판하고 있지만, 어디까지나 관찰자의 입장에서 자료를 분석하는 일에 머물러 있고 이 연구결과들이 피해 당사자의 직접적인 견해라고 보기에는 석연치 않은 점이 많다. 이러한 한계를 극복하기 위하여 필자는 부산에 억류된 피해 어민에 문제의식을 한정하고 일본인 피해자들을 직접 탐문하고 인터뷰를 통하여 의견을 청취하고 구술자료 발굴의 노력을 병행해 왔다. 이 글도 필자 스스로 얻은 구술 자료를 기반으로 하여 작성되었으며, 따라서 상호각서의 외교적 행위가 민간인에게 끼친 영향을 이해하는 가운데서, 자료 조사에 임했다는 점을 밝혀둔다.

한국의 미국입장 relevant 수용

샌프란시스코 대일강화회의의 참가국에서 배제된 것을 확인한 한국정부는 일본과의 개별적인 교섭에 대비해 왔다. 대체로 1951년 7월 이승만 대통령은 샌프란시스코 강화회의에 대한 한국의 참가가 좌절된 것을 확인했으며 이러한 상황에서 신성모申性模 주일대표부 대사에게 연합국 군사령부SCAP의 중재 아래 재일한국인의 법적지위를 중심으로 하는 한일회담 개시에 응할 것을 알렸다. 그리고 한 달 뒤에 고려대학교 유진오兪鎭午 교수와 조선은행 임송본任松本 총재를 일본에 파견하고 주일대표부의 법률고문과 경제고문을 각각 담당하게 했다.[17] 이보다 조금 앞선 시기에 윌리엄 시볼드William J. Sebald 외교부장을 주무 부서장으로 하는 SCAP이 예비회담에서 점령당국이 입회하기는 하겠지만 미국정부는 적극적인 개입에 나서지 않고 한국과 일본이 직접 교섭을 주도해야 한다고 하는 미국의 입장을 한국과 일본에 천명한 일이 있다. 이것은 결과적으로 적극적인 미국의 개입을 기대했던 신생 한국정부에게는 일본에 대한 교섭력을 상대적으로 약화시키는 결과를 안겼다.[18] 이러한 상황에서 1951년 10월 20일 SCAP 회의실에서 시볼드가 참석한 가운데 한국의 양유찬梁裕燦 주미대사와 일본의 이구치 사다오井口貞夫 외무차관을 양국 대표로 하는 한일예비교섭이 시작된 것이다.

재일한국인의 국적문제에 관한 교섭에서는 양국이 비교적 순조롭게 회의를 진행하고 있었으나, 역사인식과 청구권 문제를 둘러싸고는 과거 식민지 지배에 관한 불법성과 철저한 반성을 요구하는 한국 측과 이를 받아들이지 못하는 일본 측 사이에 의견 충돌이 잦은 가운데 교섭이 빈번하게 난항에 빠졌다.[19] 제3차 회담이 결렬될 때까지 한일회담의 중요한 국면을 간략하게 정리하면 다음과 같다. 1951년 12월 본 회의에서 논할 의제를 정하고 예비회담을 종결했고, 1952년 2월에는 제1차 본회담을 개

---

17 박진희, 『한일회담: 제1공화국의 대일정책과 한일회담 전개과정』, 100~101쪽.

18 李種元, 「韓日会談とアメリカ: '不介入政策'の成立を中心に」, 『国際政治』 105号, 1994年 1月, 66쪽.

19 崔永鎬, 「終戦直後の在日朝鮮人·韓国人社会における'本国'指向性と第一次日韓会談」, 李種元 外, 『歴史としての日韓国交正常化Ⅱ: 脱植民地化編』, 法政大学出版局, 2012年, 237-262쪽.

최했으며 여기에서 기본관계, 재일한국인 법적지위, 재산청구권, 어업협정, 해저전선, 선박 문제 등이 논의되기 시작했다. 그런데 1952년 3월 한국 측이 예상하지 않은 가운데서 일본 측이 '역逆청구권'을 주장하고 나옴에 따라 그 다음 달에 가서 제1차 회담이 결렬되었으며 한국 측은 대일회담에서 교섭효과를 기대하지 않게 되었다. 결국 일본의 '역청구권' 문제에 관하여 한국은 1952년 4월 미국에 유권해석을 요구했고 이에 대해 미국은 "일본이 한국에 청구권을 주장할 수는 없지만 상호 관련성이 있기 때문에 한일회담에서 이를 유의해야 한다"라고 하는, 소위 relevant 문구를 미국의 입장으로 제시하기에 이르렀다. 이 relevant 입장은 미국의 전적인 보호 아래에서 대일교섭을 추진할 수 있을 것으로 기대했던 한국정부에게는 매우 당혹스러운 유권해석이 아닐 수 없었다.[20]

  그 후 한일 양국은 상호 교섭할 때마다 자국에 주재하는 미국대사에게 그때그때 교섭 내용을 알렸으며 이에 대해서 미국으로부터 자문과 권고의 의견을 듣게 되었다.[21] 여기에서 필자는 한일회담에 관여한 미국의 방침과 개입 과정에 대한 언급을 최소화하고, 한일 양국의 움직임을 중시하는 가운데 양국의 외교적 교섭 과정을 주로 추적하고자 한다. 상호석방에 관한 한일 양국의 각서 교환은 한일회담 재개의 진전이 되는 사항이었기 때문에 미국으로서는 당연히 환영할 일이었고 별다른 자문과 권고가 필요 없는 사항이었기 때문이다. 아무튼 1953년에 제3차 회담 이후 2년 이상에 걸친 중단 기간을 넘기고도 한일 양국의 공식적인 교섭은 재개되지

---

20 이현진, 「한일회담과 청구권 문제의 해결 방식: 경제협력 방식으로의 전환과정과 미국의 역할을 중심으로」, 『동북아역사논총』 22호, 2008년 12월, 80-82쪽; 이동준, 「한일청구권교섭과 '미국해석': 회담 '공백기'를 중심으로」, 국민대학교 일본학연구소(편), 『한일회담과 국제사회: 외교문서 공개와 한일회담의 재조명 Ⅰ』, 선인, 2010년, 42-45쪽; 박진희, 『한일회담: 제1공화국의 대일정책과 한일회담 전개과정』, 193-209쪽.

21 박진희, 「미국 국무부 재외공관문서(RG 84)와 한일회담」, 『사학연구』 115호, 2014년 9월, 423-460쪽.

않았다.[22] 1956년 1월에 실무차원에서 김용식 공사와 시게미쓰 마모루 重光葵 외상과의 사이에 비공식 절충이 있었음에도 불구하고 북한과 일본의 적십자사 사이에 재일동포의 북송문제를 협의한 것을 문제시 하여 쉽사리 정식적인 교섭 재개로 이어지지 않았다.

다만 이 시기 일본정부 내에서 기존의 정책적 기조를 이루고 있던 '한일 상호 간의 청구권 포기' 견해를 약간 수정하여 재조일본인의 재산청구권 포기와 한국의 합리적 제안을 수용해도 되지 않겠는가 하는 견해가 대두되면서 조심스럽게 한일회담 재개를 위한 논리가 부활할 수 있었던 것은 한일 상호석방 각서의 외교적 배경을 이해하는 데 매우 중요한 일이다.[23] 1956년 4월 2일, 일본 외무성에서 제3차 회담 결렬 이후 처음으로 공식적인 교섭이 재개되었다. 이러한 공식 교섭의 움직임에 고무되어 그해 12월에 출범한 이시바시 단잔石橋湛山 정권이나 그 이듬해 2월에 출범한 기시岸 정권에서 한일회담의 재개를 위한 한국 친화적 발언이 나오기 시작했다. 특히 기시 수상은 정권 초기부터 이승만 대통령도 역사문제에 대한 반성으로 긍정적으로 인정할 만큼 친한親韓적인 외교 발언들을 계속 내보냈다. 한일 양국의 복합적인 관계에 비추어 볼 때, 미국의 독려에 힘입어 당시의 교착 상태를 타개하기 위해서는 실무 교섭에 의한 타결보다는 정치적 타결을 꾀하는 것이 보다 현실적이라는 인식이 기시 정권에 접어들어 비로소 일본 당국자 사이에서 표출되기 시작한 것으로 보인다.[24]

---

22 김용식 주일대표부 공사와 다니 마사유키 외무성 고문 사이에 1955년 1월부터 3월까지 7차례에 걸쳐 회담 재개를 위한 비밀협상이 이뤄졌으나 공식적인 회담 재개에는 실패했다. 박진희, 『한일회담: 제1공화국의 대일정책과 한일회담 전개과정』, 210-218쪽.

23 박진희, 『한일회담: 제1공화국의 대일정책과 한일회담 전개과정』, 233-235쪽.

24 김동조, 『회상30년 한일회담』, 중앙일보사, 1986년, 91쪽; 金恩貞, 「日韓会談中断期, 対韓請求権主張撤回をめぐる日本政府の政策決定過程: 初期対韓政策の変容と連続, 1953-57」, 『神戸法学雑誌』 64巻 3·4号, 2015年 3月, 31-41쪽.

한일 간 교섭 재개에 관한 윤곽이 희미하게나마 드러난 것은 1957년 5월에 들어 김용식 공사의 후임으로 김유택金裕澤 대사가 대일교섭의 대표를 담당하면서부터이며, 인도적 문제를 구실로 하여 오노 가쓰미大野勝巳 외무성 사무차관 또는 기시 수상 겸 외상과 함께 정치적 절충에 나서면서부터이다. 이때 한국정부는 정치적 협상에 힘을 실어주기 위해서 이승만 대통령의 측근인 김유택 한국은행 전 총재를 주일대사로 임명하여 외교관으로서의 경력을 시작하게 했고 이승만 대통령의 진두지휘 아래에서 교섭 재개를 위한 일본 측 의사를 확인하는 작업을 동시에 진행했다. 한일 양국의 정치적 절충이 가능하게 된 것은 무엇보다도 이 시기에 기시 수상이 미국 방문을 앞두고 구보타 망언을 철회하기로 하고 한국에 대한 '역청구권' 발언을 포기하기로 한 것이 한국정부에 알려졌기 때문이다.[25]

그러나 그해 6월에 들어 예비교섭을 추진하는 가운데 일본 측이 미국의 relevant 문구에 유의한다는 종래의 입장을 철회하지 않겠다고 하는 것이 확인되면서 한일 간 정치적 교섭은 일시적으로 난항에 빠져들었다. 이승만 대통령이 일본 측 입장이 담긴 문구에 이의를 제기하고 나섰고 7월에 새로 외상에 취임한 후지야마 아이이치로藤山愛一郎 외상 역시 한국정부의 의견을 거부하고 청구권 문제를 둘러싸고 한국에 대한 강경 자세를 기본방침으로 하여 일본의 입장을 표명했기 때문이다.[26] 그해 11월 미국은 주한 미국대사를 통해 한국정부에 대해 relevant 문구에 대한 조건 없는 수용을 촉구하고 나섰고, 이러한 미국의 압력에 대해 한국정부는 기본적으로 미국의 유권해석을 수용하겠다고 하되 이를 대외적으로 공표하지 않기로 하는 데까지 후퇴해야 했다. 이로써 일본과의 회담 재개를

---

25 박진희, 『한일회담: 제1공화국의 대일정책과 한일회담 전개과정』, 241-242쪽.
26 박진희, 『한일회담: 제1공화국의 대일정책과 한일회담 전개과정』, 244-248쪽.

위한 불씨가 되살아났다.[27] 제4차 한일회담이 재개되는 데에는 한일 양국 모두 그간 4년 이상이나 외교적 교섭이 중단된 것에 대해 피로감을 느끼게 되었고, 미국을 동아시아의 축으로 하는 반공 안보 공동체를 유지해야 하는 현실적 판단이 작용했기 때문이다. 이와 함께 일본사회에서 한일 양국이 민간인에 대한 비인도적 억류 처사를 비판하는 논조가 강화되었기 때문이기도 했다. 이러한 비판 논조는 국제적 여론이나 분위기를 자극시켰고, 미국정부도 다양한 채널을 통하여 한일 양국의 교섭 재개를 간접적으로 촉구하기에 이르렀다.

[사진-20] 대외적으로 발표되지 않은 미국의 relevant 문구

the countries concerned. They contemplated that in the special arrangements referred to in Article 4(a) the parties would take into account the fact that Japanese-owned properties in Korea had been vestedd - hence the statement in the above opinion that such disposition was "relevant" in the consideration of the special arrangements. Thus the special arrangements between Korea and Japan would encompass determination of the extent to which Korean

1886

-3-

claims against Japan should be considered to be extinguished or satisfied by virtue of the take-over by the Korean Government of Japanese assets in Korea.

출처 : 한일회담자료, 등록번호: 0099, 프레임번호: 200

---

27   한일회담자료, 「제4차 한·일회담 예비교섭 1956-58(V.1 경무대와 주일대표부 간의 교환공문, 1956-57)」, 분류번호: 723.1JA, 등록번호: 0099, 생산과: 경무대/아주과(1958년), 프레임번호: 200.

계속되는 한국의 일본인 어민 억류

앞에서 논한 바와 같이 샌프란시스코 대일강화조약이 비준 발효를 눈앞에 둔 시점에서 1952년 1월 이승만 대통령은 어업자원의 주권적 관리를 전면적인 이유로 내세우고 '평화선'을 선포했다. 현실적으로 미국 중심의 대일점령 기간에 유지되고 있었던 '맥아더라인'을 계승함으로써 신생 한국의 어업 주권을 유지하려는 정책에서 나온 것이었다. 이미 대일강화조약 체결 이전에도 맥아더라인 침범을 이유로 하여 점령당국이 일본어민의 무분별한 출어를 단속하고 이를 어긴 어민에 대해 처벌을 실시한일이 있다. 일찍이 1949년 5월에 한국정부는 일본어선의 한반도 진출이빈번하여 한국의 어업에 지장을 초래하고 있는 만큼 한일어업협정이 체결될 때까지는 일본어선에 대해 강력한 조치가 필요하다고 인식하고 있었다. 정부수립 직후에도 한국의 외교당국은 '평화선'에 버금가는 주권적 조치가 필요하다는 것을 인식하고 있었다. 한국의 '평화선' 선포 행위를 오로지 이승만 대통령 개인의 구상에 따른 정책으로 보기보다는 제도적 필요성에 따른 통치 행위로 보는 것이 보다 합당하다고 생각된다.

다음 [표-3]이 나타내는 바와 같이 '평화선'이 선포되는 1952년까지 상황을 보면, 일본 선박이나 일본 어민의 나포 및 억류 피해가 한국정부에 의한 것보다 소련정부에 의한 것이 훨씬 더 컸다는 것을 알 수 있다.[28] 소련은 샌프란시스코 강화회의에서 일본의 역사인식이나 영토문제 그리고 미군의 일본 잔류 문제 등에 대해서 반대의사를 표명했으며 강화조약의 체결에 응하지 않았다. 결과적으로 일본의 주변국은 모두 대일강화조약을 반대하거나 참여하지 못함으로 인하여, 주변국이 환영하지 않은 가운데서 일본은 미국의 주도 아래 전후 세계에 복귀하게 되었다. 이러한 상황에서

---

28 日韓漁業協議会,『日韓漁業対策運動史』, 57쪽.

주변국들은 일본 어민의 출어를 둘러싸고도 공통적으로 이를 규제하려는 움직임을 보이고 있었고 나포된 일본 선박을 즉각 되돌려 보내지 않게 되었다. 이것은 1950년대 일본사회에서 특별히 한국에 대한 심각한 국민적 혐오 감정이 자국 어선의 나포와 자국민의 억류라고 하는 사실 이외에도, 신생 한국과 한국민족에 대한 일본국민의 기본 인식이 서구인들에 대한 인식과는 다르게 차별적인 성격을 띠고 있었다는 것을 잘 말해 주고 있다.

[표-3] 1952년까지 일본어선의 나포 및 어민의 억류 상황

국별	종별		강화조약 체결이전	강화조약 체결이후	계	비고
계	선박	나포수	290	71	361	
		귀환	185	12	197	
		미귀환	104	60	164	
	어민	귀환	2,855	333	3,188	
		미귀환	115	512	627	
소련	선박	나포수	141	10	151	강화 전 침몰 5척 포함
		귀환	101	0	101	
		미귀환	40	10	50	
	어민	귀환	1,195	29	1,224	강화 전 인원불명 1척, 강화 후 14명 포함
		미귀환	84	68	152	
중공	선박	나포수	27	50	77	강화 후 귀환 1척은 강화 전에 나포된 것
		귀환	0	1	1	
		미귀환	26	50	76	
	어민	귀환	237	209	446	강화 전 사망 2명, 강화 후 사망 6명
		미귀환	20	444	464	강화 후 귀환자 중, 강화 전 나포 33명 포함
대만	선박	나포수	43	1	44	강화 후 침몰 2척
		귀환	13	1	14	
		미귀환	30	0	30	
	어민	귀환	529	20	549	강화 전 사망자 10명, 좌초 5척
		미귀환	11	0	11	
한국	선박	나포수	79	10	89	강화 전 도난 21척, 좌초 5척
		귀환	71	10	81	
		미귀환	8	0	8	
	어민	귀환	894	75	969	강화 전 사망자 4명
		미귀환	0	0	0	

출처 : 日韓漁業協議会, 『日韓漁業対策運動史』, 5-7쪽.

한국의 '평화선' 선포에 대해서 일본정부는 즉각 주일대표부에 구상서를 보내고 일방적인 선언을 국제사회가 받아들일 수 없다고 하면서 일본으로서는 이를 결코 인정하지 않겠다고 하는 입장을 분명히 했다.[29] 후에도 일본정부가 '평화선'을 의도적으로 무시하고 일본어민에게 출어 금지방침을 전달하지 않았기 때문에 '평화선'이 규정하는 수역에서 도리어 일본인 어선의 조업이 증강되었고, 이러한 상황에서 한국에 의한 나포와 억류 사태가 계속 발생한 것이다. 특히 1953년 2월 4일 제1, 제2 다이호마루 大邦丸에 대한 한국의 발포 사건으로 한일 양국의 상대 국민에 대한 혐오 여론은 심각한 수준으로 비등했다. 이 사건은 '평화선' 내에서 조업 중이던 후쿠오카 어선에 대해 한국의 해군이 총격을 가하고 이에 따라 제1다이호마루의 어로장이 사망하게 되었으며 인근 제주도로 다이호마루 어선과 어민이 억류되었다. 결과적으로 미군의 중재에 따라 피해 선박과 일본인 어민이 억류 2주 후에 일본으로 송환되었지만, 이 사건은 한국 측의 '폭력적' 이미지가 일본사회에 널리 확산되는 계기가 되었고 오늘날까지도 일본사회에서 인터넷 등을 통하여 혐한嫌韓 소재로 활용되고 있다.[30]

1953년 8월이 되자 6.25에 대한 휴전협정이 이루어졌고 이에 따라 그간 작전상 한일 간 경계선으로 사용되었던 클라크라인도 자동 폐기되기에 이르렀다. 이후부터는 한국정부가 독자적으로 '평화선'을 침범한 일본인 어선을 나포하고 어민들을 억류하는 일이 더욱 활발해졌다. 특히 구보타 망언 이후 한국정부는 일본선박의 나포와 함께 일본인 어민들을 수용소에 억류하기 시작했다. 1953년 9월에서 10월 사이에만 해도 일본어선 42척이 나포되었고 이에 따라 일본인 어민 516명이 억류되자 한국정부는 이들

---

29 박창건, 「한일어업협정 전사로서의 GHQ-SCAP 연구: 맥아더라인이 평화선으로」, 국민대학교 일본학연구소(편), 『GHQ시대 한일관계의 재조명』, 선인, 2016년, 236-237쪽.

30 「韓国の通貨改革と第一大邦丸事件」, 『世界情勢旬報』 190号, 1953年, 8-14쪽.

을 통합 수용하기 위한 공간으로서 부산에 외국인 수용소를 설치하기에 이르렀다. 부산시 괴정동에 판자로 된 임시건물을 지어 1953년 11월부터 일본인 어민을 수용하는 공간으로 활용했으며, 처음에는 억류된 일본인 어민과 함께 한국인과 결혼한 재한일본인 여성의 일본 귀환을 위한 대기 소로도 활용한 바 있다.[31] 1955년 8월 부산 수용소의 경비가 지극히 허술 했던 점을 틈타서 억류 일본인 어민 가운데 2명이 부산에서 밀항선을 타고 쓰시마對馬 섬으로 탈주하는 사태가 발생하자, 한국정부는 이 사건을 계기 로 하여 수용소 담 위에 철책을 설치하고 경비를 한층 강화시켰다.[32]

'평화선' 침범의 혐의로 나포된 선박에 관한 구체적인 조사결과로서 는 앞에 제시한 바 있는 모리스 가즈오森須和男의 연구논문이 주목할 만하 다. 그는 종래의 자료들에서 규명되지 않는 선박들을 조사하여 1945년부 터 한일국교정상화 회담이 발효된 1966년까지 한국에 나포된 일본선박 383건을 추려내고 이에 관하여 이제까지 발간된 각종 자료들을 서로 대 조하여 사실 관계를 정리하고자 시도했다.[33] 한편 한국의 외무부는 공식적 으로 1965년에 '평화선' 관련 통계를 제시하는 가운데 1947년부터 1964 년까지 18년 동안 총 선박 수 324척과 어민 총 3,883명에 이른다고 하면 서, 이때 나포된 어선 가운데 141척을 일본으로 돌려보냈고 180척은 한 국이 접수했으며 아울러 3척은 침몰됐다고 발표했다.[34] 한편 선박과 어민 의 피해 상황에 관한 일본정부의 공식 집계로는 한일어업협정 체결 후 자 국민 '평화선' 피해 어민에 대해 교부금을 지급한 결과에 주목해야 한다고

31 김경렬, 『기항지: 關門루포』, 90-91쪽.

32 野方直一, 「抑留船員に対する韓国国民の感情」, 『朝水』 78号, 1955年 11月, 14 쪽; 時事通信 3681号, 1958年 2月, 7-8쪽.

33 森須和男, 「李ラインと日本船拿捕」, 『北東アジア研究』 28号, 2017年 3月, 83-86쪽.

34 박진희, 「평화선과 한일회담」, 경북대 사회과학원, 『일본교과서의 평화선 왜곡과 우리의 논리』(학술대회 발표집), 2016년 3월 25일, 7쪽.

필자는 보고 있다. 일본정부의 교부금 지급 결과에 따르면, 1952년부터 1965년까지 총 325척 어선이 나포를 당했고 어민 총 3,796명이 억류를 당한 것으로 되어있다. 그리고 한국에 억류된 일본인 어민 가운데에서는 29명의 사망자와 84명의 장애자가 나온 것으로 되어있다.[35]

한국정부는 한일회담의 협상력 제고를 위해 1954년부터 1957년까지 4년간에 걸쳐 억류된 일본인을 송환시키지 않고 계속해서 수용소에 억류시키는 비인도적인 처사를 감행했다. 모리수의 연구에 따르면, 1954년에 36척, 1955년 33척, 1956년 20척, 1957년 13척 어선을 나포한 것으로 되어있다.[36] 이 시기에 억류된 일본인 어민의 총수가 대략 1,300명 정도 되었는데, 이들은 대체로 6개월에서 1년 동안 부산 동대신동 소재의 형무소에서 복역을 마친 후에도, 추가로 1년 정도 괴정의 수용소에서 집단 억류 생활을 보내야 했다. 이에 따라 부산 외국인 수용소가 설립 당시 판자로 만든 임시 건물 상태였기 때문에 수용 조건이 매우 열악했고 무엇보다 넘쳐나는 일본인 어민 억류자들로 수용소가 붐비고 있어 억류 상황을 더욱 악화시켰을 것으로 쉽게 짐작할 수 있다.

한편 한반도 해역에 출어하다가 나포를 당한 선박의 경우 지리적인 이유에 따라 거의 서일본 지역에 편중되어 있었다. 다만 서일본 지역 가운데에서도 일부 지역만이 '평화선' 억류의 대상이 되었던 점도 함께 이해할 필요가 있다. 피해 선박에 대한 일본정부의 교부금 지급 결과를 보면, 서일본 지역에서는 지리적인 이유로 효고현兵庫縣 이북 지방의 선박 가운데는 한국에 억류된 일이 없다.[37] 필자는 자료조사를 위하여 도야마현富山縣의 현청과 공문서관을 방문하여 자료를 추적한 결과, 이 지역에서

---

35 이 책 제4장의 [표-5] 참고할 것.
36 森須和男, 「李ラインと日本船拿捕」, 96-101쪽.
37 富山縣, 『富山縣史: 史料編Ⅷ(現代)』, 富山縣, 1980年, 582쪽.

는 1950년대 '평화선'에 따른 억류 피해에 관한 일반 공개 자료는 보이지 않았고 도리어 홋카이도 북쪽 해역에서 조업하다가 소련에 나포된 현민 어부들의 구출을 탄원하는 자료들이 많았다는 점을 확인했다.[38]

1950년대 한국정부에 의한 일본인 억류에 대해서 일본의 피해자 단체를 비롯한 시민단체의 운동에 따라 국제적으로 여론이 뜨거워졌고 급기야 국제적십자위원회는 한국과 일본의 민간인 억류 실태를 상호 시찰하기로 했다. 이러한 상황에 직면하여 이승만 대통령은 1956년 4월 부산의 외국인 수용소를 전격 방문하고 특단의 대책을 지시하기에 이르렀다. 즉 억류 일본인 어민에 대해서는 처우를 개선하도록 지시하는 한편, 재한 일본인 부인과 그 자녀들 가운데 일부를 직접 면담하고 나서 수용소에 남아 있던 일본인 부녀자 97명을 전원 일본으로 무조건 송환하라고 지시한 것이다. 갑작스런 대통령의 지시는 이제까지 일본정부로부터 입국 증명이 송달되어 올 때까지 수용소에서 무료하게 대기하고 있던 이들에게 희소식이 되었다. 이러한 한국정부의 즉시 송환 움직임에 고무되어 그 후에도 전국에 산재해 있던 일본인 부인과 그 자녀들이 부산의 외국인 수용소를 찾아와 일본으로의 송환을 요청하는 사태가 일어났고 한국의 외교당국과 경찰당국은 일본인이라는 증거자료가 확보되는 대로 이를 근거로 하여 이들을 대거 일본으로 내보내게 되었다.[39]

국제적십자위원회는 5월 14일 부산 수용소를 시찰하고 이어 19일에는 일본으로 건너가 오무라 수용소를 시찰하여 양국의 수용 상황을 상호 비교하게 하는 보고서를 정리했다. 그 결과 부산 수용소의 환경에 대해서 상대적으로 긍정적인 평가를 하는 시찰보고서가 작성되었는데, 특히

---

38 도야마 현청과 공문서관에서는 전후 현대의 행정자료에 대해서 목록조차 일반 공개하지 않아 확인할 수 없었고, 일반에 공개된 현의 역사책을 통하여 억류 어민의 상황을 확인했다.

39 김경렬, 『기항지: 關門루포』, 91-96쪽.

대통령과 일본인 어민 억류자와의 인터뷰에서 대체로 "일반적으로 보아 대우가 좋은 편이다"는 평가를 받은 것으로 기록되었다. 이러한 시찰보고서에 대해서, 「일한어업협의회」는 "완벽한 위장을 하고 나서 적십자의 사찰단을 불러들였다"라고 혹평하기도 했다.[40] 아무튼 이듬해 5월에 1개 동을 추가 신축함으로써 일본인 어민 수용자의 억류로 인한 초만원 상태가 가까스로 해소되기에 이르렀다.

일본에 억류된 한국인 밀항자와 '불법' 체류자

재일동포는 전통적으로 일본에 장기간 혹은 태어나면서 거주해 온 사람을 지칭한다. 이 사람들과 함께, 해방 이후 혼란하고 가난한 한국사회를 벗어나 일본으로 입국한 재일한국인들도 존재한다. 재일동포 혹은 재일한국인 가운데 가족 구성원이나 개인의 선택 혹은 운명에 따라서 이 두 가지 속성이 함께 얽혀 있는 경우가 허다하다. 1950년대 시점에 정치적으로는 일본제국의 식민지 지배로부터 해방되기는 했지만 신생 정부가 개인적인 자유를 허용하지 않았을 뿐 아니라, 경제적으로 생활고를 벗어나지 못해 어려움을 겪는 한국인이 많았던 것이 사실이다. 따라서 국가의 통제에서 벗어날 수 있는 조건을 갖춘 한국인 가운데서 밀선을 타고 한반도에서 가까운 일본으로 도항하여 일본의 서남부 해안에 상륙하는 일이 많았다. 여기에다가 해방 직후부터 북한의 공산화, 제주도의 4.3 사건, 6.25 전쟁의 혼란 등이 발생하면서 일본으로 집단 밀입국하는 한국인들이 많아졌다. 오늘날 마루한의 한창우韓昌佑 회장은 해방 직후 일본에 밀입국한 것을 당당하게 회고하고 있으며, 소프트뱅크 손정의孫正義 사장의 부친도 해방 직후에 일가족이 남한을 탈출하여 일본에 정착했다는 것

40　日韓漁業協議会, 『日韓漁業対策運動史』, 200-202쪽.

이 일반에게 널리 알려지고 있다. 일본 밀입국에 관한 신문기사와 당사자의 회고 기록은 넘치도록 많이 나와 있다. 해방 직후 일본에 밀입국한 한국인이 20만에서 40만이 될 것으로 보는 견해도 있다.[41]

일본정부는 전후에 들어 한국인 밀입국자를 단속했으며, 이에 적발된 한국인을 억류했고 이들에 대한 비인도적인 처우를 지속했다.[42] 1950년대 재일동포와 한국인의 비인도적인 수용소로 널리 알려진 나가사키長崎의 오무라 수용소는 1950년 12월 28일부터 본격적으로 사용되었다. 그 해 5월에 재일한국인의 한반도 귀환 업무를 담당해 오던 사세보佐世保 인양원호국이 문을 닫고 그 업무를 이분화하여 공식적인 귀환자 송환업무는 마이즈루舞鶴 인양원호국에서 담당했으며, 거의 한국인으로 이루어진 '밀항입국자' 혹은 '불법입국자'에 대한 강제송환업무는 나가사키 하리오針尾 수용소가 담당했다. 일본은 대일강화조약의 체결 직후인 1951년 11월에 출입국 관리령을 실시하기 시작했는데 이듬해 4월 28일 강화조약이 비준된 날로부터 외국인등록법을 실시하여 재일동포와 재일한국인의 일본국적 선택권을 일괄적으로 박탈하는 한편, 한국에서 밀항해 오는 한국인들과 함께 재일동포들을 단속과 통제의 대상으로 했다. 이에 따라 오무라 수용소가 하리오 수용소의 업무를 이어받아 재일동포와 재일한국인의 강제 송환업무를 담당하는 공식적인 기구가 된 것이다.[43]

일본정부는 한국에서 전쟁이 한창이던 1950년 12월부터 1952년 3월까지 총 7차례에 걸쳐 총 3,600여 명을 부산으로 강제송환했다. 이 중에는 해방 전부터 일본에 거주해 온 재일동포도 445명이 포함되어 있

---

41 在日韓国·朝鮮人-Wikipedia https://ja.wikipedia.org/wiki/在日韓国·朝鮮人, 2020년 3월 23일 검색.

42 도노무라 마사루, 「재일한국인 이주사 연구동향과 과제」, 제주대학교 재일제주인센터, 『재일한국인 연구의 동향과 과제』, 제주대학교 재일제주인센터, 2014년, 104-105쪽.

43 吉留路樹, 『大村朝鮮人収容所: 知られざる刑期なき獄舎』, 二月社, 1977年, 18쪽.

었다. 이때는 샌프란시스코 강화조약이 비준되기 전으로 연합국에 의한 일본점령이 이뤄지는 상황이었기 때문이기도 하여 한국정부는 '밀항자' 단속을 이유로 하여 일본에서 송환되어 오는 재일동포와 한국인을 모두 함께 받아들였다.[44] 이때 부산항에 송환되어 오는 사람들 가운데는 '밀항자'와 함께 일본 거류민도 포함되어 있었다. 오무라 수용소의 재일동포와 재일한국인에 관한 석방 단체의 통계 자료를 인용한 한 연구논문에 따르면, 1950년 1년간의 '밀항자' 2,434명 중 송환 1,058명, 1951년 1년간의 '밀항자' 3,503명 중 송환 2,173명, 1952년 1년간의 '밀항자' 2,628명 송환 2,320명으로, 3년간에 걸쳐 총 '밀항자' 11,378명 중 5,551명이 한국으로 송환되었다고 기록되어 있다.[45]

그런데 연합국의 일본점령이 끝나고 난 후부터 한국정부는 '밀항자' 한국인과 '거주자' 재일동포를 구분하여 받아들이기 시작했다. 1952년 5월의 제8차 송환으로 410명이 부산에 도착했을 때 밀항자 285명과는 달리, 해방 전부터 일본에 거주해 온 것으로 밝혀진 125명에 대해서는 한국정부가 이들의 인수를 거부하고 오무라 수용소로 되돌려 보냈다. 한국은 해방 이전부터 일본에 재류해 온 재일동포에 대한 일본정부의 조치는 「귀국조치」가 아니라 「추방」이라고 하는 비인도적인 처사라는 점을 들어 국제사회의 여론을 환기시키면서 이들의 법적지위는 막 시작된 한일회담에서 결정할 것이라고 주장했다. 나아가 1954년 6월을 마지막으로 하여 한국은 재일동포 뿐 아니라 '밀항자' 한국인에 대해서도 인수를 거부하게 되자 오무라 수용소에는 재일동포와 재일한국인 억류자가 1천명을 넘어서게 되었다. 이처럼 수용자가 급증하게 되자, 일본정부는 오

---

44 이정은, 「난민 아닌 "난민수용소", 오무라(大村)수용소」, 『사회와 역사』 103호, 2014년 9월, 327-329쪽.

45 전갑생, 「한국전쟁기 오무라 수용소(大村收容所)의 재일조선인 강제추방에 관한 연구」, 『제노사이드연구』 5호, 2009년 2월, 36-37쪽에서 재인용.

무라 수용소의 증축 공사를 서둘렀고 이에 따라 1953년 9월 시점에는 총 수용 정원 1천 명의 규모로 수용소 건물 5개 동을 갖추게 되었다.[46]

한편 1952년 5월의 제8차 송환에서 일본으로 되돌아간 재일동포들은 더 이상 수용할 근거가 소멸되었다고 하며 오무라 수용소로부터의 즉시 석방을 요구하고 나섰다. 수용소 측과 억류자 측 사이에 험악한 분위기가 감도는 가운데 그해 5월 20일 억류 피해자 대표가 수용소 소장에게 면담을 요청했다. 그러나 이것이 거부되자 그날로 바로 억류자들과 나가사키 소재 사회주의 계열 재일동포 단체가 힘을 합쳐 수용소 내부와 외부에서 집단투쟁 활동에 돌입했다. 이때 일부 억류자 가운데 수용소의 외부로 탈주한 사례도 나왔다. 집단 소요사태가 걷잡을 수 없이 확대되자 수용소 내부의 경비관이나 오무라 경찰서 경찰관들은 최루탄과 소방차를 동원하여 이들을 진압하기에 이르렀다.[47] 또한 1957년 8월 15일과 16일에는 오무라 수용소의 시즈오카현静岡縣 지소인 하마마쓰浜松 수용소에서도 '밀입국' 한국인 억류자 200여 명이 음식·의료 등 처우 개선을 요구하며 시위를 벌이다가 그중 10명 정도가 경찰 진압 과정에서 경상을 입고 4명이 체포되기도 했다.[48]

반면에 한국과 일본의 외교 대표자들은 상호교섭을 진행하다가 중단하다가를 반복하고 있었지만 역사인식과 청구권 문제를 둘러싸고 치열하게 대립해 갔으며, 따라서 현실적으로 비인도적 상황에 놓인 재일동포와 한국인의 존재에 대해서 이를 지엽적인 문제로 간주하고 일본은 물론

46 吉留路樹, 『大村朝鮮人収容所: 知られざる刑期なき獄舍』, 49쪽.

47 吉留路樹, 『大村朝鮮人収容所: 知られざる刑期なき獄舍』, 47-48쪽.

48 「주일대표부 대사가 경무대, 외무부장관에게 보내는 전문」(공한/TS-900587), 1957년 8월 17일, 국민대학교 일본학연구소, 『한일회담 외교문서 해제집Ⅱ: 평화선·북송·6차회담』, 2008년, 532쪽; 「주일대표부 대사가 경무대, 외무부장관에게 보내는 전문」(공한/TS-900859), 1957년 8월 18일, 국민대학교 일본학연구소, 『한일회담 외교문서 해제집Ⅱ: 평화선·북송·6차회담』, 532-533쪽.

한국도 이들에게 대중적인 관심을 그다지 기울이지 않았다. 1953년 제 3차 한일회담이 결렬되는 시점에도 한일 양국 모두 오무라 수용소의 비인도적인 재일한국인^{재일동포 포함}의 억류 문제를 의제로 삼지 않았다. 이런 상황에서 1954년 말 시점에 오무라 수용소에 재일동포와 한국인 억류자가 총 1,300명을 넘기고 있었다. 이에 따라 수용소의 관리 부담을 경감시키기 위해 일본정부는 '밀입국자'만이라도 한국에 송환하겠다고 나섰고 여기에 한국이 긍정적으로 응하면서 1955년 2월부터 2개월 동안 707명에 달하는 '밀항자'들을 한국으로 내보냈다.

1955년 11월 하토야마 이치로鳩山一郎 내각의 하나무라 시로花村四郎 법무상은 김용식 주일공사에 대해 "전후 일본에 불법 입국한 한국인은 한국에 송환하겠으나, 만약 한국이 형무소 복역을 끝낸 일본인 어부들을 석방한다면 일본도 오무라 수용소에 있는 재일한국인들을 조건 없이 모두 석방하겠다"고 하는 의사를 밝혔다. 하나무라의 발언에 대해서 주일공사는 당연히 이를 호의적으로 받아들여 대외적으로 언론에 이를 알렸을 뿐 아니라 경무대에 대해서도 이를 긍정적인 움직임으로 보고하기에 이르렀다.[49] 제4차 회담 재개를 위한 예비회담에 앞서 이처럼 인도적 차원에서 상호석방에 관한 양국 정책결정자의 합의가 이뤄진 것은 2년 뒤에 체결되는 상호석방 각서의 외교적 동기를 포착하는 데 중요한 단서가 되고 있다.[50]

한일 외교당국 사이에서 상호석방 각서가 체결된 것은 1957년 말 제4차 회담 재개를 위한 예비회담 과정에서 일어난 일이지만, 필자는 인도적

---

49 「외무부장관이 경무대에 보내는 전문」(공한/T.S.81132), 1955년 11월 12일, 국민대학교 일본학연구소, 『한일회담 외교문서 해제집Ⅱ: 평화선·북송·6차회담』, 529쪽; 「주일공사가 경무대에 보내는 전문」(공한/T.S.81146), 1955년 11월 16일, 국민대학교 일본학연구소, 『한일회담 외교문서 해제집Ⅱ: 평화선·북송·6차회담』, 530쪽.

50 이정은, 「난민 아닌 "난민수용소", 오무라(大村)수용소」, 336-337쪽.

인 차원에서 억류자의 상호석방이 필요하다고 하는 공통 인식이 예비회담에 앞서서 이미 1955년 11월 김용식 공사와 하나무라 법무상이 공개 합의한 시점에서부터 대두되고 있었다는 점에 주목하고 싶다. 그러나 일본의 외무성은 바로 다음 날 11월 17일 오전에 대변인 성명을 통하여, 일본정부 안에서 조율이 이뤄지지 않은 '개인적인 견해'라는 점을 들어 법무상의 의견을 일축했으며, 부산 수용소의 일본인 가운데 형기를 마친 사람만을 석방한다고 하는 것은 결과적으로 '평화선'의 법적 정당성을 인정하는 것이며, 오무라 수용소에서 재일동포와 한국인을 석방하는 문제는 일본사회의 치안을 불안하게 하는 요인이 될 것이라는 점을 강조했다.[51] 하지만 국제여론과 수용소 상황에 비추어 인도적 차원의 석방 노력이 필요하다는 공통 인식이 한일 양국의 고위 정책 실무자 사이에서 형성된 것이야말로 오랜 중단 기간을 끝내고 제4차 회담을 조속히 재개하자는 움직임으로 연결되었다는 점에 주목해야 한다고 생각한다.[52]

1957년 2월 기시 내각의 출범은 이러한 우호적 분위기를 가속화했으며 이에 따라 외교접촉 실무자 사이에 활발한 교섭으로 이어졌다.[53] 일본 점령 말기부터 50년대에 걸쳐 6년 동안 주일대표부 수석대표를 역임하고 한일회담을 주도해 온 김용식은 훗날 그의 회고록에서, 1950년대 중반 한일 양국의 고위층 회합에서 인도적인 차원의 해결 방안이 합의되고

---

51 김용식, 『김용식 외교 33년 새벽의 약속』, 김영사, 1993년, 232-233쪽.

52 김용식은 훗날 이때의 교섭과정을 다음과 같이 회고했다. "오무라 수용소와 부산수용소에 동시에 수 백 명의 사람이 갇히게 되어 인도상 문제가 되어 있었습니다. 양국 관계가 나쁘다고 하더라도 서로 상대국의 사람들을 구속해서는 곤란하지 않겠느냐? 우리는 일본에 대해서 항의를 하고 일본은 우리에게 대해서 항의를 하던 끝에 억류자 상호석방이라고 하는 내용으로 일본하고 우리가 교섭을 했습니다..... 기왕 이렇게 좋게 되는 바에는 본회담을 여는 것이 어떠냐? 그리하여 본 회담을 여는 내용으로서는 우선 일본의 재한재산청구권을 포기해 주었으면 좋겠다고 한 즉 일본 측에서도 거기에 대해서는 무리라는 것을 생각하고 이에 응할 듯 싶었습니다". 대한민국정부, 『한일회담백서』, 197쪽.

53 박진희, 『한일회담: 제1공화국의 대일정책과 한일회담 전개과정』, 241쪽.

호의적 교섭 분위기가 무르익고 있었기 때문에 늦어도 1957년 봄까지는 제4차 회담이 재개될 것으로 예상했다고 말했다.[54] 다음 [표-4]는 일본 정부에 의해 집단 송환이 개시된 1950년부터 한일 양국 사이에 상호석방 각서가 교환된 1957년까지 8년 동안 밀입국 검거자, 송환자, 오무라 수용소 입소자와 퇴소자 숫자를 집계한 것이다. 중복하여 집계된 사람도 있을 것이 예측되며 구체적인 숫자를 밝혀내지 못한 부분도 있을 것으로 보이지만, 1957년 상호석방 각서 체결의 외교적 배경을 이해하는데 있어서 중요한 통계라고 생각된다.[55] 괄호 안의 숫자는 정확한 통계 근거를 찾기 힘들어 추정치를 제시한 것이다.

[표-4] 한국인 '밀항자', 송환자, 오무라 수용소 억류자 수

	밀입국 검거자	한국으로 송환		오무라 수용소	
		전체	집단송환	입소	퇴소
계	17,102	12,185	9,554	(14,000)	(13,000)
1950년	2,434	1.058	955	148	0
1951년	3,503	2,172	2,170	(2,900)	(2,600)
1952년	2,628	2,320	2,298	(3,000)	(2,800)
1953년	2,244	2,713	2,587	(2,800)	(2,700)
1954년	1,721	1,022	837	(2,100)	1,044
1955년	1,395	1,162	707	1,728	1,483
1956년	1,117	664	0	552	1,114
1957년	2,060	1,074	0	801	702

---

54 이승만 대통령은 일본의 교섭 라인에서 일본과의 합의 의사록까지 작성해 놓고 경무대에 회담 재개를 촉구한 것을 못 마땅하게 여겼으며, 1957년 5월 16일 주일대표부 수석대표 김용식 공사를 프랑스 공사로 발령하는 한편, 김유택 대사를 새로운 주일대표부 수석대표에 앉혔다고 한다. 김용식, 『김용식 외교 33년 새벽의 약속』, 268-269쪽.

55 권혁태, 「'밀항자'는 어디에서 와서 어디로 갔을까?」, 권혁태·이정은·조경희, 『주권의 야만: 밀항, 수용소, 재일조선인』, 21쪽에서 부분 인용.

1957년 외교각서의 결과

국제적십자가 지속적으로 민간인의 조속한 상호석방을 한일 양국에 권고하는 한편 소련의 인공위성 발사 성공 이후 미국이 자유진영 국가의 결속을 적극적으로 촉구하는 가운데, 1957년 12월 31일 오후 11시 30분이 조금 지난 시간, 그러나 새해 아침이 오기 직전에 이르러, 한국의 김유택 대사와 일본의 후지야마 외상이 상호석방 각서에 각각 서명했다. 각서의 정식 명칭은, 「일본 내에 억류된 한국인 및 한국 내에 억류된 일본인 어부에 대한 여러 조치에 관한 대한민국 및 일본정부 간의 양해 각서」였다.[56] 애초에는 당일 정오에 서명식을 개최할 예정이었으나 한국 측이 회합 막바지에 이르러 미국의 relevant 입장을 대외적으로 공개하지 않도록 요구했으며 이를 둘러싸고 일본 측 내부에서 의견을 조정하다가 서명 시각이 늦춰진 것으로 알려지고 있다. 이날 한일 양국은 언론에 대해서 다음과 같이 짧게 공동성명 내용을 발표했다.[57]

> 1957년 12월 31일자 주일 대한민국 대표부 수석 김유택 대사와 일본국 외무대신 藤山愛一郎 간에 개최된 회담에서 일본정부는 제2차 세계대전 종결 이전부터 일본에 거주하여 온 한국인으로서 일본 외국인 수용소에 억류되어 있는 자를 석방할 것이며, 또한 대한민국정부는 한국내 외국인 수용소에 억류되어 있는 일본인 어부를 송환하고 또한 제2차 세계대전 종결 후의 한국인 불법입국자의 송환을 받아들이기로 합의를 보았다. 동시에 일본정

---

56 일본 명칭은 日本国において収容されている韓人及び韓国において収容されている日本人漁夫に対する措置に関する日本国政府と大韓民国政府との間の了解覚書이다.

57 외교부외교사료관, 『재일한인 북한송환 및 한일양국억류자 상호석방 관계철 1955-60』 전9권, 롤번호: Re-0004, 파일번호: 6, 프레임번호: 0077.

부는 1953년 10월 15일 일본 수석대표 久保田貫一郎가 행한 발언을 철회하며, 또한 1953년 3월 6일 일본 대표단이 행한 한국 내 재산에 대한 청구를 1957년 12월 31일자 미국정부 각서에 의거하여 철회할 것을 대한민국 정부에 통고하였다. 그 결과 대한민국과 일본의 전면적 회담을 1958년 3월 1일 도쿄에서 재개하기로 합의하였다.

합의서는 공동성명서와 구상서, 양해각서, 각서로 구성되어 있다. 일본 측 구상서는 1953년의 구보타 망언을 철회하며 1957년에 재차 확인된 relevant 문구에 따라 한국에 대한 청구권을 포기한다는 내용으로 되어 있었다. 한편 한국 측 구상서는 일본 측 구상서를 접수한다고 되어 있었고, 양해각서를 통해서 일본 측이 일본 국내의 외국인 수용소에 억류 중인 재일동포와 한국인을 석방하고 한국은 형기를 만료하고 한국 국내의 외국인 수용소에 억류 중인 일본인 어부를 송환한다는 내용을 담았다. 또한 각서를 통해서 일본 측이 오무라 수용소에 억류 중인 재일동포와 한국인 474명을 석방하는 대신, 한국 측은 부산의 수용소에 억류 중인 일본인 어부 922명을 석방하기로 했다. 애초에는 양국 간 합의 내용이 서명식 이후에 언론에 공표될 예정이었으나, 양국 여론의 반발을 의식하여 relevant 문구의 재확인 문제, 재일동포의 억류 자제, 재일동포 보호의 증대, 한 달 반 이내에 상호석방의 완료, 한국 미술품의 일부 반환 등에 대해서 비밀 양해사항으로 하기로 합의했다.[58]

상호석방 각서의 이행 상황에 대해서는 외교부 외교사료관의 자료에 잘 나타나 있다.[59] 그 후속 처리 과정을 간략하게 정리하면, 1958년 1월 일

---

58 박진희, 『한일회담: 제1공화국의 대일정책과 한일회담 전개과정』, 250-252쪽.

59 외교부외교사료관, 『재일한인 북한송환 및 한일양국억류자 상호석방 관계철 1955-60』 전9권, 룰번호: Re-0004, 파일번호: 6, 프레임번호: 0001-0656.

[사진-21] 발표된 한일상호석방 외교각서

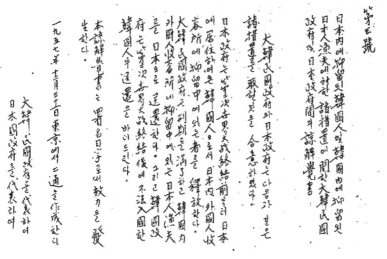

출처 : 한일회담자료, 등록번호 : 0099, 프레임번호 213

본정부는 오무라 수용소에 억류 중인 재일동포와 한국인의 석방을 개시하여 2월 11일까지 474명 모두를 석방했다고 발표했다. 이어 1958년 2월 21일 '밀항자' 한국인 제1진을 249명 부산으로 송환했고 3월 5일에는 제2진 252명을 송환하기에 이르렀다. 또한 한국정부는 1958년 1월부터 부산의 수용소에 억류 중인 일본인 어민들을 순차적으로 집단 석방하고 송환하기 시작하여 5월 18일까지 922명 모두 석방과 송환을 마쳤다고 발표했다. 즉, 한국정부는 1월 31일 부산에 억류되어 있던 일본인 어민 제1진 300명을, 2월 28일 제2진 200명을, 4월 26일 제3진 300명을, 그리고 5월 18일 마지막으로 제4진 122명을 시모노세키로 송환한 것이다. 이리하여 일본정부는 1958년 3월 5일에, 그리고 한국정부는 1958년 5월 18일에 이르러, 1957년의 외교적 합의사항을 완전히 수행한 셈이다.

이러한 외교적 합의의 이행 과정에서 1958년 4월 26일에 실시한 제3차 일본인 어민 집단 송환 과정 가운데 후쿠오카福岡현 가후리可布里의

[사진-22] 한일 상호석방 외교각서의 보도

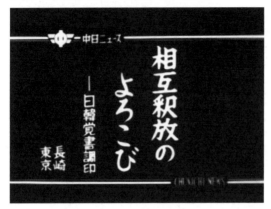

출처 : 中日映画社, 1958年1月10日放映.

어민 65명이 300명의 집단 속에 포함되어 일본으로 송환되기에 이르렀다. 물론 외교각서의 교환이나 집단의 송환 중에서도 일본으로의 '밀항'이나 '평화선'에 대한 침범·나포·억류 사태가 여전히 계속되고 있었다. 제4차 한일회담은 공동성명에서 발표된 애초 일정에 비해 한 달 반 늦은 1958년 4월 15일에 열리게 되었다. 한국 측이 일본인 어민 송환에 관한 외교각서의 이행을 소홀히 하고 있다고 하며 일본 측이 회담 재개시기를 연기하면서 발생한 일이다. 뒤늦게 어렵사리 한일회담이 재개되었지만, 재일동포의 북송문제가 가장 큰 장애물로 떠오르면서 지지부진하게 이어오던 제4차 회담의 본 회담은 1960년 4월 한국에서 정변이 발발함에 따라서 중단되기에 이르렀다. 이 시기에 논의하기로 되어있었던 재일한인 법적지위위원회, 선박위원회, 문화재위원회, 어업 및 평화선위원회 등 각 분과위원회는 토의 단계에 진입하지도 못한 채 문을 닫고 말았다.

이상으로 필자는 1950년대에 국한시켜 일본인 어민의 부산 수용소 억류 실태와 함께 재일동포와 '밀항자' 한국인의 오무라 수용소 억류 실태를 관련 자료들을 소개하면서 실증하고자 했다. 아울러 비인도적인 민간인 상호억류 문제가 청구권 문제를 둘러싼 한일 간 외교적 공방에 파묻힌 상황을 국민국가의 부조리로서 거론하고 외교적 공방의 과정을 관련 자료를 통해 정리했다. 또한 한일회담에서 가장 큰 쟁점이 되고 있던 청구권 문제에 관하여 미국의 유권 해석인 relevant 문구를 부각시켰으며, 유권 해석의 회담 적용과 일반 공개를 둘러싼 외교적 절충 과정을 살펴보았다. 그리고 1950년대 일본사회에 신생 한국정부와 재일동포·한국인에 대한 차별 의식이 존재했다는 점과, 비록 역사인식과 청구권 문제를 둘러싼 갈등으로 한일회담은 교착상태에 빠졌다. 그럼에도 불구하고 양국의 비인도적인 민간인 억류 현실을 해소하고자 하는 인식이 존재했다는 점, 이러한 인도적 차원의 공통 인식이 부분적이나마 외교적 합의를 이끌어내는 계기가 되었다는 점을 각각 강조했다.

42°-15′N
130°-45′E

제6장

한국에 억류된 일본인 어민과의 인터뷰

45′N
.0′E

38°-00′N
132°-50′E

35°-30′N
130°-00′E

34°-40′N
129°-00′E

-00′N
-00′E

32°-00′N
127°-00′E

선행 인터뷰 조사

오늘날 한일 간 외교관계가 경색되고 있는 가운데, 앞 장에서 본 바와 같이 일본의 우파적 단체들은 인터넷 등을 통하여 '평화선' 문제와 관련하여 한국정부의 독선적이고 폭력적인 측면을 강조하고 반면에, 일본인 어민 피해의 역사만을 강조하며 일본 네트우익의 혐한嫌韓 분위기를 선동하는데 열을 올리고 있다. 필자는 이러한 혐한 움직임이 격화되는 상황에서 2014년 말부터 피해 당사자인 일본어민 생존자들을 직접 만나서, 과거의 나포 사실에 대해 오늘날 어떠한 생각을 가지고 있는지 면담하고 기록하는 구술조사 활동에 돌입했다. 이에 따라 1950년대 '평화선' 억류 피해 어민이 90세 즈음의 노인이 되어 점차 생존자들이 사라지고 있는 상황에서 후쿠오카현과 야마구치현山口縣 지역을 돌며 생존자를 찾아다녔다.

1950년대 '평화선' 나포 어민에 대해서 당시에는 일본의 각종 언론이 대대적으로 보도하는 가운데 피해자에 대한 인터뷰도 다양하게 실시했지만, 한일어업협정이 체결된 이후에는 이 문제가 일본 대중의 관심으로부터 점차 멀어져 갔다. 연구결과 필자가 오늘날 파악하고 있는 바에 따르면, 1965년 어업협정이 체결된 이후에 '평화선' 피해자에 관한 첫 인터뷰 내용을 대외적으로 발표한 것으로는 1994년 2월 야마구치현山口縣

의 자료라고 생각된다.[1] 그리고 비교적 최근에 가까운 시기의 괄목할 만한 연구 논문 가운데 인터뷰 자료로서는, 2014년 7월과 9월에 스즈키 구미鈴木久美 연구자 등이 나포 피해 어민 생존자를 대상으로 실시한 조사결과를 꼽을 수 있다.[2]

한국에 억류되었다가 일본으로 돌아간 일본인 어부 피해자에 대해서 수많은 언론 매체들이 이들을 보도 대상으로 삼았음에도 불구하고 이들에 대한 심층적인 구술조사는 그다지 눈에 띄지 않는다. 필자가 조사한 바에 따르면 야마구치현山口縣이 현내에 거주하는 주민들을 대상으로 하여 구술조사를 실시하는 가운데 1994년 '평화선' 피해 어민에 대해서도 구술조사를 실시했는데, 이것이 '평화선' 어민에 대한 구술조사의 효시를 이루고 있는 것이 아닐까 한다. 야마구치현의 자료집에는 '평화선' 문제와 관련하여 정치가 한 명과 억류 피해자 한 명에 대한 구술조사 결과가 수록되어 있다. 정치가로서 다나카 다쓰오田中龍夫는 이 자료집에서 민선 초대 야마구치현 현지사를 역임하고 중의원에 입후보하고 선거운동에서 '평화선' 문제를 활용하여 당선되었지만, 결과적으로 정치가로서 이 문제를 해결하는데 별로 역할을 하지 못했다고 반성하는 내용을 담았다.[3]

이와 함께 이 자료집에는 1955년 11월 25일 한국경비정에 나포되어 연행되었다가 1958년 2월 28일이 되어 27개월 만에 야마구치현으로 되돌아간 어부 요코타 요시오橫田義男의 억류 사실이 기록되어 있다. 그

---

1   山口県(編), 『山口県史: 史料編 現代2, 県民の証言 聞き取り編(第6回配本)』, 山口県 , 2000年, 785-794쪽.

2   鈴木久美, 「'李ライン'により拿捕, 抑留されたA氏に聞く」, 『アジア太平洋研究センター年報』12号, 2015年1月, 48-54쪽.

3   山口県(編), 『山口県史 史料編 現代2)』, 14-15쪽. 다나카는 1910년 하기(萩)에서 태어나 1947년에 山口県 현지사에 당선되었다가 1953년에 중의원 선거에 무소속으로 입후보하여 당선되었다. 이후 자유당, 민주당, 자유민주당을 거쳐 1957년에 관방청 부장관에 임명되었다. 총무장관, 통산대신, 문부대신을 역임했으며 1998년에 사망했다.

는 26세의 나이로 연승延繩 어선 곤피라마루金比羅丸를 타고 밤 10시 넘어 '평화선' 바깥의 쓰시마対馬 근해에서 쉬고 있었는데 한국의 경비정이 갑자기 들이닥쳤다고 회고했다. 이어 한국에서 유치장 취조, 형무소 복역, 수용소 생활 등 억류되었다가 시모노세키下關로 귀환했다고 했다.[4] 그리고 그는 야마구치로 귀향했다고 한다. 비록 나포 이유와 경위에 관한 그의 회고 내용을 액면 그대로 믿기는 어렵지만, 그렇다손 치더라도 결혼한 지 1년 남짓 되는 젊은이를 형기刑期 이상으로 한국에 붙들어 두고 일본의 가족 품으로 돌아가지 못하도록 한 한국정부의 조치는 분명히 비인도적인 처사였다고 본다.

한편 후지이 겐지藤井賢二 연구자는 돗도리현取鳥縣과 시마네현島根縣의 어민에 대한 구술 작업을 시도했다. 그는 2000년 6월, 2001년 7월 그리고 2002년 4월에 돗도리현 소속의 다이한마루大繁丸에서 조업한 일본인 선원 2명에 대해서 각각 인터뷰를 실시했다. 이 어선은 1949년 5월에 38도선 부근 해상에서 어로활동을 하다가 맥아더라인을 넘었다는 이유로 한국에 나포되었고 어부들은 10개월간 묵호와 부산에 억류되었다. 이것은 '평화선' 선포 이전 시기의 나포 사건에 관한 인터뷰이면서도, 해당 어선의 선원들이 입을 맞추어 자신들에게 유리한 진술을 했던 일, 억류 중에도 한국인 어부들과 교류가 있었던 일, 등과 같이 다른 '평화선' 피해 어민과 같이 공식적인 자료에 나타나지 않는 풍부한 스토리를 남겼다.[5]

또한 후지이는 2014년 8월에 '평화선' 나포 피해 어민 가운데 시마네현 출신자로 야마구치현의 시모노세키下關에 돈벌이 나갔다가 조업 중 1953년 9월에 나포되어 목포에서 2개월 동안 억류당한 제2도아마루第2東亞丸 선원 1명에 관한 이야기를 억류 피해자의 친 아들과의 인터뷰를 통

---

4 山口県(編), 『山口県史 史料編 現代2)』, 785쪽.

5 藤井賢二, 「研究ノート大繁丸の拿捕事件」, 『東洋史訪』 8号, 2002年 3月, 60-65쪽.

246 평화선을 다시 본다

해 소개했다. 또한 후지이는 시마네현 출신자로 나가사키현 소속 어선을 타고 어로에 나섰다가 1953년 10월에 나포되어 목포에서 1개월 반 동안 억류당한 제1·제2신와마루新和丸 선원 1명과도 인터뷰를 실시하여 그 결과를 2014년 4월과 2015년 2월에 간단히 시마네현 보고서 속에 게재한 일이 있다.[6]

그리고 스즈키 구미 연구자는 야마구치 출신 '평화선' 억류 피해 어부에 대한 보다 심층적인 구술조사 결과를 남기고 있다. 그녀는 2007년 3월과 9월에 다른 연구자 2명과 함께 '평화선' 피해 어부를 만나 인터뷰를 실시하고 그 결과를 소책자에 실어 발표했다.[7] 피해 어부가 사정에 따라 본인A씨의 성명과 어선S丸의 명칭을 밝히지 않았지만 인터뷰 내용으로부터 신뢰성이 상당히 높은 것으로 생각된다. 그녀는 또 다시 2014년 7월과 9월에 A씨를 찾아가 인터뷰를 실시했으며 이전에 쓴 글을 보완하여 2015년에 독립된 논문으로 발표한 일이 있다.[8] 이 논문에 따르면, A씨는 1928년생이며 고등어 채낚이 어선 선장으로 54톤 S어선을 타고 40명 정도가 제주도에서 떨어진 해역에서 조업하던 중에 1955년 8월 밤에 주변 어선 4척과 함께 한국의 경비정에게 나포되었다고 한다. A씨는 자신의 어선이 '평화선'을 넘은 것은 알고 있었기는 하지만 고등어 잡기에 열중하고 있었기 때문에 경비정이 다가오는 것을 알아차리지 못했다고 한다. 그는 한국에서 취조를 마치고 1년 판결을 받은 후 형무소에 복역했는데, 복역 중에 담배, 장기, 마작, 바둑, 트럼프 등도 가능했다고 회고했

---

6   第三期竹島問題研究会(編), 『第三期'竹島問題に関する調査研究'最終報告書』, 島根県総務部総務課, 2015年, 19-27쪽. 이때 후지이는 山口松市(1918~1970)의 아들 加二治과 高木芳久(1931)를 면담했다고 한다.

7   宮本正明·内藤寿子·鈴木久美, 「'李ライン経験'に関するインタビュー」, 内海愛子·宮本正明·内藤寿子·鈴木久美·高敬一, 『<海の上の国境線>について考える』, 大阪国際理解教育研究センター, 2010年, 10-44쪽.

8   鈴木久美, 「'李ライン'により拿捕, 抑留されたA氏に聞く」, 48-54쪽.

다. 형무소 복역이 끝나자 이어 수용소에서 18개월 더 억류된 후에 1958년 2월 말에 석방되었다고 한다. 석방 후에는 부산을 출발하여 시모노세키에 도착했고, 이때 S어선 회사의 본부가 소재한 도쿠시마현德島縣에서 현청 직원이 직접 마중 나왔다고 회고했다. 그는 마지막으로 고향인 나가사키현長崎縣으로 귀향했다. 스즈키 연구자는 논문의 결론에서 A씨의 회고를 통하여 당시 일본 매스컴에 의해 부풀려진 긴박한 상황과는 달리 부산에서 비교적 무료하고 한적한 억류 생활을 보냈다고 하는 느낌을 받았다고 기록했다.[9]

위에 언급한 이들 선행 구술조사 작업은 일본인 연구자에 의해 실시되었다고 하는 공통된 특징을 가지고 있다. 또한 일본의 서남부 해역에서 '평화선' 피해 어부가 대거 발생한 가운데, 기존 구술조사가 후쿠오카현의 피해자를 대상으로 하지 않았다는 특징을 가지고 있다. 이러한 연구 상황 가운데 필자는 2015년 2월과 11월 두 차례에 걸쳐 후쿠오카현 가후리加布里를 방문하여 '평화선' 피해 어민 생존자와 대담할 수 있게 되었다. 2015년 2월 가후리를 처음 방문한 계기는 후쿠오카 RKB방송국 TV 영상자료 가운데 1958년 4월 27일에 방영된 뉴스 화면뉴스영상자료03「한국억류선원 후쿠오카 귀향」에 의한 것으로, 이 영상자료를 실마리로 하여 차가운 가후리 어촌의 겨울 풍경을 카메라에 담기 위해서였다.[10] 해당 영상자료에는 1958년 4월 가후리 어민 65명이 한국에서 수용소 생활을 마치고 시모노세키를 거쳐 후쿠오카에 돌아왔다고 하는 스크립트가 첨

9　鈴木久美,「「李ライン」により拿捕, 抑留されたA氏に聞く」, 54쪽.

10　RKB TV방송국 영상자료에 대해서는, 최영호,「「평화선」피해 어민에 관한 영상자료」,『한일민족문제연구』29호, 2015년 12월, 151-168쪽에 상세하다. 이때 RKB TV방송국이 해당 영상자료를 디지털화하고 있었고 다큐멘터리 영상 2개의 소재를 정확하게 파악하지 못했는데, 2016년 6월 10일 그 소재를 밝혀냈다. RKB TV방송국 영상자료에서 '평화선' 관련 자료를 발굴하고 보완할 수 있었던 것은 영상부의 직원들의 적극적인 협력에 힘입은 것이다.

부되어 있었다.[11]

[사진-23] 인터뷰 대상 찾기

출처 : 2015년 2월 13일 강승엽 촬영

가후리의 어민 2명

후쿠오카 시내에서 약 50㎞ 떨어진 가후리加布里에는 일찍이 1870년대에도 상선 5척과 어선 43척이 있었고, 45가구가 어업에 종사하고 있었으며, 1930년대에 들어 저인망 어업이 성행할 때까지 주로 연승延縄 방식으로 도미와 정어리를 잡았다고 한다.[12] 2015년 3월 말 현재, 총 인구 7,310명 남 3,460명, 여 3,850명, 총 2,967세대가 거주하는 자그마한 어촌이다.[13] 가후리의 역사를 전하는 자료에 따르면, "1955년 8월 후쿠요마루福洋丸 어

---

11 영상자료에 첨부된 설명문(스크립트)에 따르면, "4월 26일 '이리호'로 시모노세키(下関)에 돌아온 선원 300명 가운데 후쿠오카시(福岡市)와 이토시마군(糸島郡) 가후리 어업협동조합 관계자 65명이 27일 열차를 타고 오후 6시 27분에 하카타역(博多驛)에 도착했다"고 되어있다.

12 加布里の歴史編集委員会,『目で見る加布里の歴史』, プリントワークス, 1989年, 48-49쪽; 前原町,『町村合併30周年記念 前原町30年の歩み』, 前原町, 1985年, 1쪽.

13 「糸島市の人口」,『広報いとしま』128号, 2015年 5月, 21쪽.

선이 제주도 부근에서 한국에 나포되어 선원 29명이 2년 8개월 동안 억류당했다"고 기록되어 있다.[14] 2001년부터 2005년까지 이토시마糸島 어업협동조합 대표를 역임한 히에다 데루오稗田輝男는 그의 강연 자료에서, 1950년대 중반 가후리 어업협동조합 소속 어선으로 후쿠요마루와 제3베이후쿠마루第3米福丸 두 척이 있었는데, 후쿠요마루는 시즈오카현静岡県에서 구입한 어선을 고등어잡이 어선으로 개조한 것으로 1952년 5월부터 제주도 해역으로 나가 조업했다고 한다. 또 한 척 제3베이후쿠마루는 가후리에서 직접 건조한 정어리잡이 건착망 어선으로, 1952년 7월부터 제주도 해역에 출어한 일이 있는데 두 차례 한국의 경비정을 만났지만 모두 뇌물로 해결하고 나포당하는 것은 면했다고 기록했다.[15]

필자는 2015년 2월 12일 오후에 찬바람이 거세게 불고 있던 가후리 바닷가를 처음 방문했다. 이날 오전에는 RKB 방송국 고위 관계자와의 간담회에서 이왕 후쿠오카 시내를 방문한 김에, 가후리에 나가 차가운 어촌의 풍경을 카메라에 담겠다고 보고했다. 여기에는 필자와 같은 대학에서 근무하는 영상자료학과 교수님 카메라맨 한 분과 2명의 연구보조원들이 동행했다. 어떠한 인터뷰 예약이 없는 가운데서 마음 가볍게 겨울 항구의 풍경을 촬영할 계획이었다. 공판장 부근에 있는 어업협동조합의 사무실에 들러 '평화선' 피해자가 혹시 아직도 거주하고 있는지 물었다. 사무실에는 어촌에서 어부의 부인들이 몇몇 모여 있었는데, 그들 가운데 '평화선' 피해 당사자를 찾아주겠다고 적극 나서는 사람이 나오면서 당일 일정이 새롭게 바뀌고 활발한 활동으로 이어졌다. 이토시마 어업협동조합 직원의 적극적인 수배로 '평화선' 피해 억류 생존자 노인을 찾아내게 되었다. 결국 예상치 않은 상황에서 우리의 자동차로 '평화선' 피해 어

---

14 加布里の歴史編集委員会, 『目で見る加布里の歴史』, 49쪽.

15 稗田輝男, 『加布里漁業に関する講演記録』, 糸島漁業協同組合, 2014年, 3쪽.

민 당사자의 집을 찾아가게 되었고 별다른 인터뷰 준비도 하지 않은 가운데 전격적으로 피해자에 대한 면담과 카메라 촬영을 실시하게 되었다.

피해 당사자는 두 사람이었고 O. T. 1930년생 씨와 H. S. 1928년생 씨였다. 두 사람 모두 1955년 억류될 때는 20대의 미혼 청년이었고 같은 어촌의 사람들로 구성된 29명의 선원들 사이에 끼어 밤늦게까지 제주도와 고토五島열도 사이의 해역에서 고등어잡이에 열중하고 있었다고 했다. 이때 갑자기 소총을 들고 나타난 한국의 경비대에 의해 포획되었고, 어선과 함께 어민 29명 모두가 부산으로 연행되었다. 한국 경찰의 취조를 받은 후 8개월 동안 형무소에서 복역하고 수용소에서 추가로 2년 동안 집단 억류 생활을 한 후에 그들은 석방되어 일본으로 돌아오게 되었다. [사진 24]의 캡처 화면에 등장하는 두 명 중에서 O. T. 씨가 필자의 물음에 대해 비교적 많은 답변을 내놓았으나, 두 명은 전반적으로 부산에서의 억류 생활에 대해 마치 집단적으로 여행을 다녀온 것과 같이 밝은 표정으로 술회했다. 필자는 그들이 형무소 복역에 대해서는 아무런 말이 없었으며, 다만 수용소 생활을 중심으로 하여 술회했던 것으로 기억하고 있다.

장기간 같은 배를 타고 있던 29명이 함께 일본어로 생활을 했고 일본 전국에서 온 어민 1000명 정도가 부산수용소에서 집단생활을 했기 때문에 수용소 안에서 생활하는데 그들은 그다지 부자유함을 느끼지 않았다고 했다. 도리어 억류기간 동안에는 굳이 어로 활동과 같은 고생을 하지 않아도 매일 식량이 배급되었다고 말했고, 귀환한 후에는 이토시마 근해에서만 어로 활동을 하게 되었기 때문에 오히려 어촌 생활은 날이 갈수록 편해져 갔다고 했다. 그들은 당시 생활 형편이 어려운 선원에 불과했고 억류 당시 미혼으로 가족을 거느릴 의무가 없었기 때문에 어둡지 않은 분위기 가운데 담담하게 과거의 억류 사실을 회고할 수 있지 않았는가 생각한다. 이들이 겪은 분위기가 1953년부터 1964년까지 이루어진 모든 일본인 억류 피해자에게 동일하게 적용되었을 것으로 보기는 어렵다. 하지만 오늘날 혐한의 재료로 사용될 만큼 험악하고 폭력적인 분위기의 억류생활은 결코 아니었다고 하는 것을 인터뷰를 통해 필자는 직접 확인할 수 있었다.[16]

[사진-24] 인터뷰 영상자료

출처 : 2015년 2월 12일 강승엽 촬영

가후리의 어민 1명

필자는 2015년 11월 14일 오후『아사히신문朝日新聞』후쿠오카 지국에 근무하는 기자와 함께 다시 가후리 어촌을 방문했다. 이때에는 앞의 경우와는 달리 신문사가 나서서 섭외와 예약을 담당했다.[17] 이날 인터뷰에 응한 O. S.1926년생 씨는 이미 9개월 전에 인터뷰를 마친 O. T. 씨의 친형으로

---

16 최영호, 「후쿠오카에서 한일 간 '평화'를 생각하다」,『강제동원&평화연구회 Newsletter』38호, 2015년 3월. http://cafe.naver.com/gangje
17 아사히신문 기자의 면담 기록은 다음에 실려 있다. 「魚追う国策の波越え」,『朝日新聞』(福岡版), 2015年 12月 30日, 16쪽.

형제가 함께 부산에 2년 8개월 동안 억류되어 있었다고 했다. 이때 동생 O. T. 씨가 3개월 전에 갑자기 병세가 악화되어 사망했다는 소식을 듣게 되었다. 필자와의 인터뷰 후 반 년 만에 돌아가신 것이다. 앞에서 논한 바와 같이 O. T. 씨와 H. S. 씨와 면담할 때에는 전혀 예상을 하지 않고 가후리를 처음 방문했기 때문에 시나리오 없이 즉흥적인 대담으로 일관했다. 그러나 O. S. 씨의 경우에는 미리 신문 기자와 협의하여 다음과 같이 시나리오를 구성하고 인터뷰를 진행했다. ① 어민의 구성, ② 나포되는 경위, ③ 한국 유치장에서 받은 취조 상황, ④ 부산 법원에서의 재판 상황, ⑤ 부산 형무소에서의 기억, ⑥ 부산 외국인 수용소에서의 기억, ⑦ 일본에서 온 위문품에 대한 기억, ⑧ 억류 중에 만난 한국인, ⑨ 귀국 후의 생활에 대한 기억, ⑩ 한일어업협정 이후 일본정부의 급부금 지급에 대한 기억, ⑪ 오늘날 한일관계에 대한 생각 등에 관해 질문지를 기자에게 미리 보냈다.

O. S. 씨는 29세이던 1955년에 후쿠요마루 기관부 선원으로 조업하는 중 나포되었다고 했다. 그는 동생과는 달리 억류 당시 이미 결혼하여 딸 1명과 아들 2명을 거느리고 있었다. 그때 제주도 근해에서 멸치를 먹이로 하여 고등어를 잡고 있었다고 한다. O. S. 씨는 비교적 낙관적인 성격에다가 섬세한 손재주를 가지고 있어서 부산 억류 생활에 따른 무료함을 달래기 위해 자수를 놓아 그림을 그리거나 보급품을 깎아서 액세서리 소품 등을 만들었다. 그는 오늘날까지 간직하고 있는 일부 물건들과 수용소 사진 등을 꺼내어 보이며 과거 부산 억류 생활을 흥미롭게 회고했고 90세의 연륜이 느껴지지 않을 만큼 활달하게 인터뷰에 응해주었다. 그의 수첩에는 깨알과 같은 글씨로 가후리 어부 29명 명단이 기록되어 있었는데, 2015년 11월 당시 생존자는 6명에 지나지 않았다. 필자는 이 명단을 휴대폰 카메라로 촬영하여 [표-5]와 같이 연령순으로 다시 정리했다. 또한 O. S. 씨는 1956년에 한국에 나포된 것으로 생각하고 나포 당시 연령을

기입했지만, 필자는 RKB 방송국의 영상자료나 가후리의 역사자료 기록에 비추어 1955년에 나포된 것으로 보고, 그가 기록한 어민들의 연령에서 어선 나포와 억류 당시의 연령을 한 살 씩을 내리고 다시 정리했다.

[표-5] 집단 억류된 가후리 어민의 명단

성명	생존여부 (2015년 11월)	나포당시 직위	나포당시 연령	언도받은 형기
1. 田中弥三次	사망	선원	56	8개월
2. 谷口悟	사망	선원	50	8개월
3. 田中金次郎	사망	선원	49	8개월
4. 雛家勇	사망	선원	48	8개월
5. 稗田秀造	사망	선원	44	8개월
6. 谷口卯三	사망	선장	43	1년
7. 田中大造	사망	선원	41	8개월
8. 山崎重吉	사망	선원	41	8개월
9. 田中四三	사망	선원	39	8개월
10. 稗田正吾	사망	선원	38	8개월
11. 野並直二	생존	선원(기관사 면허소지)	38	8개월
12. 西畠勝巳	사망	기관장(면허)	36	11개월
13. 田中正義	사망	선원	35	8개월
14. 古川武男	사망	선원	34	8개월
15. 山崎七郎	사망	선원	33	8개월
16. 大塚砂男	생존	선원(기관사 면허소지)	29	8개월
17. 楢崎伊夫	사망	선원	28	8개월
18. 古川昭三	생존	선원	27	8개월
19. 楢崎春男	사망	선원	26	8개월
20. 山崎隆男	생존	선원	26	8개월
21. 川崎清巳	사망	선원	26	8개월
22. 大塚唯之	사망	선원	25	8개월
23. 山崎忠年	사망	선원	25	8개월
24. 鍋蜀弘之	사망	선원	24	8개월
25. 山崎一光	사망	선원	24	8개월
26. 田中泉	사망	선원	22	8개월
27. 稗田翼	사망	선원	21	8개월
28. 田中金夫	생존	선원	20	8개월
29. 谷口英吉	생존	선원	19	6개월

출처 : O. S. 개인메모

O. S. 씨는 어선 후쿠요마루의 나포 상황에 관하여 다음과 같이 회고했다. 그는 나포 당시 어선 내부의 기관부에서 일하고 있었기 때문에 정확한 나포 위치에 관하여 잘 모른다고 했다. 애초 선장은 '평화선' 경계선 밖에서 조업하고 있었다고 주장했고 이에 대해 한국경비대는 '평화선' 안의 거문도 근해에 있었다고 강하게 반론했으나, 결국 한국경찰의 강압으로 다니구치 우조谷口卯三 선장은 '평화선' 침범을 인정할 수밖에 없었다고 한다. 일본어선을 개조한 한국 경비정이 자신들의 어선에 몰래 접근해 와서 결국 나포를 당했다고 한다. 마침 만선 직전에 나포되어 기항 전에 고등어 일부를 한국의 경비대 관계자에게 싸게 팔아넘겼다고 술회했다. 그는 비좁고 불결한 부산 유치장에서 생활했던 것이 2년 8개월 동안의 억류 생활 가운데 가장 견디기 힘든 일이었다고 진술했다. 부산지방법원에서 8개월 복역을 언도받았으나 재판과정에 대해서는 기억하지 못한다고 했고 다만 유치장에서 법원까지 자동차로 호송된 것을 기억한다고 대답했다. 그는 8개월간의 부산형무소 생활을 회고하며 아침 점호 시간에 익힌 하나, 둘, 셋, 등 한국에서 사용한 한국어 숫자를 여전히 잊지 않고 있었다. 그는 형무소 간수의 묵인 아래 칫솔을 갈고 옷가지 실에 꿰어 작은 장식품을 만들었다고 하며 우리에게 자신의 '작품'을 보여주기도 했다. 그는 하루 세 끼 식사가 빠짐없이 제공되었고 쌀4, 보리3, 콩3의 비율로 된 식사였다고 기억했다. 부산형무소와 가후리 가족 사이에 이따금 우편물이 왕래했고 집으로부터 별도로 현금을 우송 받은 일도 있다고 했다. 그는 가후리 어촌에서 조업을 나가는 가운데, 1개 가족에서 부자父子가 함께, 그리고 자신을 포함하여 2개 가족에서 형제가 함께 부산에 억류되었다고 했다. 또한 형무소는 가후리 어민 29명을 3개조로 나누어 3개 방에 각각 감금했다고 기억했다.

또한 O. S. 씨는 편지 실물을 보이며 부산의 외국인 수용소와 일본 가족 사이에 끊이지 않고 연락이 닿았다고 했고, 억류 당시의 사진 실물을 내보이며 수용소에서 사진사에게 돈을 주고 사진을 많이 찍어 가족에게 보냈다고 했다. 다만 수용소 내 일정 장소에서만 인물사진 촬영이 허락되었고 시설 촬영은 허락되지 않았다고 했다. 특별히 일제강점기에 오장伍長을 지낸 한국인 형무소 간수가 일본어를 잘 구사하며 억류된 어민들을 여러모로 배려해 준 것으로 기억했다. 그 '오장님'에 대해서는 여전히 감사하는 마음이 강렬하여, "만약 그가 아직 살아계시다면 한번 만나보고 싶다"고까지 말했다. 또한 자신들이 억류되기 이전에 수용소 시설이 엉망이어서 일본인 3명이 탈출했고, 이것을 계기로 하여 수용소에 담과 철조망이 만들어졌다고 했다. 수용소에서 낮에 30분간 정도 집단 체육 활동을 한 것을 제외하면 거의 방에서 생활했다고 한다. 따라서 지루한 수용소 생활 가운데 자수를 뜨기도 했고 마작麻雀이나 샤미센三味線을 배우기도 했다고 술회한다. 아울러 피수용자의 권익을 보호하기 위해 지역대표 일본인 어민들이 자구책으로 '신생회新生会'를 조직했는데 해산명령을 받아서 제대로 활동하지 못하고 끝났다고 회고했다. 수용소에 함께 있던 일본인 어민 가운데는 에히메현愛媛縣에서 온 사람도 있었고 가후리 어민은 긴 다다미畳 방에 한꺼번에 수용되었다고 했다.

이외에도 그는 일본에서 온 위문품으로 약품, 의류, 과자 등을 몇 차례 받았고, 일본의 시민 모금 운동에 따른 현금도 전달받은 적이 있다고 했다. 수용소 생활에서 특별히 기억에 남는 일로서는 일본인 억류자들이 집단적으로 한국어로 "너에게 반했어"라고 하며 외치면서 한국인 여성 순찰 경관을 놀려대기도 했다고 전했다. 그는 석방 직후 어선 나포 보험금이 지급된 것은 기억하고 있었지만, 한일어업협정 체결 이후 일본정부가 급부금을 지급한 일에 대해서는 "기억이 없다"고 답했다. 양국 간 어업협정이 체결되었을 때에는 자신들도 가후리 근해에서 어로활동을 하거나 김 양식에 종사하게 되어 생활환경이 좋아졌다고 말했다. 결과적으로 한 일어업협정으로 인한 '평화선' 폐지가 가후리 어민의 생활에는 별다른 영향을 끼치지 않았다고 했다. 마지막으로 바람직한 한일관계를 위한 메 시지로, 그는 억류 당시에 배려를 해 주었던 한국인 '오장님'에 대해 감사 하는 마음을 가지고 있다고 말했다. 그리고 다시는 경험하고 싶지 않지 만, 부산의 형무소와 수용소에서 '전과자'가 되는 '귀중한' 체험을 했다 고 하고, 바람직한 한일관계를 위해서는 양국이 과거사보다는 미래를 향 해 함께 노력해야 한다고 하는 메시지를 전했다.

후쿠오카 시내의 어민 1명

필자는 2015년 11월 14일 오전에 후쿠오카 시내에 거주하는 '평화선' 피 해자 1명, 1934년생 T. S.와 면담했다. 이때 후쿠오카의 일부 지역 언론들 이 필자의 '평화선' 피해자 인터뷰에 관심을 보이는 가운데, 가후리 어촌의 경우와 마찬가지로『아사히신문』후쿠오카 지국에서 미리 공동 면담을 섭 외하고 기획했다. 그는 대만에서 출생하여 패전 직후에 가가와현香川縣으 로 귀환한 인물이다. 그는 19살이던 1953년(몇 월인지는 잘 생각이 나지 않는다고 했다)에 한반도 서남쪽 황해 해역에서 조업하던 중에 맥아더라 인을 침범했다고 하여, 중국에 나포되어 1년 동안 상하이上海에 억류당했 다고 술회했다. 일본에 귀국한 후 3년 뒤인 1956년에 이번에는 한반도 남 쪽 남해 해역에서 조업하는 중에 한국에 나포되어 부산에서 2년 8개월 동 안 억류당하게 되었다고 했다. 한국에서 억류가 풀린 후 그는 어업지도를 위해 한국에서 당시 월남越南으로 불리던 남쪽 베트남으로 건너갔다. 사이 공 시내 식당에서 보조를 하고 있던 베트남 여성 '하루미' 씨와 1969년에 결혼했으나, 이 시기부터 베트남 전역에서 전투가 격심해졌으며 심지어 자택 옆에 로켓탄이 떨어지기도 했다. 1975년에 베트남에 내전이 끝나고 통일국가가 찾아왔지만, T. S. 씨의 경제적인 형편은 전쟁 전보다 훨씬 더 어려워졌다. 1979년 4월 21일 그는 선장이 되어 길이 25미터, 폭 6미터의 목조선에 527명을 싣고 보트 피플이 되어 베트남을 탈출했다. 그가 이끄는 보트 피플을 주변국에서 받아주지 않았기 때문에 매스컴들은 이를 비인도적인 처사로 보도했고 따라서 그는 일약 유명해지기도 했다. 그의 선박에는 그의 가족인 부인과 3자녀, 그리고 처남 1명도 함께 타고 있었다.[18]

필자와 면담할 때, T. S. 씨는 약간의 중풍 질환을 앓고 있었으나 비교적 맑은 기억력을 가지고 떠듬떠듬 과거를 회상하면서 말을 이어갔다. 그는 1934년생으로 중학교 졸업과 동시에 후쿠오카에 소재한 도쿠시마德島 수산회사에 취직했다. 22세 미혼 청년이던 1956년 수산회사 소속의 저인망 어선德水丸에서 갑판원으로 종사하는 중에 한국의 경비정에 의해 억류를 당했다. 억류 당시 그의 어선에는 총 12명이 타고 있었고 주로 도미, 조기, 전갱이, 장어를 잡고 있었다. 그는 제주도 근해에서 분명히 '평화선'을 침범한 상태에서 어획을 하고 있었다고 말했다. 함께 조업을 하고 있던 저인망 어선 2척 중 한 척은 '다행히' 도주하여 실제로 나포를 면했다고 했다. 자신은 한국에 나포된 일에 대해 별로 기억하고 있지도 않고, 트라우마 같은 것은 전혀 가지고 있지 않다고 했다. 한국 유치장에서의 취조 과정에 대해서 "그다지 기억이 없다"고 했고, 부산지법의 재판에 대해서도 "8개월 언도를 받은 것을 제외하면 기억이 별로 없다"고 했다. 8개월간의 부산형무소 억류에 대한 기억으로는 "좁은 방에 4~5명이 함께 있었고, 보리밥 3식이 제공되었다"고 했으며, 훗날 베트남 보트 피플 구출과정에 대한 기억이 훨씬 더 강렬하기 때문에 상대적으로 한국 억류에 관한 기억은 희박하다고 진술했다.

---

18 「戸畑にベトナム難民」, 『朝日新聞』, 1989年 7月 6日 夕刊, 11쪽.

다만 필자가 부산의 외국인 수용소 생활에 대한 기억을 묻자, "한국인 통역사 백白 씨와 요리인 5명이 친절하게 대우해 주었다", "특히 백씨는 온후하게 타이르는 말을 통하여 억류된 일본인 어민들을 격려했다", "일반 한국인과는 접촉이 거의 없었고 수용소 안에서 비교적 자유로운 생활이 허용되었다", "수용소 안에서 도박이나 기타를 즐기는 사람도 있었다", "콩밥, 보리밥, 두부 등이 제공되었다", "억류 생활이 끝나게 된 것은 오무라大村수용소 재일한국인과의 맞교환 때문이었다고 생각한다" 등 답변을 이어갔다. 일본으로부터 우송되어 온 위문품에 관한 질문에 대해서는, "수용소 생활 중 2차례 가족으로부터 온 건빵, 의류, 과자를 받은 적이 있다", "한 달에 한 차례 정도 사식差入이 있었다"고 대답했다. 아울러 한국인과의 관계에 관한 질문에 대해서는 "통역사와 요리사 5명이 가장 기억에 남는다", "귀국 직전 높은 파도로 3일간 부산에서 대기해야 했는데 이때 초밥寿き寿司을 받아먹었는데 정말 맛이 있었다"고 말했다. 한국과 어업협정을 맺은 후 일본정부가 실시한 보상에 대해서, "일본정부로부터 80만 엔 정도의 보상을 받았다. 1일 300엔 정도의 계산이었다고 본다"고 했고, 나포 어선의 보험에 대해서는 이를 기억하지 못한다고 했다. 끝으로 오늘날 한일관계에 대한 메시지를 주문하자, "한국에 대한 원한 같은 것은 전혀 없다", "일본군 위안부 문제는 전쟁 시에 발생한 일이다", "과거사 문제로 지나치게 상대방 국가를 공격하는 것은 바람직한 외교관계를 위해 좋지 않다고 생각한다"고 마지막 발언을 했다.

인터뷰로부터 얻은 교훈

필자는 2015년 2월 중순에 후쿠오카현 이토시마糸島 어촌에서 2명의 어민 생존자를 찾아내어 면담할 수 있게 되었고 이때 동행한 촬영 전문가에 의해 인터뷰 모습을 영상자료로 생성할 수 있게 되었다. 그 후 일본인 피해 생존자 2명을 추가하여 공식적인 채널을 통하여 인터뷰를 할 수 있게 되었다. 오늘날 '평화선' 피해 생존자가 나날이 사라져 가고 있는 상황에서 후쿠오카의 생존자 4명과 직접 면담할 수 있게 된 것은 1950년대 한일관계에 천착하고 있는 연구자에게 주어진 커다란 행운이었다고 생각한다. 구술 작업의 결과, 필자가 얻은 가장 중요한 소득으로는 오늘날 일본사회에서 회자되는 악랄한 혐한嫌韓 분위기와는 전혀 다른 분위기에서, 일본인 피해 당사자들은 담담하면서도 온후하게 과거를 회상하고 있었고 이를 직접 확인할 수 있었다는 점이다. 필자는 이들과 인터뷰를 하고 나서 스스로 교훈의 수혜자가 되었다는 생각으로 이들에 대해 따뜻한 마음을 간직할 수 있게 되었다.

오늘날 한국에서 전반적으로 이승만 정부에 의한 '평화선'의 획정 논리가 어느 정도 정당성을 확보하고 있는 상황에서 이로 인한 일본인 어부의 피해가 있었다는 점에 대해서는 사회적으로 그다지 관심을 두고 있지 않다. 반면에 일본사회에서는 한일관계의 경색에 따라 혐한 수단으로서 '평화선' 영상자료들이 인터넷에 널리 유포되고 있다. 필자는 부산에서의 수용소 생활과 과거 억류의 고통에 대한 당사자들의 기억을 확인하기 위하여 후쿠오카 지역을 주된 대상으로 하여 생존자에 대한 인터뷰를 시도했다. 이 구술 작업은 현대 한일관계사의 중요한 사건을 실증하는 작업이기도 했고 국제관계 속의 중간자적인 존재를 확인하는 작업이기도 했다. 이 작업이 계기가 되어 오늘날 일본의 신문과 연구자들이 후쿠오카 지역 피해자의 부산 수용소 생활의 기록을 새롭게 발굴하고 일본사회에 대해 '평화선' 문제에 대한 재인식을 촉구하고 있는 움직임은 고무적인 일이 아닐 수 없다.[19] 앞으

---

19 「韓国抑留, 漁船員の記録 福岡の男性宅, 日記発見」, 『朝日新聞』(福岡版), 2016年 8月 25日 夕刊, 16쪽; 鈴木久美, 「拿捕·抑留日記が語るもの: 資料の翻刻と紹介」, 『アジア·文化·歴史』 3号, 2016年 10月, 84~124쪽.

로는 한국과 일본에서 후학들의 관련 연구가 이어질 것으로 기대한다.

필자는 1950년대부터 오늘날에 이르기까지 한일 양국 사회에 '평화선' 피해자 문제를 둘러싸고 메우기 힘든 인식 차이의 벽이 존재하고 있다는 것을 확인했고 후쿠오카현 북부와 시모노세키 시내에서 공식적인 절차를 통해서는 면담이 성사되기 어렵다는 것을 실감했다. 이것은 오늘날 외교적인 한일관계의 현주소를 그대로 말해주는 것으로 이해하고 있다. 다만 한국에 억류된 일본인 어부들과의 인터뷰 결과, 이들이 사회적으로 널리 알려지고 있는 바와 같이 스테레오 타입의 피해 인식에는 사로잡혀 있지 않다고 하는 사실을 확인할 수 있었다. 후쿠오카의 일본인 피해 생존자 4명에 대한 면담은 오늘날 이들을 발견하기 어려운 데다가 이들이 한국인 연구자와의 면담을 기피하고 있는 상황에서 어렵사리 성사된 귀중한 기회였다. 그렇다고 하여 이들이 모든 '평화선' 피해를 대변하거나 대표한다고 생각되지 않으며, 이들의 말하는 논리화된 「기억」이 세세한 「체험」 그 자체를 그대로 전달할 것으로 받아들이기에는 한계가 많다는 것을 인식하고 있다.[20] 이들의 인식은 일본 대중 전반에 깔린 「피해자」 인식에 사로잡혀 있었으며, 자신이 한반도 어장의 어족자원을 갈취하는 「가해자」 편에 서 있을 수도 있다고 하는 인식으로 발전하지 못하는 것을 실감할 수 있었다. 이러한 한계에도 불구하고 이들과 함께한 구술을 종합하여 볼 때, 필자는 다음과 같은 네 가지 교훈을 얻었다고 생각한다.

첫째, '평화선' 피해자의 생활 조건에 따라서 피해 의식이 서로 다르게 나타나며, 따라서 그 피해를 일반화하기는 어렵다는 것이다. 예를 들어, 일본인 어부가 나포와 억류 당시에 일반 선원이었는지, 아니면 선장이었

---

20 成田龍一, 『「戦争経験」の戦後史: 語られた体験/証言/記憶(シリーズ戦争の経験を問う)』, 岩波書店, 2010年, 11-12쪽.

는지에 따라서도 구술내용이 다르고, 가족의 생계를 민감하게 책임져야 하는 입장과 그렇지 않은 입장에서도 억류로 인한 피해에 관한 인식이 서로 달리 나타난다는 점이다. 이와 같은 상황에 비추어 볼 때, 후쿠오카에서 만난 면담자 4명은 공통적으로 억류 당시 대체로 가족의 생계 문제에서 비교적 부담이 적은 젊은 일반 선원이었고 과거의 기억을 호탕하게 웃어넘기는 밝은 성격의 소유자였다는 특징을 갖고 있었던 것으로 보인다. 따라서 피해 의식을 보다 강렬하게 느끼고 있기 때문에, 도저히 웃어넘길 수 없는 과거지사였다고 여기는 피해자도 있을 것으로 생각된다.

둘째, 한국정부가 형무소에 법정 구속을 시킨 이후에도 정치적인 이유로 인하여 나포 어선의 어민들을 그들의 가족과의 생이별 상태를 계속하게 하고 수용소에 강압적으로 연장 억류시킨 조치는 어떠한 수사를 끌어들인다 해도 분명히 비인도적인 성격을 띠는 것이었다. 어족자원의 보호를 위하여, 한일회담의 유리한 전개를 위해서, 오무라大村수용소의 한국인 처우에 대한 상응하는 조치였다고, 아무리 한국정부의 '평화선' 관련 정책을 정당화한다고 하더라도, 생활이 열악한 계층에 속해있던 일본인 어부들을 형무소 복역 이후에까지 계속하여 한국에 억류시킨 처사는 인도적인 차원에서 비판받아 마땅하다고 본다. 더욱이 앞으로 인간을 중시해 가는 한국사회로 더욱 발전시켜 가기 위해서는 우리가 일본으로부터 받은 역사적 피해와 함께 우리가 일본인에게 저지른 역사적 피해도 같이 기억해 가야 한다. 인간을 중시하는 사고 위에 평화의 움직임이 싹트는 것이며, 이러한 입장에서 일본정부의 역사적 과오와 비인도적 태도를 주장해 가야 더 많은 일본인의 동조와 국제적 호응이 따르게 된다.

셋째, 구술자 4명이 공통적으로 언급한 한일관계의 미래를 현실에 발을 붙이지 않은 이상적인 방안이라고 생각하는 사람들이 많을 수도 있다고 생각한다. 이들은 모두 오늘날 한국을 직접 방문하거나 한국인과의 교류를 경험하지 않고 지난날에 대한 상상을 통하여 한국을 인식하고 있었다. 이들이 한국을 직접 방문하지 않은 것은 1950년대 사건으로 인하여 발생한 일종의 어두운 기억 때문일 것으로 보인다. 그런데 오늘날 한국은 정치적으로 민주화되고 경제적으로 발전되어 있어 과거에 매몰된 구술자들에게 도저히 믿기 어려울 정도로 현실 사회가 변화되었다. 과거 한국의 민주화 과정 시기 이전에는 오늘날에 비하면 사회 전반에 걸쳐서 너무도 많은 비인도적 사건이 발생하고 있었기 때문에 이러한 사회적 변화의 적응과정을 거치지 않은 사람이라면 일본인 피면담자이건 한국인 젊은 세대들이건 모두 과거와 현재에 대해서 실감이 나지 않는 언급에 불과할 수 있다고 본다. 이러한 인식의 바탕 위에서 생각해 보면, 피면담자들이 공통적으로 언급하는 바람직한 한일관계 역시, 민주화 과정 이후만을 기억하고 있는 한국인과 일본인에게는 생소한 문제 제기로 간주될 수 있다는 점이다.

넷째, '평화선' 피해자와의 면담 결과, 공통적으로 오늘날 혐한의 수단으로 사용되는 영상자료나 보도자료와는 달리, 한국의 억류에 대한 부정적인 기억이 당사자에게서는 매우 적게 발견된다는 점을 지적할 수 있다. 수용소에서 일본인 어민들이 받은 대우와 생활에 관한 당사자들의 회고를 감안할 때, 그리고 이들이 경험한 1950년대 한국사회 전반에 걸친 가난과 불결한 환경을 감안할 때, 한국정부의 억류 정책이 반드시 폭력적 속성만을 띠고 있었다고 보기는 어렵다. 일부 일본사회에서 혐한을 부르짖는 단체들이 '평화선' 관련 영상자료를 사용하며 외국인 혐오 분위기를 조장하는 것과는 다르게, 필자와 면담한 피해 당사자들의 구술 자료에서는 억류 당시 한국사회의 폭력성을 감지하기가 어려웠다. 또한 오늘날 노인이 되어버린 일본인 어민 피해자들은 지난 일에 대해서 자신의 트라우마를 하소연하는 일이 거의 없었으며, 대체로 긍정적인 시각에서 상호

교류 확대를 말하고 있었다. 종합적으로 판단할 때, 오늘날 일부 매스컴과 인터넷에서 회자되고 있는 '평화선' 피해 억류자에 관한 영상과 해설은 지극히 편향된 시각에서 지난날 한국의 폭력성이 과대 포장되고 있다는 점을 피해 당사자의 인터뷰를 통해 확인할 수 있었다.

42°-15′N
130°-45′E

제7장

'평화선'에 관한 영상자료

5′N
0′E

38°-00′N
132°-50′E

35°-30′N
130°-00′E

34°-40′N
129°-00′E

-00′N
-00′E

32°-00′N
127°-00′E

영상자료의 효용성

'평화선' 문제는 한국의 현대사 사건 가운데 중요한 부분을 차지하고 있다. '평화선' 문제에 관한 기존의 연구는 대체로 한국의 정책결정 과정과 한일회담의 추이에 초점을 맞추어 왔다. 이에 대해서 필자는 기존 연구를 시야에 포함시키면서도 가능한 일본인 어민의 생활에 초점을 맞추어 관련 영상자료를 파악하는데 주력하고자 한다. '평화선' 문제가 한일 양국의 국경지대에서 활동하는 사람들의 생활에 어떠한 영향을 끼쳤는지, 한일회담 타결을 통한 '평화선' 문제 해결이 이들 어민들의 생활에 어떠한 변화를 초래했는지 조사하고, 이에 관한 이미지 자료의 소재를 한국사회나 한일관계 연구자들에게 소개하려는 것이다. 연구과제의 주안점은 한일회담의 주요 의제가 된 '평화선' 문제에 대하여 외교정책 결정자의 시각에서 접근하기에 앞서 일반 어민의 생활에서 접근하고자 한다. 이러한 생활사적인 연구는 어느 시기를 막론하고 외교적 갈등에 있어서 근본적이고 보편적인 문제점으로부터 해결의 실마리를 발견하게 하는데 주효할 것으로 판단되기 때문이다.

2000년대에 들어서 한국 현대사 분야는 새로운 영상자료의 발굴과 이를 이용한 연구가 활발하게 이루어지고 있다. 특히 주목할 만한 연구 성과로 「영상역사학」에 관심을 가지고 한국전쟁에 관한 영상자료를 발굴하고 그 활용방안을 제시한 노성호 연구자의 연구를 꼽을 수 있다. 그는 한림대학교 아시아문화연구소가 소장하고 있는 미육군통신대Army Signal Corps가 촬영한 한국전쟁 동영상A.S.C 영상에 주목했다.[1] 그는 이 영상자료의 가치와 내용을 검토하여 한국전쟁 분야의 새로운 연구 가능성을 열었으며 아울러 '영상역사기록물'에 대한 심도 있고 체계적인 연구를 통해 이 기록물이 다양한 방면에서 활용될 수 있도록 했다. 그는 A.S.C 영상자료의 가치와 내용 검토를 통해 첫째, 미공개 동영상의 존재를 밝혀 새로운 사료 발굴이 가능하다는 점, 둘째, 문헌자료에 대한 보완 및 명징이 가능하다는 점, 셋째, 평면적 사료의 입체화가 가능하다는 점을 발견했고, 이로써 한국전쟁 연구에 있어 기존 문헌기록을 통한 연구와 A.S.C 영상자료의 연구가 상호보완적 상승효과를 낼 수 있다는 것으로 확신했다.

영상자료는 근본적으로 연구자를 수동적인 존재로 만들기 쉽고 비판의식이나 상상력을 제한하기 쉬우며 복합적인 사실을 단순화하거나 왜곡하기 쉽다고 하는 한계를 가지고 있다. 연구자가 비판의식을 가지고 영상자료를 문서자료와 비교하고 검토해 가지 않으면 역사적 사실에 대한 편협한 인식을 제공하고 이를 강조하기 위한 수단에 지나지 않는다고 할 수 있다.[2] 보편과 실증을 지향하는 연구자의 책임은 문서자료의 경우에도 마찬가지로 적용되는 문제라고 본다.

이러한 한계에도 불구하고 오늘날 디지털 기술과 아카이브 작업의 발달로 인하여 영상자료는 탐색이나 열람이 편리해지고 있고, 촬영자가 의도하지 못한 여러가지 정보를 담고 있는 영상자료를 연구자의 관심에 따

---

1   노성호, 「A.S.C 영상자료를 통한 한국전쟁 연구의 새로운 가능성: 아시아문화연구소 소장 A.S.C 영상자료의 가치와 내용 검토」, 『한국사학사학보』 27호, 2013년 6월, 101-132쪽.
2   유아영, 『역사교육에서 영상자료 활용의 실태에 관한 연구』, 연세대학교 교육대학원 석사논문, 2007년 2월, 25-29쪽.

라서 다양하게 분석할 수 있는 장점이 있다. 또한 영상자료는 역사적 사실과 정보의 인지적 이해 뿐 아니라 상상력을 구체화하여 생생하고 오래 기억되는 학습경험을 제공할 수 있다.[3] 영상에 의한 역사자료는 매체의 특성상 문자에 의한 역사자료와는 다른 방식으로 역사를 재현하고 전달하게 되며 시청자들이 문자와는 다른 방식으로 수용하게 된다. 오늘날 문자 미디어보다 영상 미디어가 더욱 대중들에게 널리 수용되고 있는 현실은 영상자료가 비록 사실 확증을 위한 보완 자료에 불과하지만, 문자자료의 한계를 보완하고 풍부한 역사적 함의를 제공할 수 있다는 것을 잘 말해주고 있다.[4]

이러한 이유로 인하여 평소 해방 이후의 현대 한일관계 역사에 관심을 갖고 있는 필자로서는 관련 영상자료의 소재를 파악하고 가능한 한 관련자를 인터뷰하고 이를 영상자료로 만들어 후세에 남기고자 하는 연구과제를 생각하고 있었다. 마침 한국연구재단과 한국학진흥사업단이 한국의 현대사 연구 프로젝트로 이와 관련된 연구조사 사업을 공모하고 있었기 때문에 필자의 연구조사는 더욱 현실화되었다. 이러한 연구조사 사업은 후쿠오카를 지역기반으로 하는 RKB마이니치 방송국이 한일 국교수립 이전에 직접 촬영하고 방영한 TV영상자료를 소장하고 있었으며, 이들 자료 가운데 '평화선' 관련 자료가 다수 존재한다는 정보를 입수할 수 있었던 것이 그 실마리가 되어 실현 가능성은 더욱 높아졌다.

2014년 4월부터 6월까지 필드학기로 학생들을 인솔하고 후쿠오카에 체재하고 있었고 일본국제교류기금의 지원을 받아 규슈대학을 중심으로 하여 연구조사에 몰두할 수 있었다. 이 동안 필자는 주말을 제외하

---

3   오정현·이승실, 「역사와 창의·인성 교육 사례 연구: 영상물을 활용한 프로젝트 수업을 중심으로」, 『교과교육학연구』 17권 4호, 2013년 12월, 1151쪽.
4   이학노, 「역사교육에 있어서 영상자료의 활용: EBS 다큐멘터리 '상인의 나라 중국'의 분석을 중심으로」, 『대구사학』 76권, 2004년 8월, 134쪽.

고 매일 RKB방송국의 지하 자료실을 찾아가 '평화선' 관련 영상자료를 요청하고 열람하는데 시간을 할애했다. 당시 방송국의 모니터에서는 세월호 사건을 집중적으로 연일 보도하면서 무책임한 한국정부의 고위 정책자와 무고한 승객들의 희생을 집중 조명하고 있었다. 필자를 포함하여 일본인 한국인 가릴 것 없이 대체로 많은 사람들은 인명을 가볍게 여기는 한국정부에 대해 분노를 느꼈고 학생들을 비롯한 승객의 죽음에 대해 안타까운 심경을 느끼지 않을 수 없었다. 이러한 상황에서 필자는 해당 RKB 방송국 측에 50년이 지난 영상자료들을 요청하고, 나름대로 '평화선' 영상자료에 관한 개인 목록을 만들어갔다. '평화선' 관련 영상자료인 만큼, 조사대상 시기는 '평화선'이 선포된 1952년 1월부터 한일 간 어업협정이 체결된 1965년 6월까지로 했다. 한국의 KBS방송국이 1961년 10월에 TV방영을 개시한 점에 비추어, 특히 RKB방송국의 1950년대 말 TV영상자료는 '평화선' 문제를 이해하고 대중화하는데 중요하면서도 특징 있는 자료가 될 것으로 확신했다.

이 밖에도 필자는 2014년부터 오늘날에 이르기까지 컴퓨터 검색과 도쿄東京와 요코하마橫浜에서의 자료 탐색은 물론, 후쿠오카福岡, 오사카大阪, 시마네島根, 도야마富山, 아키타秋田, 사가佐賀 등의 지역을 출장하고 해당 지역의 공문서관이나 언론사를 방문하면서 각 지역 사회에서 '평화선' 관련 영상자료를 어떻게 방영하고 있는지 확인했다. 현재 NHK방송국의 공식적인 영상자료에서는 '평화선' 문제에 관한 집중된 다큐멘터리 자료가 일반에 공개되지 않고 있다. 이러한 한계에도 불구하고 1950년대 전반적인 영상자료 가운데 일부 '평화선'에 관한 영상자료를 발견할 수 있었다. 아울러 '평화선' 관련 어선나포 장면과 총격 장면은 일본의 영화 영상 가운데서 생생한 이미지를 전달하기 위해서 사실을 참고한 상상력으로 편집된 영상이라는 것을 확인할 수 있었다.

'평화선'에 관한 영상자료군

'평화선' 피해 일본인 어민에 관한 영상자료로서, 이마이 다다시今井正 감독이 제작하여 1961년 2월에 일반에 상영되기 시작한 영화, 『저것이 항구의 등불이다』는 주목할 만한 작품이라고 생각한다.[5] 이 작품에 대해서는 평론가 사이에 부정적인 평가와 긍정적인 평가로 의견이 나뉘고 있다. 예를 들어 이 작품이 일본인 대중으로부터 그다지 호응을 얻지 못한 것을 두고, 기독교 소설가로 유명한 시이나 린조椎名麟三는 1979년에 이 작품이 한국정부의 '평화선'에 관한 정당성을 옹호하고 있다고 하며 전달하고자 하는 메시지가 분명하지 않다고 혹평한 일이 있다.[6] 반면에 2008년과 2010년에 연구자 나이토 히사코內藤寿子는 이 작품의 극본에서 나타나는 휴머니즘에 대해서 아주 높이 평가한 적이 있다.[7] 반면에 필자는 서일본 지역에서 일본인 어민들 가운데 생활하는 재일한국인 청년의 고뇌를 중심으로 하여, 1950년대 말의 '평화선' 문제와 '북송' 문제를 이해하기 위한 작품이라고 평가하고 싶다. 이 작품은 후쿠오카 일본인 어민의 '평화선' 해역 어로 활동에 관한 사실적인 영상을 잘 구현해 내고 있기 때문이다. 일본어선을 나포하기 전에 한국의 경비정이 접근하여 총격을 가하는 장면을 부각시킨 것은 1953년 2월의 '제1다이호마루大邦丸 사건'을 연상하게 한다. 이 작품을 둘러싸고 1950년대 재일한국인들이 처한 암울한 생활환경에 초점을 맞추어 한국과 일본에서 관련 논문이 나온적

---

5 今井正監督, 水木洋子原作・脚本, 『あれが港の灯だ』(DVD), 東映株式会社, 1961年.

6 椎名麟三, 『椎名麟三全集18』, 冬樹社, 1976, 118-119쪽.

7 内藤寿子, 「脚本家・水木洋子と映画‘あれが港の灯だ’」, 『湘北紀要』29号, 2008年 3月, 95-101쪽; 内藤寿子, 「映画‘あれが港の灯だ’に関する水木洋子旧蔵資料について」, 内海愛子・宮本正明・内藤寿子・鈴木久美・高敬一, 『<海の上の国境線>について考える』, 大阪国際理解教育センター, 2010年, 45~52쪽.

이 있다.[8]

1950년대의 영상자료로서 먼저 영화관에서 상영된 뉴스영화newsreel를 꼽을 수 있다. 한국의 뉴스영화는 1945년 해방 이후 미군정 시절 『조선시보朝鮮時報』로 제작되기 시작되어, 1948년 대한민국 정부수립 후 『대한전진보大韓前進報』로 제작되어 대중에 알려지다가 한국전쟁 이후인 1953년부터 「대한늬우스」라는 타이틀로 상영되기에 이르렀다. 이로써 「대한늬우스」는 1950년대 한국의 대표적인 뉴스영화가 되었다. 이것은 그후 1960년대 외래어 표기법이 바뀜에 따라 「대한뉴우스」로 수정되었고, 1980년대부터 현재까지 「대한뉴스」라는 이름을 사용해 오고 있다. 1948년 11월부터 공보처公報室 공보국 산하의 현상과現像課가 제작한 이 영상자료는 1961년 6월부터 정부조직법의 개정에 따라 국립영화제작소로 이관되어 제작되었다. 1957년부터 매달 1편씩 각 10편이 전국의 극장에서 상영되기 시작했으며, 1960년부터는 매년 총 30편 정도 상영되었다.[9]

오늘날 KTV국민방송은 「다시 보는 대한늬우스」를 인터넷에서 제공하고 있다.[10] 일반 공개되고 있는 자료를 통해 볼 경우, 1953년부터 1960년까지 이승만 정부 시기에 제작된 총 146편의 「대한늬우스」 가운데, '평화선' 관련 영상으로는 유일하게 1960년에 제작되어 방영된 「해양원양훈련단 소식」 정도가 확인되고 있다. 「대한늬우스」 영상자료 속에

---

8   임상민, 「이승만라인과 재일코리안 표상: 영화 '저것이 항구의 등불이다' 론」, 『일어일문학연구』 83집 2권, 2012년 11월, 505-522쪽; 高柳俊男, 「映画'あれが港の灯だ'に描かれた在日朝鮮人と帰国事業」, 『光射せ!: 北朝鮮収容所国家からの解放を目指す理論誌』(特集55周年を迎えた北朝鮮帰国事業) 13号, 2014年 7月, 33-39쪽.

9   한국민족문화대백과사전, https://encykorea.aks.ac.kr/대한뉴스, 2020년 3월 31일 검색.

10 KTV국민방송 홈페이지. http://www.ktv.go.kr/culture, 2020년 3월 31일 검색.

서 재일한국인에 관한 영상이 총 5편을 차지했던 것과 비교하여 보면,[11] 그 당시 '평화선' 피해 일본인 어민에 대해서 한국정부와 사회의 관심이 지극히 낮았다고 하는 점을 확인할 수 있다. 또한 이러한 영상자료가 제작 방영된 시기는 '평화선' 선포 이후에 세월이 한참 흐른 뒤의 일이다. 만약 '평화선' 선포와 관련하여 당시 한국의 사회 상황을 이해하기 위해서는 신문기사와 함께 음성자료를 참고해야 할 것이다.

한편 일본의 뉴스영화는 1930년 「쇼치쿠뉴스松竹ニュース」가 정기적으로 제작·상영된 것으로부터 시작되었다고 할 수 있다. 전후에 들어서 각 신문사들이 뉴스영화를 제작하기 시작하여 1950년대와 1960년대에 대중의 인기를 얻게 되었다. 그러나 1960년대에 접어들면서 텔레비전 수상기가 일반에 보급됨에 따라 뉴스영화는 쇠퇴 일로를 걷게 된다. 1950년대를 대표하는 일본의 뉴스영화로는 1946년 1월부터 일본영화사日本映畵社에 의해 제작되었던 「일본뉴스日本ニュース」가 있는데, 이것은 아사히신문사가 관여하면서 1952년부터 1976년까지 「아사히뉴스朝日ニュース」라는 타이틀로 제작·상영되기에 이르렀다. 이외에도 요미우리신문사 계열의 「요미우리국제뉴스読売国際ニュース」, 마이니치신문사 계열의 「마이니치세계뉴스毎日世界ニュース」와 「닛카쓰세계뉴스日活世界ニュース」 등이 있다.[12]

『마이니치신문』은 1960년 9월에 「닛카쓰세계뉴스」의 타이틀을 「마이니치뉴스」로 바꾸어 제작·상영하기 시작했으며, 오늘날 인터넷을 통해 과거의 뉴스영화를 대중들에게 제공하고 있다. 1965년 6월 한일어업협정이 체결될 때까지 「마이니치뉴스」는 총 148편의 뉴스영화를 제작·상영한 것으로 되어있으나, 이 가운데 '평화선'이나 일본인 어민과 관련

---

11 「재일 청년단 경무대 예방」(1957년); 「재일 한국인학생 여름학교 입교식」(1958년); 「재일교포 구출에 총 궐기하자」(1959년); 「재일교포 북송 반대 국민 총궐기」(1959년); 「재일교포 강제북송 저지 집회」(1959년) 등이다.

12 https://search.yahoo.co.jp/ニュース映画, 2020년 2월 27일 검색.

이 있는 뉴스영화는 발견되고 있지 않다.[13] 2004년에 일본의 평론가 이즈미 아사토泉麻人가 「아사히뉴스朝日ニュース」를 중심으로 하여 1950년대와 1960년대의 뉴스영화를 DVD에 담아 일반에 판매했는데, 여기에서도 '평화선' 관련 영상은 발견되지 않는다.[14]

다만 오늘날 직접 뉴스영화를 볼 수는 없지만 오늘날 도호스텔라東宝 Stella 회사의 사업부 영상영업실이 운영하는 「니치에이日映 Archives」가 1947년부터 1994년까지 제작된 일본의 뉴스영화 약 5,500개를 항목별로 인터넷 검색을 할 수 있도록 서비스를 제공하고 있다.[15] 필자는 이 자료더미 가운데서 '평화선' 관련 용어를 사용하여 검색하여 5편의 뉴스영화를 찾아냈다.[16] 또한 오늘날 일본의 우파적 성향의 개인이나 단체가 혐한嫌韓을 목적으로 1950년대 일본 뉴스영화 가운데 '평화선' 관련 영상을 일반에 인터넷으로 공개하고 있는 것이다. 특히 일본사회에 4편의 뉴스영화가 널리 유포되고 있는데,[17] 이 가운데 2편은 「니치에이 Archives」에서도 검색할 수 있다.

이어 TV 영상자료를 살펴보자. 한국에서 TV가 일반가정에 보급된 것은 1960년대에 들어서였다. 한국에서 텔레비전이 처음 선보인 것은

---

13 懐かしの毎日ニュース アーカイブ. http://mainichi.jp/feature/nostalgicnews/archive, 2020년 2월 27일 검색.

14 泉麻人, 『泉麻人の昭和ニュース劇場① [昭和30年~34年]』, 日本映画新社, 2004年; 泉麻人, 『泉麻人の昭和ニュース劇場② [昭和35年~39年]』, 日本映画新社, 2004年.

15 日映アーカイブ. http://www.nichieiarchive.com/filmsearch.html, 2020년 2월 27일 검색.

16 「李ラインを行く」, 『朝日ニュース』(九州版), 1953年; 「李ライン即時撤廃を」, 『朝日ニュース』(全国版), 1955年; 「李ラインを行く」, 『朝日ニュース』(全国版), 1959年; 「日韓相互送還」, 『朝日ニュース』(全国版), 1960年; 「五カ月ぶりに日韓会談」, 『朝日ニュース』(全国版), 1961年.

17 「緊張つづく朝鮮水域」, 『毎日世界ニュース』, 1953年; 「抑留漁夫第一陣帰る(下関」, 『NHK週間ニュース』, 1958年; 「ワイドの眼, 李ラインを行く」, 『朝日ニュース』, 1959年.

1954년 7월 서울 보신각 앞 미국 RCA 한국대리점에서 한국의 텔레비전 보급에 대한 타당성을 알아보기 위해 유선방식 수상기를 일반에게 공개한 일이다. RCA 등은 기초조사를 마친 뒤 합작으로 1956년 5월 텔레비전 방송국을 개설하였고 시험방송을 거쳐 그해 11월 1일부터 정규방송을 송출하기 시작했다. 이윽고 1961년 12월에 국영「서울 텔레비전 방송국」이 지상파 방송을 시작했다. 그러나 당시에는 미국이나 일본에서 수입된 TV 수상기를 통해 극히 일부분의 사람들만이 TV 영상자료를 시청할 수 있었다. 한국정부로부터 수상기를 자체적으로 생산하도록 권고를 받은 금성사가 1963년에 일본 히타치제작소日立製作所에 기술연수팀을 파견하고 생산시설을 도입하는 등 TV 수상기의 생산을 추진했다.[18] 따라서 '평화선' 문제에 관한 TV 영상자료는 한국에서 찾아보기 어렵다.

반면에 일본의 경우는 공영 방송이나 민영 방송 모두 1950년대부터 본방송을 시작했기 때문에 다량의 '평화선' 관계 TV 영상자료를 가지고 있을 것으로 보인다. 다만 각 언론사가 영상자료를 전면적으로 일반에 공개하고 있지 않기 때문에 영상자료를 입수하기는 매우 어렵다. 따라서 현 단계에서는 TV 영상자료가 있을 것으로 보이는 언론사를 소개하고, 그 가운데 일반 공개되고 있는 자료에 대해서만 언급하고자 한다. 일본의 TV 영상자료 가운데 가장 오래된 것은 1953년 2월에 본 방송을 개시한 NHK 도쿄 텔레비전 방송국의 자료라고 생각된다. 그리고 NHK보다 약간 늦게 1953년 8월에 본 방송을 개시한 일본TV 등의 민간 TV방송국도 NHK와 견줄만한 역사를 가지고 있다. 다이호마루大邦丸 등 1953년에 들어 나포된 어선이 많았기 때문에 일본TV 방송국도 개국 이래 '평화선'에 관한 뉴스를 자주 방영했다. NHK는 1954년 3월에는 오사카大阪와 나고

---

18 시사상식사전, 국내 텔레비전(TV)의 역사, https://terms.naver.com, 2020년 2월 27일 검색.

야名古屋 지역에 TV 방송을 시작했고, 1956년 3월에는 센다이仙台, 히로시마広島, 후쿠오카福岡로 방송 지역을 확대해 갔다. NHK나 민간 TV방송 모두 1960년에는 거의 일본 전국을 커버하게 되었다. 오늘날 NHK 방송국은 자체 자료실에 보존되어있는 프로그램의 목록이나 대강의 정보를 인터넷으로 검색할 수 있도록 하고 있다. 다만 아직 일반인들은 이들 프로그램의 내용을 직접 시청할 수 없게 되어있다.[19] 오늘날 일반인들은 인터넷 검색을 통하여 NHK 자료실 가운데 다음 두 개의 '평화선' 관련 다큐멘터리 프로그램을 확인할 수 있다. 하나는 1961년 11월 23일에 방영된 프로그램 「어느 일본인 저인망 어선, 단슈마루但州丸의 사람들」이다. 이 프로그램은 효고현 가스미兵庫縣 香住를 근거지로 하여 대한해협 '평화선' 구역 근처까지 어로에 나서는 저인망 어선의 노동 어민들을 취재한 것이다.[20] 또 하나는 1963년 6월 23일에 방영된 프로그램 「일본의 민낯, 국경 주변」이다. 쓰시마對馬 섬의 서부와 북부 해안에서 '평화선' 문제와 밀입국 문제 등을 안고 살아가는 국경 마을 사람들을 취재한 것이다.[21]

RKB방송국의 영상자료

필자는 후쿠오카福岡에 소재한 RKB방송국의 '평화선' 영상자료를 실마리로 하여 앞에서 논한 바와 같이 2015년 2월에 후쿠오카현과 야마구치山口현의 어촌들을 직접 방문했다. 후쿠오카 RKB마이니치 방송국은 TV 방송을 시작한 1958년 2월부터 한일어업협정이 체결된 1965년 6월까

19 NHK アーカイブス. http://www.nhk.or.jp/archives/document, 2020년 2월 27일 검색.
20 NHK, 「ある日本人底曳船, 但州丸の人々」. https://www.nhk.or.jp, 2020년 2월 27일 검색.
21 NHK, 「日本の素顔, 国境周辺」. https://www.nhk.or.jp, 2020년 2월 27일 검색.

지 7년 4개월간에 걸쳐 총 2,331개의 뉴스 영상자료를 제작했다. 이 가운데 '평화선' 관련 영상자료가 총 37개 있다고 하는 것을 확인할 수 있었다. 이 기간 동안 RKB는 총 919개의 다큐멘터리 영상자료를 제작했는데, 필자는 이 가운데 '평화선' 관련 영상자료로 총 5개 자료를 찾아냈다. '평화선' 문제가 진정 단계에 들어가는 시기에 촬영된 이 영상자료들을 통하여 1960년을 전후한 시기 후쿠오카와 야마구치 지역 사람들의 한국에 대한 인식이 어떠했는지 잘 알 수 있다.

이러한 영상자료는 일찍이 2014년 4월부터 6월까지 필자가 후쿠오카에 체재하는 동안 RKB 방송국 영상자료실을 방문하여 직접 목록과 스크립트를 찾아내고 관련 영상자료를 열람한 것이다. 그해 11월부터 한국연구재단에 지원을 신청하여 연구조사 활동을 진행하는 가운데 대학과 RKB방송국 간의 산학협정을 활용하여 이 영상자료의 입수를 추진하는 한편, 그 자료에 나타난 어촌을 직접 방문하여 생존자 어민과 인터뷰 하고 이를 영상자료로 남기는 작업에 돌입했다. [사진-25]는 2015년에 영산대학교 영상학과 강승엽 교수가 직접 방송국 영상자료실의 창고에 들어가 자신의 카메라로 촬영한 것이다.

[사진-25] 후쿠오카 RKB 방송국 영상자료실 창고

출처 : 2015년 2월 12일 강승엽 촬영

RKB방송국의 뉴스 영상

뉴스01 1958.02.28 : 한국억류어부 제2진 송환

'평화선' 침범으로 한국에 억류되어 있던 일본인 선원 제2진 200명이 한국의「이리호裡里號」로 시모노세키下關에 들어왔다. 422명은 아직 돌아오지 못하고 있다. 송환된 선원들은 3년 만에 귀국했으며 귀국 첫날은 이곳에 정박 중인 대형 선박 도쿠쥬마루德寿丸에서 1박한 후 다음날 귀향한다. 시모노세키 부두에는 3000명 정도의 환영 인파가 몰렸다. 유골이 되어 돌아온 제12헤이료마루平漁丸 기관장, 한국에서 지급받은 상의를 벗어 던지는 선원들,「이리호」의 한국경비원 모습 등이 보인다.

뉴스02 (1958.04.26) : 한국억류선원 300명 돌아오다(下關市)

한일 상호석방 제3차 송환선「이리호558톤」는 4월 26일 오후 1시 반경, 부산으로부터 선원 300명을 싣고 시모노세키와 모지門司 항구를 관할하는 무쓰레六連 검역소에 도착했다. 4월 23일 부산을 출항했다가 폭풍으로 인하여 되돌아갔다가 다시 3일 만에 다시 출발했다. 이날 오후 3시 지나서 시모노세키 부두에 도착했으나, 열병과 영양실조로 환영식 중에도 주저앉아서 휴식하는 사람도 있다. 300명 귀국자 가운데 24명이 열병환자였다. 귀국자의 이야기로는 부산의 수용소에서 4월 초부터 악성 열병이 유행하기 시작하여 중증환자도 많이 나왔다고 했다. 입항하는「이리호」, 부두의 가족,「이리호」에서 손을 흔드는 선원, 가족과의 감격스런 재회 모습 등이 보인다.

뉴스03 (1958.04.27) : 한국억류선원 후쿠오카 귀향

4월 26일「이리호」로 시모노세키에 돌아온 선원 300명 가운데 후쿠오카시福岡市와 이토시마군糸島郡 가후리加布里 어업협동조합 관계자 65명이 27일 열차를 타고 오후 6시 27분에 하카타역博多驛에 도착했다.

뉴스04 (1958.05.18) : 한국억류선원 귀국

한일 양국의 상호석방 협약으로 최후의 선원 122명이 시모노세키 부두에 도착했다. 이 가운데 환자는 3명. 한국에서 지급된 검은 상의를 입고 선원들이 연이어 상륙하여 가족과 해후했다. 이날 저녁까지 각자 지방으로 돌아갔다. 시모노세키에 입항하는 제4차 송환선「평택호平澤號」, 끌어안고 안기며 상륙하는 선원에 대한 환영식 광경, 가족과의 대면 풍경, 임시 숙소가 된 선박德寿丸에 승선하는 모습, 시모노세키 시장의 선물 증정 풍경, 의복을 갈아입는 모습, 차를 마시며 휴식하는 모습 등을 볼 수 있다.

뉴스05 (1959.02.22) : 억류선원 가족대표 진정단 돌아오다

'평화선'을 침범했다고 하여 여전히 어선 나포가 계속되고 있는데 시모노세키 항구에서 쓰시마해협으로 고기잡이 나가는 선박이 출항준비를 서두르고 있다. 나포 선원의 가족을 대표하는 진정단陳情團이 시모노세키역에 도착하는 풍경, 이들을 맞는 역장실, 시모노세키 항구를 출항하는 어선, 이를 배웅하는 선원 가족, 포구에서 출항 준비하는 선원, 이들을 배웅하는 가족 등을 볼 수 있다.

뉴스06 (1959.03.22) : 한국억류선원 가족, 시라사와(白沢) 제네바로 출발

한국에 억류된 선원 가족의 고통을 세계에 알리기 위해 제네바로 향하는 억류 선원 가족 후쿠오카 지구 대표 시라사와 쓰기에白沢つぎえ는 3월 22일 09시에 하카타역 출발 급행열차로 떠났다. 여기에는 오쿠무라 시게

토시奧村茂敏 시장을 비롯하여 관계자 약 30명이 배웅하러 나왔다. 하카
타역 홈으로 걸어가는 시라사와, 배웅 나온 선원 가족들, 오쿠무라 시장
이 전달하는 진정서, 열차에 올라타는 시라사와, 출발하는 열차, 손을 흔
들어 이를 배웅하는 사람들과 손수건을 흔드는 시라사와 등이 보인다.

뉴스07(1959.06.20): 제2산노마루(山王丸) 귀국
'평화선'을 침범했다고 하여 억류당했던 시모노세키시 가메다龜田어업
소속 저인망 제2산노마루가 한국 대통령의 특사로 석방되어 39일 만에
귀국했다. 귀국하는 제2산노마루와 이를 마중하는 제1산노마루, 시모노
세키 항구에 접안·상륙하는 모습, 마중 나온 가족과 관계자들, 포구에서
의 환영회 등이 보인다.

뉴스08(1959.07.25): '평화선' 특별 초계
제7관구 해상보안본부 본부장은 7월 22일과 23일, 모지항에서 순시선
「사쓰마薩摩」를 타고 쓰시마 해역에 '평화선' 특별 초계 첫 시찰에 나섰
다. 순시선 「이스즈イスズ」는 한국 경비정에 추적을 당하던 일본인 선원
12명을 수용하고 귀국했다. 제7관구 본부장이 해상 지도로 설명하는 모
습, 쓰시마 히타카쓰比田勝 항구의 풍경, 순시선의 무선실·조타실 등이
보인다.

뉴스09(1959.08.21): 민간 자위 선박에 동승 '평화선' 첫 밤, 일찍이 긴박('평
화선' 해역)
8월 20일과 21일에 취재한 것으로 취재진은 20일 아침 나가사키항長崎
港을 출항한 일본원양선망어업협회의 민간 자위선 제2가쓰마루勝丸에
동승했다. 20일 밤에는 약 300척 선망 어선단이 '평화선' 깊숙이에서 조

업을 하고 있었고 오랜만의 풍성한 어획을 만끽하고 있었다. 한편 21일 미명 전에는 2척의 어선이 한국에 나포당했다. 나가사키항을 출항하는 제2가쓰마루, 제2가쓰마루의 조타실·무선실, 망원경 레이더로 어선 움직임을 감시, 선망 어선단 등이 보인다.

뉴스10(1959.12.31): '평화선' 해역으로 출어

후쿠오카시 도쿠시마德島 수산 소속 제15도쿠히로마루德広丸 등 어선 4척이 '평화선' 해역에서 조업하기 위해 하카타항을 출항했다. 이 어선들은 설날을 바다 위에서 보내야 한다. 미명 전에 하카타 항구, 출항 준비 풍경과 배웅 나온 가족, 선내에 걸린 새해 달력, 출항하는 어선 등이 보인다.

뉴스11(1960.03.28): 한일상호송환제1선출항

한일 양국의 협약에 따른 상호 송환을 위해 한국인 귀국자 제1진 344명이 오무라大村 수용소에서 일본의 마지막 밤을 보냈다. 우려했던 남한파·북한파 사이에 충돌은 일어나지 않았다. 수용소에는 한국 대표부에서 담당자가 파견되어 한 사람 한 사람 명부를 대조하여 버스에 태웠다. 이들은 860톤 규모의 산스이마루山水丸을 타고 부산을 향해 출항했다. 오무라 수용소의 전경, 여권과 명부의 대조 풍경, 해상에서 대기하는 산스이마루, 배웅하는 한국인과 조선인, 깃발을 흔드는 수용소 내 송환자 등이 보인다.

뉴스12(1960.03.31): 한국억류어선원귀국

부산에 억류된 일본인 어민 167명이 한일 상호송환 협약으로 송환선 「이리호」를 타고 마침내 시모노세키에 돌아왔다. 시모노세키 부두에서 환영식이 열린 후 이들은 각각 귀향했다. 조만간 송환될 것을 알고 있는 억류 어민 가족회 대표 시라사와 쓰기에, 부친 모리 도라키치森虎吉의 귀국을 기다리는 딸 3명, 일한어업대책본부 관계자, 「이리호」 접안과 상륙하는 선원, 시모노세키 환영식, 모리 자매에 대한 후쿠오카 시장의 환영회 등이 보인다.

뉴스13(1960.04.14): 한국억류 가족 그후

후쿠오카시 다다多田 수산 소속 제3히루코마루蛭子丸의 조타수 모리 도라키치는 한국에서 2년간 억류생활을 보낸 후 3월 31일 한일 상호송환 선박으로 귀국했다. 억류 중에 부인이 사망했고 딸 3명이 가정을 지켜야 했다. 이 가족은 부친의 귀국으로 일상생활에 복귀했다. 저녁 식사를 준비하는 장녀, 자녀의 학습 풍경을 지켜보는 도라키치, 포구를 산책하는 자매들, 하카타 항구의 어선들 등이 보인다.

뉴스14(1960.10.05): 한국억류 어선원 귀국

부산에 억류되었던 일본인 어선원 40명이 한국의 「이리호」를 타고 시모노세키 부두로 돌아왔다. 부두에서는 환영대회가 열렸고 휴게소인 시모노세키 회관에 들러 건강검진을 받았다. 시모노세키 거주 10명은 곧바로 집으로 향했고 나가사키 거주 30명은 열차로 귀향했다. 시모노세키 항구에 접안하는 「이리호」 선박, 어선원의 상륙, 1000명 정도의 마중객, 환영식, 시모노세키 회관에서 쉬는 모습, X-ray 검사, 시모노세키 병원에서의 검진, 도시락을 먹는 어선원, 나가사키를 향해 가는 열차 속 풍경 등이 보인다.

뉴스15(1960.10.30): 북한에 나포된 어선 귀국

1960년 7월에 북한에 나포된 이누이乾 수산 시모노세키 지점 소속 저인망 어선, 제1·제2 유타카마루豊丸가 10월 26일에 석방되어, 승무원 27명이 30일 아침에 어선과 함께 시모노세키 항구로 돌아왔다. 시모노세키 항구에 입항하는 두 척의 선박, 접안 후 상륙하는 27명의 선원, 가족과의 해우, 환영회 등이 보인다.

뉴스16(1961.04.27):제2아키타마루(秋田丸)귀국

'평화선' 해역에서 조업하다가 한국 경비정에게 나포된 후쿠오카시 아키타수산 소속 90톤 규모의 제2아키타마루와 그 승무원 10명이 3월 20일 석방되어 27일에 후쿠오카현 기타미나토마치北湊町에 귀국했다. 부두에 마중 나온 주부와 어린이, 상륙과 함께 가족과 해후하는 선원, 나카무라中村 선장의 인터뷰 모습, 아키타 수산사장의 인사와 만세 모습, 한국에 총격당한 선박의 흔적 등이 보인다.

뉴스17(1961.11.11):한국억류어선원76명귀국(1)

한국에서 11월 10일에 석방된 억류 어선 5척과 승무원 76명이 10일 밤 나가사키현 쓰시마의 이즈하라항嚴原港에 돌아왔다. 이때 석방된 것은 후쿠오카의 나라야마치奈良屋町에 선적을 두고 있는 다이요마루大洋丸어업 소속 제3다이요마루 등 5척이다. 11일 아침 어업협동조합 앞에서 환영회가 열렸다. 소형 비행기 세스나Cessna에서 공중 촬영한 영상자료이며, 귀국을 준비하는 5척의 어선, 갑판 위에서 일장기를 흔드는 선원, 석방 어선과 함께 달리는 순시선 등이 보인다.

뉴스18(1961.11.11):한국억류어선원76명귀국(2)

편집되지 않은 영상자료이다. 제2도요마루東洋丸 선내 풍경, 접안하는 제3도요마루, 마중 나온 사람들, 상륙 후 어업협동조합 앞에서 열린 환영회, 제3다이요마루 선내 풍경, 식사 모습, 마중 나온 선박들, 새벽이 되어 포구에 접안하는 어선들, 제3다이요마루 안에서 보고관계자들이 취재하는 모습, 선원들의 검역 모습 등이 보인다.

뉴스19(1962.02.06): 한국 억류 어선원 8명 귀국

한국에서 유죄 판결을 받고 수형을 마친 일본인 어선원 8명이 2월 6일 아침 오시마마루男島丸 선박으로 시모노세키 항에 들어왔다. 귀국한 어선원은 1961년 8월 동중국해에서 나포된 시모노세키시 이누이수산 소속 제83아이코마루愛幸丸 선장 아카시 시게아키明石繁明 등 5명, 그리고 1961년 5월에 밀수 혐의로 체포되었다가 그 후 혐의가 풀려 석방된 후쿠오카시 어선 시치후쿠마루七福丸의 선장 후루카와 후지오古川藤夫 등 2명이다. 시모노세키 제4부두에 접안하는 오시마마루, 부두에 마중 나온 가족과 동료, 환영회 모습 등이 보인다.

뉴스20(1962.10.31): 한국에서 석방된 제5다이요마루 귀국

10월 19일에 동중국 해상 어장으로 가는 도중에 '평화선'을 지나갔다고 하여 한국측에 나포된 다이요어업 시모노세키 지사 소속 트롤 어선 제5다이요마루, 그리고 27명의 선원은 30일에 석방되어 31일 아침에 시모노세키 항구로 돌아왔다. 시모노세키 항구에 접안하는 제5다이요마루 어선, 부두에 마중 나온 가족과 동료, 상륙 환영식, 가족과의 해우, 기자회견 모습 등이 보인다.

뉴스21(1962.12.02): 한국 억류 어선원 5명 귀국

5월 13일에 '평화선'을 침범했다고 하여 체포된 가라쓰시唐津市 주낙 어선long liner 제5미야자키마루宮崎丸의 선원 5명이 6개월의 형기를 마치고

12월 2일 아침 시모노세키 항구에 들어왔다. 이때 제5미야자키마루도 귀환했으며 선원들은 한일 간 정기 선박인 오시마마루를 타고 들어왔다. 부두에는 가족들이 마중 나왔다. 접안하는 오시마마루, 마중 나온 가족, 부두를 떠나는 선원 등이 보인다.

뉴스22(1962.12.15): 한국에서 석방된 어선 3척 귀국

한일관계 정상화를 위해 한국을 방문한 자민당 부총재 오노 반보쿠大野伴睦에 대해 한국 측은 "억류하고 있는 선원 33명과 어선 3척을 13일에 석방하겠다"고 약속했다. 이에 따라 15일 아침 석방된 어선 3척이 각각 후쿠오카 항구로 돌아왔다. 후쿠오카시 쇼토쿠昭德수산 소속이 제22쇼토쿠마루는 6명의 선원과 함께, 한국 측에 몰수당했던 가라쓰시 나가히사마루長久丸 선박의 선원 5명을 태우고 기타미나토마치 항구에 들어왔다. 후쿠오카 어항 전경, 접안하는 제22 쇼토쿠마루, 이슬비 속에 마중 나온 가족 등이 보인다.

뉴스23(1963.05.28): 한국억류 어선원 9명 귀국

5월 16일 군사혁명 2주년 특사로 석방된 다이요어업 시모노세키 지사 소속 저인망 어선 제177아카시마루明石丸의 선원 7명, 그리고 나가사키현 이키군壹岐郡 아시베쵸芦辺町의 주낙 어선 곤피라마루金比羅丸 선원 2명이 28일 오시마마루를 타고 시모노세키 항구에 들어왔다. 곤피라마루는 1962년 13일에, 아카시마루는 1963년 2월 13일에, 각각 한국 측에 나포되었다. 이렇게 하여 한국에 억류된 일본인 어민은 모두 풀려났다. 시모노세키항에 접안하는 오시마마루, 선원 9명의 상륙과 가족 해후, 부두에서 열린 환영회, 인사하는 어선원 대표 등이 보인다.

뉴스24(1963.06.11): 한국경비정이추돌한어선귀항

6월 10일 아침, '평화선' 수역에서 일본수산 도바타戸畑 지사 소속 수조선手操船 구레하마루吳羽丸와 오토와마루音羽丸가 한국 경비정의 추적을 받아 추돌당하는 사건이 발생했다. 근처에 있던 일본 순시선의 조치로 2척은 무사히 탈출하여 11일 도바타 항구에 돌아왔다. 기자단에게 추돌 당시 상황을 설명하는 구레하마루의 선장 오하마大浜· 오토와마루의 선장 이와사키岩崎 그리고 선원들, 선박 2척의 모습이 보인다.

뉴스25(1963.06.12): '평화선'으로 일본어선 잡히다

6월 11일 오후 5시 50분경, 한국 제주도 남쪽 60킬로 해역에서 가라쓰시 도보唐房의 제2미야자키마루가 한국경비정의 추적을 받은 후 나포당했다. 이 배에는 10명의 선원이 조업을 하고 있었다. 가라쓰 항구에 대기 중인 어선들, 미야자키마루의 선주, 순시선 선장, 후쿠오카항구, 도보 어업협동조합의 하물 선적 모습 등이 보인다.

뉴스26(1963.06.19): 한국억류중의모든어선석방

한국정부는 6월 19일, "6월 1일 이후에 포획된 일본어선 5척과 선원 42명을 불기소 처분하고 전원 석방하겠다"고 일본정부 측에 통보했다. 태풍의 접근으로 어선을 일본에 인도하는 일이 늦어지기는 했으나 21일 오후 2시 부산과 쓰시마의 중간 지점에서 일본측 순시선이 5척의 어선과 42명의 선원을 인도받았다. 선원들은 쓰시마 이즈하라 항구에서 검역을 마친 후 각각 본래의 항구로 돌아갔다. 가라쓰시의 제2미야자키마루는 순시선에 견인되어갔고, 진세이마루甚政丸는 자력으로 22일 가라쓰 항구에 도착했다. 공중 촬영 영상으로, 가라쓰 항구, 출어 준비 중의 선원, 억류 선원의 가족, 도보 포구에 입항하는 어선, 해상 견인되는 선박 등이 보인다.

뉴스27(1963.06.21):한국에서 석방된 어선 5척 일본측에

6월 19일 한국 측이 석방하겠다고 발표한 5척의 일본어선과 42명의 선원은 21일 아침 한국경비정의 선도로 부산을 출항하여 부산과 쓰시마 중간 지점에서 일본의 순시선「기타가미北上」에게 인도되었다. 여기에는 가라쓰시의 제2미야자키마루와 진세이마루가 포함되어 있었다. 공중촬영 영상으로, 이즈하라 항구를 향하여 귀국 길에 오른 어선 5척의 모습, 순시선「기타가미」가 제2미야자키마루를 견인하고 좌우에 야하타마루八幡丸·진세이마루, 약간 뒤에서 미요시마루三好丸·삼포마루三寶丸가 항해하는 모습, 손을 흔드는 어민들, 수산청 지도 선박 등이 보인다.

뉴스28(1963.09.29):'평화선' 특별 초계 순시선

'평화선' 해역에서 한국경비정에 의한 일본어선 나포가 계속되는 가운데, 제7관구 해상보안부의 특별 초계와 '평화선' 해역에서 조업 중인 일본어선을 종합하여 편집한 자료 영상이다. 순시선에서 바라본 쓰시마 해역의 해상, 파도와 조타선 선박, 조업 중인 일본어선, 그 부근에서 감시 중인 일본 해상보안관, 한국의 경비정, 해상보안부의 순시선, 순시선의 야광 투광기 등이 보인다.

뉴스29(1963.11.04):한국 억류 어선과 선원 44명 석방되다

10월 4일에 부산에 억류 중이던 60명 선원 가운데 이미 미성년자와 노약자 16명은 석방되었다. 나머지 44명에 대해 11월 3일 석방이 결정되었고, 이들은 11월 4일 오전 11시, 제13세이쇼마루正昭丸·제5세이쿄마루清興丸·제38이치마루一丸·제1후쿠호마루福寶丸 등 4척을 나눠 타고 부산항을 출항하여, 한국 경비정 701호의 호위를 받으면서 4일 오후 4시 반 경에 나가사키현 쓰시마의 사스나佐須奈 북방 5킬로 해상에서 일본 측

순시선「헤쿠라」에 인도되었다. 쓰시마 근해 해상, 한국의 경비정에 유
도되어 귀국하는 일본어선, 손을 흔드는 선원들, 한국의 경비정과 일본
의 순시선 등이 보인다.

뉴스30(1964.03.27):한일교섭으로 요구 관철, 후쿠오카현 어민대회
도쿄에서 실시되고 있는 한일교섭이 중요한 국면을 맞고 있는 가운데,
"어업교섭 문제에서 어민의 희생 위에 이뤄지는 타결은 허용할 수 없다"
고 후쿠오카현 어민들이 집회를 열고 어민들의 희생에 대한 정당한 보상
을 요구했다. 3월 27일 한일회담 요구 관철 후쿠오카현 어민대회는 후쿠
오카시 이리후네쵸入船町의 포구에서 개최되었다. 포구에 계류 중인 어
선, 어민대회, 도쿠시마수산 사장德島善太郎의 선창과 만세 모습, 후쿠오
카 어시장의 전무이사 등이 보인다.

뉴스31(1964.11.30):'평화선' 특별 초계
'평화선'이 여전히 존속하고 있는 가운데, 제7관구 해상보안본부는 일본
어선의 안전조업을 지키기 위해 '평화선' 해역에서 특별초계를 실시하
고 있다. 후쿠오카 해상보안부 소속의 순시선「구사카키」에 동승하여 촬
영한 영상이다. '평화선' 해역에서 조업 중인 일본어선, 순시선「구사카
키」내부 시설·해상 지도·뱃머리 부분, 다른 순시선「지쿠고토」와의 교
통 등이 보인다.

뉴스32(1964.12.04):한국억류 일본어선원 석방, 귀국
한국 주일대표부는 12월 2일, 한국에 억류되어 있는 일본인 어선원 16
명과 어선 3척을 석방했다고 일본 외무성에 통보했다. 이때 석방된 것은
9월 16일에 나포된 제65쇼도쿠마루와 선원 8명, 9월 11일에 나포된 겐

요마루源洋丸와 선원 8명, 6월 15일에 선박만 나포된 제83호코마루寶幸丸였다. 이들은 12월 3일 오후 해상에서 일본 순시선에 인도되었다. 쇼도쿠마루와 겐요마루는 순시선 「와카치도리」의 인도를 받아 4일 오전 1시경 이즈하라항에 입항했다. 호코마루는 견인하는 밧줄이 끊어져 약간 늦게 입항했다. 일본어선과 선원, 순시선의 모습 등이 보인다.

뉴스33(1965.03.24):한일어업교섭 수습되다

한일어업교섭은 3월 24일 아침 제10회 농수산장관 회담에서 차균희車均禧 한국 농림부 장관과 아카기 무네노리赤城宗德 일본 농림성 대신은 최종 합의에 이르렀고 27일에 어업협정 요강에 가조인했다. 이로써 '평화선'은 실질적으로 철폐되기에 이르렀다. 시모노세키시의 어업관계자는 이제 안심하고 조업할 수 있게 되었다고 하면서 교섭 타결을 환영했다. 그러나 일본에서 김을 취급하는 수산업자들은 값싼 한국산 김이 일본에 수입되는 것에 대해 반대 의사를 표명했다. 시모노세키 중앙도매시장, 한국어선 부산호, 한국산 김 수입 반대 집회, 한국의 한일협정반대 집회 등이 보인다.

뉴스34(1965.03.25):한국 농림부 장관 후쿠오카 어항 시찰

차균희 한국 농림부 장관은 어업교섭을 마치고 서일본지역 어업기지를 시찰하기 위하여 3월 25일 후쿠오카 공항에 도착했다. 그는 우선 후쿠오카 어업조정사무소를 방문하고 어시장과 항구를 시찰했다. 하카타 데이코쿠帝国호텔에서 오찬을 나누면서 일본의 선망·저인망 업계 대표들과 대화를 나눴다. 그가 후쿠오카 중앙어시장을 시찰할 때에는 총련계 동포 80명 정도가 한일회담을 반대하는 시위를 전개했기 때문에 일본 경찰관이 출동하여 사태를 수습해야 했다. 후쿠오카 공항에 도착한 차 장관, 어업조정사무소, 중앙어시장과 항구를 시찰하는 모습, 경찰관의 호위를 받으면서 호텔에 들어가는 모습 등이 보인다.

뉴스35(1965.04.04): 한일회담 가조인, 평화로운 바다로 출어

도쿄에서 열린 한일 각료회담에서 어업·대일청구권·재일한인법적지위 등 3개 현안에 대해 합의에 달했으며 4월 3일에 가조인을 실시했다. 이로써 '평화선'은 사실상 소멸되었다. 이러한 상황에서 4일 후쿠오카 항구를 떠나 출어에 나서는 어민들과 이들을 내보내는 가족들에게서 안도의 표정을 찾아볼 수 있다. 후쿠오카시 나가하마長浜의 어촌 항구, 출어를 준비하는 어선원들, 이들을 배웅하는 가족들, 선원들의 승선, 커다란 일장기 등이 보인다.

뉴스36(1965.04.07): 평화의 바다를 순시선이 패트롤

4월 3일의 한일어업협정 가조인으로 14년간 계속하여 일본어선을 나포하는 구실이 된 '평화선'은 사실상 소멸되었다. 제7관구 해상보안본부의 가와카미 지카토川上親人 본부장은 4월 5일부터 3일간 순시선 「구사카키」로 '평화선' 해역을 시찰했다. 이 영상자료는 순시선에 동행하여 촬영한 것이다. 해상 지도를 사용하여 전관수역과 공동규제수역을 설명하는 본부장, 순시선의 통신실과 조타실, 다른 순시선 「히라도」와 해상에서의 조우, 멀리 보이는 제주도, 조업 중인 한국과 일본의 어선 등이 보인다.

뉴스37(1965.06.22): 한일국교정상화, 시모노세키 어항의 표정

한일양국은 기본조약과 관련협정·의정서 조인식을 6월 22일 저녁 도쿄의 수상 관저에서 개최했다. 이때 서일본 어업기지의 하나인 시모노세키

어항에서는 다음날 출어할 어선들이 준비를 하고 있었다. 관계자는 "협정에 불만이 있지만 이제 안전 조업이 보장되었다"고 즐거워했다. 시모노세키 어항, 출어 준비 중인 어선, 하물 선적, 어패류 수확, 그물 수리, 관계자 인터뷰, 야마구치현 무역빌딩 등이 보인다.

RKB방송국의 보도특집 영상

보도특집01 (1960.03.31) : 한국에서 억류 어선원 돌아오다
'평화선'을 침범했다고 하여 한국에 억류되었던 선원 167명이 석방되어 돌아오게 되었다. 그 과정을 살펴보는 특집으로, 어선 나포 결과의 통지, 가족의 진정, 운수성 대신의 해역 시찰, 후쿠오카 어항, 한일 상호송환 결정, 시라사와씨, 모리씨 3자매 상황 등을 영상으로 엮었다.

보도특집02 (1961.06.23) : 한국 억류 어선원, 부산수용소 자료영상
RKB 특파원이 부산에서 피납 어민들의 생활을 영상에 담은 것으로, 일본인 어민의 어로 활동, 부산의 재판 풍경, 포승줄에 포박당하여 재판정을 나오는 어민들의 모습, 수용소 내에서 빨래하는 모습과 화투·바이올린·기타 등으로 여가를 보내는 모습 등을 영상으로 엮었다.

보도특집03 (1962.05.19) : 한국산업박람회 시찰단의 부산입항
한국산업박람회 시찰단과 함께 부산에 들어간 촬영팀이 부산시가지의 풍경과 일본인 어민 수용소 외견을 영상에 담았다. 부산 출입국관리소가 운영하는 수용소는 철조망으로 둘러싸여 있었고 정문 옆의 푯말에는 "何人을 막론하고 허가 없이 출입을 금지함"이라는 경고 문구가 적혀있다.

보도특집04(1963.09.29):'평화선'공중촬영,자료영상

쓰시마 해협을 중심으로 하여 공중 촬영을 통해 얻은 '평화선' 해상에 관한 영상이다. 한국의 경비정, 일본어선의 어로활동, 일본순시선, 나포된 일본어선 등을 영상으로 엮은 것이다.

보도특집05(1965.04.05):'평화선'이사라지다(14년회고)

공중 촬영 영상을 다시 사용했으며, 억류되었던 어민에 대한 인터뷰, 한일회담 결렬 보도, 억류 어민의 석방을 위한 청원 활동과 석방, 어민의 귀국과 가족의 환희, 한국의 경비정, 일본의 순시선 등이 보인다.

RKB방송국의 영상자료 목록

다음 [표-6]은 RKB방송국의 자료실_{영상 라이브러리}로부터 2017년 10월에 최종적으로 전달받은 '평화선' 관련 영상자료 목록이다. 1958년 2월 28일부터 1965년 6월 22일까지 방영된 것이다. 이때 목록을 정리하는 방식은 전적으로 필자에 의한 것이다. 이전에도 RKB방송국으로부터 목록을 받은 일이 있으나, 그때에는 누락된 영상자료가 많았다. 디지털 영상화하는 과정에서 누락되었던 것을 찾아내어 2017년 10월에 최종 영상자료까지 찾아내어 모두 보내옴으로써 개인적으로 목록을 정리할 수 있게 되었다. 2014년 5월부터 2017년 10월까지 방송국의 디지털화 작업이 이뤄진 것으로 알려지고있다. 평소 방송을 위한 일상 업무 중에서도 필자의 연구조사 작업을 지원하고 '평화선' 관련 자료들과 목록을 기꺼이 제공해 준 RKB방송국 담당자들에게 감사의 뜻을 전한다.

[표-6] RKB영상라이브러리 '평화선'자료 목록

A. 뉴스영상

no	放送日	Title	LTO	時間	整理番号	管理番号
1	1958. 02.28	韓国抑留漁夫第2陣送還(裡里号で２００人)	N200001	05:00	ND-8-1	N000034
2	1958. 04.26	韓国抑留漁船員３００人帰る(下関市)		01:35	ND-11-2	N000050
3	1958. 04.27	韓国抑留漁船員帰博(福岡市と糸島郡加布里漁協６５人)		02:50	ND-11-3	N000051
4	1958. 05.18	韓国抑留漁船員帰国(第４次送還船平沢号１２２人)		05:50	ND-16-1	N000075
5	1959. 02.22	抑留船員留守家族代表陳情団帰る		02:16	ND-66-7	N000379
6	1959. 03.22	韓国抑留船員留守家族の白沢ジュネーブへ出発		02:45	ND-71-5	N000417
7	1959. 06.20	第二山王丸帰国		01:25	ND-86-7	N000532
8	1959. 07.25	李ライン特別哨戒		23:00	ND-93-1	N000581
9	1959. 08.20	民間自衛船に同乗・李ライン '第一夜'早くも緊迫		07:45	ND-98-3	
10	1959. 12.31	李ライン海域へ出漁	N200002	05:10	ND-121-4	N000793
11	1960. 03.28	日韓相互送還第一船出港		14:20	ND-134-6	
12	1960. 03.31	韓国抑留漁船員帰国(１６７人)		38:15	ND-135-1	N000894
13	1960. 04.14	韓国抑留家族その後(多田水産第三蛭子丸の操縦手・森虎吉)		06:05	ND-140-8	
14	1960. 10.05	韓国抑留漁船員帰国(４０人)		10:30	ND-171-3	N001130
15	1960. 10.30	北朝鮮だ捕の漁船帰国(２７人)		02:20	ND-173-6	
16	1960. 12.01	博多～釜山連絡船(１５年ぶり)		03:30	ND-175-7	
17	1960. 12.27	関釜連絡船復活第一船(第１３北光丸)		02:45	ND-179-3	
18	1961. 04.27	第２秋田丸帰国(10人)		05:05	ND-190-6	

19	1961. 11.10	韓国抑留漁船員76人帰国(1)	N200013	04:30	ND-207B-5	N008137
20	1961. 11.11	韓国抑留漁船員76人帰国(2)		16:30	ND-207B-6	N008138
21	1962. 02.06	韓国抑留の8漁船員帰国		03:45	ND-215-6	N001443
22	1962. 10.31	韓国釈放の第5大洋丸帰国		02:35	ND-241-5	
23	1962. 12.02	韓国抑留の5船員帰国		02:40	ND-249-8	N001668
24	1962. 12.15	韓国釈放の3漁船帰国（漁船員(33人)		05:35	ND-251-5	N001681
25	1963. 05.28	韓国拘留漁船員9人帰国		00:50	ND-268-3	N001811
26	1963. 06.11	韓国艇が体当り, 漁船帰港(呉羽丸と音羽丸)	N200003	02:45	ND-269-6	N001822
27	1963. 06.12	李ラインで日本漁船捕れる(宮崎丸と巡視船「よしの」)		07:15	ND-269-7	
28	1963. 06.19	韓国抑留中の全漁船釈放(漁船5隻と乗組員42人)		14:20	ND-270-1	N001823
29	1963. 06.21	韓国釈放の5漁船日本側に		04:55	ND-270-3	
30	1963. 09.29	李ライン特別哨戒の巡視船(第7管区海上保安部)		02:20	ND-227A-7	N008178
31	1963. 11.04	韓国抑留の漁船・A組員44人釈放される		01:20	ND-281-7	
32	1964. 03.27	日韓交渉で要求貫徹福岡県漁民大会		04:20	ND-300-6	N001984
33	1964. 11.30	李ラインの特別哨戒(第7管区海上保安部)		12:50	ND-312-5	
34	1963. 12.04	韓国抑留の日本漁船員釈放, 帰国(漁船員16人と漁船3隻)		06:45	ND-313-1	
35	1965. 03.24	日韓漁業交渉まとまる	N200004	08:10	ND-321-1	N002045
36	1965. 03.25	韓国農務部長官福岡漁港視察		05:25	ND-321-2	
37	1965. 04.04	日韓会談仮調印, 平和な海へ出漁		02:55	ND-321-3	N002102
38	1965. 04.07	平和の海を巡視船パトロール(第7管区海上保安本部長川上)		11:00	ND-321-4	N002013
39	1965. 06.22	日韓国交正常化, 下関漁港の表情		02:20	ND-321-5	N002104

B. 보도특집영상

no	放送日	Title	LTO	時間	整理番号	管理番号
1	1960. 03.31	報道特番, 韓国から抑留漁船員帰る	B200016	06:36	M報道10	B200016
2	1965. 04.05	李ラインが消える: 14年回顧		24:18	M報道36	
3	1965. 04.05	李ラインが消える: 14年回顧		30:36	M報道36 素材	
4	1961. 06.23	韓国抑留漁船員, 資料映像(釜山収容所)	B200062	02:40	K韓國1	B200062
5	1962. 05.19	韓国, 資料映像(韓国産業博覧会視察団の釜山入港)		09:05	K韓國1	
6	1963. 09.29	李ライン(空撮), 資料映像67	B200056	04:45	L映像67	B004744

[사진-26] RKB 영상자료실의 재생설비

출처 : 2014년 4월 22일 최영호 촬영

이상으로 후쿠오카 RKB마이니치방송국의 TV 영상자료를 중심 사례로 하여 자료별로 내용을 정리하고 종합적인 목록을 구성해 보았다. 필자는 2014년 봄에 RKB 방송국의 자료실에서 재생설비를 통하여 해당 영상자료들을 직접 일일이 열람하는 한편, '평화선' 관련 자료에 관한 목록과 스크립트를 정리하게 되었다. RKB 방송국은 '평화선' 관련 피해 어민들이 가장 많이 거주한 지역의 언론 매체로서 다른 지역에 비해서 이 문제에 가장 민감하게 관련 영상자료들을 생산한 곳이다. 따라서 이 방송국에 '평화선' 관련 영상자료가 가장 많이 축적되어 있을 것으로 보인다. 앞으로도 RKB방송국의 영상자료들은 1958년 2월 이후 오늘날에 이르기까지 '평화선'이나 한일회담의 이미지를 연구하는데 중요한 자료로 활용될 것으로 확신한다.

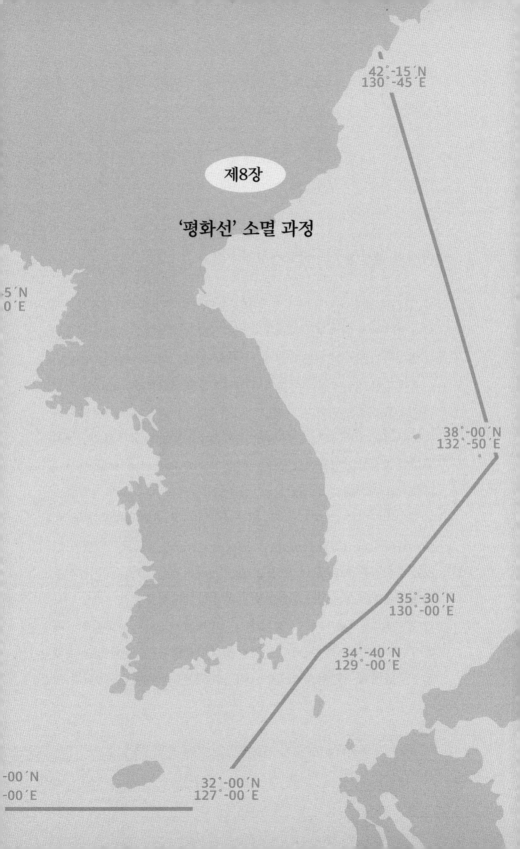

제8장

'평화선' 소멸 과정

42°-15′N
130°-45′E

5′N
0′E

38°-00′N
132°-50′E

35°-30′N
130°-00′E

34°-40′N
129°-00′E

-00′N
-00′E

32°-00′N
127°-00′E

박정희 군사정부의 국교정상화 의지

제2공화국에 들어서 한국정부는 미국으로부터 받는 차관이 급감하게 되자, 현실적 방편으로 일본과의 국교정상화 필요성을 인지하고 재일동포 법적지위 문제와 청구권 문제를 해결하겠다고 나서는 한편, '평화선' 문제에 관한 기본방침을 철회하고 어업협정을 체결하겠다고 하는 정책적 입장을 취하게 되었다. 그러나 전반적으로 5차 회담에 들어서도 한일 양국은 적극적인 국교정상화 움직임을 보이지 않았다. 일부 분과위에서 논의의 진전이 있었음에도 불구하고, 일본 측은 청구권과 '평화선' 문제를 묶어 일괄적으로 처리한다는 입장을 고수한 반면, 한국정부는 일본과의 국교정상화를 이루고자 하는 적극적인 의지를 내보이지 않았다.[1] 한국 국민의 반일 감정과 국교정상화 반대 투쟁을 군사력으로 억압할 수 있었던 군사정부는 1961년 10월 20일에 시작된 제6차 회담 시기에서부터 청구권 문제를 중심으로 하여 한일회담 타결에 적극적인 의사를 내보였다. 특히 1961년 11월 12일 박정희 국가재건최고회의 의장과 이케다 하야토池田勇人 수상이 도쿄에서 가진 정상회담을 통해, '평화선'에 대해 신축성 있게 대처할 용의가 있다는 취지의 의사를 내비치면서 어업협정

---

1   김동조, 『회상30년 한일회담』, 중앙일보사, 1986년, 206-207쪽.

의 최종 타결을 위한 길에 들어서게 되었다.[2]

[사진-27] 박 의장과 이케다 수상의 정상회담

출처 : 연합뉴스, 2005년 1월 21일

　더욱이 1962년 10월 16일, 박정희 의장은 김종필 金鍾泌 중앙정보부장 앞으로 보낸 대일교섭에 관한 훈령에서, 청구권 문제에서 일본이 성의를 보인다면 한국은 '평화선' 문제에 유연한 태도로 임해야 한다는 방침을 재확인시켰다.[3] 이러한 방침에 따라 그해 11월 12일, 국교정상화 추진에 가장 중요한 청구권 교섭에서 김 부장은 오히라 마사요시 大平正芳 외상과의 두 번째 회담에서 총 6억 달러에 관한 타결을 이끌어냈으며, 이에 따라 어업위원회·평화선위원회의 분과 회의도 국교정상화 방향을 향하여 급진전되기에 이르렀다. 한일회담에서 한국 측 수석대표를 맡고 있던 배의환 裵義煥 주일대사는 본국에 보낸 보고서에서 '평화선' 침범 어선에 대한 자제를 지속적으로 요구하기에 이르렀고, 한국정부는 1963년에 들어 '평화선' 침범 어선의 조업을 묵인하는 태도를 취했다. 이렇게 한국 측은

2　　이원덕, 『한일 과거사 처리의 원점: 일본의 전후처리 외교와 한일회담』, 서울대학교출판부, 1996, 149-152쪽.
3　　ロー・ダニエル, 『竹島密約』, 草思社文庫, 2013年, 126-127쪽.

일본으로부터 청구권 자금을 얻는 대신에 비밀리에 '평화선' 문제를 양보한 것이다.[4]

2005년 일반에 공개된 한일회담 자료 가운데 특히 제7차 회담 자료에 따르면, 박정희 군사정부의 외무부와 농림수산부에서는 일본과의 국교 정상화를 적극 추진하고자 하는 최고 결정권자의 의사에 따라, 사실상의 '평화선' 종결에 합의하기에 이르렀다고 되어 있다. 이즈음 박정희 군사정부는 내부적으로 '평화선'을 사실상 철폐하는 정공正攻 방침을 정했으나, 국내적인 반발의 우려를 고려하고 '평화선'을 협상 카드로 고수하는 것처럼 태도를 내비치는 우회迂廻 방침으로 전략을 수정했다. 이러한 맥락에서 한국정부는 국방상 이유라는 명분을 개발했고 '평화선'이 소멸되는 것이 아니라는 논리를 내세우게 되었다.[5]

당시 한국 국민의 대다수가 받아들이고 있는 반공反共 이데올로기를 활용하여 민족자존自存의 상징이 되어 있는 '평화선'을 고수하겠다는 논리를 개발한 것이다. 1962년 10월 22일 이케다 수상과 김종필 중앙정보부장과의 회담 가운데서, 이케다가 여기에 의문을 제기하고 이에 김종필이 답변한 내용을 보면, 한국정부의 '반공' 논리와 우회 전략을 잘 엿볼 수 있다. 이때 김종필은 "한국은 여전히 전쟁에 준하는 상태이며 현재도 휴전선에서 충돌 사건이 자주 발생하고 있고 해상을 통한 간첩 침투가 많기 때문에, 국방선으로서의 평화선이 필요하다"고 대답한 것으로 알려진다.[6]

이 책에서는 청구권과 영토문제에 관한 교섭 과정에 대해서는 언급을

---

4   ロー・ダニエル, 『竹島密約』, 127-128쪽.

5   양재영, 『평화선에 관한 역사적·법적 연구』, 한국해양대학교대학원 해양정책학과 박사논문, 2019년, 66-68쪽.

6   한일회담자료, 「김종필 특사 일본 방문, 1962.10-11」, 분류번호: 724.41 JA, 등록번호: 796, 생산과: 동북아주과(1962년), 프레임번호: 0122.

최소화하기로 하고, 국교정상화 방침이 정해진 후 어업협정을 마무리해 가는 과정을 중심으로 언급하고자 한다. 구체적으로 어업협정을 체결하기로 한 1964년 4월 한일양국의 농림장관 회의에서부터 실제로 어업협정이 체결되는 1965년 6월까지의 시기를 주로 논하고자 한다. 소위 '평화선'을 둘러싼 외교교섭 과정 중에서 막바지 소멸 단계에 집중하여 언급하고자 하는 것이다.

우선 7차 회담에 이르는 시대적 배경을 간단히 살펴보자. 박정희 군사정부는 애초 2년 후에 정권을 민간에 이양하겠다고 발표하였으나 1963년 1월부터 시작된 정치활동의 재개 이후 야당의 반대에 직면하여 1963년 '2·27선언'을 통하여 박정희의 원대복귀를 약속하기도 했다. 그 이후에도 '4·8조치'로 군정 연장을 계획하였다가 여론의 반대에 부딪히면서 민정 이양을 서둘렀다. 1963년 10월 대통령 선거에서 박정희는 야당의 윤보선尹潽善 후보를 근소한 득표수의 차이로 누르고 당선되었다. 당선 후 박정희는 자민당自民黨 특사로 방한한 오노 반보쿠大野伴睦에 대하여 중단 상태에 있는 한일회담을 재개하기로 약속했고, 1965년 1월에 사토 에이사쿠佐藤栄作 수상과 린든 존슨Lyndon B. Johnson 대통령과의 정상회의 이후에는 국교정상화 움직임을 본격화했다. 이때 미국은 다양한 외교채널을 통해서 한일간 국교정상화 움직임을 촉구하고 이를 지원했다. 7차 한일회담 과정을 보면, 1964년 12월 본 회담을 개최한 후 어업 및 평화선위원회, 재일한인법적지위위원회 및 기본관계위원회를 열기 시작했으며, 결과적으로 이듬해 6월 조약과 협정의 체결에 이르렀다.[7]

'평화선'과 어업협정에 관한 기존의 연구물들은 본문에서 이용하고 있는 것을 비롯하여 모두 '평화선'을 언급하는 과정에서 그 소멸 과정

---

7   朴正鎭, 『冷戰期日朝関係の形成(1945-65)』, 東京大学大学院総合文化研究科 博士論文, 2009年, 356-357쪽.

에 대해서도 간략하게 언급하고 있다. 이 가운데 2005년 일반에 공개된 한일회담 자료를 사용한 연구로서는 앞에서 언급한 바 있는 2008년의 박진희 연구를 비롯하여 조윤수에 의한 일련의 연구[8], 그리고 남기정 2008[9], 유지아2016[10], 현대송2016[11]의 연구논문이 괄목할 만하다. 이 연구 결과들은 '평화선' 혹은 어업협정 관련 연구에서는 한일회담 자료 등을 구사하여 대일외교와 어업자원에 관한 한국 측 입장 논의를 강조하고 있기 때문이다. 다만 이 책도 문제를 한정시키는 한계에서 벗어날 수는 없지만, 위의 선행연구는 한일회담 자료를 선택적이고 부분적으로 사용하고 있다고 하는 점에서 이 책과 공통된 특징을 가지고 있다. 다만 대체로 이승만 정부와 박정희 정부에 이르는 폭넓은 어업 논의를 다루고 있다고 보인다.

위의 선행연구와 비교하면, 이 책은 어업협정을 조문화하는 과정에서 막바지 단계에 한하여 한일회담 자료를 통해 확인하고자 하는 특징을 가지고 있다. '평화선' 문제의 구조적 이해를 위하여 기존의 연구를 참고하면서도, 회담 내용에 대해서는 가능한 회담 자료에 기초한 연구를 진행하고자 한다. 이 연구가 한일회담 자료 내용을 집중적으로 조사하고자 하는 만큼, 지난 2005년 일반 공개된 한국 측 회담 자료와 함께 국민대학교 일

---

8   조윤수, 「한국 교섭 참석자의 일본인식 변화와 한·일회담: 어업 및 평화선 위원회를 중심으로」, 『영토해양연구』 1호, 2011년 9월, 144-175쪽; 조윤수, 「1965년 한일어업협상의 정치과정」, 『영토해양연구』 6호, 2013년 12월, 138-161쪽; 조윤수, 「한일어업협정과 해양경계획정 50년」, 『일본비평』 12호, 2015년 2월, 102-133쪽.

9   남기정, 「한일회담시기 한일양국의 국제사회 인식: 어업 및 평화선을 둘러싼 국제법 논쟁을 중심으로」, 『세계정치』 29집 2호, 2008년 12월, 125-157쪽.

10   유지아, 「한국과 일본에서의 한일회담 반대운동의 전개과정과 역사적 의의」, 『한일관계사연구』 53집, 2016년 4월, 265-302쪽.

11   현대송, 「한일회담에서의 선박 문제」, 『한국정치학회보』 50호, 2016년 3월, 185-211쪽.

본학연구소의 회담 자료 해제 결과[12]를 중시하지 않을 수 없었다는 점에 대해서 미리 일러둔다. 이와 함께 오늘날 일본 측의 한일회담 자료 내용이 연구자들의 요청에 따라 거의 자료 상황이 공개되고 있는 상황[13]에서, 이 책은 아사노 도요미淺野豊美 등의 선별적인 회담 자료집[14]에 크게 의존했다고 하는 한계를 가지고 있다. 차후에 일본 측 한일회담 자료 내용이 전면적으로 공개된다고 한다면, 이를 통한 어업협정 체결과정에 대한 조사에서도 완성도가 더욱 높아질 것으로 보인다.

1964년 한일 농림장관 회담

'평화선'의 전관수역을 좁히는 문제에 대해서는, 일찍이 6차 회담에서 양국이 외교적 타결을 보았다. 여기에서는 6차 회담 시기에 이루어진 한일 농림장관 회담의 내용을 살펴보고자 한다. 한국과 일본 양국이 어업회담을 통하여 경제적 이해관계를 조정하기보다는 양국 간 해역의 분할이라는 정치적 외교적 과제를 안고 있었기 때문에 회담이 쉽사리 이루어지

---

12 국민대학교 일본학연구소, 『한일회담외교문서 해제집 I : 예비회담~5차회담』, 동북아역사재단, 2008년; 국민대학교 일본학연구소, 『한일회담외교문서 해제집 II : 평화선·북송·6차회담』, 동북아역사재단, 2008년; 국민대학교 일본학연구소, 『한일회담외교문서 해제집 III: 6차회담』, 동북아역사재단, 2008년; 국민대학교 일본학연구소, 『한일회담외교문서 해제집 IV: 고위 정치회담 및 7차회담』, 동북아역사재단, 2008년; 국민대학교 일본학연구소, 『한일회담외교문서 해제집 V : 7차회담』, 동북아역사재단, 2008년.

13 일본측 자료는 '일한시민으로 만드는 일한회담문서 전면공개를 요구하는 모임' (日韓市民でつくる日韓会談文書·全面公開を求める会)의 활동에 따른 것이다. http://www.f8.wx301.smilestart.ne.jp. 방대한 일본측 자료에 대한 해제 작업이 일찍부터 한국에서부터 시작되어, 목록집 포함 총 104권인 단행본으로 출간되었다. 국민대학교 일본학연구소·동북아역사재단(편), 『한일회담 일본외교문서 목록집』, 선인, 2010년; 국민대학교 일본학연구소·동북아역사재단(편), 『한일회담 일본외교문서』(제1권~제103권), 선인, 2010년.

14 浅野豊美·吉澤文寿·李東俊·長澤裕子(編), 『日韓国交正常化問題資料第4期第11巻(漁業領土4)』, 現代史出版, 2015年.

지 않았다. 그런 측면에서 양국의 어업협정 교섭은 일종의 해양경계선을 획정하기 위한 교섭이었다고 보아야 한다. 한국은 이미 선포한 '평화선' 안쪽 해역이 모두 한국의 영해인 것처럼 해석하고 있었으며, 반면에 일본은 신생 독립국 한국의 입장을 배려하지 않은 채 '평화선' 해역에 자국 어선이 진출하는 것을 막지 않았던 것은 과거 식민지 통치의 연장선이라는 해석을 낳았다. 따라서 한국은 어업협정 교섭을 위한 기본입장으로, ① 한국연안의 어업자원을 영구히 보호 육성하는 것, ② 한국의 전관수역을 확보하고 그 이익을 찾는 것, ③ 한국 어업을 근대화하여 단기간에 선진국 수준으로 발전시킨다는 것 등을 제시했다. 한편 일본은 ① 공해자유의 원칙과 같은 국제관례를 중시할 것, ② 어업 실적과 현상을 인정하고 그 바탕 위에 교섭할 것, 등을 기본입장으로 제시했다. 따라서 양국은 어업협정 교섭에서 어업수역 범위, 어업수역 기선, 공동규제수역에서의 어업 자율규제 문제, 재판관할권 행사 문제, 저인망 금지 수역의 상호 존중 문제, 등에 관하여 거듭되는 공방과 논의를 진행한 것이다.[15]

일찍이 군사정부의 국교정상화 움직임에 동조하여, 일본 측이 1962년 12월 5일의 6차 회담 제2회 정치회담 예비절충회담에서 12해리 범위를 인정하겠다고 하는 중요한 제안을 내놓음으로써 합의 움직임을 앞당기게 되었다. 이때 일본은 12해리 수역 내에서 계속 어로실적을 쌓아왔던 사실을 고려하여 어업협정 발효로부터 10년 동안 계속하여 어로를 유예해 줄 것과, 12해리 바깥 수역에서 어업협정의 부속서 범위의 해역에서 어업에 종사하겠다는 것을 조건부로 내세웠다. 특히 일본의 12해리 영해 제안은 어업협정의 타결에 이르게 하는 획기적인 것이었다.[16] 그러나

---

15 최종화, 『현대한일어업관계사』, 세종출판사, 2000년, 54-70쪽.

16 일본의 제안은 和田 私案으로 알려지고 있다. 日韓漁業協議会, 『日韓漁業対策運動史』, 358-362쪽.

한국정부는 대통령 선거를 앞두고 어업협정 타결 소식이 정치적 부담으로 될 것을 우려하여, 일본에게 '보다 유연한 자세'를 요구하는 선에서 어업협정 교섭 타결을 늦추기로 했다.[17] 결과적으로 1964년 3월 10일부터 4월 6일까지 12차례에 걸쳐 개최된 원용석元容奭·아카기 무네노리赤城宗德 농림장관 회의에서 사실상 '평화선'을 소멸시키기로 하는데 최종 합의했다.[18]

1963년 7월에는 한국 측이 해양경계선에 관한 기본안을 일본 측에 제시한 바 있는데, 결과적으로 1964년 3월 13일 제3차 한일 어업 각료회담에 이르러 다음과 같은 수정안을 내놓았다. 이때 한국 측은 어업규제의 내용이나 부산-쓰시마 사이의 수역, 공동규제 연구위원회와 어업협력 차관 금액 1억 천 4백만 달러 등에 관한 아이디어를 제시했다.[19] 반면에 일본 측은 3월 16일의 제4차 회의에서 주로 제주도를 중심으로 한 전관수역의 기선 문제에 대해서 이의를 제시한 것으로 알려진다. 한국 측이 제주도 동쪽과 서쪽의 기선 문제와 관련하여, 제주도 동쪽의 합민포곶-우도-거문도-상백도, 제주도 서쪽의 마라도-죽도-만제도-소흑산도로 할 것을 제시한 것에 대해, 일본 측은 제주도를 본토와 분리하여 경계선을 설정해야 한다는 종래의 입장을 고집하면서도, 한국 측 제안에 입각하여 제주도 동쪽은 간여암-상백도-거문도-여서도를 기점으로 해야 한다고 했으며, 제주도 서쪽은 매물도-맹골군도-평풍도-하추자도를 연결하는 직선기선으로 하고, 제주도의 저조선을 기선으로 해야 한다고 주장했다, 이 기선에 따라 12해리의 전관수역이 그어지는 바, 이 경우 내부로 파

---

17 남기정,「한일회담시기 한일양국의 국제사회 인식」, 146-147쪽.

18 지철근,『한일어업분쟁사』, 한국수산신보사, 1989년, 450-455쪽; 김동조,『회상 30년 한일회담』, 238-239쪽.

19 한일회담자료,「속개 제6차 한일회담 농상회담(어업관계) 동경」, 분류번호: 723.1 JA/ 어1964.3-4, 등록번호: 759, 생산과: 동북아주과(1964년), 프레임번호: 0077-0080.

들어가게 되는 제주도 동서쪽 공해 부분은 127도, 서쪽 126도를 한계선으로 하여, 그 내부 수역이 한국 측 전관수역에 포함되도록 하겠다고 하며 한국 측은 수정안을 제시했다. 이에 대하여 일본 측은 만약에 대비하여 국제사법재판소에 제소할 수 있다는 조건을 내세우는 가운데, 한국 측이 이 조건으로 하여 전관수역을 선포하면 일단 일본 측이 수락하겠다고 응답한 것으로 알려진다.[20]

다만 전관수역에 대해 한일 양국이 기본적인 합의에 이르렀음에도 불구하고, 한국으로서는 '평화선' 소멸을 대외적으로 발표하기에는 아직 국내적 반발을 극복하기에 곤란했다. 그래서 한국 측은 어업에 관한 제반 문제들이 해결되면 국제관행이나 양국 간 특수 사정 등을 고려하여 전관수역 문제가 해결될 수 있다고 하는 회담 끌기 전략을 내보일 수밖에 없었다. 결과적으로 한국 측은 사회적 반대에 부담을 느끼고 있었고, 반면에 일본 측은 어업협정이 체결되면 '평화선'은 소멸되어야 한다는 입장을 견지했다는 것을 알 수 있다.[21] 전관수역 이외에도, 공동규제 수역을 어떻게 설정할 것인가, 어업협력차관 금액 등의 상세한 부분을 둘러싸고 양국 사이에는 이견이 오갔다. 특히 [사진-28]에서 나타나는 바와 같이 '평화선'의 E수역을 둘러싸고는 한일 간의 견해가 매우 다르게 제기되었다. 한국 측은 E수역에 대해서 비록 월동越冬 수역이기는 하지만 어족자원을 보호해야 하는 입장에서 반드시 수역을 설정해야 한다고 했고, 일본 측은 어종이 겨울에 걸쳐 회유回遊하는 수역에 불과하기 때문에 E수역의 설정에 대해 반대한다고 했기 때문이다. 나아가 E수역 가운데 '평화선' 바깥으로 나온 부분에 대해서 일본 측은 난색을 표했다.[22]

20   한일회담자료, 앞의 자료, 프레임번호: 0122.

21   한일회담자료, 앞의 자료, 프레임번호: 0125.

22   한일회담자료, 앞의 자료, 프레임번호: 0127-132.

[사진-28] 1964년 4월 농림장관 회의에서 합의된 대강의 규제선

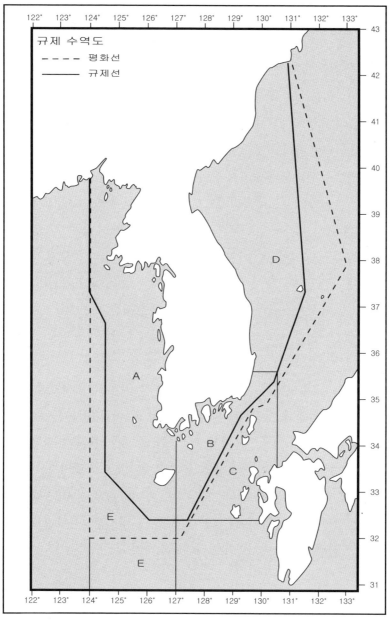

출처 : 한일회담자료, 등록번호: 1462, 프레임번호: 0235

한일회담 자료에는 양국 각료회담 과정에서 [사진-28]과 같은 수역 지도가 나온 것으로 되어 있다.[23] 양국의 농림장관 회담을 통하여 제주도 동서 해역에서의 기선 문제에 대해 완전한 합의에 이르지는 못했지만, 전관수역에 대해 대체로 합의했다는 것과, 수역설정에 대해서 양국의 견해 차이가 있었다는 점을 이해할 수 있다. 각료회담을 통해서 ① 규제 방법으로서 출어 척수 제한 문제와 그리고 어업협력 차관금액 문제에 대해서도 다소의 진전이 나타난 것을 알 수 있다. 무엇보다도 각료 회담은 그 이후에 열리는 어업전문가 비공식 회의에서 E수역을 최종적으로 삭제하기로 하는데 동의한 것으로 알려지고 있다. 1월 29일에 열린 어업전문가 비공식회합에서 최종적으로 E수역을 공동규제수역에서 삭제하기로 결정했다. 그 후에는 어업관련 회의에서 E수역에 대한 언급이 나오지 않았다. 이 밖에도 한일 양국은 ② A수역과 D수역에서 트롤, 저인망, 선망, 고등어 외바늘 낚시 등을 공동규제하기로 하는데 합의한 것으로 알려지고있다.[24] 이것은 '평화선'의 명목상 '부분적 소멸'에 해당한다고 말할 수 있지만, 사실상 '평화선'의 소멸이라고 해석해야 한다.

아울러 각료회담에서는 ③ 국내법에 의한 각종 금지구역의 상호 존중, ④ 규제연구위원회·어업협력위원회의 설치, ⑤ 어업 협력자금의 제공 조건으로, 연리 3.5~4%, 3년 거치, 7년 상환, ⑥ 재판 관할의 기국주의와 규제수역에서 양국 공동 단속 방침 등이 합의된 것으로 알려지고 있다. 가까스로 군사혁명 정부로부터 민간 정부로 이양을 마친 제3공화국으로서는 당시 한국인 대다수의 국민감정에서 도저히 받아들이기 어려운 '평화선' 관련 협상을 이처럼 비밀리에 추진하기로 선택한 것이다. 1964

---

23 한일회담자료, 앞의 자료, 프레임번호: 0033.

24 한일회담자료, 「제7차 한일회담 어업관계회의 및 훈령, 1964.1265.6, 전4권(V.3 합의사항 초안 및 한국측 요약 회의록)」, 분류번호: 723.1JA, 등록번호: 1462, 생산과: 동북아주과(1965년), 프레임번호: 0067-0068.

년 4월 초 단계에서 앞으로 어업협정 체결을 통하여 기존의 '평화선'을 실질적으로 소멸시키고자 하는 큰 틀의 합의가 이뤄졌다. 하지만 이 시기가 되어서도 양국은 어업협정을 체결하는데 [표-7]과 같은 견해의 차이가 양국 간에 존재하고 있어 서로 대립하고 있었던 것처럼 한국 측 회담자료는 전하고 있다.

[표-7] 1964년 4월 한일 농림장관 회의에서 나타난 견해 차이

쟁점	한국측	일본측
1. 전관수역	- 국제관행과 양국 특수사정을 중시 - '평화선'은 어업협정 여부에 따름	- 전관수역의 폭은 12해리 - '평화선'은 자동 소멸
2. 기선 (1) 제주도	- 본토를 포함하여 기선을 그을 것	- 본토와 분리하여 기선을 그을 것
(2) 홍도	- 홍도-간여암-상백도를 주장	- 홍도-고암-간여암-상백도 주장
(3) 소·대흑산도	- 본토를 포함하여 기선을 그을 것	- 본토와 분리하여 기선을 그을 것
(4) 북한 측 기선	- 북한을 포함한 직선기선 주장	- 북한 기선은 인정할 수 없다
3. 규제수역 (1) A, B, C, D수역	- B, D수역의 경계선을 유보함	- A, B, C, D수역 설치에 동의
(2) 수역 E	- 월동수역, 어족자원 보호에 필요	- 겨울 회유통로에 불과, 설정 반대 - '평화선' 밖의 E수역 설정을 반대
4. 규제내용 (1) B, C수역	-4대어업 공동규제, 일반어업 양측에서 자주규제	- 4대어업·일반어업 모두 양측에서 자주규제
(2) 출어척수	- 트롤·저인망 160척 - 선망 45척 - 고등어 一本釣 금지	- 트롤·저인망 270척 - 선망 70척 - 고등어 一本釣 90척
5. 어업협력 (1) 금액	- 1억 1천 400만 달러	- 7천 만 달러
(2) 조건 및 방식	- 정부 차관적 성격을 주장	- 순수한 민간신용공여를 주장
6. 수산물수입	- 수입제한조치, 차별관세철폐 요구	- 고등어, 전갱이 수입제한 필요 (국내보호)
7. 재판관할권		- 전관수역 내 비 연안국 어업이 인정된 경우에도 재판관할의 기국주의 원칙
8. 협정분쟁처리	- 외교적 처리를 주장	- ICJ에 제소

출처 : 한일회담 자료, 등록번호: 759, 프레임번호: 0125-0132

어업협정 대강에 대한 합의

1965년에 들어 1월 11일 독도문제에 대해 「해결하지 않은 것을 해결했다」고 보는 밀약이 한일 양국의 고위 정치가 사이에 합의되었다. 이로써 한일국교정상화 과정에서 가장 큰 걸림돌이 된 독도문제를 둘러싸고, 한국과 일본이 모두 국교정상화가 선결 과제이며 외교적 협의 대상이 되지 않는 영유권 문제는 일단 뒤로 미루자고 합의한 것이다.[25] 2월 20일 이동원 외무장관과 시나 에쓰사부로椎名悅三郎 외상이 기본조약에 가서명했으며, 4월 3일에는 도쿄에서 청구권 협정과 어업 협정에 가서명했다. 그 이후로 어업 협정안의 최종 마무리 움직임이 매우 빨라졌다.

박정희 정부는 일찍이 1964년 7월에는 당시 정일권丁一權 국무총리가 겸직하고 있던 외무장관에 이동원李東元을 임명했고, 그해 10월에는 3년 동안 수석대표를 역임해 온 배의환裵義煥 주일대사의 후임으로 1952년 '평화선' 설정의 주인공인 김동조金東祚를 결정했다.[26] 김동조는 외교 관료로서 이승만 정부 시절에 '평화선' 문제를 설정한 당사자였는데, 박정희 정부에 들어 결자해지結者解之의 입장을 나타냈고 본인에 의해 '평화선'을 종결시킨 것이다. 또한 이때 학자 타입의 차균희車均熹 농림장관을 교체하면서 그를 정무적인 회합에서 정책 제안을 하지 못하게 함으로써, 김동조 대사를 중심으로 하는 외교교섭을 통하여 어업협정 문안의 끝마무리가 가능하도록 했다. 여기에 주한미국 대사 윈드롭 브라운Winthrop G. Brown 등을 통한 미국의 중재 및 압력도 한일 국교정상화 움직임에 큰 영

---

25 독도밀약은 (1) 한일 양국이 상호 자국 영토라고 주장하는 것을 인정하고 동시에 이에 반론하는 것도 인정한다, (2) 만약 어업구역을 설정하게 되면 쌍방은 모두 독도를 자국령으로 하고 중첩된 부분은 공동수역으로 한다, (3) 한국은 현상을 유지하고 경비원 증강이나 시설의 신설과 증설을 행하지 않는다는 내용을 포함하고 있었다. ロー·ダニエル, 『竹島密約』, 224-227쪽.

26 이원덕, 『한일 과거사 처리의 원점: 일본의 전후처리 외교와 한일회담』, 256쪽.

향을 끼친 것으로 알려지고 있다.[27]

1965년 3월 3일 도쿄에서 제1회 농림장관회의가 열렸다. 이때 한국 측의 대표는 차균희 농림장관이었고 일본 측 대표는 아카기 무네노리赤城宗德 농림상이었다. 이날 회의에서 '평화선'의 철폐가 확정되었으며 김동조 주일대사는 '공동 어업자원 조사수역'의 설치를 제안하기에 이르렀다. 3월 11일 이동원 장관이 미국을 방문하는 길에 도쿄에 들러 시나 외상과 아카기 농상을 중식에 초대했는데, 이 자리에 배석한 김동조는 재차 '공동 어업자원 조사수역'안을 설명했다. 그의 '공동 어업자원 조사수역'안은 한국의 「전관수역」과 옛 '평화선' 사이의 수역을 말하는 것으로, 나중에 어업협정에서 규정하는 「공동규제수역」에 포함되는 것으로 한일 양국의 실질적 규제 활동이 없는 수역이었다. 이 조사수역 안은 어업협정 체결과 동시에 발효되는 것으로, 한국 국민에게는 '평화선'의 명칭을 '조사수역'으로 변경한 것일 뿐 '평화선'은 여전히 존재한다고 설득할 수 있고, 일본 국민에게는 '평화선'이 실질적으로 소멸되었다고 설득할 수 있는 아이디어였다.[28] 이에 따라 김동조는 그의 회고록에서 한국 국민의 대일 경계 마지노선이라고 할 수 있는, "평화선을 팔아먹었다"는 거센 사회적 비난으로부터 회피하기 위한 전술이었다고 밝히고 있는 것이다.[29]

애초에는 박정희 대통령이 미국을 방문하기로 되어 있는 5월 초순에 일본과의 어업협정 체결을 목표로 했지만, 4월 13일 협정조인에 반대하는 학생들이 데모가 심해지면서 협정 문안의 마무리 작업이 늦춰졌고 4월 22일의 어업회의 제11차 회의를 통하여 다음과 같이 어업협정 문안

---

27 김동조, 『회상30년 한일회담』, 248-252쪽.

28 ロー・ダニエル, 『竹島密約』, 214-216쪽.

29 김동조, 『회상30년 한일회담』, 284쪽.

이 만들어졌다.[30] 앞에서 논한 바와 같이, 1년 전 한일 양국의 농림장관 회의에서 확정되지 않았던 사항들이 1965년 4월 가서명 단계에서는 대부분 합의된 것으로 나타났다. 이로써 가조인 단계에 이르러 실질적으로 '평화선' 최종 소멸이 임박했음을 알 수 있다.

가. 수역

(1) 어업수역전관수역의 폭은 12해리, '평화선'은 '국방선'으로 남았으나, 실질적으로 자동 소멸된다.

(2) 공동규제수역:

① 북위 37도 30분과 동경 124도와의 교점

② 북위 33도 45분과 동경 124도 30분과의 교점

③ 북위 33도 30분과 동경 124도 30분과의 교점

④ 북위 32도 30분과 동경 126도와의 교점

⑤ 북위 32도 30분과 동경 127도와의 교점

⑥ 북위 34도 35분과 동경 129도 2분과의 교점

⑦ 북위 34도 45분과 동경 129도 8분과의 교점

⑧ 북위 34도 50분과 동경 129도 13분최종협정, 14분과의 교점

⑨ 북위 35도 30분과 동경 130도와의 교점

⑩ 북위 37도 30분과 동경 131도 10분과의 교점

⑪ 함경북도 우암령 정상

(3) 공동자원조사수역: 어업공동위원회의 권고에 따라 공동규제수역 바깥 측에 설정할 수 있다.

---

30 한일회담자료, 「제7차한일회담. 어업관계회의 및 훈령, 1964.12~65.6 전4권 (V.3 합의사항 초안 및 한국측 요약 회의록)」, 프레임번호: 0173-0221.

나. 기선

    (1) 제주도 : 본토를 포함하여 기선을 설정함

    (2) 홍도 : 제주도와 본토에 포함됨

    (3) 소·대흑산도 : 홍도-고암-간여암-상백도

    (4) 북한 측 기선 : 함경북도 우암령 정상高頂을 기점으로 함

다. 공동규제수역의 출어척수

    (1) 50톤 미만의 저인망 어선은 115척으로 제한

    (2) 50톤 이상의 저인망 어선의 경우

        ① 11월 1일~4월 30일: 270척

        ② 5월 1일~10월 31일: 100척

    (3) 선망 어선의 경우

        ① 1월 16일~5월 15일: 60톤

        ② 5월 16일~1월 15일: 120톤으로 제한.

60톤 이상 어선에 의한 고등어 낚시어업은 15척으로 하되, 조업기간을 6월 1일~12월 31일로 한다. 조업 구역은 경상북도·경상남도와의 경계선과 해안선과의 교점, 그리고 북위 35도 30분과 동경 130도와의 교점을 연결하는 직선 이남, 제주도 서측에 있어서는 북위 33도 30분 이남으로 한다.

라. 공동규제수역의 어선 규모

    (1) 저인망 어업 가운데 트롤 어선 이외의 것, 30톤~170톤

    (2) 저인망 어업 가운데 트롤 어선에 대하여, 100톤~550톤

    (3) 50톤 이상의 저인망 어선은 동경 128도 이동 수역에서 행하지 않는다. 다만 60톤 미만의 새우잡이 저인망 어선은 제외한다.

    (4) 선망 어업에 대해서는 망선 40톤 이상 100톤 이하로 한다. 다만 이 협

정의 효력 발생일자에 일본에 현존하는 100톤 이상의 망선 100톤 이상은 1척 만을 예외로서 인정한다.

(5) 50톤 이상의 고등어 낚시 어선은 100톤 이하로 제한한다.

마. 공동규제수역의 그물눈 網目

　(1) 50톤 미만의 저인망 어선은 33mm 이상

　(2) 50톤 이상의 저인망 어선은 54mm 이상

　(3) 전갱이 또는 고등어잡이를 목적으로 하는 선망 어선은 30mm 이상

바. 공동규제수역의 집어통에 사용하는 발전기의 총 설비 용량:

　(1) 1톤 당 10kw 이하의 동선 2척 및 7.5kw의 동선 1척으로 하여 계 27.5kw 이하

　(2) 60톤 이상의 어선에 의한 고등어 낚시어업은 10kw 이하

사. 어업협력

　(1) 총 금액은 청구권협정의 민간차관에서 9천만 달러. 1차년 4천만, 2차년 3천만, 3차년 2천만 달러.

　(2) 조건 및 방식

　　① 금리 : 4천만 달러에 대해서는 연리 5%, 나머지 5천만 달러에 대해서는 연리 5.75%로 한다. 3년 거치 7년 상환으로 하며 상환은 수산물로써도 가능하다. 착수금은 없다.

　　② 민간신용 제공 : 일본정부는 민간신용 제공을 실시한다.

　　③ 구매처 : 수협과 같이 한국정부가 지정하는 기관이 일괄 구매한다.

아. 재판관할권 : 기국주의

자. 협정분쟁처리 방법

(1) 우선 외교상 경로를 거쳐 해결한다.

(2) 그래도 해결되지 않을 때, 일방이 중재를 요청한 날로부터 6개월 이
내에 국제사법재판소에 결정을 부탁한다.

차. 비준 및 효력

(1) 비준 교환일에 즉시 효력을 발생한다.

(2) 10년간 효력을 존속한다.

하코네 회의에서 협정문 조정

한일 양국의 대표는 도쿄 근교의 휴양지인 하코네箱根에 1965년 6월 5일
부터 8일까지 모여 어업협정 문안을 최종적으로 조정했다.[31] 이 회의에
참석한 사람들이야말로 '평화선'을 최종 소멸시키는데 관여한 사람들이
기 때문에 특별히 기록해 둘 필요가 있다고 생각한다. 한국 측 참석자는
수석대표 김동조金東祚 대사, 이규성李揆成 공사, 김명년金命年 수산진흥원
장, 김정태金正泰 아주국 부이사관, 최광수崔侊洙 아주국 동북아과장, 주일
대표부 오재희吳在熙 정무과장, 배동환裵東煥 수산국 원양어업과장, 공로
명孔魯明 동북아과 사무관이었다. 이 밖에도 김윤택 방교국 조약과 사무
관과 신광윤 수산진흥원 자원조사과장이 참석한 것으로 되어 있다.

한편 일본 측 참석자는 우시바牛場信彦 외무심의관, 우시로쿠後宮虎郎 외
무성 아시아국장, 히로세広瀬達夫 아시아국 참사관, 와다和田正明 수산청

---

31 국민대학교 일본연구소, 『한일회담 외교문서 해제집 V : 7차회담』, 667-685쪽;
한일회담자료, 「제7차한일회담. 가서명 이후의 어업 및 평화선위원회」, 분류번
호 723.1 JA / 어1964.12-65.6 V.3, 전4권, V.4. 1965.4-6. 등록번호: 1463, 생
산과: 동북아주과(1965년). 프레임번호 0399-0427.

차장, 야스후쿠安福數夫 수산청 어업조정과장, 모리사와森沢基吉 수산청 해양제2과장, 마에다前田利一 아시아국 동북아과장, 마쓰나가松永信雄 조약국 조약과장, 하마모토浜本康也 조약국 법규과 사무관, 가와카미川上健三 조약국 조사관, 다케하라武原幸吉 수산청 어업조정과 기관, 혼다本多喜三郎 수산청 어업조정과 기관, 구마야熊谷直博 조약국 조약과 사무관, 우치다內田勝久 아시아국 동북아과 사무관 등이었다.

하코네 회의의 경위로서 한국 측 실무자는 6월 5일 오전 9시에 도쿄의 주일대표부를 출발했고 한국 수석대표는 11시에 도쿄를 출발하여 하코네에서 일행에 합류했다고 기록되어 있다. 5일 오후 4시에 시작된 첫날 전체회의에서 회담의 진행 방법을 협의하고, 두 개의 분과회로 나누어 제①분과회에서는「미해결사항」에 관한 토론을 진행하기로 하고, 제②분과회에서는「합의사항」에 관한 조문화 작업을 진행하기로 했다. 그리고 나흘째 되는 6월 8일 오후 6시에 조문화 작업이 모두 끝났다. 제①분과회 참석자로는 한국 측에서 이 공사, 김 대표, 김 부이사관, 배 과장, 공 보좌 등이 참석했으며, 일본 측에서는 히로세 참사관, 이시다 차장, 가와카미 조사관, 야스후쿠 과장, 조약국 조약과 및 동북아과 실무자 등이 참석했다. 또한 제②분과회 참석자로는 한국 측에서 최 과장, 오 과장, 신 과장, 김 보좌 등이 참석했고, 일본 측에서는 마쓰나가 과장, 마에다 과장, 모리사와 과장 외 실무자들이 참석했다.

한국 측 한일회담 자료 가운데 김동조 수석대표가 이동원 외무부 장관에게 보고한 전보에 따르면, 6월 5일부터 6일까지 진행된 제①분과회는 4월 22일의 합의안에 기초하여, 협정 명칭, 협정 수역, 공동위원회, 협정 유효기간, 협정 개정, 안전 조업, 해난 구조, 표지 감찰, 분쟁 조정, 어업협력 등에 관하여 토론하고, 구두 혹은 문서로 쌍방의 입장을 밝히면서 조문화 작업에 이른 것으로 알려지고 있다. 또한 이때 한국 측은「미해결사항」으로 협정의 명칭이나 협정수역 범위, 어업협력에 관한 조항 등이 결정되지 않았다고 하며, 전체적으로 이 회의에 대해 애매하게 보고한 것으로 되었는데,[32] 일본 측의 자료를 보면, [표-8]과 같이 한국 측 대표가 6일 저녁에 어업협력자금 9000만 달러에 관한 사용계획을 발표하고 일본 측 참석자에 대해 그 개요를 브리핑한 것으로 되어 있다.[33] 한국정부는 일본의 어업협력 자금을 어떻게 활용할 것인가 제시한 문제에 대해서, 한국 측 회담 자료에 이를 구체적으로 남기고 있지 않다. 그러나 일본 측 회담 자료는 이 부분을 밝히고 있다. 이 부분에서 한국 측은 '평화선'의 최종 소멸에 가담했다고 하는 역사적 기록을 남겨놓지 않기 위하여, 문장으로 남기기보다는 구두로 보고하고 마쳤을 가능성이 크다.

[표-8] 제①분과회에서 발표된 어업협력 자금

		합계(달러)	1차년도	2차년도	3차년도
연안 어선 건조용 설비	계	43,102,000	15,076,800	14,897,900	13,127,300
	① 선체용 철판 또는 재료	21,200,000	7,460,000	7,340,000	6,400,000
	② 주/부 기기 및 부속품	16,140,000	5,600,000	5,554,000	4,986,000
	③ 항해측기·어로 시설 및 부속품	5,158,200	1,808,000	1,797,200	1,553,000
	④ 기타 자재 및 의장품	603,800	208,800	206,700	188,300
기타 어업 및 관련 시설	계	51,100,000	26,020,000	16,040,000	9,040,000
	① 어선용 냉동기 및 부속품	1,440,000	480,000	480,000	480,000
	② 제조시설	3,060,000	1,340,000	860,000	860,000
	③ 원양어선 자제 (도입, 국내건조)	36,600,000	16,700,000	12,200,000	7,700,000
	④ 디젤기관공장	5,000,000	5,000,000	-	-
	⑤ 합성유지공장	5,000,000	2,500,000	2,500,000	-

---

32 한일회담 자료, 「제7차한일회담. 가서명 이후의 어업 및 평화선위원회」, 프레임 번호: 0416-0416.

33 浅野豊美·吉澤文寿·李東俊·長澤裕子(編), 『日韓国交正常化問題資料第4期第11巻(漁業領土4)』, 10-35쪽; 88-117쪽.

제②분과회에서 어떤 의견이 나왔으며 한국과 일본이 각각 조문화 작업에서 어떤 견해를 표명했는지 잘 나타나 있다. 또한 제②분과회에서는 공동위원회 상설 사무국을 설치하기로 했다. 이때 사무국의 성격은 대체로 일본과 소련 사이에 맺은 어업협정의 유형과 같이 하며, 합의에 이르는 과정의 일부에 대해서는 합의의사록에 기록해 두기로 했다. 공동위원회 설치 규정은 결과적으로 한일어업협정 제6조에 들어갔다. 아무튼 6월 9일에 김명년 대표가 이동원 외무장관에게 보고한 바에 따르면,[34] 조문화 작업이 하코네 회담을 통하여 99% 완료되었다고 하면서도. 한국 측 한일회담 자료는 막바지 4일째 [8일] 회담까지도 여전히 해결되지 않은 쟁점이 남아있는 것처럼 보고했다.[35] 한국의 문서 자료에 따르면, 어업협정 교섭에서 전반적으로 일본 측의 주도에 응하고 있는 것이 분명하면서도, 부분적으로 교섭 과정에서 일본에 대해 한국 측이 상이한 의견들을 제시하고 있다는 것을 강조하는 것처럼 기록하고 있는 것이다. 따라서 한일회담에 관한 한국 측 문서 자료를 보면, 당시 한국 측이 제시한 상이한 의견들이 어떻게 조문으로 조율되어 가는지, 오늘날에도 그 결과를 파악하기 어렵게 하고 있는 것이다.

반면에 일본 측 한일회담 문서 자료는 교섭 결과를 중시하는 가운데, 비교적 일본과 한국의 합의된 의견을 강조하고 있기 때문에, 제②분과회에서 어떠한 조문화 작업이 이뤄졌는지, 어업협정 문안이 어떻게 다듬어졌는지 쉽게 알 수 있도록 하고 있다. 한국 측은 지난 4월 3일에 가서명된 협정 문안 가운데서, ① 직선 기선 사용에 관한 협의 조항의 단서를 삭제할 것, ② 단속에 관한 내용[정선 및 임검]을 삭제할 것을 희망했다. 그리고 4월 3

---

34 한일회담 자료, 「제7차한일회담. 가서명 이후의 어업 및 평화선위원회」, 프레임 번호 0422.

35 한일회담 자료, 「제7차한일회담. 가서명 이후의 어업 및 평화선위원회」, 프레임 번호 0419.

일의 가서명 단계에서 구체적인 합의에 이르지 않았기 때문에 하코네 조문화 작업에서 보완이 필요한 것으로 다음과 같은 사항을 거론한 것으로 되어 있다.[36] ① 연안 어업의 어업별 척수와 어선 규모, ② 공동 순시, ③ 상호 승선, ④ 양육 상황 시찰 어획량확인, ⑤ 특정일에 출어 척수를 상호 통보할 것, ⑥ 감찰 표지 발급의 기록을 비치할 것, ⑦ 감찰 표지의 회수回收, ⑧ 양륙揚陸 항구의 지정, ⑨ 무표지 선박의 정선停船, ⑩ 금지 수역 내에서의 정선 등이다.

반면에 일본 측이 희망하는 수정 사항으로 다음 14가지 사항이 있었다. 이것은 모두 4월 3일 가서명 단계에서 이미 합의되었던 것을 기초로 하여 조문화 작업에서 분명히 하자고 하며 언급한 것이다.[37] ① 어업수역의 중복되는 부분, ② 공동규제수역의 범위, ③ 일본 측의 고등어 조업 구역(제주도 서측의 상당 구역) 제외, ④ 선망의 예외가 되는 어선 1척에 대한 규정, ⑤ 감찰 표지의 척수와의 동수, ⑥ "진정의 연관"(일본 측 안 부속서의 감찰 및 표제에 관한 사항), ⑦ 제주도 주변의 어업수역, ⑧ 감찰의 해상 인도 금지에 관한 행정 지도, ⑨ 어획 기준량의 억제에 관한 행정 지도, ⑩ 재판관할권 행사에 있어서의 통보 존중, ⑪ 육상의 단속에 한정, ⑫ 연안 어업의 자주 규제라는 제목, ⑬ 일방적 성명의 형식, ⑭ 일본 측 영해에 관한 일본정부의 입장 유보 등이다.

한편, 한일 양국에서 4월 3일 가서명 단계에서 합의되지 않은 것으로, 조문화 작업에서 결정하고 규정해야 하는 사항으로 양측의 의견이 일치되지 않았던 것으로 기록되어 있는 사항을 살펴보자.[38] 여기에서는 비교

---

36 淺野豊美·吉澤文壽·李東俊·長澤裕子(編), 『日韓国交正常化問題資料第4期第11巻(漁業領土4)』, 23-30쪽, 別添 2.

37 淺野豊美·吉澤文壽·李東俊·長澤裕子(編), 『日韓国交正常化問題資料第4期第11巻(漁業領土4)』, 13-17쪽.

38 淺野豊美·吉澤文壽·李東俊·長澤裕子(編), 『日韓国交正常化問題資料第4期第11巻(漁業領土4)』, 18-29쪽.

적으로 상이한 사소한 견해들이 결과적으로 상호 조율을 거쳐 어업협정의 조문으로 수렴되어 가는지 간략하게 검토하고자 한다.[39]

　가서명 단계에서 여전히 최종적으로 합의되지 않은 사항에는, (1) 협정의 명칭, (2) 협정의 유효 기간, (3) 직선기선 사용의 단서, (4) 공동규제 수역의 범위 표기, (5) 분쟁해결 조항, (6) 고등어 채낚기 어업의 조업구역 등이 있었다.

　(1) 협정의 명칭에 대해서, 한국 측은 '대한민국과 일본국 간의 어업자원의 보존 및 어업협력에 관한 잠정 협정'으로 하자고 했으며, 일본 측은 '일본국과 대한민국 간의 어업에 관한 협정'이라고 할 것을 주장했다. 상호 조율 과정에서 한국 측이 '어업자원의 보존 및 어업협력에 관한 잠정'을 빼기로 했으며, 결과적으로 일본 측이 제시한 명칭으로 조정되었다.

　(2) 협정의 유효 기간에 대해서, 한국 측은 유효기간을 3년으로 하자고 하고 반 년 동안의 예고 기간을 거쳐 그 3년이 지난 다음에는 언제든지 폐기할 수 있도록 하자고 주장했다. 이에 대해 일본 측은 유효기간 10년, 예고 기간 1년을 주장했다. 결과적으로 어업협정 제10조 2항에서는 유효기간 5년과 예고 기간 1년을 규정했다.

　(3) 직선기선 사용에 관한 단서에 대해서, 한국 측은 4월 22일의 합의 사항에 있듯이 '한 쪽 국가가 직선 기선을 사용하겠다고 할 경우에는 다른 쪽 국가와 협의하여 결정한다'는 조항은 국제관행이기 때문에 굳이 협정문 안에 넣을 필요가 없다고 주장했다. 이에 대해 일본 측은 합의대로 하자고 주장했다. 의견조율 과정에서 양국에서 모두 수정안을 내놓았

39　조문화 합의에 이른 협정(안)에 대해서는, 浅野豊美·吉澤文寿·李東俊·長澤裕子(編), 『日韓国交正常化問題資料第4期第11巻(漁業領土4)』, 88-110쪽을 참고했다.

고,[40] 결과적으로 어업협정 제1조 1항에서는 단서 표현이 들어간 것으로 이해할 수 있다.

(4) 공동규제 수역의 범위 표기에 관하여, 한국 측은 「공동규제수역의 범위는 다음 각 선에 의해 둘러싸인 수역이다. 다만 대한민국의 어업에 관한 수역을 제외한다」라고 할 것을 주장했다. 이에 대해 일본 측은 「양 체약국은 다음 각 선에 의하여 둘러싸인 공해 가운데, 어느 체약국의 어업수역도 아닌 부분을 공동규제수역으로 설정한다」라고 하자고 주장했다. 이 부분은 결과적으로 최종 체결된 어업협정 제2조에서 각각의 지점을 좌표로 표시하기에 이르렀다. 어업협정 제2조는 다음과 같이 규정했다. "양 체약국은 다음 각 선으로 둘러싸이는 수역(영해 및 대한민국의 어업에 관한 수역을 제외함)을 공동규제수역으로 결정한다.

(a) 북위 37도 30분 이북의 동경 124도의 경선

(b) 다음 각 점을 차례로 연결하는 선,

(i) 북위 37도 30분과 동경 124도의 교점

(ii) 북위 36도 45분과 동경 124도 30분의 교점

(iii) 북위 33도 39분과 동경 124도 30분의 교점

(iv) 북위 32도 39분과 동경 126도의 교점

(v) 북위 32도 39분과 동경 127도의 교점

(vi) 북위 34도 34분 30초와 동경 129도 2분 50초의 교점

(vii) 북위 34도 44분 10초와 동경 129도 8분의 교점

(viii) 북위 34도 50분과 동경 129도 14분의 교점

(ix) 북위 35도 30분과 동경 130도의 교점

(x) 북위 37도 30분과 동경 131도 10분의 교점

---

40 한국 측 수정안은 浅野豊美·吉澤文寿·李東俊·長澤裕子(編), 『日韓国交正常化問題資料第4期第11巻(漁業領土4)』, 32쪽에 있으며, 일본 측 수정안은 같은 자료집의 33쪽에 수록되어 있다.

(xi) 우암령 고정"

　(5) 고등어 채낚기 어업의 조업구역에 관하여, 4월 22일 합의사항을 어떻게 해석할 것인가를 두고 한국과 일본이 서로 다른 입장을 보였다. 하지만 하코네 회담이 끝난 후에 한국 측이 일본 측 해석에 대해 동의한다는 뜻을 통보함으로써 4월 22일에 내놓은 일본 측 의향에 따르는 것으로 했다. 다만 어업협정 문구로는 제3조에서 "60톤 이상의 어선에 의한 고등어 낚시 어업에 대해서 잠정적 어업규제 조치를 실시한다"라고 규정하는데 그쳤으며, 양측이 동의한 조업구역은 어업협정의 부속서에 그대로 실렸다.

　(6) 분쟁해결 조항에 관하여, 한국 측은 가능한 한 외교상 경로를 통하여 분쟁을 해결하자고 했다. 그래도 분쟁이 해결되지 않을 때는 한국과 일본의 중재위원에다가 제3국의 중재위원을 추가하여 중재위원회를 구성하고, 그 중재위원회의 결정에 맡긴다는 것이었다. 이에 대해 일본 측은 당초 주장과 같이 국제사법재판소의 결정에 따르자는 것을 주장했다. 하코네 회담이 끝난 후 아래와 같은 조율을 거친 후 결과적으로 어업협정 제9조 2항과 3항에 중재위원회를 구성하자는 선에서 규정되었다.

　하코네 회담이 끝난 직후, 일본 측이 제시한 분쟁해결 조항 안을 둘러싸고 한일 대표 간 의견이 조율되어 대체로 한국 측의 의견으로 결착되었다. 6월 10일 오후 3시부터 7시 30분까지 일본 외무성에서 제2차 실무자 회의가 열렸고, 여기에서 마지막 어업 협정안 조문 정리가 이뤄졌다.[41] 한국과 일본의 회담자료에 따르면, 한국 측에서는 오재희 정무과장, 배동환 원양어업과장, 공로명 사무관이 참석했으며, 일본 측에서는 마쓰나가 조약과장, 기타 외무성 및 수산청 실무자가 배석한 것으로 되어 있다. 어

41　한일회담 자료, 「제7차한일회담. 가서명 이후의 어업 및 평화선위원회」, 프레임 번호: 0425-0427.

업협정 제9조 '분쟁해결'에 규정된 바와 같이, 분쟁 발생 시 우선 외교 경로를 통해 해결하고, 일방이 분쟁 중재를 요청한 날로부터 30일 이내 쌍방의 중재위원을 선정하기로 했다. 그 후 30일 이내에 제3국 중재위원을 선정하여 이로써 3명의 의한 중재위원회를 구성하고 분쟁 해결 결정을 중재위원회에 부탁하기로 했다.

'평화선' 최종 소멸

1965년 6월 22일 한일간 어업협정이 체결됨으로써 한국인의 반일 감정을 대표하는 '평화선'은 최종적으로 소멸되었다. 결과적으로 기존의 '평화선'에 비해 한국의 수역이 대폭적으로 축소되었고 한국 측이 지속적으로 영유권을 주장해 오던 독도가 전관수역 범위에서 제외되었다. 또한 재판관할에서 기국주의를 적용하게 되었고, 청구권 자금의 일부 가운데 일본의 어업협력 기금을 받아 한국의 어업 인프라를 진흥시킬 수 있게 되었다. 다만 어업협정의 체결을 둘러싸고 한국과 일본은 서로 다른 사회적 평가 움직임을 보였다.

한국은 정부와 여당 이외에는 전반적으로 국교정상화를 반대하는 움직임이 강렬했다. 시나 외상이 방한한 이후 한일회담이 막바지에 이르면서, 한국에서는 한일회담을 반대하는 사회적인 저항 움직임이 거세게 일어났다. 일찍이 1965년 3월 6일 공화당을 제외한 모든 야당이 「대일 저자세 외교 반대 범국민 투쟁위원회」를 결성했으며, 3월 10일에는 전 야당을 포함하여 사회·종교·문화 분야의 대표 200여 명이 「대일굴욕외교 반대 전국투쟁위원회」를 결성하고 조직적으로 회담 반대 운동에 나섰다. 이 투쟁위원회는 협정 체결의 대가로 "청구권 자금 27억 달러와 전관수역 40해리"를 요구하고 3월 15일부터 회담 저지를 위한 전국 유세 활

동에 돌입했다.[42]

이에 따라 박정희 대통령은 3월 26일 반대 운동을 무마하고자 하는 특별담화를 발표하게 되었고, 이튿날 야당 의원들은 '평화선'의 사수 등을 요청하며, '만약 굴욕적인 자세로 한일회담을 타결할 경우에는 의원직을 사퇴하겠다"고 하며 반대 서명을 위한 움직임에 돌입했다. 이러한 정치권의 반발 움직임과 맞물려 서울의 대학생들이 더욱 격렬하게 한일회담과 협정체결에 반대하는 움직임을 전개했다.[43] 기본조약이 체결된 다음날, 이제까지 정부의 정책에 대해 온건한 입장을 취하는 신문들까지도 국교정상화에 대한 비판적인 기사를 내보냈다. 예를 들어『동아일보』가「국민은 조인에 불만」,『조선일보』가「잊을 수 없는 반세기의 한: 한일간 정식 조인에 착잡한 마음」,『경향신문』이「민족의 운명에 중대한 영향」이라는 제하의 사설을 발표했고, 같은 날『한국일보』의 평론 컬럼 '지평선'에는「일관된 일본의 우월감」이란 글이 실리는 등, 온통 정부 정책을 비판하는 논조를 발신했다. 이뿐 아니라 서울대학교 총학생회 선언문 6.19을 필두로 하여 기독교 지도자의 성명서7.1, 문학자 성명서7.9, 대학교수단의 선언서7.12 등이 발표되어 국교정상화 정책을 강렬하게 비판하고 나섰다.[44]

반면에 정책결정자들은 어업협정의 체결에 대해 '평화선'이 소멸된 것이 아니라고 하는 주장을 내놓았다. 예를 들어 한일교섭 당시 주일대표부 정무과장으로 어업회담에 직접 참여한 바 있는 오재희吳在熙 전 주일대사는 1965년에 한국은 일본에 대해 '평화선' 소멸에 동의하지 않았다고 하

---

42 이재오,『한일관계사의 인식; 한일회담과 그 반대운동』, 학민사, 1984년, 177-178쪽.

43 吉澤文寿,『戦後日韓関係; 国交正常化交渉をめぐって』, クレイン, 2005年, 261-268쪽.

44 朴慶植,『日韓会談をめぐる韓国の世論: 最近の韓国の新聞, 雑誌の臨調を中心に』, 滋賀県立大学図書館, 2003年, 1-14쪽.

는 증언을 남긴 것으로 유명하다.[45] 그는 한일회담에서 한국이 얻을 수 있는 것은 유일하게 어족자원 보호를 구실로 하는 '평화선' 뿐이었다는 점을 강조하면서, '평화선의 소멸'을 한국정부에게 발표하도록 요구하는 일본의 주장에 대해서, 어업협정 체결로 사실상 소멸된 것인데 굳이 발표할 필요까지 있는가 하는 입장을 내세우며 일본 측 의견에 동의하지 않은 것으로 알려지고 있다. 그는 사실상 '평화선'이 소멸되는 것에 관하여 한국 측이 발표하려는 것에 '동의하지 않은 것'이지, '평화선'의 실질적 소멸에 반대한 것은 아니다. 그는 어디까지나 일본이 어업협정을 파기한다면 '평화선'이 다시 부활되는 것이 아닌가 하는 '명분론'을 제기한 것이다.[46]

이처럼 한국정부는 어업협정 체결을 앞두고 '평화선의 사실상 소멸'을 발표하기에는 대중의 반대여론이 격렬했기 때문에, 국방상의 이유를 들어 '평화선이 살아있다'고 하는 '명분론'을 강조한 것이다. 실질적으로는 한국과 일본 양국 사이에 어업협정이 체결됨으로써 한국정부의 일방적인 '평화선' 선언이 소멸되었는데도 불구하고, 그는 1960년대 한국정부의 '명분론'을 거든 것을 자랑스럽게 회고한 것이다. 1965년 어업협정 체결을 통하여, 일본과의 외교적 합의가 이뤄졌고 [사진-29]의 검은 선안으로 공동규제수역이 결정되었다. 결과적으로 이승만 대통령이 한일 국교정상화 이전에 선포한 한국 '일방'의 '평화선'은 끝을 맞이했다.

일본에서도 한국과 같이 국교정상화를 반대하는 움직임이 일어나긴 했지만, 자민당 정부의 정치적 입장을 위태롭게 할 만큼의 반대 움직임은 아니었다. 어업협정의 체결을 둘러싸고 일본의 관련 정부부처와 수산업계가 어떠한 반응을 보였는지 간략하게 언급하고자 한다. 어업협정 체결

---

45 이원덕·김여민, 「오럴히스토리: 오재희 전 주일대사 인터뷰」, 『일본공간』, 3권, 2008년 5월, 175쪽.

46 이원덕·김여민, 「오럴히스토리: 오재희 전 주일대사 인터뷰」, 156-175쪽.

[사진-29] 1965년 어업협정 체결로 소멸된 '평화선'

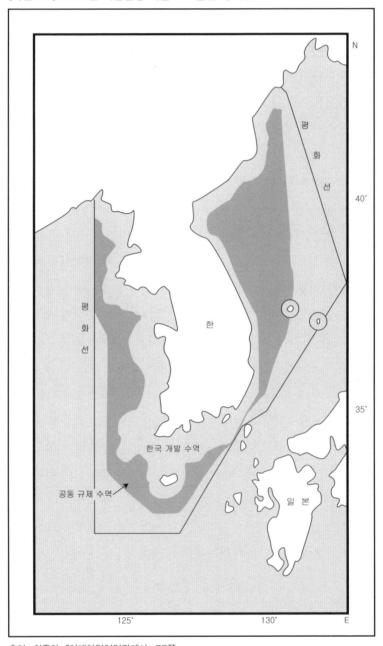

출처 : 최종화, 『현대한일어업관계사』 77쪽.

일에 사카다 에이이치坂田英一 농림장관은 담화를 발표하면서, "어업문제의 해결은 양국의 선린우호 관계수립의 전제가 되었으며, 국교정상화의 중요사항이었다. 소위 '평화선'의 실질적 철폐와 어업실적의 확보에 역점을 두고 진행해 왔는데, 이 점에서 만족할 만한 선에서 타결된 것"이라고 했다. 반면에 일한어업협의회의 오바마 하치야小浜八弥 회장은 「한일회담 체결에 임하여」라는 성명을 발표하고, 어업협정이 체결된 것이나 한반도 수역에서 안전히 조업하게 된 것은 기쁜 일이지만 "서부 일본의 어업자들을 상당히 엄중한 제약 하에서 조업해야 한다. 나포와 억류로 입은 어민의 손해에 대해서 정부보상 약속이 조속히 실현되어야 한다"고 주장했다.[47]

1965년 어업협정 체결

일본수산청 어업조정과 농림사무관이던 다케치 도시오武智敏夫는 어업협정 체결 직후에 이로 인하여 종래의 '평화선'을 둘러싼 한국과의 분쟁이 끝나고 새로운 어업질서가 확립되었으며, 한일 양국의 어업에서 공존공영을 기대할 수 있게 되었다는 지극히 긍정적인 평가를 내린 바 있다.[48] 그러나 수많은 연구물과 회고록이 말해 주듯이, 한국에서는 예상대로 어업협정 체결과 일본과의 수교를 전후하여 '평화선' 소멸에 반대하며 사회적으로 반일운동이 강하게 전개되었다. 시나 외상의 방한을 앞두고 남해안 어민들을 중심으로 하여 '평화선' 수호를 부르짖는 데모가 강렬하게 일어났으며, 가서명 이후에는 정계, 학계, 언론계, 어민단체, 일반인 등

---

47 日韓漁業協議会, 『日韓漁業對策運動史』, 内外水産研究会, 1968年, 407-409쪽.

48 武智敏夫, 「日韓漁業協定とその實施をめぐって」, 『法律時報』, 38巻 4号, 1966年 3月, 68-77쪽.

사회의 각종 영역에서 국교정상화에 대한 반대 투쟁이 격렬해졌다.

한국 국회에서는 1965년 7월 29일 비준 동의안이 제출되었다. 제52회 임시국회는 특별위원회 설치를 결정하고 8월 3일부터 심의에 돌입했다. 그 결과 8월 14일 본회의에서 야당의원이 모두 결석하고 여당의원 110명과 무소속 의원 2명의 출석 상태에서 표결한 결과, 찬성 110, 기권 1, 표결 불참 1명으로 비준 동의안을 통과시켰다. 군사정부는 일주일이 지난 26일 마침내 계엄령을 발동하고 전 사회적인 반대 투쟁을 진압하기에 이르렀다. 이렇게 하여 '평화선'은 1952년 1월 18일 설정된 지 만 13년 7개월 만에 사실상 완전히 소멸되었다.[49] 또한 일본에서도 같은 해 10월 5일 제50회 임시국회에 비준 동의안이 제출되었다. 12월 11일 여당 자민당이 질의를 종결하고 직접 표결에 들어갈 것을 결정하자 이에 반발한 야당 의원들은 모두 퇴장했다. 따라서 자민당과 민사당 의원만 참석한 가운데 기명투표가 진행되어 만장일치로 비준 동의안을 통과시켰다.[50]

결과적으로 한국과의 어업협정 체결은 일본어선이 진전된 어업기술에 의해 한국연안에서 2마일이나 3마일의 해역에서도 어획을 거의 독차지해 온 그때까지의 관행을 한국과의 상호 교섭에 의한 어획으로 바꾸어놓았다.[51] 일본 측의 무분별한 남획을 저지함과 동시에 이제까지 일본 어선을 불시에 단속해 온 '평화선'이 철폐됨에 따라 일본어선의 안전한 조업이 가능하게 된 것이 사실이다.[52] 그런데 일본의 정치권에서는 한국과

---

49 지철근, 『한일어업분쟁사』, 501-540쪽.

50 이원덕, 『한일 과거사 처리의 원점: 일본의 전후처리 외교와 한일회담』, 285-287쪽.

51 실제로 어업협정의 결과, 어종이 풍부한 어장은 한국 측 전관수역 내에 8할 정도가 속해 있고 나머지 2할 정도가 공동규제수역 내에 있었다고 하는 연구 결과도 있다. 寺尾五郎·佐藤勝巳, 『日本の漁業と日韓条約(朝研シリーズ1)』, 日本朝鮮研究所, 1965年, 24-26쪽.

52 武智敏夫, 「日韓漁業協定」, 『農林時報』, 24巻 7号, 1965年 8月, 7-10쪽.

는 다른 반대 논리를 펼치며 한일어업협정 및 한국과의 국교정상화 움직임에 반대하는 논리를 제기하기도 했다. 다양한 반대 의견 가운데, 여기서는 1965년 당시 대표적인 일본 야당의 주장을 거론하고자 한다. 먼저 일본 사회당에서 아카지 도모조赤路友藏 의원은 1965년 어업협정에 대해, ① 어업협정이 재판권과 입회권에서 나쁜 선례를 남겼다, ② 한국에게 제멋대로 서쪽에 전관수역을 설정하도록 했다, ③ 북한과 중국대륙의 권위를 무시하고 경계선을 그었다, ④ 일본정부가 한국의 어업의 열악함을 과장 선전했다, ⑤ 어업수역 설정이 일본 어민을 억압하고 있다, ⑥ 일본정부는 다케시마竹島 영유권을 포기했다, ⑦ 앞으로 한국 수산물 수입 증가에 따라 일본연안의 어민들이 압박을 받을 것이다, ⑧ 일본은 한국이 나포한 어선에 대한 청구권을 포기했다. 그는 이러한 이유를 들어 어업협정의 체결과 비준을 반대한 것으로 알려지고 있다.[53]

비교적 온건한 정책을 내세우며 한국과의 교류와 국교정상화를 중시하는 가운데, 여당인 자민당과 그다지 날카로운 대립을 하지 않았던 공명당에서도 한국사회와 다른 견해를 나타냈다, 이는 1965년 12월 1일 참의원 일한특별위원회에서 국교정상화의 문제들을 언급한 니노미야 분조二宮文造 의원의 질의 속에 잘 나타나 있다. ① 어업협정에는 한일 양국의 해석차가 존재한다, 나중에 한국과의 교류가 깊어지면 이 협정에서 나타나는 차이점이 발생할 것이다. 그때가 걱정된다. ② 한일 간에는 양 국민의 감정 충돌이 남아있고, 한반도에는 엄연히 남북한이 존재하는데, 남북관계가 한일 양국관계를 해치지 않을까 걱정된다.[54]

이처럼 한일어업협정은 양 국민 사이에 존재하는 역사인식·현실인식

53　赤路友藏,「日韓漁業協定の欺瞞」,『月刊社会党』, 104号, 1966年1月, 49-57쪽.

54　公明党政策局,『公明党の主張: 国会論争の記録(外交編Ⅰ)』, 公明党政策局, 1967年 7月, 45-47쪽.

의 차이를 무시하는 가운데 체결되었다. 그럼에도 불구하고 어업협정이 낳은 생산성 productivity에 대해서는 해가 갈수록 이를 부정하는 견해가 적어지고 있다고 생각한다. 예를 들어 한국 어업의 근대화가 반드시 한일어업협정을 통해서만 이뤄진 것은 아니지만 어업협정에 힘입은 바 크다. 1966년 시기에 한국의 어업 종사 인구는 당시 전체 인구의 27%를 차지하고 있었지만, 총 조업 능력 면에서 볼 때는 어업협정을 계기로 하여 놀랍도록 성장한 것이 분명하기 때문이다. 1966년 당시 총 어선 수는 대략 57,000척이었으며, 어선 규모를 모두 합해 봤자 총 262,000톤에 지나지 않았으며 어선 1척당 평균 톤수에서도 4.6톤에 불과했다. 이것은 한국정부가 어업협정 체결을 통하여 10년 동안에 걸친 청구권 자금으로 어선을 구입하거나 건조해야 한다고 하는 구실로 사용되었다. 경제기획원이 1975년에 발간한 『청구권자금백서』에 따르면, 이 기간에 어선 건조 사업으로 100톤 급 28척, 50톤 급 35척, 70톤 급 6척, 이 외에도 소형 어선 514척 총 4,686톤, 중형 어선 766척 총 20,675톤, 100톤 급 대형 저인망 어선 16척, 70톤 급 선망어선 18척을 구입하거나 건조했다고 되어있다.[55]

그런데 외교 문제는 양날의 칼과 같아서 해당 국가가 어떻게 협정에 임하는가에 따라 그 결과가 달라질 수 있다. 한일어업협정이 체결된 이후 한국의 어선들이 근대화되어감에 따라 조업 능력이 향상되면서, 1965년과는 달리 한국 어선이 대거 일본 근해로 진출하는 사태가 발생했다. 어족자원을 둘러싸고 한국과 일본 사이에서 공격과 수비의 입장이 바뀐 것이다.[56] 공동규제수역에서 기국주의를 채택했던 일본은 1998년 1월 23일, 어업협정 10조 2항에 따라 이 협정을 종료시키겠다는 의사를 한

55 경제기획원, 『청구권자금백서』, 경제기획원, 1975년, 157-158쪽.
56 武山眞行, 「新しい日韓漁業協定の締結に向けて: 国際海洋法の枠組みの変化」, 『外交時報』, 1349号, 1998年 6月, 91쪽.

[사진-30] 한일 기본조약과 부속협정의 체결

출처 : 朝日新聞, 2015年6月20日, 재인용

국에 일방적으로 통고했다. 결과적으로 다시 어업협정 교섭에 돌입하여 양국은 그해 11월 28일 새로운 협정을 체결했다. 이에 앞서 1996년에 발효된 국제해양법조약에 기초하여 200해리에 걸쳐 배타적경제수역EEZ를 설정하고 자국의 EEZ 안에서는 조업조건을 결정하여 위법 조업 단속에 관한 권한을 각각 보유하게 됐다. 다만 한국의 영토인 독도에 대해서는 한일 양국이 모두 영유권을 주장하면서 결과적으로 중간수역에 끼워넣었다. 그 대신 일본은 새로운 어업협정 교섭과정에서 중간수역의 동쪽 한계선을 135도에서 135도 30분으로 변경하여 인정했다. 한국 어선이 일본 근해에서 불법 조업하는 일이 급증하게 되자 일본은 EEZ 단속권 강화를 통해서 이를 통제하기로 했다.[57]

---

57 조진구, 「국교정상화 40주년의 한일관계: 신한일어업협정과 독도문제를 중심으로」, 『평화연구』 14권 1호, 2006년 4월, 226-231쪽.

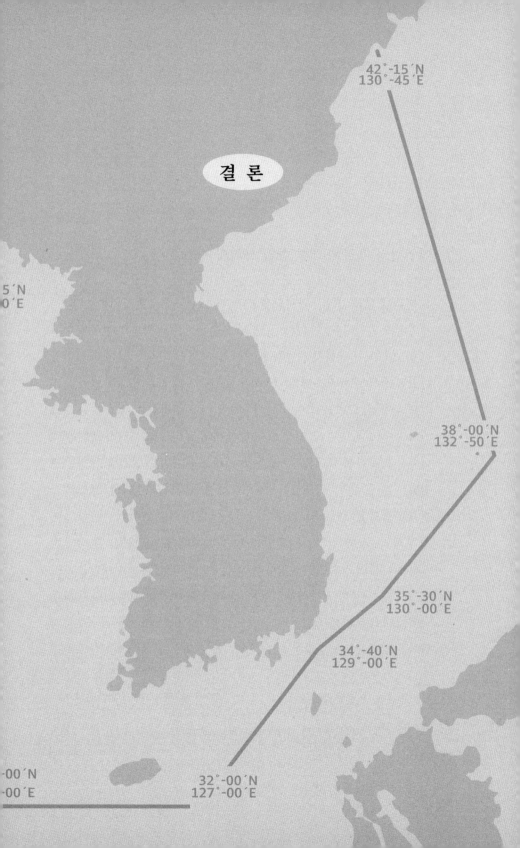

결 론

42°-15′N
130°-45′E

5′N
0′E

38°-00′N
132°-50′E

35°-30′N
130°-00′E

34°-40′N
129°-00′E

-00′N
-00′E

32°-00′N
127°-00′E

어업협정 체결에 대한 한일 사회의 평가

14년간에 걸친 기나긴 외교교섭 끝에, 1965년 6월에 한일기본조약과 4개의 부속협정이 체결되었다. 그러나 오늘날에도 국방상의 명목을 이유로 하고 나아가 대륙붕 개발과 관련시켜 '평화선'이 여전히 계속 살아있다고 주장하는 견해가 있다.[1] 이 책은 오늘날까지 일본에 대해 반감과 저항을 주장했던 '평화선'의 이념이 살아있다고 주장할 수 있을지는 모르겠지만, 실질적으로 '평화선'의 주장이 아직 살아있다는 견해에 대해서, 이것은 외교교섭 결과를 무시하는 논리라고 여기며 단연코 이 논리를 부정하는 편에 서 있다. 1962년 6차 회담에서 한일 양국이 이미 '평화선'의 철폐를 합의했지만, 한국 정부가 국민들의 반대 의견을 이기지 못하고 이를 공식적으로 인정하지는 않았다. 당시 한국에서는 '평화선' 철폐에 반대하는 여론이 강렬했던 상황에서, 대일 수교를 앞세워 경제개발을 추진하고자 한 박정희 군사정부로서는 '평화선'이 여전히 살아있다고 하는 궁여지책의 논리를 개발하여 국민으로부터의 반대 의견을 잠재우고자 했다.[2] 오늘날까지 '평화선'이 살아있다는 논리는 현실을 벗어난 궤변詭

---

1 배규성, 「이승만 라인(평화선)의 재고찰: 해양법 발전에서의 의의와 독도 문제에서의 의미」, 『일본문화연구』 47집, 2013년, 213-238쪽.

2 양재영, 『평화선에 관한 역사적·법적 연구』, 한국해양대학교대학원 해양정책학과 박사논문, 2019년, 71-72쪽.

辯에 불과하다.

실제로 한국과 일본 사이에서는 공식회담 결과 어업협정이 체결되었으며, 이 협정을 통해 한일 양국은 기존의 '평화선'이 가장 중요하게 내세웠던 독도 수역을 한국의 전관수역에서 제외했을 뿐 아니라, '평화선'에 따른 한국의 전관수역 범위도 대폭으로 좁아지게 되었다.[3] 여기에다가 어업협정의 효력에 따라서, 한국이나 일본 어느 한 쪽이 어떠한 명목으로도 어업수역 이외의 공해상에서 자국의 관헌에 의해 상대국가의 선박을 정지시키거나, 임검·나포·연행할 수 없게 되었다.[4]

여기서는 이 책의 결론으로서, 1965년 한일 국교정상화를 둘러싸고 박정희 정부와 사토 에이사쿠佐藤栄作 정부에서 체결한 어업협정에 관하여, 오늘날 한일 양국의 사회에서 어떻게 평가하고 있는지, 한국과 일본의 평가에서 보이는 국가별 상이점이 무엇인지를 살펴보고자 한다. 이에 대해서는 대표적인 관련 논저를 소개하고 이러한 연구들이 1965년의 국교정상화 움직임에 대해 어떻게 평가해 왔는지를 개관하고, 이어 오늘날의 사회적 평가와 관련하여, ①오늘날 일본중학교에서 사용되고 있는 2019년 판의 서술과 한국중학교 2020년 판의 서술을 검토하면서, ②현대사 관련 항목에 집중하고, ③양국 교과서를 한국과 일본의 현대사를 중심으로 국제관계사 입장에서 분석대상으로 하여, 관련 기술내용을 실증하고, 그 특징을 살펴보고자 한다.

굳이 중학교 역사교과서의 기술 내용을 대상으로 하여 분석하고자 하는 것은 오늘날 양국 지식인들이 한일 국교정상화 문제를 어떻게 인식하고 있고, 오늘날 양국의 차세대 젊은이들에게 국교정상화의 역사를 어떻

---

3   양재영, 『평화선에 관한 역사적·법적 연구』, 69쪽.
4   조윤수, 「한일어업협정과 해양경계 획정 50년」, 『일본비평』 12호, 2015년 2월, 105-110쪽: 水産庁, 『出漁の手引き』, 水産社, 1965年, 10-11쪽.

게 교육하고 있는지를 이해하고자 하는 연구목적이 있기 때문이다. 다만 이러한 목적을 위하여 반드시 분석대상을 중학교 역사교과서로 해야 하는가에 대해서는 필자와 다른 견해가 나올 수 있다. 왜 중학교 역사교과서를 대상으로 해야 하는지, 중학교 뿐 아니라 초등학교나 고등학교의 교육적 역할도 인정해야 되지 않는가, 또는 중학교에서도 역사 이외에 사회 지리 분야나 공민 분야에서 관련 기술을 찾아나갈 수 있지 않는가, 등의 다양한 견해를 제기할 수 있다고 본다.

다만 이 책의 견해로서는, 사회적 평가의 현황이나 미래를 이해하는 데에는 분석대상으로서 완벽하다고 보지는 않지만, 그래도 중학교 교과서의 내용을 분석하는 것이 가장 바람직한 것이 아닌가 생각된다. 또한 국교정상화 문제가 이미 현대사 영역에 속해 있는 만큼, 역사과목의 교과서를 대상으로 삼았으며, 한국과 일본에서 사용되고 있는 교과서에 한정하여 그 기술내용을 상호 검토하는 것이 필요하다고 판단했다. 필자는 가능한 한일 국교정상화에 대한 폭넓은 사회적 평가를 시야에 넣어 살펴보고자 하고 있음에도 불구하고, 이에 관한 모든 기술을 파악할 수는 없고 대표성 있는 연구 저술과 선택적인 교과서 내용에 치중했음을 고백하지 않을 수 없다.

중학교 역사교과서의 사회적 의미에 대해서는, 일본 사회에서 강덕상 姜德相 연구자를 비롯한 재일한국인 논객들이 단행본에서 이미 1979년에 언급한 바 있다. 그 책에서는 주로 당시 일본의 중학교 역사교과서를 중심으로 하는 가운데, 그들은 청소년에 대한 교육의 현장에 적용하는 교육적인 의미와 사회적 수요에 따른 교육자의 사회적인 의미가 반영된 것이라고 논한 바 있다.[5] 또한 일찍이 2005년 일본의 '새로운 역사 교과서

---

5   金達寿·姜在彦·李進熙·姜德相, 『教科書に書かれた朝鮮』, 講談社, 1979年, 209-234쪽.

를 만드는 모임' 새역모 등의 우경화 단체들이 활발히 전개한 역사교육 활동과 관련하여, 한국의 연구자들은 일본의 중학 역사교과서 내용을 다투어 분석 결과를 발표한 일이 있다. 그때 교과서 내용을 분석하고, 모든 교과서의 기술내용에서 '반공' 이념과 평화헌법 개정을 촉구하는 경향이 뚜렷하다고 하는 비판적인 지적이 나오기도 했다.[6] 예를 들어, 2011년에 하종문 연구자는 새역모 계열의 두 가지 중학교 역사교과서와 도쿄서적 東京書籍의 기술내용을 비판하면서, 천황 중심 사관의 강화, 반미성향의 강화, 제국주의 전쟁의 미화 등으로 변화 경향이 뚜렷하다는 것을 지적한 바 있다.[7]

이렇듯 중학교 역사교과서는 교육적으로 청소년들이 앞으로 어떻게 교육을 받게 될 것인가의 문제, 그리고 오늘날 한국과 일본의 지식인들이 한일 국교정상화를 어떻게 인식하고 있는가의 문제, 등을 알 수 있게 한다. 과거에는 일부 교과서를 선정하여 그 기술내용에 대해 분석을 시도하는 연구가 있었지만,[8] 2011년 일본정부가 '국가주의'적인 검정통과의 방향을 기정사실로 제시한 이래 오늘날에 이르기까지 이러한 분석 시도가 거의 이뤄지지 않고 있다. 필자는 2011년 8월 한일관계사학회 주최 학술대회에서 2011년 검정통과 일본 역사교과서 내용에 국한시켜 분석

---

6   신주백, 「일본 중학교 역사교과서 2005년도 검정본 분석: 일제강점기 및 현대 한일관계를 중심으로」,『한국근현대사연구』 55집, 2005년 6월, 224-226쪽; 박찬승, 「일본 중학교 역사교과서 근현대사(1910년 이후) 서술과 역사관 분석: 후소샤판 교과서의 '전쟁' '식민지' 관련 서술을 중심으로」,『한국사연구』 129호, 2005년 6월, 300-305쪽.

7   하종문, 「일본 중학교 역사교과서의 근현대 일본사 기술 분석: 지유샤, 이쿠호샤, 동경서적을 대상으로」, 아시아평화와역사교육연대,『2011년 일본 중학교 교과서 분석 심포지엄: 역사, 공민을 중심으로』, 2011년 5월, 224-226쪽.

8   김지혜,『韓·日 中學校 社會科 敎科書의 世界史的 內容에 관한 比較 硏究』, 경북대학교사학과 석사논문, 1995년, 1-75쪽; 최영호, 「한국과 일본의 중고교 역사교과서에 나타난 현대 한일관계 관련 서술」,『동북아역사논총』 17호, 2007년 9월, 187-219쪽.

결과를 발표한 바 있는데,[9] 그 후 10년이 흐른 오늘날의 시점에서 1965
년 국교정상화를 중심으로 하여 일본 중학교 역사교과서 기술내용이 어
떻게 변화하고 있는지, 또한 한국 사회는 어떠한 변화를 보이는지, 다시
살펴보고자 한다. 한국의 동북아역사재단은 해마다 일본 교과서 내용의
변화를 추적해 가는 과정에서, 2015년 일본 문부과학성의 검정을 통과
한 역사교과서에서 한국과 관련한 사항 전반에 대해서 어떻게 기술하고
있는지 번역한 일이 있다.[10] 이 책에서는 오늘날 사용되고 있는 한국과 일
본의 교과서를 분석대상으로 하며 국교정상화 문제에 집중하여 관련 문
구와 페이지를 검토하고 기술내용들을 밝히고자 한다.

한일어업협정 체결에 대한 연구 경향

1951년 이승만-요시다 정부 시기의 예비회담 개시부터 1965년 박정
희-사토 정부 시기의 기본조약체결에 이르기까지 기나긴 한일회담을 둘
러싸고, 회담에서 '평화선'문제와 청구권 문제에 관한 교섭이 치열하게
전개되었는데, 이에 관하여 셀 수 없이 많은 연구물들이 한국과 일본에
서 세상에 나왔다. 어업협정 체결을 전후하여 당시에 이를 두고 한국과
일본에서 각각 어떤 사회적 평가가 내려졌는지를 대략적으로 살펴보면,
1950년대부터 1970년대에 걸쳐 이승만 정부와 박정희 정부가 정치적
표현의 자유를 전혀 허용하지 않는 상황 가운데서, 대체로 한국에서는 정
책 담당자나 정부 업적을 대변하는 연구자들은 국교정상화를 위한 한국

---

9 최영호, 「2011년 검정통과 일본 역사교과서의 근대서술에 나타난 변화와 특징:
한일관계 서술을 중심으로」, 『한일관계사연구』 40집, 2011년 12월, 113-138
쪽. 여기에서 2011년 일본의 검정통과에 따라 일본 역사교과서 내용을 분석하
고자 하는 한국측 연구자의 움직임을 상세하게 묘사했다.

10 동북아역사재단, 『2015년 검정합격 일본 중학교 역사교과서 한국 관련 기술 번
역 자료집』, 동북아역사재단, 2015년.

과 일본정부의 '노력'에 관한 연구를 내놓았다.[11]

반면에 이 시기에 일본에서는 박정희 정부의 비민주성을 강조하는 연구자나 식민지배의 민족적 차별을 비판하는 일본인·한국인 연구자들은 한결같이 기본조약과 협정의 체결 움직임을 비판하는 연구물을 일본에서 내놓게 되었다.[12] 특히 1950년대 일본에서 생산된 연구물에서는 이승만 정부의 일방적인 '평화선'을 부정하는 논조가 강했다. 그리고 일본 사회와 재일한국인 사회에서 한일회담에 대한 비판론과 북한으로의 송환을 지지하는 견해가 팽배한 상황에서, 한국정부의 비민주성을 강조하면서 결과적으로 반한反韓감정을 일본 사회에 확산시키는 연구들이 많았다.[13]

그러다가 2000년 이후 한일회담 관련 자료들이 일반에 공개되면서, 폭넓은 자료들을 구사한 자유로운 국교정상화 관련 연구물들이 대거 생산되어 그 평가를 두고 한국인과 일본인의 민족성을 분간하기 어렵게 되었다. 이때 과거와 비교하여 한국에서 학습한 일본인이 많았다는 점과 함께, 한국의 연구물 가운데서도 다채로운 연구 동향이 나타났다는 점을 확

---

11 민주공화당 선전부, 『한일국교정상화 문제』, 민주공화당, 1964년, 1-111쪽; 吉典植, 『朴正熙大統領: 信念の指導者』, 共和出版社, 1972年, 1-182쪽, 김용식, 『김용식 외교 33년 새벽의 약속』, 김영사, 1993년, 제2장-제6장; 김정렴, 『아, 박정희』, 중앙M&B, 2000년 등.

12 金万峰, 『朴正熙その独裁と腐敗』, エール出版社, 1976年, 1-324쪽; 市民の手で日韓ゆ着をただす調査運動(編), 『日韓関係を撃つ: 玄海灘をこえる民衆連帯のために』, 社会評論社, 1981年, 1-255쪽; 洪性大, 「韓·日国交正常化過程における朴正熙政権の対応; 朴政権の'政治運営'の観点から」, 『東京都立大学法学会雑誌』36巻 1号, 1995年 7月, 203-229쪽; 日韓漁業協議会, 『日韓漁業對策運動史』, 内外水産研究所, 1968年, 第10章-第11章; 小谷豪冶郎·金石野, 『韓国危うし: 朴正熙と金鍾泌を再評価する』, 光文社, 1997年, 1-380쪽 등.

13 이와 관련된 당시 연구물과 영상자료에 대해서는 이 책에서 전술했다. 아울러, 1965년의 한국여론 동향을 일본어로 번역한 자료집이 시가(滋賀)현립대학 도서관에 소장되어 있다. 朴慶植, 『日韓会談をめぐる韓国の世論; 最近の韓国の新聞, 雑誌の論調を中心に』, 滋賀県立大学図書館, 2003年, 1-35쪽.

인할 수 있다.[14] 이를 증명하듯, 최근 들어서도 한국에서 한일 국교정상화에 대한 연구가 보다 활발하게 전개되고 있다.

다만 전반적인 연구동향으로, 현실적인 어업자원의 보호 문제보다는 역사적으로 쉽사리 해결되기 어려운 독도 영유권 문제나 개인청구권 문제에 대해 연구관심이 쏠려있다는 점을 지적할 수 있다. 어업문제에 국한하여 연구 동향을 살펴보면, 한국과 일본에서 공개된 한일회담 관련 자료들을 상호 대조하면서 한일 외교교섭에서 나타난 양국 입장의 차이를 분석한 연구물들이 나오고 있다. 비교적 소수에 속하는 어업문제 관련 연구자들 사이에서는, 한국의 국제법 학회를 중심으로 하여 국제법의 흐름 가운데에서 현대 한일관계를 구조적인 측면에서 재평가하고자 하는 움직임이 존재하고 있다. 이러한 연구의 분위기가 2000년 이후에 들어 전반적으로 현대 한일관계사 연구들을 견인하고 있는 것이 아닌가 생각된다. 이 가운데 후지이 겐지와 정인섭 등[15]으로 이어지는 연구자들이 주목을 받고 있다고 생각한다. 이들 연구물은 공통적으로 독도 영유권 문제를 어업문제와 함께 뒤섞여 다루고 있으며, 대체로 일본정부의 대응방식보다는 한국정부나 대일 점령당국의 대응방식에 상대적으로 높은 비중이 쏠려있는 것이 아닌가 생각된다.

결과적으로 1965년 국교정상화에 대해서 최근 다양한 평가가 이뤄지

---

14 대표적인 연구물로서, 박진희,『한일회담: 제1공화국의 대일정책과 한일회담 전개과정』, 선인, 2008년, 제6장; 오오타 오사무,『한일교섭: 청구권문제 연구』, 선인, 2008년, 1-475쪽; 장박진,『식민지 관계 청산은 왜 이루어질 수 없었는가: 한일회담이라는 역설』, 논형, 2009년, 1-531쪽; 도시환 외,『한일협정 50년사의 재조명1: 한일협정의 국제법적 문제점에 대한 재조명』, 동북아역사재단, 2012년, 1-202쪽; 이동준·장박진(편),『미완의 해방: 한일관계의 기원과 전개』, 아연출판부, 2013년, 제1장-제8장; 일본외무성(편)·이동준 역,『일한(日韓)국교정상화 교섭의 기록』, 삼인, 2015년, 1-1199쪽; 요시자와 후미토시,『현대 한일문제의 기원: 한일회담과 '전후 한일관계'』, 일조각, 2019년, 제1장-제8장, 이원덕 외,『한일국교정상화 연구』, 대한민국역사박물관, 2016년, 제1장-제4장 등을 들 수 있다.

15 이 책의 제3장 각주 32에서 각주 36까지를 참조할 것.

고 있다. 필자는 평가에 있어서 될 수 있는 대로 어느 한쪽으로 치우치는 일은 피하고자 하며, 따라서 한일관계의 현대사를 국제정치의 구조를 통해 파악하고 싶다. 국교정상화 정책에 대한 구조적인 평가를 내린 대표적인 연구가로서는 한국의 이정식李廷植·이원덕李元德[16]과 함께 미국의 빅터 차Victor D. Cha와 일본의 오코노기 마사오小此木政夫[17] 등을 꼽을 수 있다. 이들에 의한 종합적인 연구가 세상에 나온 이후, 오늘날까지 한국인이나 일본인 연구자들은 일반적으로 1965년 한일 국교정상화 정책을 '합리적인 정책 결정'으로 보고 있는 것이 아닌가 생각된다. 이러한 전통적인 평가의 이면에는 냉전기나 최근의 국제질서는 기본적으로 국력에 의해 유지되고 있었다는 현실주의적인 시각이 깔려있다. 따라서 대체로 최근 연구자들이 내보이고 있는 시각으로서는 이처럼 미국이 주도하는 국제정치 질서 속에서 이승만·박정희 정부와 일본의 자민당 정부가 한계를 지니고 있었음에도 불구하고 한일 국교정상화를 추진한 것으로 보는 것이다.[18]

　다만 한일 기본조약과 협정 체결의 '생산성'에 대해서는, 오늘날 연구자들이 대부분 긍정적으로 평가하고 있으나 부정적인 평가도 함께 존재한다. 양국의 국교정상화 이후 인적 물적으로 일본과의 교류가 폭증함에 따라 한국이 급속한 경제성장을 이룩했지만, 이와 함께 일본에 대한 무역적자도 천문학적으로 증가했고 일본에 대한 의존도 역시 대폭으로 증가했

16　李廷植, 『戰後日韓関係史』, 中央公論社, 1989年, 1-308쪽; 이원덕, 『한일 과거사 처리의 원점: 일본의 전후처리 외교와 한일회담』, 서울대학교출판부, 1996년, 1-305쪽.

17　빅터 D. 차, 『적대적 제휴: 한국·미국·일본의 삼각 안보체제』, 문학과지성사, 2004년, 1-538쪽; 小此木政夫·張達重(編), 『戰後日韓関係の展開』, 慶應義塾大学出版会, 2005年, 제1장-제8장.

18　김동조, 『회상30年 한일회담』, 중앙일보사, 1986년, 1-298쪽; 기미야 다다시, 『박정희 정부의 선택: 1960년대 수출지향형 공업화와 냉전체제』, 후마니타스, 2008쪽, 1-448쪽; 金恩貞, 『日韓国交正常化交渉の政治史』, 千倉書房, 2018年, 1-398쪽; 朴敬民, 『朝鮮引揚げと日韓国交正常化交渉への道』, 慶應義塾大学出版会, 2018年, 제4장.

기 때문이다. 1965년 국교정상화 이후 2018년까지 54년간 한국의 대일 무역적자 누적 금액은 700조 원이 넘는 것으로 집계되고 있다. 한국은 일본의 소재 부품에 전적으로 의존하면서 국교정상화 이후 단 한 번도 일본 무역적자에서 벗어나지 못했기 때문이다.[19] 그러나 [표-9]와 같이 1965년 전후 10년을 기간으로 하여 한국의 대일 무역추이를 살펴보면, 아무래도 '생산성' 면에서는 박정희 정부에 대한 호의적인 평가를 하지 않을 수 없다. 이 자료에서 1956년을 맨 앞에 내세운 것은 이때부터 한국정부의 공식적인 통계가 시작되었기 때문이다. 또한 [표-10]에 나타나는 바와 같이, 국교정상화가 이루어지고 청구권 자금이 들어오면서 이를 통해서 한국의 어업이 대폭으로 근대화되었다는 점은 실로 부인하기 어렵다고 본다.

[표-9] 한국의 대일무역 추이   (단위: 백만 달러)

연도	수출액	대일수출액 (총수출 대비)	수입액	대일수입액 (총수입 대비)	무역 수지	총무역액	대일 무역액 (총무역 대비)
1956	25	7 (30.2%)	386	40 (43.1%)	- 361	411	47 (40.2%)
1960	33	20 (61.6%)	344	70 (20.5%)	- 311	376	90 (24.0%)
1965	175	44 (25.1%)	243	144 (58.3%)	- 78	418	188 (43.5%)
1970	835	234 (28.1%)	1,984	562 (44.8%)	- 1,149	2,091	796 (38.1%)
1980	17,505	3,039 (17.4%)	22,291	4,971 (25.4%)	- 4,786	39,796	8,010 (21.6%)
1990	65,016	12,638 (19.4%)	69,844	18,574 (26.6%)	- 4,828	134,860	31,212 (23.1%)
2000	172,268	20,466 (11.9%)	160,481	31,828 (19.8%)	-11,786	332,749	52,294 (15.7%)
2010	466,384	28,276 (6.0%)	425,212	64,296 (15.1%)	-43,172	891,596	92,572 (10.4%)
2018	604,860	30,529 (5.0%)	535,202	54,596 (10.2%)	-69,657	1,140,062	85,125 (7.5%)

출처: 무역통계정보시스템, 「국가수출입-K-stat총괄」 http://stat.kita.net/stat 2020년 2월 24일 검색.

19 디지털타임즈, www.dt.co.kr, 2019년 7월 7일.

[표-10] 청구권 자금에 의한 어선 건조 실적(1966~1975)

구분 어선종류	청구권 자금		기타 자금		합계	
	척수	톤수	척수	톤수	척수	톤수
연안소형어선	514	4,686	1,651	8,283	2,165	12,969
연안중형어선	766	20,675	102	5,160	868	25,835
상어연승어선	6	541	-	-	6	541
중형기저어선	35	1,753	-	-	35	1,753
대형기저어선	28	2,795	-	-	28	2,795
기타	9	180	82	4,552	91	4,732
참치연승어선	-	-	32	12,230	32	12,230
스탄트롤어선	-	-	4	1,437	4	1,437
계	1,358 (42.1%)	30,630 (49.2%)	1,871 (57.9%)	31,662 (50.8%)	3,229 (100.0%)	62,292 (100.0%)

출처: 경제기획원,『청구권자금백서』, 경제기획원, 1975년, 159쪽.

한편, 한일 국교정상화와 관련하여 박정희 정부의 '민주성'에 대해서, 최근의 연구자들이 대체로 부정적인 평가를 내리고 있다. 주지하다시피 일본과의 국교정상화를 통하여 경제성장을 이루겠다고 나선 것은 혁명 정부 이전에 이미 제2공화국에서 채택한 방침이었다. 따라서 개발정책을 제3공화국이 갖는 독창적인 아이디어라고 보기 어렵다. 현실적으로도 제2공화국으로서는 단 일 년 만에 일반 국민의 선출이 아닌 군사적인 쿠데타로 정권이 무너진 만큼, 장면 정권에 대해서는 제대로 평가하기 곤란하다. 그리고 신생 독립 국가인 한국정부가 국교정상화의 대가로 내세웠던 '평화선'을 소멸시킨 일이나, 역사 문제를 정리하지 않고 일본으로부터 청구권 자금을 받아서 경제개발에 투입했다고 하는 사회 전반에 걸친 비판 움직임에 대해서, 박정희 정부는 군대 세력을 동원하여 시민의 표현 자유를 억압함으로써 이를 원천적으로 차단했다. 이를 두고 한일 국교정상화를 단행한 시기의 초기 군사정부는 정권 후기에 비하면 순수하게 경제성장 정책을 추진했다고 주장할 수도 있겠지만, 박정희 정부는 경제성장이 이뤄지면 이뤄질수록 권력의 독점화를 추진해 갔다는 점을 인정해야 한다. 즉 군사정부 이후의 제3공화국은 초기부터 이러한 비민주적인 요소들을 내포하고 있었다고 말할 수 있다.

그럼에도 불구하고 제3공화국의 국교정상화 정책을 오로지 부정적으로만 평가하는 것은 바람직하지 않다. 이미 지나간 과거의 정책에 대해서, 국교정상화가 가져온 장기적 효과를 실증한 후에 판단을 내려야 한다고 보는 것이다. 일부 연구자 중에는 국교정상화의 대가가 정당했는지를 둘러싸고 부정적으로만 평가하려는 사람도 있다. 특히 일본과의 수교가 30년이 훨씬 지난 시점에서 일본에 대한 무역적자가 극심한 상황에 이르면서 제3공화국의 국교정상화 정책 전반에 대해서까지 의문을 제기하는 연구 움직임이 나타났다. 하나의 실례로 1988년에 제출된 하나의 박사학위 논문은 과거 1955년 5월에 체결된 일본과 필리핀 사이의 배상협정 내용과 비교하면서, 한국의 1965년 대일 국교정상화 정책을 통해 손실이 컸다는 점을 주장한 일이 있다. 일본은 필리핀과의 협정을 통해, 배상액 5억 5000만 달러를 제공하기로 했고, 처음 10년간은 매년 2500만 달러씩, 그리고 그 후 10년간은 매년 3000만 달러씩 제공하기로 했다는 것이다. 그러면서 일본은 한국과의 청구권 협정을 통해서 무상 3억 달러를 10년간 지불하고, 정부간 차관 2억 달러를 10년 동안 지불하면서, 20년간 상환하기로 했으며, 3억 달러의 상업 차관 속에 어업협력 자금과 선박 도입 자금을 포함시켰다고 했다. 따라서 이 두 가지 협정을 비교해 볼 때, ① 일본이 동남아 각국보다 한국에 대해 더욱 오래동안 점령했고, ② 배상액 규모에서 한국이 필리핀보다 훨씬 적으며, ③ 한국이 받는 배상 기간이 필리핀보다 짧다는 것을 들어, 그는 한일 청구권협정의 결과, 상대적으로 경제적 손실이 컸다고 주장한 것이다.[20]

---

20 손양수, 『한·일어업협정에 관한 연구』, 전남대학교대학원법학과 박사학위논문, 1988년, 117-122쪽.

한일 국교정상화가 경제적으로 한국에 손실을 끼쳤다는 견해는 다양한 평가 가운데 하나로서 이러한 평가는 나름대로 의미가 있지만, 필자는 이러한 비판적 주장에 대해서 필리핀에 대한 배상액과 한국에 대한 청구권 금액을 서로 비교하는 것은 옳지 않다고 생각한다, 또한 이 학위논문이 주장하는 ③의 이유에 대해서, 배상 기간의 길고 짧음이 반드시 경제적 손실을 의미하지 않는다고 생각한다. 아울러 이 주장에서는 지나치게 한일회담의 역사성을 단순화했으며, 일제강점기에 한반도에 거주했던 일본인을 일률적으로 지배자로 보았다는 점, 일제강점에 의한 강제동원 피해자들이 일본정부와 일본기업에 대해 개인청구권을 요구해 오고 있었다는 점, 등을 전혀 감안하지 않았다는 비판에서 결코 자유로울 수 없다고 본다. 아무튼 국교정상화에 대해 단순하게 부정적인 평가만을 내리는 움직임은 국교정상화 이후 경제적 혹은 문화적으로 일본과의 교류가 심화되는 상황 속에서 일본에 대한 한국의 종속이 심화되고 있다고 하는 관점으로 많이 표출되었다고 할 수 있다.[21]

오늘날 한국중학교 역사교과서의 기술

오늘날 한국의 교육현장에서 사용되고 있는 9종의 중학교 역사교과서 내용을 살펴보자. 여기서는 한국과 세계의 근현대사를 다루고 있는 중학교역사2 교과서에 국한하여 그 기술내용을 살펴보기로 한다. 이 역사 과목은 1997년 12월에 교육부 고시 제1997-15호로 고시된 교육과정課程

---

21 전기호, 「한국의 경제정책과 한국경제의 대일종속화」, 『경제연구』 13호, 1997년, 45-82쪽; 朴順愛·土屋禮子, 『日本大衆文化と日韓關係: 韓國若者の日本イメージ』, 三元社, 2002年, 1-266쪽; 공제욱·조석곤, 『1950-1960년대 한국형 발전모델의 원형과 그 변용과정: 내부동원형 성장모델의 후퇴와 외부의존형 성장모델의 형성』, 한울아카데미, 2005년, 1-371쪽 등.

으로 오늘날 중학교 과정過程에 적용되고 있는 국가 수준의 과목이다. 현재 중학교 역사 과목은 인문·사회 과목군에 속하는 사회 관련 과목이며, 한국검인정교과서협회에 따르면, 2020년 3월에 9개 출판사가 교과서를 내놓은 것으로 되어 있다.[22]

한국의 중학교 교과서의 기술내용을 보면, 한일 국교정상화와 관련하여 전체적으로 '평화선'이나 '한일어업협정'에서와 같이, 어족자원의 보호에 대한 직접적인 기술이 보이지 않는다는 특징을 가지고 있다. 이와 함께 정치적 민주화에 초점을 맞추어 기술하면서 교과서 전체가 이승만 정부와 박정희 정부를 비민주성에 집중하여 이를 비판하고 있다는 특징을 가지고 있다고 본다. 이에 반하여 '평화선'이나 '한일어업협정'과 같은 개별적인 현대 역사와 관련된 사항에 대해서는 전혀 기술을 하지 않고 있다. 이는 오늘날 한편으로는 정치 권력의 한계를 지적하면서도 정치 권력의 현실로부터 자유롭지 못한 기술에 그치고 있는 것이 아닌가 하는 해석을 낳게 한다. 일본의 역사교과서에 대해서도 후술하겠지만, 오늘날 한국의 청소년에게도 역사교과서가 역사의 다양성을 자유롭게 가르치기 어렵게 하고 있는 것이 아닌가 생각된다.

오늘날 교육현장에서 사용되고 있는 9개 출판사의 중학교 역사교과서 가운데, 먼저 ① 교학사의 교과서 내용을 살펴보자. 4.19혁명으로 이승만 대통령이 물러났다는 서술과 함께, 5.16군사정변으로 박정희가 이끄는 군인 세력이 장면 내각을 무너뜨렸다고 서술했다. 한일 국교정상화와 관련하여, 이 책은 "박정희 정부는 반공과 경제발전을 주요 목표로 내세우고 한일협정과 베트남 파병 등을 추진하였다. 국민의 격렬한 반대 속에 추진된 한일협정은 일본의 사과와 정당한 보상을 받아내지 못한 채 차관을 제공받는 조건으로 체결되었다"라고 기술하고 있다. 그리고 "박정희 정부는

---

22 한국검인정교과서협회, https://www.ktbook.com, 2020년 2월 22일 검색.

장기 집권을 위해 3선 개헌을 추진하였고 이를 비판하는 정치인을 탄압하였다"라고 함으로써, 한일협정의 경제적 생산성에 대해서는 전혀 언급이 없고 역대 정권의 비민주성만을 강조하고 있다.[23] 결과적으로 이 책의 기술상 특징으로는, 첫째 박정희 정부의 비민주성에 대한 기술이 중심으로 이루고 있다는 점, 둘째 일본으로부터 받은 청구권 자금에 관하여, 특히 무상 3억 달러에 달하는 청구권 자금을 받은 것의 경제적 효용성과 역사적 무게에 대해서는 언급하지 않고 있다는 점, 등을 지적할 수 있다.

② 금성출판사의 교과서 내용을 보면, 박정희 정부의 1965년 국교정상화 문제와 관련하여, "박정희 정부는 성장 위주의 경제 정책을 추진하는 한편, 외교 분야에서는 주변국과의 유대 강화에 힘썼다. 그리하여 오랫동안 과제로 남아있던 일본과의 관계를 개선하여 한일협정을 체결하였으며1965, 베트남에 국군을 파병하였다"고 기술했다. 같은 페이지에는 「한일협정과 베트남 파병」이라는 박스 설명 부분이 있는데, 여기에는 "한일회담 추진과정에서 정부가 경제개발을 위한 자금 확보에 치중하자, 학생과 시민들은 굴욕적인 한일회담에 반대하는 시위를 벌였다6.3시위, 1964. 그러나 이 과정에서 일제의 식민지배에 대한 사죄나 배상을 받지 못하여, 일제 식민지배 유산의 청산이 미해결 과제로 계속 남게 되었다"라고 기술되어 있다.[24] 이 책의 기술상 특징으로는, 첫째 박정희 정부의 비민주성이 강조되고 있고, 둘째 대일 국교정상화의 생산성에 관한 언급은 생략되어있다는 점을 지적할 수 있다. 금성출판사 교과서가 오늘날 중학교 역사 교육의 현장에서 가장 많이 채택되고 있는 상황에서 보면, 오늘날 한국사회의 평가를 상당히 대변하고 있다고 지적할 수 있다.

③ 동아출판의 교과서 내용을 보면, 1965년 국교정상화 개시와 관련

---

23   양호환 외, 『중학교 역사2』, 교학사, 2020년, 93-94쪽.
24   김형종 외, 『중학교 역사2』, 금성출판사, 2019년, 109쪽.

하여, 「5.16 군사정변으로 박정희 정부가 들어서다」에서, 간략하게 "경제개발에 필요한 재원을 마련하기 위해 국민의 반대를 무릅쓰고 한일협정을 체결하여 일본과의 국교를 정상화하였다"라고만 기술하여, 박정희 정부의 대일 국교정상화 정책에 대한 무관심을 나타낸 것이 특징이라고 할 수 있다.[25] 따라서 이 책의 특징으로서 첫째 박정희 정부의 비민주성과 함께, 둘째 국교정상화의 생산성에 관한 언급이 비교적 적다는 것을 지적할 수 있다.

④ 미래엔 교과서의 내용을 보면, 한일 국교정상화 개시와 관련하여, "박정희 정부는 경제발전에 필요한 자금을 마련하기 위해 대학생과 시민의 격렬한 반대에도 불구하고 한일협정을 체결하여 일본과 국교를 정상화하였다1965"라고 비교적 간단히 서술하고 있다.[26] 그리고 ⑤ 비상교육 교과서에는 1965년 국교정상화 개시와 관련해서는, 「박정희 정부의 성립」에서, 간략하게 "경제개발에 필요한 자금을 조달하고자 국민들의 반대에도 불구하고 한일협정을 체결하였다"라고만 기술했다.[27] 아울러 ⑥ 지학사 교과서의 내용에서도 한일 국교정상화 움직임과 관련하여, 「5.16 군사정변이 일어나다」에서 "박정희 정부는 경제개발에 필요한 자금 마련을 위하여 국민의 반발을 무릅쓰고 한일 기본조약을 체결하여 일본과 국교를 재개하였다"고 간략하게 기술하는데 그치고 있다.[28] ④·⑤·⑥ 교과서에서는 한일 국교정상화에 대해 아주 간략하게 서술하고 있다고 하는 공통된 특징을 발견할 수 있다.

⑦ 좋은책 신사고 교과서를 보면, 한일 국교정상화와 관련하여 "박정희 정부는 경제성장에 온 힘을 기울이면서 이에 필요한 자금을 확보하기

---

25 이문기 외, 『중학교 역사2』, 동아출판, 2020년, 87쪽.
26 정선영 외, 『중학교 역사2』, 미래엔, 2020년, 86쪽.
27 조한욱 외, 『중학교 역사2』, 비상교육, 2020년, 96쪽.
28 정재정 외. 『중학교 역사2』, 지학사, 2020년, 90쪽.

위해 일본과의 국교정상화를 서둘렀다. 한일 국교정상화는 일본으로부터 '독립축하금'이라는 명목의 후원금과 차관을 제공받는 조건으로 비밀리에 추진되었다. 그 과정에서 일본의 식민지배에 대한 사죄, 개인 피해에 대한 배상, 약탈 문화재의 반환 등은 무시되었다. 이를 굴욕외교라고 생각한 대학생들은 '불법적 친일 정권 퇴진'을 주장하면서 대규모 시위를 벌였다6.3시위, 1964. 한일협정 조인에 대한 반대 시위가 확산되자 서울 전역에 위수령을 발동하였다"라고 하며 비교적 상세하게 기술했다.[29] 이 책의 특징으로는 만화와 사진 이미지와 그리고 장황한 부정적 평가를 담은 기술을 통하여 박정희 정부의 비민주성과 몰역사성에 대해 매우 강렬하게 비판하고 있다는 점을 들 수 있다.

⑧ 천재교과서에서도, 「박정희 정부의 수립」에서 "박정희 정부는 반공과 조국 근대화를 내세우며 성장 위주의 경제정책을 추진하였다. 이 과정에서 한일협정을 체결하여 일본으로부터 들여온 차관으로 경제개발을 위한 자본을 마련하였지만, 일본의 사과와 정당한 보상은 받아내지 못하였다"라고 기술함으로써, 어느 정도 국교정상화 과정에서의 '생산성'을 인정하는 한편 '역사성'을 부정하는 균형 있는 시각을 제시했다고 할 수 있다.[30] 천재교과서에서는, 「10월 유신」에 가서 비로소 박정희 정부의 '비민주성'을 비교적 간단히 기술하고 있어, 다른 교과서에 비해 '생산성'이 강조되고 있다는 특징을 지적할 수 있다.

마지막으로 ⑨ 천재교육의 교과서를 보면, 1965년 한일 국교정상화 움직임과 관련해서는, 「5.16 군사정변과 박정희 정부」에서 "박정희 정부는 경제개발에 필요한 자금을 마련하기 위해 한일 국교정상화를 추진하였다. 그러자 학생과 시민이 일본의 식민지 지배에 대한 사죄와 배상을

---

29 한철호 외, 『중학교 역사2』, 좋은책 신사고, 2020년, 105쪽.
30 김덕수 외. 『중학교 역사2』, 천재교과서, 2020년, 86쪽.

제대로 받아내지 못하였다면서 전국에서 반대 시위를 벌였다. 그러나 정부는 한일 기본조약 체결을 강행하여, 일본으로부터 원조와 차관을 제공받았다"라고 기술하고 있어, 국교정상화 정책에서의 '몰역사성'을 집중적으로 비판하고 있다는 특징을 가지고 있다.[31] 이 책은 「박정희 정부의 장기 집권 시도와 국제 정세의 변화」로 기술이 이어지면서, 박정희 정부의 '비민주성'에 관한 비판적 기술이 강하다는 특징을 보이고 있다.

출판사	기술상 특징
① 교학사	① 박정희 정부의 비민주성, ② 청구권 자금의 경제적 효용성과 역사적 무게 서술 없음
② 금성출판	① 박정희 정부의 비민주성, ② 국교정상화의 생산성에 관한 언급 없음
③ 동아출판	① 박정희 정부의 비민주성, ② 국교정상화 정책에 대한 무관심
④ 미래엔	① 시민의 격렬한 반대, ② 국교정상화 매우 간략히 언급
⑤ 비상교육	① 국민들의 반대, ② 국교정상화 매우 간략히 언급
⑥ 지학사	① 국민의 반발, ② 국교정상화 매우 간략히 언급
⑦ 좋은책신사고	① 박정희 정부의 비민주성, ② 박정희 정부의 몰역사성
⑧ 천재교과서	① 국교정상화의 생산성 언급, ② 박정희 정부의 몰역사성
⑨ 천재교육	① 국교정상화 과정의 몰역사성

오늘날 일본중학교 역사교과서의 기술

새로운 「학습지도요령」이 일본 국가의 역사에 대한 애정, 일본 국민으로서의 자각, 사회 문화의 발전에 공헌한 역사적 인물과 유산을 존중하자고 하는 목표 아래 개정되어, 일찍이 2017년 3월에 고지된 바 있다.[32] 일

---

31 주진오 외, 『중학교 역사2』, 천재교육, 2020년, 89쪽.
32 文部科学省, 『中学校校学習指導要領(平成29年告示)』, 文部科学省, 2017年, 48-56쪽.

본의 중학교 교육과정은 현재 필수과목 가운데 하나로 '사회'가 편성되어 있고, 그 중에 역사 과목이 공민 과목이나 지리 과목과 함께 사회역사적 분야로 되어 있다, 주지하다시피 이들 교과서는 일본정부가 국가적 정체성을 높이는 방향으로 2006년 12월에 임시국회를 통과한 새로운 「교육기본법」에 따라서 국기國旗·국가國歌·영토領土·자위대 등 국가를 강조하는 내용으로 점차 바뀌고 있는 것들이다. 2006년 「교육기본법」을 받아들여 문부과학성은 일본의 영토에 관한 교육을 강화하고, 자연재해에 관한 정부기관의 역할 등을 널리 알리겠다고 했다. 이어 전후 8번째로 2011년에 기존의 학습지도요령을 개정하여, 주입식 교육은 아니지만 지식·도덕·체력을 균형 있게 가르치고자 하는 자유 교육으로부터의 탈피脫ゆとり를 전면적으로 구현하겠다고 했다.[33]

그리고 전후 9번째로 2017년 학습지도요령을 개정하여 「대화로써 깊이 학습하는」 Active Learning의 도입과 프로그래밍의 교육을 충실화하겠다고 했다. 2017년의 학습지도요령은 2021년부터 적용될 것으로 예상된다. 지난 2014년 1월에 중학교 '사회'편 일부와 '지리역사'편 및 '공민'편 일부에 대해서, 「학습지도요령해설」의 개정을 실시했다고 발표했다. 이 해설에는 영토문제에 대해서, '지리역사'의 분야에서 「일본이 국제법상 정당한 근거에 기초하여 (한국이 자국의 영토라고 주장하고 있는) 다케시마와 (중국이 자국의 영토라고 주장하고 있는) 첨각제도尖閣諸島를 정식적으로 영토에 편입시켰다」는 식으로 기술하도록 지도했다고 한다.[34]

지난 2015년에 새로운 「학습지도요령해설」이 교과서 집필에 어떻게 반영되고 있는지, 새로운 중학교 '역사' 교과서의 채택을 앞두고 자민당

33   中学校-Wikipedia https://ja.wikipedia.org/wiki/中学校, 2020년 2월 18일 검색.
34   学習指導要領-Wikipedia https://ja.wikipedia.org/wiki/学習指導要領2011년 (平成23年), 2020년 2월 20일 검색.

自民黨의 정무조사회는 중학교 교과서 검정 신청 원고의 내용을 분석한 바 있다. 그 결과에 따르면, 영토 부분에서 마나비샤学び舍 출판의 교과서를 제외하고는 7개 출판사의 교과서가 모두 "독도가 불법적으로 한국에 의해 점거되어 있다"라든지, "일본은 국제사법재판소에서 영유권 문제를 다루려고 하지만 한국이 이를 거부하고 있다"는 내용에 대해서, 시미즈서원清水書院과 마나비샤를 제외한 6개 교과서가 그 경위에 대해 상세하게 기술하고 있다고 했다. 그리고 이 분석 내용에서는 시미즈서원 교과서가 "영유권을 주장하는 한국이 섬을 점유하고 있다"고 기술하고 있어, '불법' 점유에 대해서는 기술하고 있지 않다고 했고, 마나비샤 교과서는 더 나아가 "일본 정부는 1905년 1월 독도를 일본의 영토로 편입할 것을 각료회의에서 결정했다"라고만 기술하고 있다고 비판했다. 구체적으로 자민당 정무조사회는 시미즈서원의 공민교과서 163쪽에서 "영유권을 주장하는 한국이 섬을 점거하고 있다", "일본은 국제법에 준하여 평화적인 해결을 추구하고 있다"라고 기술하고, 한국의 행위를 '불법'이라고 기술하지 않고 있다고 비판했다. 그리고 마나비샤 출판의 역사교과서 199쪽에는 "일본 정부는 1905년 1월 다케시마를 일본의 영토로 편입하기로 각의에서 결정했다"라고만 기술되어 있다고 지적했다.[35]

여기서는 오늘날 사용되고 있는 2019년 판 8개 출판사의 중학교 역사교과서에 한정하여, 그 내용을 출판사 별로 분석하고자 한다. 이들을 모두 2015년에 문부과학성의 검정을 마친 것들이다. 2015년 4월 일본의 문부과학성은 검정결과를 발표하면서 일반에 그 결과 내용을 공표한 일이 있다. 검정결과에 따라 2개의 중학교 역사교과서에서 기술상 오류가 발견되어 '불합격' 판정을 받았지만, 곧이어 해당 교과서의 출판사가 원

---

35 自由民主党政務調査会, 『より良い教科書を子供たちに届けるために』, 自由民主党, 2015年, 9쪽.

고 수정을 거쳐 '재신청'을 했으며, 재검정 끝에 2개 모두 합격시켰다고 공표했다.[36] 이렇게 일본 정부의 검정을 마친 교과서들은 오늘날 서울의 동북아역사자료센터에 소장되어 있어, 일반인의 열람과 복사가 모두 가능하다.

일본 중학교 역사교과서 중에서 단연코 많은 채택을 자랑하고 있는 ① 도쿄서적東京書籍 교과서부터 기술내용을 구체적으로 살펴보고자 한다. 이 교과서는 「확대되는 일본의 외교관계」에서, "1965년 기본조약을 맺고 한국정부를 한반도 유일의 정부로 승인했다"고 간단히 기술하는데 그쳤다. 그러나 따로 「일본의 영토를 둘러싼 문제와 그 역사」라는 주제를 설정하여, 독도에 관한 긴 설명과 함께 "현재도 한국에 의한 불법 점거가 계속되고 있다"고 기술하고 있다.[37] 이 책의 기술내용에 나타나는 특징으로는, 첫째, 한일 국교정상화에 대해 간결하게 기술하고 있다는 점, 둘째, 장황하게 한국이 '불법'으로 독도를 점유하고 있다고 점을 지적할 수 있다. 이 두 가지 특징은 오늘날 한국과의 어업문제를 둘러싸고 일본 사회에서 어떠한 움직임을 보이는지 잘 나타내고 있다.

② 이쿠호샤育鵬社의 교과서를 보면, 종합판 역사 그림을 통해 사토 에이사쿠佐藤榮作 수상과 박정희 대통령의 국교정상화 체결을 간단한 그림으로 나타내고 있는 한편, 「아시아국가와의 관계アジア諸国との関係」 부분에서, "일본은 1965년 한국과 기본조약을 맺고, 한국 정부를 한반도의 유일한 합법 정부로 인정했다"고만 간단히 기술하고 있다.[38] 이 책의 특징으로는, 한일 국교정상화에 대한 매우 간략한 언급에 그치고 있다는 것

36 文部科学省 初等中等教育局教科書課, 「(2015年 4月)平成26年度教科用図書検定結果の概要」, https://www.mext.go.jp/a_menu/shotou/kyoukasho/kentei, 2020년 3월 2일 검색.

37 坂上康俊 外, 『(新編)新しい社会: 歷史』, 東京書籍, 2019年, 251-252쪽.

38 伊藤隆 外, 『(新編)新しい日本の歷史』, 育鵬社, 2019年, 250쪽; 264쪽.

을 지적할 수 있다.

③ 교육출판敎育出版의 교과서를 보면, 종합판 '역사의 창'이라는 박스 설명을 통해서, 독창적으로 「역사 속 재일한국·조선인」을 특별히 기록하고 있다. 그러나 한일 국교정상화와 관련해서는, 「한국·중국과의 국교정상화」 부분에서 "일본은 한국과 기본조약을 맺고 한국 정부를 한반도 유일의 합법적인 정부로 인정하고 경제협력을 추진했다"고 기술하고 있다.[39] 한일 국교정상화와 관련하여, 이 책은 첫째 비교적 간단히 기술에 그치고 있다는 점과, 둘째 '경제협력'을 강조하고 있다는 점을 기술상 특징으로 지적할 수 있다.

④ 시미즈서원淸水書院의 교과서를 보면, 「한국·북한과의 관계」 부분에서, "한국에 일본과의 관계개선을 도모하고 경제개발을 추진하여 북한과 대항하려는 정권이 생기자, 교섭이 진전되어 1965년 기본조약이 조인되었다. 이 조약에 따라 일본과 한국의 외교관계가 수립되자, 과거 식민지 지배를 위한 조약이 무효라고 하는 점이 확인됐다. 또한 그 조약과 함께 일본은 한국에 대해 경제원조를 행하겠다고 약속했다"고 기술하고 있다.[40] 한일 국교정상화와 관련된 기술의 특징으로서, 이 책은 첫째 비교적 장황하게 국교정상화 내용을 설명하고 있다는 점, 둘째 '경제 원조'를 강조하고 있다는 점 등을 지적할 수 있다.

⑤ 자유사自由社의 교과서를 보면, 「외교관계의 진전」 부분에서, "1965년에 일본은 한국과 기본조약을 맺고 국교를 정상화했으며, 유상·무상 합계 8억 달러의 협력금을 한국에 지불했다"라고 기술하고 있고, 같은 페이지에는 「일한기본조약」의 제2조와 제3조를 나열하고 있

---

39 深谷克己 外,『(中学社会)歴史: 未來をひらく』, 敎育出版, 2019年, 243쪽; 248쪽.

40 三谷博 外,『(中学)歴史: 日本の歴史と世界』, 淸水書院, 2019年, 265쪽.

다.[41] 한일 국교정상화와 관련하여, 첫째 기본조약의 내용에 깊숙하게 접근하고 있는 점과 함께, 둘째 국교수립에 따른 협력 자금으로서 청구권 자금을 강조한 점 등이 이 책의 기술상 특징이라고 할 수 있다.

⑥ 제국서원帝國書院의 교과서를 보면, 무엇보다 패전 후 일본인의 귀환과 식민지 독립을 강조한 것이 특징적이다. 하지만 이 책에서는 「일본의 영토와 근린제국: 일본의 영토 획정과 영유를 둘러싼 여러 과제」를 통해 독도竹島의 역사성을 강조하고 있다. 그렇다고 해서 독도에 대한 일본의 '귀속'을 주장하지도 않고 있으며, 한국의 점유를 '불법'이라고 표현하고 있지 않다. 그리고 「국교정상화와 전후보상」 부분에서, "한국과의 교섭은 1950년대부터 시작되어, 베트남 전쟁 중의 미국의 강한 요청이 있어서, 1965년 기본조약을 맺고 국교를 정상화했다. 이 조약과 동시에 맺은 협정에 의해 일본이 한국에 경제협력을 행하고, 개인에 대한 보상은 한국 정부에게 맡겨졌다"고 기술하고 있다.[42] 한일 국교정상화와 관련하여 이 책의 기술에서 보이는 특징으로는, 첫째 영토분쟁의 역사성을 나타내고 있으며, 둘째 한일회담의 발단으로 미국의 요청을 강조하고 있다는 점을 꼽을 수 있다. 그리고 셋째 한국과 일본의 협정 가운데 '청구권 협정'에 주목하고 있으며, 넷째 협정 체결 후 한국 정부가 피해자 개인의 보상 문제를 담당했다고 강조하고 있다는 점 등을 지적할 수 있다.

⑦ 일본문교日本文教의 교과서를 보면, 「일한기본조약」이라는 주제를 별도로 설정하여 "1965년 6월 일본은 한국과 기본조약을 체결했다. 양국의 관계를 정상화하려고 하는 일한회담은 미국의 알선에 의해서 1952년에 시작되었고, 일시중단을 포함하여 7차에 걸쳐 시행되었으며

---

41 杉原誠四郎 外, 『(中学社会)新しい歴史教科書』, 自由社, 2019年, 261쪽.

42 黒田日出男 外, 『(社会科)中学生の歴史: 日本の歩みと世界の動き』, 帝国書院, 2019年, 239쪽; 247쪽; 249쪽.

조약체결까지 13년이 걸렸다. 조약 중에서 일본은 대한민국을 한반도 유일한 합법정부라고 인정하고 경제협력 등을 약속했다"라고 기술하고 있다. 그리고 다른 교과서와는 달리,「한국 중국과의 국교정상화와 현재의 과제」부분에서 한국의 독도 영유권 주장을 역사적으로 설명하는 가운데, '평화선'李라인 문제를 언급하고 있다.[43] 국교정상화에 대한 기술과 관련하여, 이 책의 특징으로, 첫째 한일회담 과정에 대해서 보다 상세하게 설명하고 있다는 점, 둘째 미국의 회담 알선을 강조하고 있다는 점, 그리고 셋째 어업자원보다 독도 문제를 언급하면서 '평화선' 문제를 언급하고 있다는 점 등을 지적할 수 있다.

⑧ 마나비샤学び舎의 교과서는 전반적으로 국가보다는 인간을 중시하고 있는 비교적 진보적인 성향을 띠고 있다. 예를 들어 1947년 일본 헌법 복사본이 밀항선으로 오키나와에 전해진 것을 언급한 것, 1952년 일본 국적 박탈과 함께 한국인 강제동원 피해자 석성기石成基에 대한 국적 차별 문제를 언급한 것, 1993년 고노 요헤이河野洋平 관방장관 담화와 '위안부' 문제를 언급한 것, 등에서 다른 교과서에 나타나지 않는 독창성을 나타낸다. 또한 이 책에서는 인권 문제 가운데 하나로 중국인과 한국인에 대한 전쟁피해에 대한 보상 문제를 언급하며 개인청구권 문제를 제시하고 있기도 하다.[44] 다만 한일 국교정상화와 관련된 기술로는 국가 외교수립을 그다지 중시하지 않는 입장에 서서, "1965년 기본조약까지 국교정상화가 이뤄지지 않았다"라고 간단히 언급하는데 그쳤다.[45] 결과적으로, 이 책의 기술에서 보이는 특징으로는 인간의 기본적 인권을 중심으로 하겠다는 접근에서 진보적 성향을 띠고 있기는 하지만, 한일 국교정상화에

---

43 藤井讓治 外,『中学社会: 歷史的分野』, 日本文教出版株式会社, 2019年, 264-265쪽.

44 安井俊夫 外,『ともに学ぶ人間の歷史』, 株式会社学び舎, 2019年. 201쪽; 281쪽.

45 安井俊夫 外,『ともに学ぶ人間の歷史』, 株式会社学び舎, 2019年. 267쪽.

대해서는 지극히 간단한 기술에 그치고 있다는 점 등을 지적할 수 있다.

출판사	기술상 특징
① 도쿄서적	① 국교정상화 간결한 언급, ② 한국의 독도 '불법' 점유
② 이쿠호샤	① 국교정상화 간결한 언급, ② 독도 언급 없음
③ 교육출판	① 국교정상화 간결한 언급, ② 경제협력 강조
④ 시미즈서원	① 국교정상화 장황한 언급, ② 경제원조 강조
⑤ 지유샤	① 한일기본조약 언급, ② 협력금 강조
⑥ 제국서원	① 영토분쟁의 역사성, ② 미국의 요청, ③ 청구권협정과 개인 보상
⑦ 일본문교	① 한일회담에 관한 상세한 언급, ② 미국의 알선
⑧ 마나비샤	① 국교정상화 간결한 언급, ② 중국인과 한국인의 피해보상

오늘날 한국과 일본 사이의 인식 차이

이러한 조사 작업을 통하여 한일 양국 정부의 학습지도요령이 실제로 교과서 내용에서 구체적으로 어떻게 적용되고 있는가 하는 물음에 대해서 어느 정도 대답할 수 있을 것으로 본다. 교과서 내용에는 교육적 의미와 정치적 의미를 포함하고 있기 때문이다. 먼저 교육적 의미로는 교과서 기술내용이 한일 국교정상화 문제에 대해 구체적으로 어떻게 교육하고 있는지를 파악할 수 있다고 본다. 또한 정치적 의미로는 한국과 일본의 역사학 관련 교육계가 오늘날 한일 국교정상화 문제에 관하여 어떻게 인식하고 있으며 구체적으로 교과서에 그 인식을 투영하고 있는지 알 수 있다.

1965년 국교정상화 문제와 관련하여, 오늘날 사용되고 있는 한국과 일본의 중학교 역사교과서를 검토해 본 결과, 각 교과서가 출판사에 따라 약간의 기술상 차이를 나타내고 있지만, 국가별로 보았을 때는 각국의 전반적인 사회적 평가를 나타내고 있다고 생각된다. 이러한 관점에서 양국의 교과서 기술에서 다음 세 가지 국가별 차이점을 발견할 수 있다. 첫째 국교정상화와 관련하여, 한국의 교과서는 '한일협정'이라는 용어를 사용하고 있는 반면에, 일본의 교과서는 '기본조약'이라는 용어를 사용하고 있다는 점이다. 1965년 6월에 기본조약과 4개의 협정이 체결된 것에 대해서, 한국은 '협정'에, 일본은 '조약'에' 각각 비중을 두고 국교정상화 관련 용어로서 사용하고 있는 것이다. 한일 양국이 모두 역사로서의 국교정상화에 대해서는 비중을 낮게 평가하고 있지만, 그 가운데 집필자들의 의도와는 상관없이 조약과 협정이 함께 섞여 있는 국교정상화 문제에 대해 한국과 일본이 달리 보고 있다고 지적할 수 있다.

둘째는 국교정상화와 관련하여, 한국의 교과서는 해당 정부의 비민주성이나 '몰역사성'이라는 측면을 강조하는 가운데 정책 사항을 기술하고 있는데 반하여, 일본의 교과서는 출판사의 성향에 약간씩 다르게 기술을 하고 있지만, 전반적으로 '외교관계의 구축'이라는 측면에서 정책 사항을 기술하고 있다. 그러면서도 한국과 일본의 역사교과서가 어업자원이라고 하는 일상생활과 관한 사항보다는 독도竹島의 영유권 문제와 같은 정치적인 사항을 중심으로 하여 한일회담을 기술하고 있다는 공통 특징을 보이고 있다. 하지만 14년간에 걸친 한일회담에 대해서 양국은 서로 다른 사회적 평가를 내보이고 있는 것이다. 결과적으로 한국은 전반적으로 '비민주적'인 관점에서 이를 비판하고 있고, 일본은 전반적으로 '생산성'의 측면에서 이를 비판 없이 바라보고 있다는 점을 확인할 수 있다..

셋째는 미국의 개입 여부에 대해서 한국의 교과서는 그다지 기술하고 있지 않지만, 일본의 교과서는 이에 대해서 비교적 비중을 두어 기술하고 있다는 차이점이 보인다. 이를 바꿔 말하면, 한국의 역사교과서에서는 국교정상화에 대해서, 비민주적인 정책결정자의 '책임'을 강조하고 있으며, 일본의 역사교과서에서는 일본정부 정책결정자의 '책임'에 대해서 대체로 무관심한 견해를 보이고 있다고 생각된다. 시점을 달리해서 보면, 한국의 교과서는 과거 자국 정부와 고위 관리에 대한 화해에 인색한 반면, 일본의 교과서는 과거 자국 정부와 관리들을 강렬하게 규탄하는 일이 없다고 말할 수 있다. 한국의 교과서가 박정희 정부의 정책결정자에 대해 '비민주성'을 강렬하게 비판하고 있다고 하는 점에 비추어 볼 때, 일본의 교과서는 미국의 요청이나 국제정치적인 분위기를 국교정상화의 계기로 보고 있다고 지적할 수 있다.

참고문헌

1. 한국어 단행본

강세구 외, 『독도관련자료해제집: 고문헌편』, 국립중앙도서관 도서관연구소, 2009년.

강요식, 『당산 김철 연구: '민주적 사회주의'를 중심으로』, 경남대학교대학원 정치외교학과 박사논문, 2009년.

경북대 사회과학원, 『일본 교과서의 평화선 왜곡과 우리의 논리』(학술대회 발표집), 2016년 3월 25일.

경제기획원, 『청구권자금백서』, 경제기획원, 1975년.

곽진오 외, 『독도와 한일관계: 법·역사적 접근』, 동북아역사재단, 2009년.

공제욱·조석곤, 『1950-1960년대 한국형 발전모델의 원형과 그 변용과정: 내부동원형 성장모델의 후퇴와 외부의존형 성장모델의 형성』, 한울아카데미, 2005년.

국민대학교 일본학연구소, 『한일회담외교문서 해제집 Ⅰ: 예비회담~5차회담』, 동북아역사재단, 2008년.

국민대학교 일본학연구소, 『한일회담외교문서 해제집 Ⅱ: 평화선·북송·6차회담』, 동북아역사재단, 2008년.

국민대학교 일본학연구소, 『한일회담외교문서 해제집 Ⅲ: 6차회담』, 동북아역사재단, 2008년.

국민대학교 일본학연구소, 『한일회담외교문서 해제집 Ⅳ: 고위 정치회담 및 7차회담』, 동북아역사재단, 2008년.

국민대학교 일본학연구소, 『한일회담외교문서 해제집 Ⅴ: 7차회담』, 동북아역사재단, 2008년.

국민대학교 일본학연구소, 『2009년도 동북아역사재단 연구지원과제 연구결과보고서(전후 일본 공문서 조사분석 연구사업)』, 국민대학교 일본학연구소, 2009년.

국민대학교 일본학연구소(편), 『의제로 본 한일회담: 외교문서 공개와 한일회
    담의 재조명2』, 선인, 2010년.
국민대학교 일본학연구소(편), 『한일회담과 국제사회: 외교문서 공개와 한일회
    담의 재조명 I 』, 선인, 2010년.
국민대학교 일본학연구소(편), 『GHQ시대 한일관계의 재조명』, 선인, 2016년.
국민대학교 일본학연구소·동북아역사재단(편), 『한일회담 일본외교문서』(제1
    권~제103권), 선인, 2010년.
국민대학교 일본학연구소·동북아역사재단(편), 『한일회담 일본외교문서 목록
    집』, 선인, 2010년.
권혁태·이정은·조경희, 『주권의 야만: 밀항, 수용소, 재일조선인』, 한울엠플러
    스, 2017년.
권혁태·차승기(편), 『'전후'의 탄생: 일본. 그리고 '조선'이라는 경계』, 그린비출
    판사, 2013년.
기미야 다다시, 『박정희 정부의 선택: 1960년대 수출지향형 공업화와 냉전체
    제』, 후마니타스, 2008년.
김경렬, 『기항지: 관문루포』, 청우출판사, 1958년.
김덕수 외. 『중학교 역사2』, 천재교과서, 2020년.
김동조, 『회상30년 한일회담』, 중앙일보사, 1986년.
김려, 김명년(역), 『우해이어보: 한국 최초의 어보』, 한국수산경제신문, 2010년.
김명기, 『독도의 영유권과 실효 지배』, 우리영토, 2007년.
김병렬·內藤正中, 『한일전문가가 본 독도』, 다다미디어, 2006년.
김병렬 외, 『근대 이행기의 한일 경계와 인식에 대한 연구: 독섬(石島)과
    Liancourt Rocks를 중심으로』, 동북아역사재단, 2012년.
김용식, 『김용식 외교 33년 새벽의 약속』, 김영사, 1993년.
김정렴, 『아, 박정희』, 중앙M&B, 2000년.
김지혜, 『한일 중학교 사회과 교과서의 세계사적 내용에 관한 비교 연구』, 경북
    대학교사학과 석사논문, 1995년,
김태기, 『미국의 독도 정책 입안 연구: 1942~1946년을 중심으로』, 한국해양수
    산개발원, 2009년.

김형종 외,『중학교 역사2』, 금성출판사, 2019년.

대한민국공보처,『대통령 이승만박사 담화집 제2집』, 대한민국공보처, 1952년.

대한민국정부,『한일회담백서』, 대한민국정부, 1965년.

도시환 외,『한일협정 50년사의 재조명1: 한일협정의 국제법적 문제점에 대한 재조명』, 동북아역사재단, 2012년.

동북아역사재단,『일본국회 독도관련 기록모음집』(Ⅰ부-Ⅱ부), 동북아역사재단, 2009년.

동북아역사재단,『독도·울릉도 연구: 역사·고고·지리학적 고찰』, 동북아역사재단, 2010년.

동북아역사재단,『2015년 검정합격 일본 중학교 역사교과서 한국 관련 기술 번역 자료집』, 동북아역사재단, 2015년.

문지영,『한국에서 자유주의: 정부수립 후 1970년대까지 그 양면적 전개와 성격에 관한 연구』, 서강대학교대학원 정치외교학과 박사학위논문, 2004년.

민주공화당 선전부,『한일국교정상화 문제』, 민주공화당, 1964년.

박수현,『19세기 초 담정은 무엇을 보았나』, 미디어줌, 2019년.

박정숙,『어업 이야기』, 선학사, 2013년.

박진희,『한일회담: 제1공화국의 대일정책과 한일회담 전개과정』, 선인, 2008년.

박홍갑,『독도자료』(미국편1-3), 국사편찬위원회, 2008년.

변영태,『나의 조국』, 자유출판사, 1956년.

빅터 D. 차,『적대적 제휴: 한국·미국·일본의 삼각 안보체제』, 문학과지성사, 2004년.

서유구, 이두순(역),『난호어명고』, 수산경제연구원, 2018년.

서정욱,『해방이후 조봉암의 정치활동에 대한 비판적 연구』, 경남대학교대학원 정치외교학과 박사학위논문, 2017년.

손승철 외,『일본의 독도연구 동향과 분석』, 지성인, 2014년.

손양수,『한·일어업협정에 관한 연구』, 전남대학교대학원법학과 박사학위논문, 1988년.

손정목,『일제강점기 도시변화과정 연구』, 일지사, 1996년.

신용하,『독도영유권 자료의 탐구』(제1권-제4권), 독도연구보전협회, 2001년.

아시아평화와역사교육연대, 『2011년 일본 중학교 교과서 분석 심포지엄: 역사, 공민을 중심으로』, 아시아평화와역사교육연대, 2011년.

양재영, 『평화선에 관한 역사적·법적 연구』, 한국해양대학교대학원 해양정책학과 박사논문, 2019년.

양호환 외, 『중학교 역사2』, 교학사, 2020년.

여박동, 『일제의 조선어업지배와 이주어촌 형성』, 보고사, 2002년.

영남대학교 독도연구소, 『울릉도·독도 관련 거문도 자료』 (제1권-제2권), 선인, 2018년.

오오타 오사무, 『한일교섭: 청구권문제 연구』, 선인, 2008년.

외교부 외교사료관, 『재일한인 북한송환 및 한일양국억류자 상호석방 관계철 1955-60』(전9권), 외교부 외교사료관, 1959년.

요시자와 후미토시, 『현대 한일문제의 기원: 한일회담과 '전후 한일관계'』, 일조각, 2019년.

유아영, 『역사교육에서 영상자료 활용의 실태에 관한 연구』, 연세대학교 교육대학원 석사논문, 2007년.

윤충로, 『반공독재국가형성과 국가능력 비교연구: 남베트남 지엠정권과 남한 이승만정권을 중심으로』, 동국대학교대학원 사회학과 박사학위논문, 2014년.

이규경, 전병철·이규필(역), 『오주연문장전산고: 만물편/충어류』, 국립해양박물관, 2019년.

이동준·장박진(편), 『미완의 해방: 한일관계의 기원과 전개』, 아연출판부, 2013년.

이문기 외, 『중학교 역사2』, 동아출판, 2020년.

이원덕, 『한일 과거사 처리의 원점: 일본의 전후처리 외교와 한일회담』, 서울대학교출판부, 1996년.

이원덕 외, 『한일공문서를 통해 본 독도』, 동북아역사재단, 2013년.

이원덕 외, 『한일국교정상화 연구』, 대한민국역사박물관, 2016년.

이재오, 『한일관계사의 인식; 한일회담과 그 반대운동』, 학민사, 1984년.

이종학, 『일본의 독도해양정책자료집』 (제1권-제4권), 독도박물관, 2006년.

인보길, 『이승만 현대사 위대한 3년 1952~1954』, 기파랑, 2020년.

일본외무성(편), 이동준 역, 『일한(日韓)국교정상화 교섭의 기록』, 삼인, 2015년.

장박진, 『식민지 관계 청산은 왜 이루어질 수 없었는가: 한일회담이라는 역설』, 논형, 2009년.

정병준, 『독도1947: 전후 독도문제와 한·미·일 관계』, 돌베개, 2010년.

정선영 외, 『중학교 역사2』, 미래엔, 2020년.

정약전·이청, 정명현(역), 『자산어보: 우리나라 최초의 해양생물 백과사전』, 서 해문집, 2016년.

정재정 외, 『중학교 역사2』, 지학사, 2020년.

제주대학교 재일제주인센터, 『재일한국인 연구의 동향과 과제』, 제주대학교 재 일제주인센터, 2014년.

조중의·권선희, 『구룡포에 살았다』, 아르코, 2009년.

조한욱 외, 『중학교 역사2』, 비상교육, 2020년.

주진오 외, 『중학교 역사2』, 천재교육, 2020년.

지철근, 『수산부국의 야망: 평화선, 이라인, 지라인』, 한국수산신보사, 1992년.

지철근, 『시련기의 수산업사』, 한국수산신보사, 1998년.

지철근, 『평화선』, 범우사, 1979년.

지철근, 『한일어업분쟁사』, 한국수산신보사, 1989년.

최상오·홍선표 외, 『이승만과 대한민국 건국』(현대한국학연구소 학술총서 14), 연세대학교출판부, 2010년.

최영호, 『재일한국인과 조국광복: 해방직후의 본국귀환과 민족단체활동』, 글모 인, 1995년.

최영호, 『일본인 세화회』, 논형, 2013년.

최장근, 『(일본 의회 의사록이 인정하는) '다케시마'가 아닌 한국영토 독도』, 제 이앤씨, 2014년.

최종화, 『현대한일어업관계사』, 세종출판사, 2000년.

한국경제개발연구소, 『한국 수산업의 현황(상권)』, 예림사, 1966년.

한일관계사학회(편), 『한일양국의 상호인식』, 국학자료원, 1998년.

한철호 외, 『중학교 역사2』, 좋은책 신사고, 2020년.

현대송, 『일본 국회에서의 독도 논의에 대한 연구』, 한국해양수산개발원,

2007년.

호사카 유지, 『신친일파』, 봄이아트북스, 2020년.

2. 한국어 논문

강세형, 「일본의 한일회담연기의 이면」, 『지방행정』 7호, 1958년.

곽진오, 「한일회담 단절을 통해서 본 한국의 독도등대설치와 일본: 일본의회 독도
　　　관련 속기록을 중심으로 1953-54」, 『일어일문학연구』 76집 2호, 2011년.

국제문제연구소, 「특별기고: 한일회담과 그 전망」, 『지방행정』 2호, 1953년.

권혁태, 「'밀항자'는 어디에서 와서 어디로 갔을까?」, 권혁태·이정은·조경희,
　　　『주권의 야만: 밀항, 수용소, 재일조선인』, 한울엠플러스, 2017년.

김동조, 「한일회담의 전망」, 『지방행정』 1호, 1952년.

김명기, 「대일평화조약 제2조 (a)항에 규정된 울릉도에 독도의 포함여부 문제
　　　의 검토」, 『독도연구』 18호, 2015년.

김수희, 「어업근거지건설계획과 일본인 집단이민」, 『한일관계사연구』 22집,
　　　2005년.

김수희, 「총독부 관리가 증언한 조선의 수산업」, 『대한일어일문학회 학술대회
　　　발표논문 요지집』, 2016년.

김영주, 「공해자원개발에 관한 보호수역이론의 형성과정: 공해자유의 원칙의
　　　현대적 의의」, 『외교통보』 창간호, 1952년.

김중위, 「평화선 이승만」, 『월간헌정』 442호, 2019년.

남기정, 「한일회담시기 한일양국의 국제사회 인식: 어업 및 평화선을 둘러싼
　　　국제법 논쟁을 중심으로」, 『세계정치』 29집 2호, 2008년.

노성호, 「A.S.C 영상자료를 통한 한국전쟁 연구의 새로운 가능성: 아시아문화
　　　연구소 소장 A.S.C 영상자료의 가치와 내용 검토」, 『한국사학사학보』
　　　27호, 2013년.

도노무라 마사루, 「재일한국인 이주사 연구동향과 과제」, 제주대학교 재일제주
　　　인센터, 『재일한국인 연구의 동향과 과제』, 제주대학교 재일제주인센
　　　터, 2014년.

문철순, 「제네바 국제해양법 회의경과」, 『대한국제법학회논총』 4호, 1958년.

박병선, 「일본의 해적어법·약탈어업과 평화선·독도에 대한 오해」, 『독도연구』 22호, 2017년.

박중신·김태영·이훈, 「한국근대기 일본인이주어촌의 포구취락 구조와 주거형태에 관한 연구: 경남 통영·장승포항을 대상으로」, 『대한건축학회논문집』 20권 11호, 2004년.

박진희, 「미국 국무부 재외공관문서(RG 84)와 한일회담」, 『사학연구』 115호, 2014년.

박진희, 「평화선과 한일회담」, 경북대 사회과학연구원, 『일본교과서의 평화선 왜곡과 우리의 논리』(학술대회 발표집), 2016년 3월 25일.

박찬승, 「일본 중학교 역사교과서 근현대사 (1910년 이후) 서술과 역사관 분석: 후소샤판 교과서의 '전쟁' '식민지' 관련 서술을 중심으로」, 『한국사연구』 129호. 2005년.

박창건, 「한일어업협정 전사로서의 GHQ-SCAP 연구: 맥아더라인이 평화선으로」, 국민대학교 일본학연구소, 『GHQ시대 한일관계의 재조명』, 선인, 2016년.

배규성, 「이승만 라인(평화선)의 재고찰: 해양법 발전에서의 의의와 독도 문제에서의 의미」, 『일본문화연구』 47집, 2013년.

스튜어트 캐이, 「해양법의 발전에서 평화선이 지니는 의의」, 『영토해양연구』 4호, 2012년.

신기석, 「(논단)한일회담의 회고와 전망」, 『중앙문화』 2권 1호, 1955년.

신용옥, 「'평화선' 확정 과정의 논리 전개와 그 성격」, 『사총』 76권, 2012년.

신용하, 「일제하의 독도와 해방직후 독도의 한국에의 반환과정 연구」, 『사회와 역사』 34집, 1992년.

신주백, 「일본 중학교 역사교과서 2005년도 검정본 분석: 일제강점기 및 현대 한일관계를 중심으로」, 『한국근현대사연구』 55집, 2005년.

여박동, 「일제하 통영·거제 지역의 일본인이주어촌 형성과 어업조합」, 『일본학지』 14권, 1994년.

오정현·이승실, 「역사와 창의·인성 교육 사례 연구: 영상물을 활용한 프로젝트 수업을 중심으로」, 『교과교육학연구』 17권 4호, 2013년.

오제연, 「평화선과 어업협정」, 『역사문제연구』 14호, 2005년.

외무부정보국, 「일본어선의 보호를 위한 함정단 파견에 대하여」, 『외교통보』 창간호, 1952년.

유아영, 「역사교육에서 영상자료 활용의 실태에 관한 연구」, 연세대학교 교육 대학원 석사논문, 2007년.

유지아, 「한국과 일본에서의 한일회담 반대운동의 전개과정과 역사적 의의」, 『한일관계사연구』 53집, 2016년.

윤성순, 「정돈상태에 함입한 한일회담」, 『지방행정』 7호, 1958년.

이동준, 「한일청구권교섭과 '미국해석': 회담 '공백기'를 중심으로」, 국민대학 교 일본학연구소, 『한일회담과 국제사회: 외교문서 공개와 한일회담의 재조명 I』, 선인, 2010년.

이서행, 「독도의 실효적 지배권 운영과정과 국토안보의 방향」, 『군사연구』 129 호, 2010년.

이원덕·김여민, 「오럴히스토리: 오재희 전 주일대사 인터뷰」, 『일본공간』, 3호, 2008년.

이정은, 「난민 아닌 "난민수용소", 오무라(大村)수용소」, 『사회와 역사』 103号, 한국사회사학회, 2014년.

이학노, 「역사교육에 있어서 영상자료의 활용: EBS 다큐멘터리 '상인의 나라 중국'의 분석을 중심으로」, 『대구사학』 76권, 2004년.

이현진, 「한일회담과 청구권 문제의 해결 방식: 경제협력 방식으로의 전환과정 과 미국의 역할을 중심으로」, 『동북아역사논총』 22호, 2008년.

이형식, 「일본의 국회의사록을 통해서 본 독도에 대한 일본의 대응(1950~1956)」, 『일본공간』 6호, 2009년.

임상민, 「이승만라인과 재일코리안 표상: 영화 '저것이 항구의 등불이다'론」, 『일어일문학연구』 83집 2권, 2012년.

임호민, 「1950년대 전반기 한국의 해양주권 수호에 대한 연구: 독도와 주변해 역을 중심으로」, 『한국민족문화』 45호, 2012년.

장박진, 「대일평화조약 형성과정에서 일본 정부의 영토 인식과 대응 분석」, 『영 토해양연구』 창간호, 2011년.

장박진, 「대일평화조약 형성 과정에서 일본정부의 영토인식과 대응 분석」, 이원덕 외, 『한일공문서를 통해 본 독도』, 동북아역사재단, 2013년.

장박진, 「한일 청구권협정 제2조의 형성 과정(1965. 3~6) 분석: 개인청구권 문제를 중심으로」, 『동북아역사논총』 48호, 2015년.

전갑생, 「한국전쟁기 오무라 수용소(大村收容所)의 재일조선인 강제추방에 관한 연구」, 『제노사이드연구』 5호, 2009년.

전기호, 「한국의 경제정책과 한국경제의 대일종속화」, 『경제연구』 13호, 1997년.

정영미, 「일본의 '섬의 명칭 혼란에 대한 연구'와 Liancourt Rocks」, 김병렬 외, 『근대 이행기의 한일 경계와 인식에 대한 연구: 독섬(石島)과 Liancourt Rocks를 중심으로』, 동북아역사재단, 2012년.

정인섭, 「(특집)국제법 발전에 대한 한국 외교의 기여: 1952년 '평화선' 선언과 해양법의 발전」, 『서울국제법연구』 13권 2호, 2006년.

정인섭, 「1952년 평화선 선언과 해양법의 발전」, 『서울국제법연구』 13권 2호, 2006년.

조윤수, 「'평화선'과 한일어업협상: 이승만 정권기의 해양질서를 둘러싼 한일 간의 마찰」, 『일본연구논총』 28호, 2008년.

조윤수, 「한국 교섭 참석자의 일본인식 변화와 한·일회담: 어업 및 평화선 위원회를 중심으로」, 『영토해양연구』 1호, 2011년.

조윤수, 「1965년 한일어업협상의 정치과정」, 『영토해양연구』 6호, 2013년.

조윤수, 「한일어업협정과 해양경계획정 50년」, 『일본비평』 12호, 2015년.

조윤수, 「해양을 둘러싼 한일관계 50년: 1952년 해양주권 선언 '평화선' 선언에서 현재까지」, 『독도연구저널』 31호, 2015년.

조진구, 「국교정상화 40주년의 한일관계: 신한일어업협정과 독도문제를 중심으로」, 『평화연구』 14권 1호, 2006년.

지철근, 「어업관할수역(평화선)과 최근 각국 어업조약의 국제적 동향」, 『대한국제법학회논총』 창간호, 1956년.

최영호, 「한국과 일본의 중고교 역사교과서에 나타난 현대 한일관계 관련 서술」, 『동북아역사논총』 17호, 2007년.

최영호, 「2011년 검정통과 일본 역사교과서의 근대서술에 나타난 변화와 특징: 한일관계 서술을 중심으로」, 『한일관계사연구』 40집, 2011년.

최영호, 「카이로선언의 국제정치적 의미」, 『영토해양연구』 5호, 2013년.

최영호, 「한국과의 어업협정 교섭을 위한 1952년 일본측 기본방침에 관한 연구」, 『동북아역사논총』 50호, 2015년.

최영호, 「후쿠오카에서 한일 간 '평화'를 생각하다」, 『강제동원&평화연구회 Newsletter』 38호, 2015년.

최영호, 「'평화선' 피해 일본인 어민에 관한 영상자료」, 『한일민족문제연구』 29호, 2015년.

최영호, 「'평화선' 침범 혐의로 한국에 억류된 일본인 어민」, 『한일관계사연구』 55집, 2016년.

최장근, 「일본정부의 '이승만라인' 불법성 주장의 부당성 논증: 평화선 선언 직후의 일본의회 속기록을 중심으로」, 『일어일문학』 54집, 2012년.

하종문, 「일본 중학교 역사교과서의 근현대 일본사 기술 분석: 지유샤, 이쿠호샤, 동경서적을 대상으로」, 아시아평화와역사교육연대, 『2011년 일본 중학교 교과서 분석 심포지엄: 역사, 공민을 중심으로』, 2011년.

한미경, 「'난호어목지'와 '전어지'의 비교연구」, 『서지학연구』 47호, 2010년.

허영란·유미림, 「한국의 평화선 선포는 어떠한 결과를 가져왔을까?」, 『중학교 아름다운 독도』, 천재교육, 2012년.

현대송, 「전후 일본의 독도 정책」, 『한국정치학회보』 48권 4호, 2014년.

현대송, 「한일회담에서의 선박 문제」, 『한국정치학회보』 50호, 2016년.

현무암, 「한일관계 형성기 부산수용소/오무라 수용소를 둘러싼 '경계의 정치'」, 『사회와 역사』 106집, 2015년.

호리야마 아키코, 「연속기획: 한일회담 핵심 문서 해제 한일협정 문서 공개와 노무현 정부의 피해자 보상 정책」, 『일본공간』 2호, 2007년.

후루타 에츠조, 「한반도에 있어서 일본인 어민의 출어과정」, 『일본학보』 8호, 2001년.

히구치 도시히로, 「동지나해·황해 수산자원 질서재편에서 GHQ-SCAP 천연자원국과 한일관계」, 국민대학교 일본학연구소(편), 『의제로 본 한일회담:

외교문서 공개와 한일회담의 재조명 2』, 선인, 2010년,

Chang-Hoon Shin, Peace Line (Syngman Rhee Line) and its Legacy, 서울국제
　　법연구원 주최, 『평화선 선언 60주년 국제세미나』, 2011년 11월 25일.

Shigeki Sakamoto, The Light and Shadow of the Peace Line in 1952, 서울
　　국제법연구원 주최, 『평화선 선언 60주년 국제세미나』, 2011년 11월
　　25일.

Stuart Kaye, The Relevance of the Syngman Rhee Line in the
　　Development of the Law of the Sea, 서울국제법연구원 주최, 『평화
　　선 선언 60주년 국제세미나』, 2011년 11월 25일..

3. 한국어 인터넷 자료

강제동원&평화연구회 Newsletter http://cafe.naver.com/gangje

국가기록원 http://www.archives.go.kr

노병이 걸어온 길 https://blog.naver.com/ohyh45/20193062256

디지털타임즈 www.dt.co.kr

무역통계정보시스템 http://stat.kita.net

부산일보 www.busan.com

시사상식사전 https://terms.naver.com

외교부 서포터스 14기 김서영 편집 사진 https://blog.naver.com/mofakr

한국검인정교과서협회 https://www.ktbook.com

한국민족문화대백과사전 https://encykorea.aks.ac.kr

Daum백과 https://100.daum.net/encyclopedia

KTV국민방송 http://www.ktv.go.kr

PLAYDB http://www.playdb.co.kr

4. 일본어 단행본

吉典植, 『朴正熙大統領: 信念の指導者』, 共和出版社, 1972年.

金達寿·姜在彦·李進熙·姜德相, 『教科書に書かれた朝鮮』, 講談社, 1979年.

金万峰, 『朴正熙その独裁と腐敗』, エール出版社, 1976年.

金恩貞, 『日韓国交正常化交渉の政治史』, 千倉書房, 2018年.

金日(編), 『脱出: 大村收容所の人びと』, 三一書房, 1956年.

ロー・ダニエル(Roh Daniel), 『竹島密約』, 草思社文庫, 2013年.

朴敬民, 『朝鮮引揚げと日韓国交正常化交渉への道』, 慶應義塾大学出版会, 2018年.

朴慶植, 『日韓会談をめぐる韓国の世論: 最近の韓国の新聞, 雑誌の臨調を中心に』, 滋賀県立大学図書館, 2003年.

朴順愛・土屋禮子, 『日本大衆文化と日韓關係: 韓國若者の日本イメージ』, 三元社, 2002年.

朴順兆, 『韓国・日本・大村収容所』, JDC, 1982年.

朴正功, 『大村収容所』, 京都大学出版会, 1969年.

朴正鎮, 『冷戦期日朝関係の形成(1945-65)』, 東京大学大学院総合文化研究科 博士論文, 2009年.

尹錫貞, 『李承晩政権の対日外交: 「日本問題」の視点から』, 慶應義塾大学大学院法学研究科博士論文, 2016年.

李廷植, 『戦後日韓関係史』, 中央公論社, 1989年.

李種元 外, 『歴史としての日韓国交正常化Ⅱ: 脱植民地化編』, 法政大学出版局, 2012年.

鄭大均, 『韓国のイメージ: 戦後日本人の燐国観』, 中央公論社, 1995年.

崔吉城・原田環, 『植民地の朝鮮と台湾: 歴史・文化人類学的研究』, 第一書房, 2007年.

玄武岩, 『コリアン・ネットワーク = Korean Networks: メディア・移動の歴史と空間』, 北海道大学出版会, 2013年.

玄武岩, 『「反日」と「嫌韓」の同時代史: ナショナリズムの境界を越えて』, 勉誠出版, 2016年.

玄武岩・パイチャゼ・スヴェトラナ, 『サハリン残留: 日韓ロ百年にわたる家族の物語』, 高文研, 2016年.

浅野豊美・吉澤文寿・李東俊(編), 『日韓国交正常化問題資料』(基礎資料編第

1巻~第5巻), 現代史出版, 2010年.

浅野豊美·吉澤文寿·李東俊(編),『日韓国交正常化問題資料』(基礎資料編第
　6巻~第11巻), 現代史出版, 2011年.

浅野豊美·吉澤文寿·李東俊(編),『日韓国交正常化問題資料』(第1期第 1 巻~
　第8巻), 現代史出版, 2010年.

浅野豊美·吉澤文寿·李東俊(編),『日韓国交正常化問題資料』(第2期第 1 巻~
　第12巻), 現代史出版, 2011年.

浅野豊美·吉澤文寿·李東俊(編),『日韓国交正常化問題資料』(第3期第 1 巻~
　第5巻), 現代史出版, 2013年.

浅野豊美·吉澤文寿·李東俊·長澤裕子(編),『日韓国交正常化問題資料第4期
　第11巻(漁業領土4)』, 現代史出版, 2015年.

朝日新聞社,『大村収容所の20年』, 朝日新聞社, 1972年.

伊藤隆 外,『(新編)新しい日本の歴史』, 育鵬社, 2019年.

伊藤隆 外,『(新編)新しいみんなの公民』, 育鵬社, 2019年.

今田清二,『公海漁業の国際規制』, 海文堂, 1959年.

内海愛子·宮本正明·内藤寿子·鈴木久美·高敬一,『<海の上の国境線>につい
　て考える』, 大阪国際理解教育研究センター, 2010年.

江口勇治 外,『社会科中学生の公民: より良い社会をめざして』, 帝国書院,
　2019年.

大沼保昭,『資料で読み解く国際法(上)』(第2版), 東信堂, 2002年.

岡正治,『大村収容所と朝鮮人被爆者』,'大村収容所と朝鮮人被爆者'刊行委
　員会, 1972年.

小此木政夫·張達重(編),『戦後日韓関係の展開』, 慶應義塾大学出版会,
　2005年.

小谷豪冶郎·金石野,『韓国危うし: 朴正熙と金鍾泌を再評価する』, 光文社,
　1997年.

外務省,『情報メモ』, 外務省情報文化局, 1956年.

加布里の歴史編集委員会,『目で見る加布里の歴史』, プリントワークス,
　1989年.

川上健三,『戦後の国際漁業制度』, 大日本水産会, 1972年.

韓国抑留船員協議会(編),『韓国抑留生活実態報告書; 昭和29年7月-昭和33年5月』, 韓国抑留船員協議会, 1958年.

木村健二,『在朝日本人の社会史』, 未來社, 1989年.

黒田日出男 外,『(社会科)中学生の歴史: 日本の歩みと世界の動き』, 帝国書院, 2019年.

公明党政策局,『公明党の主張: 国会論争の記録(外交編Ⅰ)』, 公明党政策局, 1967年.

坂上康俊 外,『(新編)新しい社会: 歴史』, 東京書籍, 2019年.

坂上康俊 外,『(新編)新しい社会公民』, 東京書籍, 2019年.

参議院法制局(編),『李承晩ラインと朝鮮防衛水域(国際関係資料;第1)』, 参議院法制局, 1953年.

椎名麟三,『椎名麟三全集18』, 冬樹社, 1976年.

市民の手で日韓ゆ着をただす調査運動(編),『日韓関係を撃つ: 玄海灘をこえる民衆連帯のために』, 社会評論社, 1981年.

自由党,『日韓漁業問題の解説; 国際慣例を無視した李承晩ライン(政調シリーズ5)』, 自由党, 1953年.

自由民主党政務調査会,『より良い教科書を子供たちに届けるために』, 自由民主党, 2015年.

水産研究会(編),『東海黄海の漁業資源に関する諸問題』, 日中漁業協議会, 1954年.

水産新聞協会,『大日本水産会百年史(後編)』, 大日本水産会, 1982年.

水産新聞協会,『大日本水産会百年史(前編)』, 大日本水産会, 1982年.

水産庁,『日韓漁業協定関係出漁の手引き』, 水産社, 1965年.

杉原誠四郎 外,『(中学社会)新しい歴史教科書』, 自由社, 2019年.

政策調査研究会(編),『日本国土政策; 外交問題の歴史』, 政策調査研究会, 2004年.

第三期竹島問題研究会(編),『第三期'竹島問題に関する調査研究'最終報告書』, 島根県総務部総務課, 2015年.

高崎宗司,『検証日韓会談』, 岩波書店, 1996年.

朝鮮事情研究会(編),『朝鮮の経済』, 東洋経済新報社, 1956年.

寺尾五郎・佐藤勝巳,『日本の漁業と日韓条約(朝研シリーズ1)』, 日本朝鮮研
　　　究所, 1965年.

富山県,『富山県史: 史料編Ⅷ(現代)』, 富山県, 1980年.

中川融,『日韓問題』, 商工財務研究会, 1957年.

成田龍一,『「戦争経験」の戦後史: 語られた体験/証言/記憶(シリーズ戦争の
　　　経験を問う)』, 岩波書店, 2010年.

日韓漁業協議会(編),『日韓漁業対策運動史』, 内外水産研究所, 1968年.

日韓漁業対策本部,『李ライン問題と日本の立場』, 日韓漁業対策本部, 1953年.

日本海洋漁業協議会,『日米加漁業条約の解説』, 内外水産研究所, 1952年.

旗田巍,『日本と朝鮮(アジア・アフリカ講座Ⅲ)』, 勁草書房, 1965年.

稗田輝男,『加布里漁業に関する講演記録』, 糸島漁業協同組合, 2014年.

深谷克己 外,『(中学社会)歴史: 未來をひらく』, 教育出版, 2019年.

藤井賢二,『竹島問題の起原: 戦後日韓海洋紛争史』, ミネルヴァ書房,
　　　2018年.

藤井讓治 外,『中学社会: 歴史的分野』, 日本文教出版株式会社, 2019年.

前原町,『町村合併30周年記念 前原町 30年の歩み』, 前原町, 1985年.

三谷博 外,『(中学)歴史: 日本の歴史と世界』, 清水書院, 2019年.

森田芳夫,『朝鮮終戦の記録』, 巖南堂書店, 1964年.

森田芳夫,『朝鮮終戦の記録; 資料編第一巻』, 巖南堂書店, 1979年.

森田芳夫,『朝鮮終戦の記録; 資料編第二巻』, 巖南堂書店, 1980年.

文部科学省,『中学校校学習指導要領(平成29年告示)』, 文部科学省, 2017年.

安井俊夫 外,『ともに学ぶ人間の歴史』, 株式会社学び舎, 2019年.

山口県(編),『山口県史: 史料編 現代 2, 県民の証言 聞き取り編(第 6 回配
　　　本)』, 山口県 , 2000年.

吉澤文寿,『戦後日韓関係; 国交正常化交渉をめぐって』, クレイン, 2005年.

吉田敬市,『朝鮮水産開発史』, 朝水会, 1954年.

吉留路樹,『大村朝鮮人収容所: 知られざる刑期なき獄舍』, 二月社, 1977年.

歴史刊行委員会(編), 『奪われし愛と自由を: 引揚促進運動の記録』, 歴史刊行委員会, 1957年.

和田長三, 『漁のしるべ』, 協同印刷社, 1938年,

5. 일본어 논문

金達寿, 「日韓会談と在日朝鮮人問題」, 『新日本文学』 13巻3号, 1958年.

金恩貞, 「日韓会談中断期, 対韓請求権主張撤回をめぐる日本政府の政策決定過程: 初期対韓政策の変容と連続, 1953-57」, 『神戸法学雑誌』 64巻3·4号, 2015年.

南基正, 「日韓漁業交渉に見る東アジア国際社会の出現: 漁業及び「平和線」をめぐる国際法論争を中心として」, 『法学』 76巻6号, 2013年.

文京洙, 「日韓関係, 第三の転機か?」, 『抗路』 6号, 2019年.

辺永権, 「日韓会談の展望」, 『コリア評論』 2巻7号, 1958년.

李種元, 「韓日会談とアメリカ: '不介入政策'の成立を中心に」, 『国際政治』 105号, 1994年.

鄭然圭, 「日韓会談は謀略?」, 『改造』 34巻8号, 1953년.

崔永鎬, 「終戦直後の在日朝鮮人·韓国人社会における'本国'指向性と第一次日韓会談」, 李種元 外, 『歴史としての日韓国交正常化Ⅱ: 脱植民地化編』, 法政大学出版局, 2012年.

洪性大, 「韓·日国交正常化過程における朴正熙政権の対応; 朴政権の'政治運営'の観点から」, 『東京都立大学法学会雑誌』 36巻1号, 1995年.

相澤毅, 「有効適切な企て」, 『朝水』 創刊号, 1947年.

赤路友藏, 「日韓漁業協定の欺瞞」, 『月刊社会党』 104号, 1966年.

秋山俊一郎, 「朝水は日鮮両国の楔」, 『朝水』 創刊号, 1947年.

朝日新聞社, 『大村収容所の20年』, 朝日新聞社, 1972年.

内海愛子, 「李ラインと戦後日本人の韓国認識」, 内海愛子·宮本正明·内藤寿子·鈴木久美·高敬一, 『<海の上の国境線>について考える』, 大阪国際理解教育研究センター, 2010年.

漆島参治, 「日韓会談決裂と日本国民の覚悟」, 『東邦経済』 24巻12号, 東邦

経済社, 1953年.

榎本重治,「沿岸水域及び従属地下に対し主張され及び行使される権利の性
　　　質及び範囲」,『自由と正義』3巻6号, 1952年.

岡田仁弘,「日韓漁業の交流について」,『朝水』14号, 1949年.

岡本正一,「新発足の業者に感謝」,『朝水』創刊号, 1947年.

小津生,「人権擁護委員会秋季総会記」,『自由と正義』4巻12号, 1953年,

加藤晴子,「戦後日韓関係史への一考察(下)」,『日本女子大学文学部紀要』
　　　29号, 1980年.

加藤晴子,「戦後日韓関係史への一考察(上)」,『日本女子大学文学部紀要』
　　　28号, 1979年.

川上健三,「北洋漁業と国際問題」,『地理』14巻8号, 1969年.

北岡伸一,「日本外交の座標軸, 外交三原則再考」,『外交』6巻, 2011年.

木下辰雄,「祖国再建に寄与することを信ず」,『朝水』創刊号, 1947年.

鹽田正洪,「朝水会の結成は業者同志愛の結合」,『朝水』創刊号, 1947年.

末松満,「朝鮮休戦会談と日韓会談」,『中学教育技術. 数学·理科·図工』2巻7
　　　号, 1952年.

鈴木久美,「拿捕·抑留日記が語るもの: 資料の翻刻と紹介」,『アジア·文化·
　　　歴史』3号, 2016年.

鈴木久美,「'李ライン'により拿捕, 抑留されたA氏に聞く」,『アジア太平洋研
　　　究センター年報』12号, 2015年.

高柳俊男,「映画'あれが港の灯だ'に描かれた在日朝鮮人と帰国事業」,『光射
　　　せ!: 北朝鮮収容所国家からの解放を目指す理論誌』(特集55周年を迎
　　　えた北朝鮮帰国事業), 13号, 2014年.

武智敏夫,「日韓漁業協定」,『農林時報』, 24巻7号, 1965年.

武智敏夫,「日韓漁業協定とその実施をめぐって」,『法律時報』, 38巻4号,
　　　1966年.

竹本賢三,「もういちど李ライン問題について: 日本漁業再進出についてのメ
　　　モ」,『朝鮮研究』30号, 1964年.

武山眞行,「新しい日韓漁業協定の締結に向けて: 国際海洋法の枠組みの変

化」,『外交時報』1349号, 1998年.

橘善守,「日韓会談ドロ仕合い」,『政治経済』6巻11号, 1953年.

陳激,「漁業問題をめぐる戦後日中関係: 第一次日中民間漁業協定の締結を中心に」,『漁業経済研究』57巻1号, 2013年.

内藤寿子,「映画'あれが港の灯だ'に関する水木洋子旧蔵資料について」, 内海愛子・宮本正明・内藤寿子・鈴木久美・高敬一,『<海の上の国境線>について考える』, 大阪国際理解教育研究センター, 2010年.

内藤寿子,「脚本家・水木洋子と映画'あれが港の灯だ'」,『湘北紀要』29号, 2008年.

中部兼市,「発刊の辞」,『朝水』創刊号, 1947年.

中保与作,「日韓会談と帰還問題--基本的にはどう考えたらいいか」,『世界週報』40巻34号, 1959年.

名取義一,「日韓会談のゆくえ」,『改造』33巻9号, 1952年.

ナライン K.V,「日韓会談の決裂によせて」,『中央公論』68巻14号, 1953年.

蜷川豊文,「業界のよき産婆役」,『朝水』創刊号, 1947年.

野方直一,「抑留船員に対する韓国国民の感情」,『朝水』78号, 1955年.

野方直一,「李ライン問題を切る」,『朝水』78号, 1955年.

廣瀬肇,「竹島調査と李承晩ライン(李ライン)[後編]」『捜査研究』745号, 2013年.

廣瀬肇,「竹島調査と李承晩ライン(李ライン)[前編]」『捜査研究』744号, 2013年.

藤井賢二,「研究ノート: 大繁丸の拿捕事件」,『東洋史訪』8号, 2002年.

藤井賢二,「朝鮮引揚者と韓国: 朝水会の活動を中心に」, 崔吉城・原田環『植民地の朝鮮と台湾: 歴史・文化人類学的研究』, 第一書房, 2007年.

藤井賢二,「日本統治期の朝鮮漁業の評価をめぐって」,『東洋史訪』14集, 2008年.

藤井賢二,「李承晩ライン宣布への過程に関する研究」,『朝鮮学報』185号, 2002年.

藤井賢二,「李承晩ラインと日韓会談: 第一次~第三次会談における日韓の

対立を中心に」,『朝鮮学報』193号, 2004年,

藤田巖,「将来の発展を希ひ, 引揚者の再起を期待す」,『朝水』創刊号, 1947年.

穂積眞六郎,「日鮮平和的交通の魁は水産業界にある」,『朝水』創刊号, 1947年.

松生義勝,「恒久不退轉の発展を祈る」,『朝水』創刊号, 1947年.

三木源吉,「旱天に雲霓を望む感」,『朝水』創刊号, 1947年.

宮城雄太郎,「李ラインと日本漁業」,『中央公論』68巻12号, 1953年.

宮本正明・内藤寿子・鈴木久美,「「李ライン経験」に関するインタビュー」, 内
　　海愛子など,『<海の上の国境線>について考える』, 大阪国際理解教
　　育研究センター, 2010年.

森須和男,「李ラインと日本船拿捕」,『北東アジア研究』28号, 2017年.

諸鹿央雄,「両国民の福祉増進に寄与」,『朝水』創刊号, 1947年.

安平政吉,「日韓会談と大邦丸事件」,『警察時報』8巻6号, 1953年.

『アサヒグラフ』, 1953年12月9日,「日本漁夫の抑留所」

『アサヒグラフ』, 1953年12月9日,「抑留漁夫帰る」

『アサヒグラフ』, 1953年12月23日,「留守家族李ライン版」

『アサヒグラフ』, 1959年6月14日,「抑留漁船百五十三隻ー李承晩ライン」

『朝日新聞』, 1989年7月6日夕刊,「戸畑にベトナム難民」

『朝日新聞』(福岡版), 2015年12月30日,「魚追う国策の波越え」

『朝日新聞』(福岡版), 2016年8月25日夕刊,「韓国抑留, 漁船員の記録 福岡
　　の男性宅, 日記発見」

『キング』, 1956年2月,「李ラインに憤激する国民感情」

『広報いとしま』128号, 2015年5月,「糸島市の人口」

『佐賀新聞』, 2015年6月21日,「拿捕の恐怖忘れられぬ:日韓国交50年思い
　　複雑」

『山陰中央新報』, 2006年2月14日,「竹島の日の向こう側(3)'痛み'いら立ち募
　　る漁業者」

『世界情勢旬報』190号, 1953年,「韓国の通貨改革と第一大邦丸事件」

『週刊ポスト』, 2012年8月27日,「韓国に拿捕された船長73日間毎日丸麦1合
　　と大根葉の塩漬2回」

『中日映画社』, 1958年1月10日放映,「相互釈放のよろこび」

『朝水』創刊号, 1947年,「再建日本の新春を寿ぎ朝水会の設立を祝福す」

『朝水』創刊号, 1947年,「積極的活動を要望, 第一回役員会で大綱決る」

『朝水』創刊号, 1947年,「推進的互助機関に朝水会設立さる, 会員の更生援
　　　護と日鮮水産業の協調」

『朝水』2号, 1947年,「下関水校独立, 開校は五月中旬」

『朝水』2号, 1947年,「朝水会移転, 朝水興産会社も」

『朝水』4号-5号, 1947年,「地方に朝水互助会 授産事業予定通り進捗」

『朝水』4号-5号, 1947年,「悩める引揚水産業者の援護, 資材特配を農林相
　　　に: 朝水会から陳情」

『朝水』8号, 1948年,「水産庁設置本極り」

『朝水』8号, 1948年,「朝水会, 漁港ビルに移転 事務所を新築す」

『朝水』8号, 1948年,「朝水会の立退き経緯!」

『朝水』8号, 1948年,「朝水興産株式総会, 過去一ヶ年の事業実績」

『朝水』8号, 1948年,「朝鮮回顧懇談会を開く, 田中同和会長を迎へて」

『朝水』9号, 1948年,「水産庁七月一日開庁, 新機構は三部十三課」

『朝水』9号, 1948年,「南鮮の水産事情」

『朝水』9号, 1948年,「釜山日本人世話会閉鎖, 森田・三宅両氏帰還す」

『朝水』74号, 1955年,「抑留船員の現状」

『NEWSポストセブン』, 2015年6月25日,「日韓国交正常化まで韓国が日本漁
　　　船を拿捕・抑留日本人4000人」

『フォトしまね』161号, 2006年,「帰国した船員の姿を見てほっと」

『フォトしまね』161号, 2006年,「<悪夢>拿捕され3年, 故郷を思う」

『夕刊フジ』, 2014年8月26日,「【韓国の本性】李承晩ラインで日本漁民が味
　　　わった塗炭の苦しみ, 射殺, 餓死…」

『SAPIO』, 2015年7月号,「日韓国交正常化まで韓国が日本漁船を拿捕, 抑留
　　　日本人4000人」

6. 일본어 인터넷 자료

学習指導要領 Wikipedia https://ja.wikipedia.org/wiki/学習指導要領
　　　2011年.
外務省 https://www.mofa.go.jp.
国立国会図書館リサーチ・ナビ https://rnavi.ndl.go.jp.
コトバンク https://kotobank.jp.
在日韓国・朝鮮人 Wikipedia https://ja.wikipedia.org/wiki/在日韓国・
　　　朝鮮人.
水産庁 Wikipedia https://ja.wikipedia.org/wiki/水産庁.
第一大邦丸事件 Wikipedia https://ja.wikipedia.org/wiki/第一大邦丸事件.
但馬オサム http://blog.livedoor.jp/tajima_osamu/archives.
中学校 Wikipedia https://ja.wikipedia.org/wiki/中学校.
データベース 「世界と日本」 http://worldjpn.grips.ac.jp.
懐かしの毎日ニュースアーカイブ http://mainichi.jp/feature/
　　　nostalgicnews/archive.
日映アーカイブ http://www.nichieiarchive.com.
日韓近代史資料集 https://chaamiey.blog.fc2.com.
日韓市民でつくる日韓会談文書・全面公開を求める会 http://www.
　　　f8.wx301.smilestart.ne.jp.
ニッスイ沿革 https://www.nissui.co.jp/corporate/history/03.html.
日本国との平和条約 Wikipedia https://ja.wikipedia.org/wiki/日本国と
　　　の平和条約.
ニュース映画 Wikipedia https://ja.wikipedia.org/wiki/ニュース映画.
平成6年度教科用図書検定結果の概要 https://www.mext.go.jp/a_menu/
　　　shotou/kyoukasho/kentei.
マッカーサー・ライン Wikipedia https://ja.wikipedia.org/wiki/マッカ
　　　ーサー・ライン.
マルハ Wikipedia https://ja.wikipedia.org/wiki/マルハ.
李承晩ライン Wikipedia https://ja.wikipedia.org/wiki/李承晩ライン

NHK https://www.nhk.or.jp.

NHKアーカイブス http://www.nhk.or.jp/archives/document.

7. 일본어 영상자료

『朝日ニュース』, 1959年, 「ワイドの眼, 李ラインを行く」

『朝日ニュース』(九州版), 1953年, 「李ラインを行く」

『朝日ニュース』(全国版), 1955年, 「李ライン即時撤廃を」

『朝日ニュース』(全国版), 1959年, 「李ラインを行く」

『朝日ニュース』(全国版), 1960年, 「日韓相互送還」

『朝日ニュース』(全国版), 1961年, 「五カ月ぶりに日韓会談」

『中日映画社』, 1958年, 「相互釈放のよろこび: 日韓覚書調印」

『毎日世界ニュース』, 1953年, 「緊張つづく朝鮮水域」

『NHK週間ニュース』(下関), 1958年, 「抑留漁夫第一陣帰る」

8. 영문 자료

General Order No.1, September 2. 1945.

Instrument of Surrender, September 2, 1945.

Mark W. Clark, *From the Danube to the Yalu*, Harper, 1954.

OFFICE OF THE SUPREME COMMANDER FOR THE ALLIED POWERS, APO 500, ANNEX "B" DIRECTIVE NUMBER 2, September 3, 1945.

Soongbae Kim, John Foster Dulles's Beliefs and the Birth of Republic of Korea-Japan Relations, *Seoul Journal of Japanese Studies*. Volume 6, No.1, 2020.

Tessa Morris-Suzuki, *Borderline JAPAN: Foreigners and Frontier Controls in the Postwar Era*, Cambridge University Press, 2010.

THE FOREIGN SERVICE OF THE UNITED STATES OF AMERICA UNITED STATES POLITICAL ADVISER FOR JAPAN, Korean

Petition Concerning Sovereignty of "Docksum", Ullungo Do, Tsushima, and "Parang" Islands, September 6, 1948.

Treaty of Peace with Japan, Article 9, September 8, 1951.

UNITED STATES PACIFIC FLEET LIAISON GROUP WITH THE SUPREME COMMANDER FOR THE ALLIED POWERS, MEMORANDUM No.35, September 14, 1945.

9. 기타 자료

강승엽 촬영 영상

연합뉴스

외교부 외교사료관, 『재일한인 북한송환 및 한일양국억류자 상호석방 관계철 1955-60』 전9권

자유신보

최영호 촬영 사진

한일회담자료

泉麻人, 『泉麻人の昭和ニュース劇場① [昭和30年~34年]』(DVD), 日本映画新社, 2004年

泉麻人, 『泉麻人の昭和ニュース劇場② [昭和35年~39年]』(DVD), 日本映画新社, 2004年

今井正監督, 水木洋子原作·脚本, 『あれが港の灯だ』(DVD), 東映株式会社, 1961年

木下写, 「貝類養殖場窃盗防止取締方陳情について」, 1951年12月5日,

佐賀県公文書館

時事通信

濱町漁業協同組合, 「貝類養殖場窃盗防止取締方陳情について」, 1952年1月5日, 佐賀県公文書館

ラジオ日本

부 록

42°-15′N
130°-45′E

38°-00′N
132°-50′E

35°-30′N
130°-00′E

34°-40′N
129°-00′E

32°-00′N
127°-00′E

5′N
0′E

00′N
00′E

일본어 초록

李ライン再論

この本は，韓国の解放以前の朝鮮半島における漁業状況，解放直後の日本人漁民の引揚げ，日本人漁船のマッカーサー・ライン侵犯，李承晩政府の'平和線'宣布，1950年代の韓日会談と漁業交渉，そして1965の漁業協定締結を扱っている。1950年代の韓日関係に関する研究を集大成し，解放後韓国政府の海洋主権宣布をめぐる外交交渉と民間人の動向という側面で，論議を進めている。海洋主権をめぐる旧植民地の宗主国と新生国家との間の政策の差異という論点を提供する。従来の漁業慣行を保とうとする日本の水産業者に対して，新生の韓国政府が主権をも宣言しなければならない，国際構造への異なる国家観点が存在したことは事実であり，こういった構造の中で独立国家の主張論理と個別人間の生存論理とが衝突し合い，結果として日本人漁民の抑留という悲劇が生まれたのである。

この本は，第一に，植民地からの解放と国家独立に対する日本人漁民と韓国人漁民との認識の違いを説明し，このような民間における認識の差が国家政策の側面にどのように反映されるかを論じている。第二に，'平和線'問題の背景として，釜山の'外国人収容所'の発端と経緯を調べている。第三に，韓国政府における'平和線'宣布にいたる政策決定過程とともに，日本漁船の拿捕にいたる過程を映像資料と被害者インタービューを通じて明らかにしている。第四に，釜山の'外国人収容所'に抑留された日本人漁民問題について，この悲劇的な事件を省みつつ韓国政府や韓国人に自省の糸口を提供している。第五に，第四次韓日会談の再開のきっかけとなった，1957年相互釈放のための外交覚え書きの交換が，実際両国の外交関係と抑留被害者問題とにどのような結果をもたらしたのかを実証している。第六に，1958年から1965年にいたる漁業協定の形成過程を調査することによって，結果的に韓国政府一方の'平和線'が消滅し国交正常化とと

もに韓国・日本双方の漁業協定に代わっていく過程を分析している。最後に, 13年間以上かかった'平和線'と韓日会談の結果得られた漁業協定に対する再評価について, いわゆる韓国人に国交正常化の動きとは何だったのかについて論じている。

Syngman Rhee Line Reconsidered

This book deals with Korean peninsula's situations of the fishing industry before the liberation, repatriations of Japanese people, especially fishermen, to Japan, intrusion of Japanese fishing vessels into the MacArthur line, 'Peace Line' declaration of Rhee Syngman's regime, Korea-Japan's negotiations about the fishing right within conferences in the 1950s, and the conclusion of the fisheries agreement in 1965. This book compiles the researches in relation to diplomatic talks of marine sovereignty in the 1950s on the one hand and movements of Korean and Japanese peoples during the same period on the other hand. It also suggests a point of view that we should see a difference of the policies between the former colonial suzerain and the newly liberated government. Inhumane incidents like as detained Japanese fishermen happened in the structure which people had conflicting interests with government's intentions, and Korean government could not help declaring the marine sovereignty towards Japanese fishing industrial persons and authorities maintain traditional practices,

This book has following main contents. First, it describes the disparity of perception which Korean and Japanese fishermen had seen their realities surrounding the formal emancipation and national independence from the colonization. Second, it looks into the history of the Busan Foreigner's Camp as a background of 'Peace Line' policy. Third, it reveals the policy making process of 'Peace Line' declaration referring to researched and retrospective records, and reveals arresting situation of Japanese fishing vessels referring to the video-resources and interviews with the victims. Fourth, it gives a clue of self-reflection emphasizing bygone Japanese fishermen detained in Busan Foreigner's Camp as a tragic historical evidence. Fifth, it demonstrates what the results followed to detained fishermen owing to the mutual release agreement in 1957 which was opportunity to resume the Korea-Japan talks. Sixth, it analyses the process of extinction of 'Peace Line' by investigating the conditions changing from the mutual release memorandum in 1958 to the fisheries agreement in 1965. Finally, it discusses how we are reevaluating the non-diplomatic 'Peace Line' over 13 years and fisheries agreement as a result of the diplomatic negotiations, and discusses conclusionally about what is the meaning of the diplomatic normalization between Korea and Japan at the present time.

연표

1952년	
0118	이승만대통령, '평화선' 선포
0129	일본 외무성, 수산청 고위층 '제3회 협의회' 개최
0206	어업교섭을 위한 일본의 기본방침 확정
0215	도쿄에서 제1차 한일회담 개최
0221	한일회담에서 한국 측 「재산 및 청구권협정 요강」 제시
0306	한일회담에서 일본 측 「역청구권」 주장
0425	맥아더라인 철폐
0428	샌프란시스코 강화조약 발효
0429	미국의 relevant clause, 한국에 전달
0509	미국·캐나다·일본의 어업조약 조인
0520	大村 수용소 억류자 집단투쟁
0805	한국 제2대 대통령 선거
0910	호주, 대륙붕 주권 선언
0927	클라크라인 공포
1030	제4차 吉田茂 내각 성립
1953년	
0106	도쿄에서 이승만·吉田·클라크 회담
0204	大邦丸사건 발생
0227	한국정부, 독도영유권 성명
0415	도쿄에서 제2차 한일회담 개최
0521	제5차 吉田 내각 성립
0612	미국 캐나다 일본의 어업조약 발효
0627	일본 해상보안청, 독도에 표주 설치
0712	한국 독도수비대, 일본 해상보안청 순시정에게 발포
0727	휴전협정 체결로 6.25전쟁 중지
0827	클라크라인 철폐
0814	한국정부, '평화선' 내 일본어선 나포 개시
0909	한국 해군, '평화선' 내 일본어선에 발포

0917	도쿄에서 일한어업대책본부 결성
1006	도쿄에서 제3차 한일회담 개최
1016	久保田貫一郎 일본대표 망언
1023	이승만대통령, 내무부에 '평화선' 경계를 더욱 강화하라고 지시
1118	일본 어민의 억류를 반대하는 대규모 일본인 시위 전개

1954년

0118	한국정부, 독도에 영토표시
0501	한국정부, 독도에 민간수비대 파견
0529	일본정부, 久保田 망언에 유감을 표명하고 회담 재개를 희망
0615	진해에서 아시아민족반공연맹 발족됨
0810	한국정부, 독도에 등대를 설치
0823	한국정부 파견 독도수비대, 일본 해상보안청 순시정을 향해 발포
0912	일본정부, 국제사법재판소에 독도문제 제소하자고 한국정부에 제의
0915	한국정부, 독도 우표를 발행
1122	일본 어선 두 척이 大陳島 동쪽에서 중국의 총격으로 침몰, 2명 사망
1210	제1차 鳩山一郎 내각 성립
1211	重光葵 외상, 한국과의 대화 재개를 발표

1955년

0126	김용식 주일공사, 谷正之 외무성 고문과 비밀교섭 개시
0225	북한의 남일 외상, 일본에 외교교류를 제안
0319	제2차 鳩山 내각 성립
0429	양유찬 주미대사, 일본의 대북 접근을 비난
0530	한국의 애국단체총연합회 '일제 용공정책 분쇄' 국민대회 개최
0615	이형근 연합참모본부 총장, 일본의 대북 접근을 비난
0628	앨리슨 주일미국대사, 서울에서 이승만과 회담
0706	鳩山 수상, '역청구권'과 구보타 발언 철회하지 않겠다고 주장
0817	한국정부, 일본과 인적교류 전면금지 발표
1115	일본 보수 합동으로 자유민주당 결성
1116	김용식 공사, 花村四郎 법무상과 억류 중인 재일한국인 석방에 합의
1117	한국 연합참모본부, '평화선' 침범 어선 격침하겠다고 경고
1122	제3차 鳩山 내각 성립
1201	부산에서 '평화선 사수 전국어민총궐기대회' 개최
1203	조정환 외무장관 서리, '평화선' 사수를 '애국적 책임'이라고 주장

1205	西日本어민과 東日本어민, 도쿄에서 '이라인배격행동대회' 개최
1207	인천과 포항에서 '평화선 사수 전국어민총궐기대회' 개최
1209	重光葵 외상, 억류 중인 재일한국인 석방 방침을 발표
1211	여수에서 '평화선 사수 전국어민총궐기대회' 개최

1956년

0402	김용식 공사와 重光葵 외상, 억류자 상호석방 방침에 합의
0412	이승만대통령, 한일 합의사항을 뒤늦게 인정
0425	일본정부, 북한귀환 희망자에게 출국 허가
0426	이승만 대통령, 부산 외국인 수용소 시찰
0514	일본, 소련과 어업조약 체결
0506	신익희 대통령 후보, 심장마비로 사망
0515	한국 제3대 대통령 선거에서 이승만 당선
1208	북송을 원하는 재일동포 20명이 북한으로 출발
1223	石橋湛山 내각 성립

1957년

0124	岸 외상, 「아시아 지역은 일본 외교의 중심지」라고 발표
0225	제1차 岸信介 내각 성립
0327	岸 수상, 이승만 대통령에게 친서
0516	이승만대통령, 김유택을 주일대사에 유태하를 주일공사에 임명
0520	岸 수상, 인도·파키스탄·스리랑카·태국·대만을 방문
0611	김유택 대사 · 岸 수상, 공식 외교교섭 재개하기로 합의
0620	岸 수상, 미국 의회 연설에서 국제공산주의 위협을 강조
0710	岸 수상, 藤山愛一郎을 외상에 임명
1117	일본 외무성 대변인, 법무상의 억류자 상호석방 방침을 '개인적 의견'이라고 일축
1229	김유택·藤山, 억류자 석방과 문화재 반환에 대해 최종 합의
1231	한국과 일본, 억류자상호석방협정 외교각서 체결

1958년

0119	오무라 수용소에 억류된 재일동포·한국인 석방 개시
0131	부산 억류 일본어민 제1진 300명 시모노세키로 송환
0221	한국인 밀항자 제1진 249명 부산으로 송환
0227	일본, 3월 1일 예정의 한일회담 재개를 연기한다고 한국에 통보
0328	이승만대통령, AP기자 회견에서 岸 수상에 대한 호감을 표명
0415	도쿄에서 제4차 한일회담 개최
0416	도쿄 국립박물관, 한국 미술품 106점을 주일대표부에 전달

0426	加布里 어업협동조합 관계자 65명, 부산에서 시모노세키에 도착
0519	岸 수상, 矢次一夫를 한국에 특사로 파견
0612	제2차 岸 내각 성립
0815	재일본조선인총연합회, 「집단귀국에 관한 요청」 결의
1002	어업 및 평화선 위원회 1차 회의에서 일본의 「결정요강」 발표
1128	일본은 「결정요강」을 구체화한 「협정초안개요」를 발표
1220	재일동포 북송문제로 제4차 한일회담 휴회

1959년

0120	일본적십자사, 북송문제를 인도적 문제로 해결하기로 결의
0130	일본 정부, 북송 추진을 공식화함
0216	재일동포의 북송을 반대하는 전국대회가 한국에서 개최됨
0219	한국 국회, 재일동포 북송 반대에 관한 결의안 가결
0615	한국정부, 일본과의 무역중단을 발표
0811	캘커타에서 일본과 북한의 적십자사, 북송협정을 체결
0812	제4차 한일회담 재개
0826	이승만대통령, '평화선' 강경 대처방침을 표명
1008	한국정부, 일본과의 무역중단 조치를 해제
1030	재일본조선인총연합회 「귀국 요청의 날」, 일본 전역에서 집회 개최
1111	이승만대통령, AP기자 회견에서 일본의 북송 중지하면 '평화선' 수정하겠다고 표명
1214	재일동포 제1차 북송선 니가타 항구 출항

1960년

0315	한국 대통령 선거에서 부정 발각
0328	한일 억류자상호송환 재개
0419	이승만대통령의 하야를 요구하는 학생데모
0604	일본 전역에 안보조약 반대 시위
0623	岸 수상, 퇴진 표명
0718	제1차 池田勇人 내각 성립
0823	장면 내각 성립, 제2공화국 개시
1025	도쿄에서 제5차 한일회담 개최

1961년

0516	한국 군사쿠데타 발생
0616	한국정부, 건설부 신설

0620	워싱턴에서 케네디·池田 회담
0703	박정희 국가재건최고회의 의장 취임
1020	도쿄에서 제6차 한일회담 개최
1112	도쿄에서 박정희·池田 회담
1114	워싱턴에서 박정희·케네디 회담
1205	제2차 池田 내각 성립
1231	KBS-TV 개국
1962년	
0110	일한문제간담회 한국의 군사정권 지지 표명
0113	국가재건최고회의, 경제개발 5개년 계획 발표
0221	김종필 중앙정보부장, 이케다 수상과 회담
0718	池田 수상, 大平正芳 외상을 임명
0813	최영택 참사관, 伊関佑二郎 아시아국장과 독도문제에 대한 실무회담
0903	伊関 국장, 예비절충회담에서 독도폭파론 제기
0914	박정희 의장, 청구권문제에 대한 타협 가능성 표명
1021	김종필 부장, 大平 외상과 1차 회담
1022	김종필 부장, 池田 수상에게 국방상 '평화선' 필요하다고 답변
1022	미국, 쿠바에 소련 미사일 제거를 공식 요구
1112	김종필 부장, 大平 외상과 2차 회담에서 청구권 금액 타결
1205	일본, 예비절충회담에서 한국의 12해리 범위를 인정
1210	大野伴睦 자민당 부총재, 한국 방문
1963년	
0110	한국, 민주공화당 결성
0129	일본, 김종필·大平 메모 공개
0227	박정희 국가재건최고회의 의장, 민정 불참 선언
0903	김종필 방일, 大野伴睦와 비밀회담
1015	한국 제5대 대통령 선거에서 박정희 득표율 46.6%로 윤보선 후보에 신승
1122	케네디 대통령 암살당함
1217	박정희 대통령 취임, 제3공화국 개시
1223	제3차 池田 내각 성립
1964년	
0129	박정희 · 러스크 회담
0310	대일굴욕외교반대전국투쟁위원회 결성

0313	한국, 제3차 어업각료회담에서 어업차관 1억 천 4백만 달러 제시
0314	일본 자민당, 일한국교정상화추진본부 설치
0324	서울에서 대규모 한일회담 반대 데모
0406	원용석 농림장관, 赤城宗德 농림장관과 사실상 '평화선' 소멸에 공식 합의
0509	박정희대통령, 정일권 국무총리 임명
0520	서울대에서 '민족적민주주의장례식' 개최됨
0529	大野伴睦 사망
0603	한국정부, 대규모 반정부 시위에 계엄령 선포
0605	김종필 공화당 의장 사임
0723	박정희대통령, 이동원 외무부장관 임명
1006	김동조 주일한국대사 부임
1010	도쿄에서 올림픽 개최됨
1109	제1차 佐藤榮作 내각 성립
1203	도쿄에서 제7차 한일회담 개최
1965년	
0108	한국정부, 월남파병 결정
0110	佐藤 수상, 미국 방문
0112	정일권 · 河野一郎의 독도밀약을 박정희대통령이 재가
0119	한일 분쟁해결에 관한 교환공문 방식에 외교적 합의
0129	한일 어업전문가 비공식회합, E수역을 공동규제수역에서 삭제하기로 결정
0130	정일권 총리, 프랑스에서 岸信介와 회담
0217	椎名悦三郎 외상, 한국 방문
0220	이동원 외무장관, 椎名 외상과 한일기본조약 가조인
0303	김동조 대사, 제1회 한일농림장관회의에서 공동어업자원 조사수역 설치 제안
0306	한국의 야당 연합, 「대일 저자세 외교 반대 범국민 투쟁위원회」 결성
0605	하코네 회의에서 어업협정 문안 최종 조정
0606	한국, 어업협력자금 9000만 달러의 사용계획을 발표
0622	한일기본조약과 어업협정 포함 부속협정 체결
0814	한국 국회, 한일기본조약과 부속협정 비준
1211	일본 국회, 한일기본조약과 부속협정 비준

조사기관

1. 한국

거제민속박물관 (경남거제시)

거제어촌민속전시관 (경남거제시)

거제조선해양문화관 (경남거제시)

고려대학교서울캠퍼스중앙도서관 (서울특별시)

광양역사문화관 (전남광양시)

구룡포과메기문화관 (경북포항시)

구룡포근대문화역사관 (경북포항시)

국립광주박물관 (광주광역시)

국립나주박물관 (전남나주시)

국립망향의동산 (충남천안시)

국립민속박물관 (서울특별시)

국립소록도병원한센병박물관 (전남고흥군)

국립수산과학원수산과학관 (부산광역시)

국립일제강제동원역사관 (부산광역시)

국립제주박물관 (제주제주시)

국립중앙도서관 (서울특별시)

국립중앙박물관 (서울특별시)

국립청주박물관 (충북청주시)

국립해양문화재연구소 (전남목포시)

국립해양박물관 (부산광역시)

국립해양생물자원관 (충남서천군)

국민대학교성곡도서관 (서울특별시)

국사편찬위원회사료관 (경기과천시)

국채보상운동기념관 (대구광역시)

국회도서관 (서울특별시)

군산근대역사박물관 (전북군산시)

김대중노벨평화상기념관 (전남목포시)

김용식·김용익기념관 (경남통영시)

깡깡이생활문화센터 (부산광역시)

다산박물관 (전남강진군)

대통령기록관 (충남세종시)

대한민국역사박물관 (서울특별시)

독도박물관 (경북울릉군)

독립기념관 (충남천안시)

동북아역사자료센터 (서울특별시)

동북아역사재단연구정책실 (서울특별시)

동아대학교부민도서관 (부산광역시)

동아대학교한림도서관 (부산광역시)

동아대학교석당박물관 (부산광역시)

동아디지털미디어센터 (서울특별시)

땅끝해양자연사박물관 (전남해남군)

록봉어린이민속교육박물관 (부산광역시)

목포근대역사관 (전남목포시)

목포자연사박물관 (전남목포시)

박정희대통령기념도서관 (서울특별시)

백범김구기념관 (서울특별시)

부경대학교박물관 (부산광역시)

부경대학교중앙도서관 (부산광역시)

부산광역시립시민도서관 (부산광역시)

부산근현대역사박물관 (부산광역시)

부산대학교새벽별도서관 (부산광역시)

부산대학교중앙도서관 (부산광역시)

부산세관박물관 (부산광역시)

부산시민공원역사관 (부산광역시)

부산시립박물관 (부산광역시)

부산어촌민속관 (부산광역시)

부산포민속박물관 (부산광역시)

부산한일문화교류협회 (부산광역시)

부산해양자연사박물관 (부산광역시)

부평역사박물관 (인천광역시)

사상생활사박물관 (부산광역시)

삼척시립박물관 (강원삼척시)

삼척어촌민속전시관 (강원삼척시)

서대문형무소역사관 (서울특별시)

서울대학교규장각한국학연구원 (서울특별시)

서울대학교중앙도서관 (서울특별시)

서울역사박물관 (서울특별시)

세계파충류전시관 (울산광역시)

소금박물관 (전남신안군)

속초시립박물관 (강원속초시)

수도박물관 (서울특별시)

순천시립뿌리깊은나무박물관 (전남순천시)

안산어촌민속박물관 (경기안산시)

애양원역사박물관 (전남여수시)

양산시립박물관 (경남양산시)

여성생활사박물관 (경기여주시)

연세대학교기록보존소 (서울특별시)

영덕어촌민속전시관 (경북영덕군)

영산대학교중앙도서관 (경남양산시)

영일민속박물관 (경북포항시)

완도군어촌민속전시관 (전남완도군)

외교부외교사료관 (서울특별시)

울산박물관 (울산광역시)

울산해양박물관 (울산광역시)

울주민속박물관 (울산광역시)

유엔평화기념관 (부산광역시)

이승만기념관 (서울특별시)

인천개항장근대건축전시관 (인천광역시)

일본국제교류기금서울문화센터 (서울특별시)

일제강점기군산역사관 (전북군산시)

일제강제동원역사관 (부산광역시)

일제강제동원피해자지원재단 (서울특별시)

임시수도기념관 (부산광역시)

장생포고래박물관 (울산광역시)

재외동포재단자료실 (제주서귀포시)

전라남도해양수산과학관 (전남여수시)

전쟁과여성인권박물관 (서울특별시)

전쟁기념관 (서울특별시)

제주대학교재일제주인센터 (제주제주시)

제주민속박물관 (제주제주시)

제주특별자치도민속자연사박물관 (제주제주시)

제주평화박물관 (제주제주시)

제주해녀박물관 (제주제주시)

제주4.3평화재단 (제주제주시)

창원시립마산박물관 (경남창원시)

청암대학교재일코리안연구소 (전남순천시)

충청남도역사박물관 (충남공주시)

태백산맥문학관 (전남보성군)

태화강동굴피아 (울산광역시)

통영시립박물관 (경남통영시)

포로수용소유적박물관 (경남거제시)

하멜전시관 (전남여수시)

한국근현대사박물관 (경기파주시)

한국민속촌 (경기용인시)

한국민화뮤지엄 (전남강진군)

한국언론진흥재단신문유통원 (서울특별시)

한국연구원 (서울특별시)

한국영상박물관 (대구광역시)

한국영상자료원 (서울특별시)

한국원폭피해자협회 (경남합천시)

한국이민사박물관 (인천광역시)

한국학중앙연구원한국학도서관 (경기성남시)

한국해양대학교도서관 (부산광역시)

한수풀도서관 (제주제주시)

해금강테마박물관 (경남거제시)

해양생태전시관 (전남완도군)

호남관세박물관 (전북군산시)

KBS방송박물관 (서울특별시)

2. 일본

韓昌祐·哲文化財団 (東京都)

愛知県図書館 (愛知県名古屋市)

秋田県公文書館 (秋田県秋田市)

秋田県立図書館 (秋田県秋田市)

甘木歴史資料館 (福岡県朝倉市)

壱岐市立一支国博物館 (長崎県壱岐市)

伊丹潤建築研究所 (東京都)

伊都国歴史博物館 (福岡県糸島市)

糸島市図書館本館 (福岡県糸島市)

海とくらしの史料館 (鳥取県境港市)

浦頭引揚記念資料館 (長崎県佐世保市)

宇和島市立歴史資料館 (愛媛県宇和島市)

愛媛県歴史文化博物館 (愛媛県東宇和郡)

大磯町郷土資料館・旧吉田茂邸 (神奈川県中郡)

大阪海遊館 (大阪府大阪市)

大阪市立図書館 (大阪府大阪市)

大阪府公文書館 (大阪府大阪市)

大阪府立中央図書館 (大阪府東大阪市)

大阪経済法科大学アジア太平洋研究センター (東京都)

相差海女文化資料館 (三重県鳥羽市)

大村入国管理センター (長崎県大村市)

岡まさはる記念長崎平和資料館 (長崎県長崎市)

沖縄県平和祈念資料館 (沖縄県糸満市)

沖縄県立博物館・美術館 (沖縄県那覇市)

海上保安資料館横浜館 (神奈川県横浜市)

外務省外交史料館 (東京都)

学習院大学東洋文化研究所 (東京都)

神奈川県立公文書館 (神奈川県横浜市)

神奈川県立図書館 (神奈川県横浜市)

川崎在日コリアン生活文化資料館 (神奈川県川崎市)

北九州市立大学図書館 (福岡県北九州市)

北九州市立図書館 (福岡県北九州市)

九州国立博物館 (福岡県太宰府市)

九州大学韓国研究センター (福岡県福岡市)

九州大学中央図書館 (福岡県福岡市)

九州歴史資料館 (福岡県小郡市)

京都大学人文科学研究所 (京都府京都市)

熊本市立熊本博物館 (熊本県熊本市)

慶應義塾大学東アジア研究所現代韓国研究センター (東京都)

高知県立歴史民俗資料館 (高知県南国市)

神戸海洋博物館 (兵庫県神戸市)

神戸学生青年センター (兵庫県神戸市)

高麗博物館 (東京都)

国際交流基金ライブラリー (東京都)

国立公文書館 (東京都)

国立国会図書館 (東京都)

国立国会図書館関西館 (京都府相楽郡)

コリアNGOセンター (大阪府大阪市)

佐賀県公文書館 (佐賀県佐賀市)

佐賀県立図書館 (佐賀県佐賀市)

佐賀県立名護屋城博物館 (佐賀県唐津市)

佐賀県立博物館 (佐賀県佐賀市)

在日韓人歴史資料館 (東京都)

志摩歴史資料館 (福岡県糸島市)

島根県立図書館 (島根県松江市)

下関市立大学付属図書館 (山口県下関市)

下関市立図書館 (山口県下関市)

自治体国際化協会 (東京都)

水産大学校図書館 (山口県下関市)

西南学院大学図書館 (福岡県福岡市)

瀬戸内海歴史民俗資料館 (香川県高松市)

太地町立くじらの博物館 (和歌山県東牟婁郡)

田布施町郷土館 (山口県熊毛郡)

筑紫野市歴史博物館 (福岡県筑紫野市)

東京大学韓国学研究センター (東京都)

東京大学総合図書館 (東京都)

東京都公文書館 (東京都)

東京都立図書館 (東京都)

徳島県立博物館 (徳島県徳島市)

徳島県立文書館 (徳島県徳島市)

鳥羽市立海の博物館 (三重県鳥羽市)

富山県公文書館 (富山県富山市)

富山県立図書館 (富山県富山市)

長崎県立図書館 (長崎県長崎市)

名護屋城博物館 (佐賀県唐津市)

新潟県立図書館 (新潟県新潟市)

日韓親善協会中央会 (東京都)

日韓文化交流基金事務局 (東京都)

長崎歴史文化博物館 (長崎県長崎市)

名古屋市舞鶴中央図書館 (愛知県名古屋市)

萩博物館 (山口県萩市)

日和佐うみがめ博物館 (徳島県海部郡)

福岡共同公文書館 (福岡県筑紫野市)

福岡県立図書館 (福岡県福岡市)

福岡市市民福祉プラザ (福岡県福岡市)

福岡市総合図書館 (福岡県福岡市)

福岡市博物館 (福岡県福岡市)

福岡大学図書館 (福岡県福岡市)

文化センター・アリラン (東京都)

焼津漁業資料館 (静岡県焼津市)

山口県文書館 (山口県山口市)

山口県立図書館 (山口県山口市)

山口県立山口博物館 (山口県山口市)

立命館大学コリア研究センター (京都府京都市)

早稲田大学総合研究機構 (東京都)

JICA横浜海外移住資料館 (神奈川県横浜市)

NHKアーカイブス (東京都)

NHK秋田放送局 (秋田県秋田市)

NHK大阪放送局 (大阪府大阪市)

NHK熊本放送局 (熊本県熊本市)

NHK富山放送局 (富山県富山市)

NHK長崎放送局 (長崎県長崎市)

NHK名古屋放送局 (愛知県名古屋市)

NHK新潟放送局 (新潟県新潟市)

NHK広島放送局 (広島県広島市)

NHK福岡放送局 (福岡県福岡市)

NHK放送センター (東京都)

NHK放送博物館 (東京都)

NHK松江放送局 (島根県松江市)

NHK山口放送局 (山口県山口市)

NHK横浜放送局 (神奈川県横浜市)

NPO法人日韓文化交流会 東京事務局 (東京都)

RKB毎日放送 (福岡県福岡市)

YFU日本国際交流財団 (東京都)

3. 기타

國家圖書館 (臺北)

中國國家圖書館 (北京)

MacArthur Memorial Archives and Library (Virginia)

National Archives at College Park (Maryland)

National Archives in Washington, DC (Washington, DC)

University of Hawaii at Manua Library (Hawaii)

University of Maryland Hornbake library (Maryland)

저자의 논저

1. 단행본

(01) 공동저서,『한일양국의 상호인식』, 국학자료원, 1998년, 239-259쪽.

(02) 단독저서,『현대한일관계사』, 국학자료원, 2002년, 1-237쪽.

(03) 단독저서,『한일관계의 흐름 2004-2005』, 논형, 2006년, 1-359쪽.

(04) 공동저서,『광복60년: 한국의 변화와 성장 그리고 희망』, 국사편찬위원회, 2006년, 337-351쪽.

(05) 공동저서,『동아시아의 타자인식: 기억의 역사 역사의 기억』, 제이앤씨, 2006년, 261-287쪽.

(06) 공동저서,『부관연락선과 부산』, 논형, 2007년, 1-204쪽.

(07) 단독저서,『한일관계의 흐름 2006-2007』, 논형, 2008년, 1-303쪽.

(08) 공동저서,『역사 속의 한일관계』, 동북아역사재단, 2009년, 239-255쪽.

(09) 공동저서,『한국 근현대 정치와 일본 2』, 선인, 2010년, 61-86쪽.

(10) 공동저서,『해방 후 한일간 상호인식과 역사교과서 편찬의 변화』, 경인문화사, 2010년, 1-37쪽.

(11) 공동저서,『외교문서 공개와 한일회담의 재조명 2: 의제로 본 한일회담』, 선인, 2010년, 17-49쪽.

(12) 단독저서,『한일관계의 흐름 2008-2009』, 논형, 2010년, 1-248쪽.

(13) 단독저서,『한일관계의 흐름 2010』, 논형, 2011년, 1-223쪽.

(14) 공동저서,『歴史としての日韓国交正常化Ⅱ: 脱植民地化編』, 法政大学出版部, 2012年, 237-265쪽.

(15) 단독저서,『일본인세화회: 식민지조선 일본인의 전후』, 논형, 2013년, 1-342쪽.

(16) 단독저서,『한일관계의 흐름 2011-2012』, 논형, 2013년, 1-346쪽.

(17) 공동저서, 『재일한국인 연구의 동향과 과제』, 재일제주인센터, 2014년, 167-195쪽.

(18) 공동저서, 『군산의 근대 풍경: 역사와 문화』, 선인, 2015년, 17-50쪽.

(19) 단독저서, 『한일관계의 흐름 2013-2014』, 논형, 2015년, 1-272쪽.

(20) 공동저서, 『일제강점기 조선인 피징용 노무자 미수금 문제』, 선인, 2015년, 109-145쪽.

(21) 공동저서, 『한국의 근현대 통치질서와 지역사회의 대응』, 경인문화사, 2017년, 237-273쪽.

(22) 공동저서, The Academy of Korean Diaspora: A Source Book, The Academy of Korean Studies Press, 2017, 180-194쪽.

(23) 단독저서, 『한일관계의 흐름 2015-2016』, 논형, 2017년, 1-264쪽.

(24) 공동저서, 『한일수교 50년, 상호이해와 협력을 위한 역사적 재검토(1)』, 경인문화사, 2017년, 83-113쪽.

(25) 단독저서, 『일본의 공적개발원조와 기업의 인프라수출』, 논형, 2017년, 1-208쪽.

(26) 단독저서, 『2017년 일본경제기초(전자책)』, 논형, 2017년, 1-148쪽.

(27) 공동저서, 『국제협력: 한국과 일본·나이지리아(전자책)』, 논형, 2018년, 1-119쪽.

(28) 단독저서, 『한일관계의 흐름 2017-2018』, 논형, 2019년, 1-307쪽.

2. 논문

(01) 단독논문, 「해방직후 재경 일본인의 일본귀환에 관한 연구」, 『전농사론』 9집, 2003년 3월, 29-59쪽.

(02) 단독논문, 「해방직후 부산경남지역의 귀환자 원호체계와 원호활동」, 『한국민족운동사연구』 36집, 2003년 9월, 5-49쪽.

(03) 단독논문, 「일본패전에 따른 재일한국인의 귀환쇄도와 일본정부의 원호수송대책」, 『한일연구』 14집, 2003년 11월, 171-190쪽.

(04) 단독논문, 「일본의 역사인식문제와 이에 대한 한국의 바람직한 대응」, 『외교』 73호, 2005년 4월, 34-44쪽.

(05) 단독논문, 「한국정부의 대일민간청구권 보상과정」, 『한일민족문제연구』 8호, 2005년 6월, 225-254쪽.

(06) 단독논문, 「한반도 국가건설과 관련한 재일조선인연맹의 활동」, 『한일연구』 16집, 2005년 10월, 277-308쪽.

(07) 단독논문, 「일본사 사전과 개설서의 전후 현대사 서술에서 나타나는 문제점」, 『한일관계사연구』 25집, 2006년 10월, 151-183쪽.

(08) 단독논문, 「일본의 패전과 부관연락선: 부관항로의 귀환자들」, 『한일민족문제연구』 11호, 2006년 12월, 243-287쪽.

(09) 단독논문, 「한국과 일본의 중고교 역사교과서에 나타난 현대 한일관계 관련 서술」, 『동북아역사논총』 17호, 2007년 9월, 187-219쪽.

(10) 단독논문, 「한반도 거주 일본인의 귀환과정에서 나타난 식민지지배에 관한 인식」, 『동북아역사논총』 21호, 2008년 9월, 263-303쪽.

(11) 단독논문, 「해방직후 부산항을 통한 일본인 귀환」, 『항도부산』 24호, 2008년 9월, 91-130쪽.

(12) 단독논문, 「한반도 거주 일본인의 해방직후 단체활동」, 『인간과 문화 연구』 17집, 2010년 12월, 71-94쪽.

(13) 단독논문, 「한인 귀환자의 눈에 비친 해방직후 부산의 이미지」, 『한일민족문제연구』 20호, 2011년 6월, 101-127쪽.

(14) 단독논문, 「2012년판 일본 중학역사교과서에 나타난 현대 한일관계」, 『일본공간』 10호, 2011년 11월, 168-203쪽.

(15) 단독논문, 「2011년 검정통과 일본 역사교과서의 근대서술에 나타난 변화와 특징: 한일관계 관련 서술을 중심으로」, 『한일관계사연구』 40집, 2011년 12월, 113-138쪽.

(16) 단독논문, 「한반도 거주 일본인의 귀환 후 단체결성과 재산권 보상 요구」, 『한일민족문제연구』 21호, 2011년 12월, 223-256쪽.

(17) 단독논문, 「군산거주 일본인의 귀환과정에 나타난 지역적 특성: 세화회의 조

직과 활동을 중심으로」, 『한일민족문제연구』 26호, 2014년 6월, 5-41쪽.

(18) 단독논문, 「終戰直後博多港における引揚援護体制」, 『訪日学術研究者論文集』 21巻, 2015年 3月, 563-585쪽.

(19) 단독논문, 「'평화선'피해 어민에 관한 영상자료」, 『한일민족문제연구』 29호, 2015년 12월, 139-175쪽.

(20) 단독논문, 「한국과의 어업협정 교섭을 위한 1952년 일본측 기본방침에 관한 연구」, 『동북아역사논총』 50호, 2015년 12월, 159-200쪽.

(21) 단독논문, 「'평화선'침범 혐의로 한국에 억류된 일본인 어민」, 『한일관계사연구』 55집, 2016년 12월, 345-380쪽.

(22) 단독논문, 「1957년 한일억류자 상호석방 각서의 경위와 결과」, 『한일민족문제연구』 32호, 2017년 6월, 151-186쪽.

(23) 단독논문, Institutionalizing Japan's Relief System for Repatriates: Koreans and Japanese at Hakata Port in 1945, International Journal of Korean History, Volume 22, Number 2, August 2017, 155-182쪽.

(24) 단독논문, 「한일어업협정의 체결에 따른 '평화선'의 소멸」, 『한일민족문제연구』 37호, 2019년 12월, 37-65쪽.

(25) 공동논문, 「1965년 한일 국교정상화에 대한 한국과 일본 중학교역사 교과서의 기술」, 『한일관계사연구』 68집, 2020년 5월, 117-148쪽.

(26) 단독논문, 「한국정부의 '평화선' 선포 배경과 준비에 관한 연구」, 『한국민족문화』 76호, 2020년 8월, 355-389쪽.

색인

국가와 인권의 관점에서
평화선을 다시 본다

초판 1쇄 인쇄 2021년 3월 25일
초판 1쇄 발행 2021년 3월 31일

지은이 최영호
펴낸곳 논형
펴낸이 소재두
등록번호 제2003-000019호
등록일자 2003년 3월 5일
주소 서울시 영등포구 당산로 29길 5-1 502호
전화 02-887-3561
팩스 02-887-6690
ISBN 978-89-6357-247-5 94340
값 29,000원